U0749532

学校发展性督导新探索

陈聪富 著

浙江工商大学出版社 杭州
ZHEJIANG GONGSHANG UNIVERSITY PRESS

图书在版编目(CIP)数据

学校发展性督导新探索 / 陈聪富著. — 杭州 ：浙
江工商大学出版社，2019.9
ISBN 978-7-5178-3422-9

Ⅰ．①学… Ⅱ．①陈… Ⅲ．①学校教育－教育视导
Ⅳ．①G464

中国版本图书馆CIP数据核字(2019)第174758号

学校发展性督导新探索
XUEXIAO FAZHANXING DUDAO XIN TANSUO
陈聪富 著

责任编辑	张　玲
封面设计	林朦朦
责任印制	包建辉
出版发行	浙江工商大学出版社
	（杭州市教工路198号　邮政编码310012）
	（E-mail：zjgsupress@163.com）
	（网址：http://www.zjgsupress.com）
	电话：0571-88904980，88831806（传真）
排　　版	杭州彩地电脑图文有限公司
印　　刷	杭州高腾印务有限公司
开　　本	787mm×1092mm　1/16
印　　张	22.75
字　　数	485千
版 印 次	2019年9月第1版　2019年9月第1次印刷
书　　号	ISBN 978-7-5178-3422-9
定　　价	58.00元

版权所有　翻印必究　印装差错　负责调换
浙江工商大学出版社营销部邮购电话　0571-88904970

前　言

　　2002年，浙江省温岭市开始探索研究学校自主发展性督导评估制度。2005年，笔者以"学校发展性督导——理念·策略·范式"为题，申报了浙江省基础教育规划课题。经过4年多的实践研究，2009年年初，《学校发展性督导的实践研究》，荣获浙江省第六届教育科学优秀成果一等奖。浙江省教育厅督导处对学校发展性督导高度认可，适时推广。在时任浙江省人民政府教育督导室副主任、省教育厅督导处处长顾玮的支持与鼓励下，2009年5月，笔者的《学校发展性督导》一书由浙江大学出版社正式出版。中国人民大学、同济大学、浙江大学等数十所高校的图书馆，收藏了《学校发展性督导》；新华书店、北京图书大厦网上书店、亚马逊等数十家线上线下平台在售《学校发展性督导》。同年5月、11月，台州市、浙江省的学校发展性评价现场经验交流会均在温岭市召开。2010年12月，《学校发展性督导》荣获浙江省新世纪基础教育科研重大成果二等奖。

　　经过三个周期（每个周期为三个学年，共九年）的实践探索后，2011年下半年开始，笔者对《学校发展性督导》展开了深入的反思，特别是拓展并深化了学校发展性督导的价值追求，将"依法办学、自主发展"，上升为"依法办学、自主发展、品质提升"。依法办学是基础，也是底线；自主发展是空间，也是潜能；品质提升是目标，也是价值。因此，2012年3月，笔者执笔出台了《关于深化与完善学校发展性督导的若干意见》。该意见以《国家中长期教育改革和发展规划纲要（2010—2020年）》为指导，提出了以"依法办学、自主发展、品质提升"为价值导向的学校发展性督导标准；创造性地构建了规范化、特色化、品质化和"校共体"多元递进的、"三化一体"的学校督导评估类型；不断健全了优化自我评估、简化年度评估、深化综合评估与强化过程视导有机结合的"三评一导"的督导机制；科学地提出了建设管理类、课程类、保障类专业全面的"三学合一"的兼职督学队伍。该意见进一步丰富并深化了《学校发展性督导》的内涵。

　　近三年以来，笔者陆续收到省内外同行的邀请，要求为他们的督学、校长们介绍学校发展性督导、责任督学挂牌督导、发展规划的编制与评审以及区域教育质量评价机制的构建与实践等方面的专题。这些邀请对我来说是动力，更是压力。学校发展性督导得到同行的认可与传播，说明其具有相当的生命力，此为动力；但是，"学校发展性督导"只是一位草根执着实践后的认识而已，无相关理论与经验可借鉴，对同行影响与作用到底有多大？此为压力。好在督学与校长们听完我的讲座后，希望我能再版并深化《学校发展性督导》。这两种力量逼迫着我继续思考与探索，于是就有了《学校发展性督导新探索》，以满足听者所需。这种逼迫，有时很累，但更多的是快乐。

　　阅读《学校发展性督导》，你会发现：

　　1.学校发展构成要素主要包括学校的基本要素、环境要素与文化要素。保障并促进学生发展、教师发展和学校文化的形成，是学校发展的本质特征。

　　2.克服传统单一的、刚性的、他律的学校教育督导评估模式，需要督导理念创新。学校发展性督导，是适合学校发展的督导，必须坚持"以学校的自主发展为本"的理念。

　　3.学校发展性督导实施学校自主设计"发展性目标"与督导组织策划"发展性标准"有机结合的督导标准建构模式。学校依法自主制定适合学校自身发展需要的、周期性的（一般为三年）"发展性目标"，这是发展性督导的重要基础。督导部门颁布学校理念的引领性、主体行为的规范性、目标实践的有效性、自主发展的增值性和学校教育的社会性等方面的"发展性标准"。这是衡量学校依法办学、自主发展、品质提升的主要依据。

　　4.学校"发展性目标"的选择与实践，需要依靠学校发展规划的编制与执行来实现。目标定位的主体是多元互动的，是校长、教师、学生、督学及社区有关人士集体智慧的结晶，要在教代会上审议通过，使之成为学校的意志。这是发展性督导的关键环节。

　　5.区别于传统的一次性、终结性与鉴定性的评估方法，发展性督导追求基础性、民主性、自主性与动态性等方面的督导特质，形成基于基础、善于协商、乐于自控、长于动态、归于增值的督导运行机制。

　　阅读《学校发展性督导新探索》，你会更加明确：

　　1.学校发展性督导的"发展性"，其主要的价值诉求包含：发展，必须基于依法办学，规范教育行为，法制性是发展性督导的基本前提。发展，必须立足于自主自觉，激发主体潜能，自主性是发展性督导的本质所在。发展，必须尊重校际差异，遵循规律趋势，差异性是发展性督导的活力源泉。发展，必须坚持学校本位，正视发展基础，校本性是发展性督导的重要特征。发展，必须求真向善尚美，追求品质提升，向善性是学校发展性督导的根本要求。

　　2.坚持督导组织宏观策划"基础性规范""品质性准则"与学校自主选择"发展性目标"相结合的原则，研制并实践学校发展性督导标准，既是发展性督导的方向，也是发展性督导的核心，更是发展性督导的灵魂。建立制定以"学校选择性目标导向"为先导，以"学校发展性规划的编制与评审规范"为平台，以"学校发展性督导综合评估标准"为核心的"学校发展性督导标准"的结构体系、指标体系与权重体系，是深化学校发展性督导研究与实践的理想选择。

3. 当价值诉求清晰准确、督导标准适切科学之后，需要寻找合理的实践路径。基础诊断、规划定位、民主协商、发展自控、挂牌督导、综合评估与推介激励，是发展性督导周期循环的路径选择。其中，基础诊断是逻辑起点，规划定位是核心内容，民主协商是法治载体，发展自控是主要环节，挂牌督导是基础要求，综合评估是重要杠杆，推介激励是新的征程。

4. 近十年来，公平与质量成为基础教育的主题。学校标准化、财政公平性已基本完成。基础教育治理体系与治理能力的现代化，督学队伍与校长团体的专业化，成为学校发展性督导顺利实践的重要保障。

写到这里，我如释重负。虽然不知本书能否不负众望，为我国的学校教育督导事业做点贡献，但也可告慰自己与家人。谢谢家人的支持！谢谢同行的厚爱！更要感谢体制的优待！

陈聪富

2019 年 5 月于宝塔山下

目　录

■ 引　子

■ 价值诉求

路径选择

■ 保障策略

引子

学校发展性督导的"发展性"，能够更多地体现发展的倾向与价值，是规范与自主、刚性与柔性、他律与自律的辩证统一。

发展，必须基于依法办学；发展，应该突出学校本位；发展，力求正视发展基础；发展，理当激发主体潜能；发展，务必遵循规律趋势；发展，旨在追求品质提升。

第一章　发展性：优化督导理念

第一节　传统学校教育督导的他律性

学校教育督导历史悠久，发展较为成熟。它伴随学校教育的改革与发展而不断创新与发展。反思传统学校的教育督导概况，分析其主要内容与价值、类型与特征，对于创新学校教育督导理念，揭示学校教育督导的内涵与本质，具有深远的历史与现实意义。

一、学校督导评估文献概述

早在夏、商、周时期，就有视学或视导存在。宋代以后，督导制度不断规范。到了清朝，有了较为完善的教育视学制度。中华人民共和国成立以后，教育督导发生了很大的变化。1991 年 4 月 26 日，国家教委颁布了《教育督导暂行规定》，重视教育督导的法制化，明确了教育督导的本质属性是对教育工作的行政监督，统一和提高了各级政府、教育行政部门和学校对教育督导工作的认识。2012 年 8 月 29日，国务院审议通过了中华人民共和国第一部专门的教育督导法规——《教育督导条例》，填补了当代我国教育督导法规建设的空白，为当代中国教育督导工作进一步有法可依、有规可循提供了基本依据，奠定了坚实基础。

相关规章显示，改革开放以来，我国教育督导制度建设，重在县级以上人民政府对下级人民政府落实教育法律、法规、规章和国家教育方针、政策的督导。就各级各类学校的教育督导评估而言，其相关文献主要有以下几方面：

1991 年 5 月 21 日，国家教委印发的《普通中小学校督导评估工作指导纲要》，在办学方向、学校管理、教育质量和办学条件四个方面，督促学校、政府及其教育行政部门认真贯彻有关教育法律法规、方针政策，遵循教育规律，深化教育改革，优化教育管理，提高办学水平。1993 年 2 月，中共中央、国务院印发的《中国教育改革和发展纲要》，对学校教育督导提出明确要求。《中国教育改革和发展纲要》第三十二条指出："建立各级各类教育的质量标准和指标体系。各级教育部门要把检查评估学校教育质量作为一项经常性任务。要加强督导队伍建设，完善督导制度，加强对中小学学校工作和教育质量的检查和指导。"这是党和国家最高决策层面对学校教育督导所做的第一次重要决定，学校教育督导评估真正得到重视。1995 年开始施行的《中华人民共和国教育法》中亦规定："国家实行教育督导制度和学校及其他教育机构评估制度。"从此，教育督导与评估制度成为法定的国家教育基本制度之一，使学校教育督导评估工作全面进入法制化、规范化的轨道。[①]

1997 年 2 月 27 日，为构建以实施素质教育为目标，全面科学地评估学校办学水平的机制，根据国家有关教育的法律、法规，国家教委印发了《普通中小学校督导评估工作指导纲要（修订稿）》，旨在督促、指导中小学校贯彻执行有关教育的法律、法规、方针、政策，遵循教育规律，深化教育改革，优化学校管理，实施素质教育，全面提高教育质量，培养社会主义事业的建设者和接班人；督导评估的内容涉及办学方向、管理体制和领导班子、教师管理与提高、教育教学工作、行政工作的常规管理、办学条件与教育质量等七个方面，并有具体的要求；在落实督导评估职责、制定督导评估方案、建立督导评估制度、健全督导评估队伍和加强督导组织领导等方面，提出了组织实施要求。该制度的建立与实施，在广度和深度上极大地丰富和发展了中国特色教育督导制度的内容与工作方法。[②]1999 年 6 月 13 日，中共中央、国务院印发了《关于深化教育改革，全面推进素质教育的决定》，再一次提出健全教育督导机构、完善教育督导制度，要求"建立符合素质教育要求的对学校、教师和学生的评价机制"。为了贯彻落实《关于深化教育改革，全面推进素质教育的决定》精神，1999 年 8 月 20 日，教育部印发了《关于加强教育督导与评估工作的意见》，《意见》要求各地以监督和引导学校实施素质教育为中心内容，全面开展对普通中小学校的综合督导评估工作，引导学校逐步把升学竞争转变为提高办学水平、效益和教育质量的竞争。

进入 21 世纪以来，学校督导评估制度进一步完善。2007 年 1 月 19 日，教育部印发了《关于规范普通中小学校检查、评估工作的意见》，要求建立规范的检查评估工作制度，包括检查评估的年度审定制度、公告制度、免检制度，做到依法开展检查评估，严格控制对学校检查评估的项目和次数，检查评估以学校自检、自评为主。在改进创新检查评估的工作方法与手段、建立完善学校综合督导评估制度和监督与管理制度等方面，提高检查评估的实效性。为促进教育事业科学发展，全面提高国民素质，加快社会主义现代化进程，2010 年 7 月 29 日，中共中央、国务院印发了《国家中长期教育改革和发展规划纲要（2010-2020）》，进一步深化了健全教育督导制度的指导思想与具体要求。其中，第六十五条规定："完善督导制度和监督问责机制。制定教育督导条例，进一步健全教育督导制度。探索建立相对独立的教育督导机构，独立行使督导职能。健全国家督学制度，建设专职督导队伍。坚持督政与督学并重、监督与指导并重。加强义务教育督导检查，开展学前教育和高中阶段教育督导检查。强化对政府落实教育法律法规和政策情况的督导检查。建立督导检查结果公告制度和限期整改制度。"《纲要》指出："到 2020 年，基本

---

① 涂文涛：《教育督导新论》，人民教育出版社 2015 年版，第 58—59 页。
② 凌飞飞：《当代中国教育督导历史研究》，中国社会科学出版社 2016 年版，第 77 页。

实现教育现代化。"与此相适应，需要实现教育督导理念、体系、队伍、方式和手段现代化。这标志着教育督导工作和教育督导制度建设进入了一个新的发展时期。

为了认真贯彻执行《国家中长期教育改革和发展规划纲要》，2012年9月5日，教育部印发了《关于进一步加强中小学校督导评估工作的意见》（简称《意见》）。《意见》明确了新时期学校督导评估的总体要求，指出"促进学校全面实施素质教育，全面提高教育质量是新时期赋予教育督导的重要任务"。必须"坚持以学生发展为本。把教育教学工作是否适应学生发展需要作为衡量学校办学水平的主要标准"。《意见》强调学校督导评估主要在健全规章制度，依法规范办学；有效使用资源，提高管理效率；优化教学管理，提高教学质量以及学生的健康成长和全面发展等方面，突出学校科学管理和内涵发展。《意见》要求创新督导评估机制。在工作机制上，把推动"硬件"达标和"软件"提升结合起来，促进学校标准化建设和内涵发展。在评估方式上，要把综合督导和专项督导、定期督导和经常性督导结合起来，有针对性地开展督导评估工作。在管理方法上，要积极采取现代化技术手段，推动学校督导评估信息系统的建立。要充分利用基础教育质量监测数据和结果，不断提高学校督导评估的科学性和有效性。

为了贯彻党的十八届三中全会"强化国家教育督导""深入推进管办评分离"精神，实施素质教育，推进教育公平，提高教育质量，2014年2月7日，国务院教育督导委员会办公室印发了《深化教育督导改革转变教育管理方式的意见》。该文件指出了深化教育督导改革是转变教育管理方式的重大举措；设计了深化教育督导改革的总体思路和工作目标，按照决策、执行、监督既相互制约又相互支持的原则和强化国家教育督导、深入推进管办评分离的要求，形成督政、督学、评估监测三位一体的教育督导体系，为促进教育事业科学发展、办好人民满意的教育提供制度保障；明确了深化教育督导改革的主要任务；强调了组织领导、督导机构、督学队伍、督导经费保障等方面的建设要求。在学校教育教学工作督导方面，文件要求重点做好四项工作：一是加强督学责任区建设；二是加强学校视导队伍建设；三是积极开展对各级各类学校教育教学质量、办学条件、规范办学行为和实施素质教育的督导评估，督促指导学校全面贯彻党的教育方针，坚持立德树人，做好德育、智育、体育、美育等工作，促进学生全面发展、健康成长成才；四是针对教育热点难点问题，认真开展专项督导，促使问题有效解决，特别是破解义务教育择校难题，减轻学生课业负担，及时回应社会关切。该文件的出台，对深化教育督导改革，转变教育管理方式，加快推进教育治理体系和治理能力现代化建设，将产生重大的影响。[①]

除此以外，我国就中小学体育工作、中等职业教育、学前教育、义务教育择校收费等方面，出台了相关专项的规章，有效地规范了各级各类学校的教育行为。

[①] 凌飞飞：《当代中国教育督导历史研究》，中国社会科学出版社2016年版，第72页。

二、学校督导评估的基本类型

我国自 1985 年恢复教育督导评估制度以来，学校教育督导评估的理论与实践得到了长足的发展，在规范学校办学行为、保障学校发展等方面发挥了重要作用。在原国家教委 1997 年 2 月 27 日印发的《普通中小学督导评估工作指导纲要（修订稿）》的指导下，地方督导机构的督导评估成为我国对中小学办学质量综合评估的主要形式。全国各地根据指导纲要的精神，结合本地实情，纷纷制定并实践了体现地方办学思想和方向的学校督导评估方案，在不同的发展阶段，体现了学校督导评估的不同类型。这些类型从评估结果的处理角度划分，主要包括合格评估、等级评估、选优评估和分类分等评估。

（一）合格评估

合格评估又称达标评估，是指各级教育督导组织或教育行政部门，对学校及其他教育机构的办学条件、学校管理和办学质量等方面是否达标进行的考核与认定活动。合格评估的重点是学校教育资源的配置水平，目的是促进学校建设的标准化。

合格评估使用他律性标准，是国家、教育行政部门的教育意志在学校办学过程中具体化的表现，是一种统一性的、鉴定性的评估，具有普适性；合格评估特别适用于初创阶段的学校，是国家对学校及其他教育机构的办学条件和基本教育质量的一种认可制度。

（二）等级评估

等级评估是指在合格评估的基础上，教育督导组织或教育行政部门，根据国家对不同类别的学校及其他教育机构所规定的任务和目标，通过制定各级各类学校等级评估方案，开展综合性评估，并按照得分高低，把同一性质的学校划分为若干等级的督导活动。等级评估对促进学校办学上水平、管理上等级具有很大的推动作用。

与合格评估一样，等级评估使用他律性标准，普适性、统一性、鉴定性特征较为显著，具有相当的局限性。对于发展处于高位的学校来说，由于评估标准统一且具有强烈的行政意志，抑制了学校办学的自主性；对发展处于低位的学校来说，由于在等级评估中处于劣势，则往往看不到学校发展迈上高等级的希望，从而失去了办学的积极性。

（三）选优评估

选优评估也称示范性学校评估，是在学校及其他教育机构中进行的示范性学校、星级学校、重点学校等方面的选优性评估活动。例如浙江省的农村示范性小学、示范性初中，等级重点普通高中、特色示范普通高中等类型的评估，均属于选优评估。选优评估对办学水平优异的单位与个人给予奖励，以达到遴选优秀、择优支持、促进竞争、提高水平的效果。

选优评估与等级评估一样，主要使用他律性标准，依然具有统一性与鉴定性的特征。诚然，选优评估开始渗透学校自主发展的思想与指标，如设置学校特色发展指标，给予学校一定的自主权，这是学校督导评估开始转型的一个重要标志。当然，在"质量""公平"教育发展主题的背景下，人们开始对选优评估模式提出了诸多看法，认为示范性学校评估与当前基础教育均衡发展不相适应，它在激励了一部分学校积极参与评估的同时，也压抑了大部分尚不具备参评条件学校的积极性。另外，示范性学校评估，在一定程度上制约了学校的个性发展，不能适应时代和社会对教育的需求，压制了学校教育的多元发展。示范性学校评估自身存在的不足，主要表现在评估主体单一、评估过程重鉴定而非促进、评估指标不尽完善、示范学校未能发挥应有的示范作用等等。特别是示范性学校评估与政府政绩联系在一起，导致优质教育资源高度集中，学校布局出现失衡迹象。

（四）分类分等评估

教育督导具有鉴定、激励、导向和调控的作用，不仅对学校贯彻执行教育方针、和教育法律、法规的程度做出评估，而且对贯彻执行所产生的效果做出鉴定，这是从横向角度监控激励学校全面实施素质教育。但是，即使是一个县市，同是义务教育学校，由于所处区域环境的不同、乡镇经济社会发展水平的差异，学校发展的不平衡难以克服。经济发展相对滞后的山区海岛学校，很难与城市（镇）学校站在同一水平线上比优劣，容易产生难以攀比和懒得攀比等消极心理。若是这样，学校督导评估只有鉴定功能，很少有导向、调控与激励功能。因此，把同一性质的学校按照自身的条件、基础和水平，从高到低划分为若干个类别，让它们相对地站在同一起跑线上比较其等级的高低，才能更全面地发挥督导的功能。这是对学校纵向评估基础上的横向比较，不仅能够激励学校上等级，而且能够激励学校上类别，于是"分类分等评估"制度应运而生。

例如，浙江省温岭市于 1998 年 9 月开始实施了"学校分类、评估分等"的督学制度。温岭市按照各级各类学校《全面推进素质教育，初步实现教育现代化》督导评估方案精神，深化"学校分类、评估分等"的教育督导评估制度，推动学校办学上类别、管理上等级、质量上台阶，要求各级各类学校认真做好 1998 学年教育督导学校分类申报工作。又如为了进一步完善"学校分类、评估分等"的教育督导评估制度，遵循"有利于保障各级各类学校严格执行教育法律法规，全面贯彻教育方针政策；有利于加强校本管理，张扬学校个性；有利于真正实施素质教育，全面提高教育质量"的原则，2001 年 4 月 17 日，温岭市将"学校分类、评估分等"评估形态调整为三年一个循环；确定的学校类别，原则上三年不变；按照"总量控制、动态管理"的要求，将学校划分为三个等级，每个类别等比例确定[1]。（见表 1-1）

---

[1] 浙江省温岭市人民政府教育督导室：《教育督导》，《关于做好九八学年督导评估学校分类申报工作的通知》（温教督〔1998〕214 号）内部资料。

表1-1　学校评估分类及比例

	一等（%）	二等（%）	三等（%）
一类	35	45	20
二类	30	50	20
三类	25	55	20

同时，出台了《温岭市新一轮学校教育督导评估方案》。新方案将评估指标分为基础性指标、发展性指标和质量性指标三大部分，其中发展性指标包括教育科学研究、开放性教学、教师校本培训和学校其他显著特色项目，权重为15%。

分类分等评估开始尊重学校发展差异，关注学校主体地位，引导学校在依法办学的基础上，发挥自主能动性。学校拥有类别选择权，在教育科学研究、教师发展培训、开放教学与学校特色创建等方面，具有一定的发展自主权。但是，分类分等评估的行政统一性、结果鉴定性的特征依然非常显著，学校发展的积极性、主动性与创造性未得到很好的发展。

三、学校督导评估的主要特征

综观各地的学校督导评估类型，无论是合格评估、等级评估、示范性学校评估，还是分类分等评估，现行的学校评估模式产生于20世纪70年代末80年代初，它以工业化生产时代的标准化管理为核心理念，运用预先设定的统一标准，即"他律性"标准，检验发展基础与发展水平各不相同学校的达标程度。运用"他律性"标准进行的评估，可以称为"鉴定性评估"，即用"一把尺子衡量不同的学校"，其统一性与行政化、鉴定性与定量化特征显著。

（一）统一性与行政化

基于教育督导组织需要，服从教育督导意志，实施统一的、刚性的评估指标，运用行政的程序和方法，对处于不同发展阶段的学校进行监督、检查与评估。这种督导模式使学校处于从属地位，学校发展的价值追求是努力实现评估指标的要求，不论这些指标是否符合学校实际，是否满足学校发展愿望。因此，学校发展的积极性、主动性和创造性受到了限制，学校发展目标都被局限在统一的评估指标之中，无法引导学校办出特色、多元发展，极易导致"千校一面"的状态。

（二）鉴定性与定量化

在学校发展的初级阶段，运用一把尺子，即"千校一标"衡量不同的学校，对学校的发展结果进行定量的鉴定与评估，对于促成学校硬件达标、管理到位、质量和效益提高，是十分必要和有效的。然而，由于鉴定性与定量化评估模式注重"横向比较""数据意义"，带有很大的局限性。第一，具有区域优势、基础较好的学校对评估中获得奖励习以为常；处于区域弱势、基础较差的学校则很难在评估中取得好的成绩，其负面的督导结果反而挫伤学校的积极性；而位居中游的大多数学校因为与奖优罚劣无关，督导的作用很难发挥。第二，由于鉴定结果与学校利益紧密相关，因而学校往往努力表现成绩、遮掩问题，这既容易干扰正常的教育教学工作，又不利于督导组织与学校双方真正发现问题、分析问题、解决问题。

（三）他律性与规范化

综上所述，传统的学校督导评估制度强化了政府的行政意志，弱化了学校的主体地位；突出了发展结果，忽视了发展基础；注重了横向比较，淡化了动态增值，从而约束了学校办学的自主性、积极性和创造性。随着基础教育改革重心的逐步下移，新课程改革的不断深入，如何以科学发展观为指导，坚持以学校自主发展为本，以促进学校、教师和学生自主发展为目的，关注学校、教师和学生的发展潜力，引导学校、教师和学生发挥自身的主体意识，通过内部机制转换和对内涵发展的追求，增强各自的竞争力与可持续发展能力。这既是学校教育督导要探究的主要问题，也是学校教育督导改革的根本价值取向。

第二节　国内外学校督导改革的探索

在《学校发展性督导》一书中，笔者介绍了"美国：一所好学校的评价""英国的督导评估体系""欧洲各国的'学校教育质量评价'试点计划"和"日本的学校经营评价"。这里主要介绍国外的增值性评价、发展性评价和卓越学校评价，国内的学校发展性督导评价、学校发展性督导。

一、国外学校督导评估改革主要范式

随着教育在社会发展中的基础性、先导性和战略性地位的不断提高，西方教育制度不断完善，教育督导制度不断发展，学校教育督导评估的改革不断推进。现代较有影响力的督导评估范式，主要有下列三种：

（一）发展性评价

20 世纪 80 年代以来，西方兴起并逐步形成了以发展性教育评价为主的第四代教育评价理论。英国开放大学教育学院纳托尔（Latoner）和克利夫特（Crift）提出了发展性评价（Expansibility-assessment）的概念，强调教育评价是为了促进学校的

改进和发展。美国印第安大学教育学院教授古巴（Egong Guba）和林肯（Y.S.Lincoln）出版了专著《第四代教育评价》，自称第四代评价理论。[①] 他们认为评价就是对被评事物赋予价值，评价本质上是一种心理建构。他们进一步强调"价值多元性"，提倡在评价中充分听取不同方面的意见，并把评价看作是一个由评价者不断协调各种价值标准间的分歧、缩短不同意见间的距离，最后形成公认的一致看法的过程；提出了"共同建构""全面参与""价值多元化""评价中的伦理道德问题"等观点。在评价方法上，第四代评价理论采用应答性资料收集法和建构主义方法，以"回应—协商—共识"为主线，带来了许多新看法、新思路。

发展性教育评价思想，使学校评价的价值取向发生了较大的转变。[②] 在评价目的上，由侧重鉴别和选拔转向侧重发展，从关注结果转向关注诊断性与过程性的评价；在评价内容上，注重全面质量管理，从办学理念与目标、办学条件、领导与管理、课程与教学、教师队伍建设、学校办学效益等方面进行全面综合的评价；在评价方法上，强调多样化，注重把质性评价与量化评价有机结合；在评价主体上，强调评价主体的多元化重视自评与互评的作用，强调评价对象的参与性。

发展性评价的主要方式，包括 1997 年欧洲"学校教育质量评价：欧洲试点计划"，为参与评价的各国学校制定了通用的学校自我评价框架（Self-Evaluation Profile，SEP）；经济合作与发展组织的学校评价指标框架；英国伦敦大学教育学院的萨蒙斯（P.Sammons）在《学校效能：在 21 世纪走向成熟》（*School Effectiveness：Coming of Age in the Twenty-first Century*）中，提出了"高效能发展性学校评价指标"。

（二）增值性评价[③]

针对学校效能的增值性评价起源于詹姆斯·科尔曼 1966 年向美国国会提交的《关于教育机会平等性的报告》，简称"科尔曼报告"（Coleman Report），该报告虽然没有直接提出学校效能的增值性评价问题，但其研究结论却引发了世界范围内对学校效能的争论，催生了学校效能增值性评价的出现。自 20 世纪 70 年代以来，以"科尔曼报告"为起点，学校效能的增值评价研究在世界范围内逐渐发展起来。20 世纪 80 年代中期以前，增值性评价的应用一直受到统计技术发展水平的限制。80 年代末，多水平模型技术的发展与完善，为增值性评价提供了精确可信的分析方法。由于英美两国统计技术的发展以及现实的强大需要，多水平模型和增值性评价方法率先在这两个国家得到了充分应用。增值性评价是国际上最为前沿的教育评价方式，不以学生的考试成绩作为评价学校和教师的唯一标准，引导学校多元发展。

1983 年，美国《国家处于危机之中：教育改革势在必行》（*A Nation at Risk：Educational Reform Imperative*）报告的出台，全国上下对教育状况的关注水平空前

---

① 陈聪富：《学校发展性督导》，浙江大学出版社 2009 年版。
② 王晓妹：《中小学内涵发展督导评估体系》，教育科学出版社 2016 年版，第 24—28 页。
③ https://wiki.mbalib.com/wiki/ 增值性价，2019 年 5 月。

提高。1992 年，应此热潮，田纳西州政府率先采用增值评价系统作为州教育促进法案的一部分。随着联邦教育法《不让一个孩子掉队》（*No Child Left Behind*）的出台，增值评价受到越来越多教育工作者的认可和政策制定者的青睐，正逐渐成为美国教育评价的主流方式。英国的增值性评价同美国类似，也是首先从地区水平上发展起来的。国家统一课程的建立及链接国家数据的新资源的出现，为增值性评价在整个国家内推行提供了可能。英国政府于 20 世纪 90 年代接受了增值评价法，2006 年全面开展学校效能的"多元"增值评价，并将增值评价指标作为一项重要的创新性指标加入现有的评价指标体系中。

增值性评价的特点有：第一，增值性评价实现了基于每个学生的进步来计算学校或教师对学生学业增长的影响；第二，增值性评价更好地保证了评价的公平性，有利于激发生源质量差的学校促进学生进步的动力； 第三，增值性评价与绩效责任紧密相连，为问责制提供了一个良好的评价框架，能够提供对学校和教师更为公平的考察；第四，增值性评价具有潜在的诊断性功能，成为学校和教师发现问题做出决策的起点，从而为教师与学校的自我提升提供依据；第五，增值性评价要兼顾所有学生的发展和进步，能够满足所有学生的需要。

（三）卓越学校评价

2000 年以来，新加坡的学校教育督导开始实行以追求卓越为核心的校本评价制度。在整个民族成为"思想的学校、学习的民族"的观点影响下，新加坡的学校评价方式也发生了变化。[①] 学校都被要求应用新的卓越学校模型 SEM（the School Excellence Model）。SEM 模型是一个学校自我评价模型。其核心价值强调具有管理目标的学校领导层的重要性：将学生放在第一位，将教师视为素质教育的关键。整体框架包括两个部分——方法和结果。"方法"包括文化的、过程的以及资源部分，它主要关心结果是怎么产生的。 "结果"部分主要关心学校已经完成了什么以及正在实现什么。SEM 模型包括了学校可以用来评价的 9 个质量标准，分别是领导层、战略规划、职员管理、资源、以学生为重点的流程、管理和运作的结果、职工结果、合作关系和社会结果、主要的表现结果。

从现阶段来看，SEM 模型在新加坡学校管理中的应用还处于新生阶段，但是这一模型毕竟代表了与教育部（MOE）有关的新加坡学校的根本性变化。这一模型是学校进行自我评价的工具，而不是中央对学校进行评价的工具，但它在教育部指导下，为学校推行自主的教育方式、改革措施提供了更广阔的平台。

二、学校发展性督导的实践探索

基础教育发展战略走向优质化、价值取向走向人本化、管理重心走向校本化、学校发展走向个性化，是 21 世纪我国基础教育改革与发展的主要趋势。[②] 这与教育

① 陈聪富：《学校发展性督导》，浙江大学出版社 2009 年版。
② 陈聪富：《学校发展性督导》，浙江大学出版社 2009 年版。

改革发展相适应，教育督导要坚持人本理念，突出对培养的人的综合素质的督导，使教育督导工作在促进教育沿着人本的终极方向和核心价值发展方面真正发挥导向作用；应坚持校本理念，让学校成为督导的主人，突出学校的主体地位；坚持内涵个性理念，激发学校发展的自主性与能动性；坚持均衡发展、公平发展、终身发展理念。正因为如此，学校发展性督导的探索应运而生。

（一）基本雏形："三园式"学校的创建

为了全面推进素质教育，努力实现学校教育现代化，1999 年 4 月 15 日，温岭市做出《关于开展创建"学园、花园、乐园"式学校活动的决定》；次年 5 月 13 日，公布了"温岭市'学园、花园、乐园'式（简称"三园式"）学校设计理念、评定标准和考核办法"[①]。

"教育要面向现代化、面向世界、面向未来。"21 世纪，人类经济发展的水平与质量，将取决于知识的生产、获取、应用，尤其是创新能力；教育是支撑知识经济的最重要的基石。未来社会信息化、国际化、个性化的趋势，呼唤一种全新的教育——全面提高人的素质。学校教育需要树立新的教育哲学观、功能观和改革发展观。创建"学园、花园、乐园"式学校，是区域当前和今后一个时期推进素质教育，实现学校教育现代化的重要载体，是构建既适应区域经济社会发展趋势，又面向现代化、面向世界、面向未来的"新型学校"体系的必然要求。

"三园式"学校的设计理念主要为：学园——学会求知、学会创新；花园——学会劳动、学会审美；乐园——学会协作、学会竞争。以设计理念为指导，"三园式"学校的"评定标准"分为 M 指标和 N 指标两个层面。M 指标相当于基础性指标，重点考察布局合理、设置科学，整洁卫生、规范有序，制度创新、管理高效，教学相长、全面发展，爱生尊师、协作进取这五个方面。N 指标相当于发展性指标，主要评价学校理念、教育规范、教育环境、教学模式以及学校的人格特征。学校理念的构成要素是办学指导思想、学生培养目标、学校发展目标、评价制度、激励制度以及在教育实践过程中形成的以学风、教风、领导作风为基础的校风，学校理念是学校的最高行动纲领。教育规范则是以学校理念为指导的，学校在塑造形象、达成目标的过程中，逐步形成健康向上、开拓进取的工作、学习和生活准则及其共同的行为倾向。教育环境强调的是在开放状态下的文化环境，包括制度环境、观念环境和心理环境，引导学校能够为全体教师和学生提供自由广阔开放的学习、工作、生活空间，构建民主平等、协作竞争的人际氛围。教学模式要求坚持以"以学生发展为本"，更多地重视学生的主动发展、内在变化，更多地倡导师生合作、多边交流。学校人格特征则是指导学校以凸现学校特色为基础，逐步提炼、凝聚具有个性化的学校办学模式、课程实施模式等学校人格特征。

[①] 浙江省温岭市人民政府教育督导室：《关于公布"温岭市'学园、花园、乐园'式学校设计理念、评定标准和考核办法"的通知》，《教育督导》（内部资料）。

"三园式"学校的理念设计、标准建设及其创建活动，理念前瞻、视野广阔、自主开放、实践可行，具有超前性和灵活性、主体性和交互性、导向性和发展性的特点，充分体现了教育督导的价值。"第一，进一步丰富、深化、拓展校园文化建设；第二，构建了以综合办学水平竞争为主的素质教育宏观环境；第三，不断提升了学校的办学理念和办学水平，张扬了学校个性。"① 同时，"三园式"学校理念的设计及其实践，较好地处理了教育行政部门和学校的关系，以转变教育管理理念为突破口，把学校作为教育的主体，在促进学校规范管理、科学管理的基础上，充分展示学校的个性特色；较好地处理了学校与教师的关系，以转变办学理念为突破口，把教师作为教育的主体，充分发挥教师的主导作用，努力培养一大批学者型、科研型的教师；较好地处理了教师与学生的关系，以转变教育理念为突破口，把学生作为教育的主体，充分发挥学生的学习主人翁作用，在促成全体学生全面发展的基础上，尽可能地张扬学生的个性特长。诚然，"三园式"学校的创建活动，虽然具有很强的引领性、自主发展性督导评估的成分，但它本质上属于选优评估，有相当一部分学校不具备"三园式"的特质。

（二）创新探索：学校自主发展性督导评估的提出

教育督导要与时俱进，必须把握教育改革的发展方向，研究世界教育督导和评估的发展趋势，坚持改革，开拓进取，敢于在理论、制度、机制和方法上创新，并在实践中不断检验，不断完善。上海、浙江温岭在 20 世纪末与 21 世纪初开始了学校发展性督导的探索与实践。

1. 上海的"学校发展性督导评价"。

"学校发展性督导评价"始于上海。1998 年以来，上海市开展了"发展性督导评价"研究，本着"着手于课题，着眼于实践，加强点面结合，突出制度创新"的指导思想，全面带动了上海教育督导的研究、改革与发展。1999 年 4 月，上海市在示范性高中建设与初中薄弱学校改造等方面，开始发展性教育督导评价的探索研究。在实践操作和理论层面进行了探索，对学校的发展起到了很好的促进作用。为了积极推进中小学"学校发展性督导评价"的实践，2003 年 5 月，上海市人民政府教育督导室制订并颁发了《上海市积极推进中小学"学校发展性督导评价"的实施意见（试行稿）》（沪教委督〔2003〕4 号），初步形成了以"基础性指标 + 发展性指南"为基本框架的，具有本地区特点的发展性督导评价指标体系；初步构建了"学校制订发展规划—学校实施—学校自评—阶段性督导评价—修正规划—学校再实施"的运行机制。

---

① 陈聪富：《"学园·花园·乐园"式学校理念的设计及其实践》，《教育科学研究》2002 年第 8 期，第 29—31 页。

为进一步发挥教育行政部门和督导部门服务与指导学校发展、推动与促进学校发展的管理与监督效能，推进依法治校工作，构建有利于中小学依法自主办学的现代学校制度，以及促进建立基础教育均衡和内涵发展的教育督导保障机制，2005年2月，上海市印发了《关于深化与完善中小学"学校发展性督导评价"工作的若干意见》（简称《若干意见》）。《若干意见》强调要"转变政府职能，不断完善教育决策、执行和监督相协调的行政管理体制，提高教育行政管理效益，推动与促进学校发展"；"发挥督导功能，不断完善与创新学校发展性督导评价工作，提高教育督导评估效能，指导与服务学校发展"；"加强学校内涵建设，提高依法自主办学的能力，形成自我诊断、自我完善、自我发展的内在机制，促进学校持续发展"。

上海的"学校发展性督导评价"探索与实践，推动了教育督导改革，建立了新的教育行政管理体系，促进了教育行政部门职能的转变，健全了学校发展性督导评价标准与机制，加强了学校制度建设，促进了学校的自主发展。然而，近几年来，相关网络很难发现上海持续深化"学校发展性督导评价"的相关报道。

2. 温岭的"自主发展性学校督导评估"。

1999年5月开始的"三园式"学校创建活动，这是在开放自由状态下，引导学校在办学理念、教育规范、教育环境、教学模式和学校人格特征等方面设计自主发展方向，寻找自主发展载体，展示自主发展成果的一种督导评估模式。2001年4月开始了"新一轮学校教育督导评估"，这是在"一把尺子"的统领外，给予了学校一定的自主发展空间。

以上述探索实践为基础，2002年5月10日，温岭市发出《关于尝试开展自主发展性督导评估的通知》，旨在以学校发展规划的编制与执行为基础，引导高位发展的学校实现目标管理，强化依法治校，增强学校自主办学、主动发展的责任意识，有效促进学校可持续的个性化发展，开始了温岭市自主发展性督导评估制度的探索与实践。2003年3月，温岭市出台了《关于自主发展性学校督导评估的若干意见》，对自主发展性督导评估的基本理念、指标体系、基本类型、基本方法、等级划分和结果处理等方面进行了较为科学合理的界定。这是以目标管理为前提，在宏观调控状态下，促成具有一定发展基础和较强发展倾向的学校，更加高效地实现学校的自主发展目标的学校发展性督导评估。2009年8月，温岭市出台了第二个《关于学校自主发展性督导评估的实施意见》，将学校发展性督导的价值导向，扩大为"依法办学、自主发展、品质提升"12个字，使学校发展性督导的目标更加清晰科学。

（三）实践深化：学校发展性督导的建立与健全

教育督导的职能与督导评估的职能是有所区别的。"发展性"的内涵可以定义为自主发展、个性发展、持续发展、优质发展和全面发展等方面的综合，"发展性"前面的"自主"可以省略。"督导评估"与"督导"是有区别的，督导的功能主要包括监督、检查、评估和指导；"督导评估"的落脚点是"评估"，主体是教育督导部门，下行取向较为明显，使学校处于从属地位；并且"督导评估"的职能单一，突出了督导组织的监督、检查与评估，忽视、淡化了指导及其督导组织与督导对象的协商与互动。

2009 年 5 月，笔者出版了专著《学校发展性督导》，在分析学校发展的本质特征、介绍国内外学校教育督导评估模式的基础上，率先提出"学校发展性督导"这一命题，并以此为核心较为系统地阐述了学校发展性督导的理念与价值、基础与标准、策略与路径等方面的问题。特别是，从学校理念的引领性、主体行为的规范性、目标实践的有效性、自主发展的增值性和学校教育的社会性等五个维度，构建了学校发展性督导标准的指标体系、权重体系。

学校发展性督导的实践与理论探索，实现了五个转向：①在标准选择上，从服从督导组织统一的"刚性指标"，转向学校自主选择的"发展性目标"与督导组织宏观引领的"发展性标准"有机结合的"柔性指标"；②在主体发挥上，从服从行政意志的"要我评"，转向体现民主协商的"我要评"；③在价值取向上，从单一追求依法办学，转向依法办学与自主发展的有机统一；④在发展内容上，从片面强调学校组织的发展，转向以学生发展为核心、教师发展为杠杆的学校科学发展；⑤在结果使用上，从终结性的横向比较，转向以基础诊断为前提的、过程性的动态增值。

《学校发展性督导》的出版，明确了学校教育督导的内在规律，指出了学校教育督导的发展方向，探索了学校教育督导的基本标准，优化了学校教育督导的实践路径，从而构建并形成了国内学校发展性督导的制度和理论。2009 年 9 月、11 月，台州市、浙江省的"学校发展性评价和督学责任区工作现场经验会"均在温岭召开，学校发展性督导的经验与理论向全省辐射。

在《学校发展性督导》理论的引领下，2012 年 3 月，笔者在区域的教育督导实践中，将"学校自主发展性督导评估"调整为"学校发展性督导"，出台并实践了《关于深化与完善学校发展性督导的若干意见》（温政教督〔2012〕3 号，简称《若干意见》）。《若干意见》以《国家中长期教育改革和发展规划纲要（2010—2020年）》精神为指导，有利于构建中小学"依法办学、自主管理、民主监督、社会参与"的现代学校制度，有利于形成基础教育均衡、内涵发展与品质提升的教育督导保障机制。《若干意见》在行政管理监督实践层面，体现了下列四大方面的创新举措：

1. 进一步丰富了学校发展性督导的价值取向。《若干意见》旨在保障并促进学校依法办学、自主发展和品质提升。依法办学是前提，是任何学校必须做到的最基本、最刚性的规范性行为；自主发展是学校基于依法办学的主动发展、差异发展，即学校的能动发展、个性发展和创造发展；品质提升是依法办学、自主发展的最终目的，依法办学、自主发展是服从并服务于品质提升的。

2. 修正并不断完善了学校发展性督导标准体系。与价值取向相一致，《若干意见》确定了共性指标与个性指标相结合的学校发展性督导标准体系。共性指标包括依法办学与品质提升，个性指标主要是指学校的自主发展。依法办学以现代学校制度为导向，包括依法办学、自主发展、民主监督和社会参与四个方面。自主发展以目标管理为指导，以学校发展规划的编制与实行为平台，包括学校理念确立与内化、目标选择与定位、规划执行与实践；诚然，不同类型的学校，其自主发展的要求与标准是有所差异的。品质提升遵循品质管理原理，从立德树人角度对学校发展的核心价值加以引领与评估，包括学生品质、教师品质和作为组织的学校品质。

3. 建立并不断强化了"六个三"的发展性督导范式。①发展性督导构建了以"依法办学、自主发展、品质提升"为主题的"三个维度"的督导标准。②发展性督导建立了以规范化督导、特色化督导、品质化督导与校共体督导为主体的"三化一体"督导类型；规范化督导、特色化督导、品质化督导与学校发展阶段相适应，体现了学校督导的差异性与递进性；校共体督导与学校发展共同体、教育集团化等方面的教育联盟相适应，旨在保障并促进学校发展共同体的有效发展。③发展性督导主张实行自我评估、年度评估、综合评估与过程视导有机结合的"三评一导"督导机制；优化自我评估、简化年度评估、深化综合评估和强化过程视导是发展性督导体制的自我革命。④发展性督导坚持学校督导类型、年度评估、星级定位"三个自主"申报制度；突出了学校本位，实现从"要我评"到"我要评"的转型；对于参加何种类型的督导，是否接受年度评估，以及综合评估星级学校的确立等，均实行学校自主申报制度，督导组织的作用在于审核与验证。⑤发展性督导探索了由管理类、课程类、保障类兼职督学有机结合的"三学合一"的专业化的教育督导队伍建设；学校督导从外延走向内涵、从鉴定性走向发展性，必须切实加强督学队伍建设，特别要加强课程类督学队伍建设；建立了设置督学条件、实行自主申报、学校同意上报、督导组织任命培训、参与督导实践的专兼职督学队伍建设机制。⑥发展性督导实践了督导结果"三年一环"的使用方式，即一次综合督导成绩与奖惩挂钩三年一个循环的制度。

4. 创设并运用区间等级系数法。发展性督导要求在具体的督导评估实践中，除了运用直接扣分法、分列等级给分法、二次量化法外，更多地运用区间等级系数法。区间等级系数法将指标达标程度划分为从高到低的 5 个区间 20 个等级系数；区间分别用 A、B、C、D、E 表示，每个区间又划分为 4 个等级；等级系数最大值为 1，最小值为 0.05，相邻等级的系数差为 0.05。在具体的评估实践中，评估者根据采集到的全面、系统和客观的评估信息，与评估指标标准和要求相对照，首先判断该项指标的达标区间，其次判断该项指标在某一区间内达标的等级，最后用该等级系数乘以该项指标权重即为得分。

《若干意见》的实施，进一步完善了"学校发展性督导"的理论与实践，有效地推动着学校依法办学、自主发展与品质提升。2012 年温岭市荣获全国督导先进单位称号。2014 年 11 月，《中国教育报》以"一校一标，让学校百花齐放"为题，对学校发展性督导做了专题报道。中国教育新闻网、腾讯网、中国日报网、人民网、中国教育信息化网和网易教育等全国性网站分别做了转载。至此，学校发展性督导从基层走向城市，走向中国。

【链接】

关于深化与完善学校发展性督导的若干意见

温政教督〔2012〕3号

各镇（街道）中小学、市直属学校、民办学校：

根据《中华人民共和国教育法》和《教育部关于积极推进中小学评价与考试制度改革的通知》（教基〔2002〕26号）精神，我市按照《关于自主发展性学校督导评估的若干意见》（温政教督〔2003〕8号）和《自主发展性学校督导评估的实施意见》（温政教督〔2009〕9号）的要求，积极开展"学校自主发展性督导"的研究与实践，在深化学校评价制度改革，构建依法办学、自主发展的教育督导制度，实现学校内涵提升和教育和谐发展等方面，取得了一定的成效。

为了进一步贯彻落实《国家中长期教育改革和发展规划纲要(2010—2020年)》精神，构建有利于中小学"依法办学、自主管理、民主监督、社会参与"的现代学校制度，以及基础教育均衡、内涵发展与品质提升的教育督导保障机制，现就本市深化与完善中小学、幼儿园发展性督导提出如下意见：

一、深入把握学校发展性督导理念

学校发展性督导是指教育督导组织者和学校，在一定的法律法规政策前提下，以科学发展观为指导，以学校自主发展为核心，运用法治和民主的方式，对学校自主发展的理念、目标、策略、过程与水平进行诊断、指导、监控与评估，以促进学校"依法办学、自主发展、品质提升"的督导活动。

教育督导组织者和学校都是发展性督导的主体，两者的目标统一，是合作互惠的关系。科学发展是学校发展性督导的指导思想；教育的法律与法规、方针与政策的贯彻执行是学校发展性督导的基本前提；学校发展的理念与目标、策略与机制、质量与水平是学校发展性督导的主要内容；基础诊断、民主协商、目标自控、增值评估与推介创新是学校发展性督导的运行机制；"依法办学、自主发展、品质提升"是学校发展性督导的价值取向。

二、努力推进现代学校制度建设

适应时代要求和我市实际，努力构建政府、学校、社会之间新型关系，努力建设依法办学、自主管理、民主监督、社会参与的现代学校制度。

严格执行国家的教育法律、法规，全面建设标准化学校，进一步规范学校办学行为；进一步落实学校法人地位，不断扩大学校办学自主权，全面完善学校目标管理和绩效管理机制；健全教职工代表大会制度，完善科学民主决策机制，健全校务公开制度，接受师生员工和社会的监督；扩大教育开放，建立中小学家长委员会，引导社区和有关专业人士参与学校管理和监督。

积极探索适应不同类型人才成长的学校管理体制与办学模式，深入推进德育为先、能力为重、全面发展的素质教育。办好每一所学校，满足人民群众对优质教育的需求，为我市率先实现教育现代化目标奠定基础。

三、科学构建学校发展性督导标准

温岭市学校发展性督导标准包括"依法办学"（共性标准）、"自主发展"（个性标准）和"品质提升"（共性标准）三大部分（见附件1）。

"依法办学"——各级各类学校的发展，必须遵守教育的法律法规、方针政策，这是基本前提。"依法办学"的督导，侧重于现代学校制度与社会评价两个方面。现代学校制度主要包括依法办学、自主管理、民主监督与社会参与等四个项目。社会评价包括教育系统内部评价与教育系统外部评价等两个项目。

"自主发展"——学校所处的发展阶段不同，"自主发展"的理念与目标、策略与机制应有不同的要求。与学校发展阶段相适应，"自主发展"的督导，旨在引领并保障处在不同发展阶段上的学校，分别实践规范发展、特色发展和品质发展。

规范发展主要由理念设计、发展定位与科学实践等三个方面构成。规范发展是以"他律性指标"的执行为基础。"他律性指标"主要包括资源配置与利用、行政管理、队伍管理、德育管理、教学管理、科研管理与总务管理等七个项目（见附件2）。

特色发展主要由理念形成、特色定位和科学实践等三个方面构成。特色发展是以"他律性指标"和"特色性指标"的执行为基础。"特色性指标"包括特色项目指向与特色评价两个方面。特色指向为学校自主选择特色项目提供参考；特色评价的标准为"三性""六有"，即稳定性、独特性、示范性，以及有思想、有目标、有队伍、有环境、有学生、有档案（见附件3）。

品质发展主要由理念引领、规划定位和科学实践等三个方面构成。品质发展是以"自律性指标"的引领为基础。"自律性指标"主要包括现代学校制度建设、课程建设与教学改革、教师专业发展、学生健康成长、学校文化建设、资源建设与利用和特色品牌创建等七个项目构成（详见附件4）。

"品质提升"——依法办学、自主发展的最终归宿，都是服务和服从于提升学校的品质。"品质提升"的督导，主要包括学生品质、教师品质和作为一个组织的学校品质等三个项目，其中提升学生品质是品质提升的核心。

四、逐步建立"三化一体"的督导类型

与学校发展性督导标准相适应，学校发展性督导的类型设置为规范化督导、特色化督导、品质化督导与校共体督导（简称"三化一体"督导）。

规范化督导——发展目标和管理重点在于合理配置人、财、物等基本要素，努力构建组织制度，在教学、教育与管理等方面形成基本行为规范的学校（简称"规范化学校"），实施规范化督导，以引导并保障学校规范办学行为。规范化督导主要是以"依法办学"为前提，"他律性指标"为依据，"品质提升"为目标，通过

自主制定并执行学校学年工作计划，实现学校的规范发展。

特色化督导——发展目标与管理重点在于健全组织制度、巩固行为规范、稳定教育质量、凸显项目特色的学校（简称"特色化学校"），实施特色化督导，以引导并保障学校形成一定的办学特色。特色化督导以"依法办学"为前提，"他律性指标""特色性指标"为依据，"品质提升"为目标，主要通过自主制定并执行学校学年工作计划和特色项目三年发展规划，实现学校的特色发展。

品质化督导——发展目标与管理重点在于深化学校理念、创造主流价值、形成教育哲学、提升教育品质、凸显学校文化的学校（简称"品质化学校"），实施品质化督导，以引导并保障学校形成自身特有的品质与文化。品质化督导以"依法办学"为前提，"自律性指标"为依据，"品质提升"为目标，主要通过自主制定并执行学校自主发展性规划（一般为三年），实现学校的品质提升。

校共体督导——对团队学校，以公平优质、共同发展为价值取向，以"自律性指标"为依据，实施校共体督导，引导并保障校际之间的均衡发展、共同发展、持续发展（校共体督导标准另行制定）。

五、不断健全"三评一导"的督导机制

"三评一导"是指自我评估、年度评估、综合评估与过程视导有机结合的学校发展性督导机制。

优化自我评估——各级各类学校要坚持"自主为基础、反思为手段、改进为目标"的原则，要把自我评估作为反思学校教学、教育与管理的重要载体，作为构建现代学校管理机制的重要环节。自我评估包括学期自我评估、学年自我评估和周期综合自我评估。学校的自我评估至少每学年进行一次，自我评估是否及时、规范与客观，列入综合评估的成绩之中（各个督导类型的自我综合评估汇总表及其说明分别见附件5-8）。

简化年度评估——一般地，督导部门不组织统一的年度评估。即督导部门坚持"自评为基础、监控为手段、提高为目标"的原则，通过运行学校年度自我评估报告的审核与反馈制度，简化年度评估，为学校创造更加宽松的自主发展空间。

深化综合评估——坚持"自评为基础、验证为手段、优质为目标"的原则，深化综合评估。原则上，综合评估每三年为一个周期，分为四个阶段：第一阶段为学校自评，第二阶段为验证性评估（包括课堂教学水平评价），第三阶段为综合评估结果认定与公布，第四阶段为新一轮自主发展目标定位的指导与评审。综合评估中的验证性评估时间为1—2个工作日。综合评估时，学校要向督导组织递交的材料包括：相应类型星级学校的申请报告、综合评估自评报告、综合评估申报表和学校成果汇编。新一轮各级各类学校综合评估的时间，小学为2013学年末，高中、幼儿园与特教学校为2014学年末，初级中学为2015学年末。今后以此类推。

强化过程视导——坚持"自律为重点、他律为辅助、调控为目标"的原则，督导部门根据学校年度自我评估审核意见，结合基础教育发展形势以及教育行政部门

的工作重点，在依法办学、课程改革、队伍建设、轻负高质、内涵发展和个性品质等方面，强化过程视导。过程视导包括一般性过程视导与专项性过程视导。专项性过程视导的结果，以一定的比例列入综合评估成绩之中。

"三评一导"的具体技术为"先定性后定量"，采用等级区间评估法，即五等二十级（略）。

六、建立健全学校发展性督导申报制度

逐步建立健全学校发展性督导申报制度，以引导并保障不同区域、不同基础的学校，既能得到公平发展，又能不断提升自身品质。学校发展性督导申报制度主要包括督导类型申报制度、年度评估申请制度和星级学校申报制度。

自主申报督导类型——在上一个综合评估周期期末，各级各类学校要根据本校发展的传统与基础、水平与趋势，向教育督导部门提出下一周期参加何种类型的教育督导申请（见附件9），经教育督导部门审核后予以认定。

自主申请年度评估——学校可以自主地向督导部门提出年度评估申请，申请的年度评估项目由学校自主选择。教育督导部门接到学校提出的年度评估申请后，在审核自评报告的基础上，组织督学对学校的自我评估结果进行审核与认定。

自主申报星级学校——各级各类学校在自主发展周期满后，要向教育督导部门递送参加何种类型星级学校评估的申请报告。督导部门通过综合评估，对学校申报的星级学校予以验证与审核。

七、合理设置学校发展性督导荣誉称号

学校发展性督导综合评估结果的荣誉称号为"星级学校"。与督导类型相适应，"星级学校"划分为星级"规范化学校"、星级"特色化学校"、星级"品质化学校"和星级"学校共同体"四种。各种学校（共同体）星级设置见下表：

称号	三星级	四星级	五星级
规范化学校	★★★	★★★★	★★★★★
特色化学校	★★★	★★★★	★★★★★
品质化学校	★★★	★★★★	★★★★★
学校共同体	★★★	★★★★	★★★★★

一般地，参加"规范化督导"的学校，申报星级"规范化学校"；参加"特色化督导"的学校，申报星级"特色化学校"；参加"品质化督导"的学校，申报星级"品质化学校"；参加"校共体督导"的学校共同体，申报星级"学校共同体"。

下一序列的学校可以申报参加上一序列的星级学校综合评估；上一序列的学校（不含"学校共同体"）达不到同序列低星级学校标准的，下一个周期参加下一序

列的综合评估。

"星级学校"的认定原则是"纵向优质增值基础上的横向比较"。认定标准为本意见第三条涉及的相应类型的学校发展性督导标准。

八、积极探索"三学合一"的兼职督学队伍建设

探索建立由管理类、课程类、保障类兼职督学"三学合一"有机结合的温岭市教育督导队伍。兼职督学实行自主申报与组织认定相结合的办法予以聘任，聘期一般为三年。

管理类兼职督学主要承担基础诊断、规划评审、综合评估等方面的职能，主要在机关干部、现任校级领导中聘任。课程类兼职督学主要承担课堂教学水平评价、教学管理评价等方面的职能，主要在名骨干教师中聘任。保障类兼职督学主要承担依法办学、课程计划执行、资源配置与利用等方面的职能，主要在退职退休校级领导中聘任。

九、科学运用学校发展性督导结果

从下一周期开始，实行综合督导评估成绩使用三年的制度。为了避免后两个学年学校发展变化的不确定性，通过年度评估申请制度、加减分制度进行调节。

当年被评为市级（县级）以上先进集体的、在市级以上单位作专题经验推介的，或者在市级以上媒体作专题报道的学校，给予加分；一般地，每所学校最高可以加5分，具体的加分项目与权重另行制定。当年师生被公安部门行政拘留以上处罚的、师生被有关部门行政处分以上处分的，或者学校、师生被教育部门通报批评的学校，视情节与危害程度，实行减分（或降星）。加减分的具体办法另行制定。

学校发展性督导综合评估结果，作为学校考核、评优、评先的重要依据。

附件：

1. 温岭市学校发展性督导标准（略）

2. 温岭市学校发展性督导"他律性指标"（略）

3. 温岭市学校发展性督导"特色性指标"（略）

4. 温岭市学校发展性督导"自律性指标"（略）

5. 温岭市规范化学校发展性督导自我基础诊断·综合评估汇总表（略）

6. 温岭市特色化学校发展性督导自我基础诊断·综合评估汇总表（略）

7. 温岭市品质化学校发展性督导自我基础诊断·综合评估汇总表（略）

8. "温岭市规范化·特色化·品质化学校发展性督导自我基础诊断·综合评估汇总表"填表说明（略）

9. 温岭市学校发展性督导类型申报表（略）

温岭市人民政府教育督导室　温岭市教育局

二〇一二年三月十九日

第三节 现代学校教育督导的发展性

通过近 20 年的学校教育督导的实践与理论探索，笔者认为，适合现代学校发展的督导，应该是发展性督导。学校发展性督导是指教育督导组织者和学校，在一定的法律法规政策前提下，以科学发展观为指导，以学校自主发展为核心，运用法治和民主的方式，对学校自主发展的理念、目标、策略、过程与水平进行诊断、指导、监控与评估，以促进学校"依法办学、自主发展、品质提升"的督导活动。学校发展性督导的"发展性"，能够更多地体现发展的倾向与价值。发展性督导的发展倾向与发展价值，主要表现在：发展，需要突出主体地位；发展，必须基于依法办学；发展，应该立足自主自觉；发展，务必遵循趋势规律；发展，理当正视发展基础；发展，旨在追求品质提升。

一、发展，需要突出主体地位

学校，作为民事法律关系的主体，在《教育法》中的法人地位是明确的；作为一定区域内教育行政管理对象，学校的办学主体地位是模糊的。发展性督导突出学校在办学中的主体地位，有利于保障学校享有并运用民事权利；有利于学校依法承担一切因自己的行为而引起的民事责任，包括违反合同的民事责任、侵犯其他社会组织和公民个人合法权益的民事责任等。不仅如此，发展性督导突出学校的主体地位，有利于保障学校发展的自主权，激发学校发展潜能，使学校发展更加符合自身实际，更具有学校特色与个性。突出学校主体，是发展性督导的根本要求。

二、发展，必须基于依法办学

发展性督导的发展，必须基于依法办学基础之上，既要规范督导行为，也要规范办学行为。教育督导是有法可依的。《教育法》确立了教育督导的法律地位，《教育督导条例》为进一步推进教育督导体制机制改革，更好地实施依法督导提供了法律依据。学校办学是有章可循的。办什么样的学校，如何办学校，也是有国家法律、规章与文件规定的。国家为适应基础教育综合改革和教育现代化发展的需要，合理配置教育资源，创设有利于学生全面发展的办学条件和育人环境，在推进办学条件标准化、主体行为规范化等方面，对各级各类学校的办学标准、管理标准和质量标准进行了明确的规定。这些标准是各级各类学校建设、管理与校长办学的基本依据，是办学底线，更是学校发展性督导的基础性规范。依法督导、依法办学体现刚性要求、国家意志，具有他律性，是学校发展性督导的基本前提。

三、发展，应该立足自主自觉

《教育督导条例》指出，实施教育督导应当坚持"督政"与"督学"、监督与指导并重的原则。在"督学"领域，教育督导组织应当选择并运用什么样的督导理念，对学校进行监督与指导，监督与指导的核心价值是什么？作为被监督与指导的学校，除了拥有独立法人资格、依法办学以外，拥有自主发展的权利吗？笔者认为，学校的发展，更加需要办学者、教育者的主观能动性，立足自主自觉行为。学校教育督导旨在坚持学校本位理念，激发学校主体潜能，保障并促进学校的自主与健康、和谐与个性发展。立足自主自觉体现柔性诉求、学校意志，具有自律性，是发展性督导的本质所在。

四、发展，务必遵循趋势规律

一定区域内同一性质同一类型的不同学校，都存在于特定的时空之中，学校发展的基本要素、环境要素与文化要素是具体的、有差异的；学校的办学历史有长短，发展速度有快慢，发展水平有高低，呈现一定的发展规律与发展趋势。虽然国家对基础教育学校发展的要求是同一的、共性的，但是评价学校的发展水平，应该是有差异的。所以，针对学校的发展基础与发展阶段各不相同这一现实，教育督导的标准不仅仅是统一的，更应是多元、自律与开放的。统一是指学校办学必须坚持依法办学，以国家教育质量标准为指导；自律与开放是指具体评价一所学校的好坏，要根据学校自身的基础条件，确立不同的评价标准，实行"一校一标"制。尊重校际差异，遵循趋势规律，是发展性督导的活力源泉。

五、发展，理当正视发展基础

学校是具体的有差异的，不同时空下同一性质学校的发展基础与需求是有所区别的。学校发展性督导坚持学校本位理念，正视学校发展基础。校本性，是学校发展性督导的重要特征。正视学校发展的现有基础，旨在从学校实际出发，充分发扬学校发展的传统，科学利用学校发展的有利条件与因素，有效解决不利于学校发展的矛盾与问题，切实提高学校发展的整体水平。立足学校发展基础并不是墨守成规，而是引导学校关注基础教育发展的趋势与挑战，以发展的趋势与挑战激发自我潜能。

六、发展，旨在追求品质提升

发展性督导的发展倾向与发展价值，不仅仅是依法办学、自主发展，而且是发展的优质与增值，追求教育品质的提升。品质是认识、品性等方面的本质，是质量、信誉、责任和文化的集合。发展性督导追求学生品质的提升，关注学生的品德与人格、学业与素养、个性与潜能；发展性督导追求教师品质的提升，关注教师的理想与信念、师德与修养、专业与能力；发展性督导追求学校品质的提升，关注学校的资源优化与利用、课程与文化、改革与创新。追求品质提升，是发展性督导的核心价值。

　　总之，学校发展性督导的发展性，是规范与自主、刚性与柔性、他律与自律的辩证统一，体现了突出主体地位与激发主体潜能、办学行为的达标性与发展水平的增值性、凸显了生命活力与追求教育品质的和谐融合。

价值诉求

学校发展性督导具有法制性、自主性、差异性、校本性和向善性等方面的价值特征。法制性：基于依法办学，规范教育行为，是发展性督导的基本前提。自主性：立足自主自觉，激发主体潜能，是发展性督导的本质所在。差异性：尊重校际差异，遵循规律趋势，是发展性督导的活力源泉。校本性：坚持学校本位，正视发展基础，是发展性督导的重要特征。向善性：求真尚美向善，追求品质提升，是发展性督导的根本要求。

第二章　法制性：规范教育行为

学校发展性督导，必须基于依法办学基础之上，既要规范督导行为，也要规范办学行为。教育督导是有法可依的，学校办学是有章可循的。依法督导、依法办学体现刚性要求、国家意志，具有他律性，是学校发展性督导的基本前提。

第一节　教育督导的法定性

《教育法》确立了教育督导的法律地位，《教育督导条例》为进一步推进教育督导体制机制改革，更好地实施依法督导提供了法律依据。教育督导的法定性，主要体现在教育督导具有法制性与独立性、专业性与权威性等方面的特征。

一、教育督导的法定性

（一）教育督导的法定性

《教育法》确立了教育督导与评估制度的法律地位。1995 年《教育法释义》中对教育督导制度的解释："教育督导是反映县以上各级人民政府为保证国家有关教育的法律法规、方针政策的贯彻执行，教育目的的实现，对所辖地区的教育工作进行监督、检查、评估、指导的制度。"改革开放以来，国家颁布了《教育法》《义务教育法》《教师法》《职业教育法》《民办教育促进法》等一系列教育法律、法规，但要做到依法治教，必须加强对教育法律、法规执行情况的监督。依法治教是现代国家教育发展和教育管理的基本特点，教育督导属于"法制行政"的一个基本观念和范畴。建立教育督导体制，是法律化教育行政体系所规定的，是依法行政的必然要求；实施教育督导，是依法治教的本质内容。[①]

党的十八大以来，以习近平同志为总书记的党中央高度重视教育事业，强调深化教育领域综合改革，把教育督导作为依法治教的重要环节。十八届三中全会明确要求，要深入推进教育管办评分离，强化国家教育督导。十八届四中全会对深入推

[①] 陈聪富：《县（市）教育督导体制的研究》，《温岭教育督导》（内部资料）2001 年。

进依法行政、加快法治政府建设做出了一系列制度安排。十八届五中全会提出，要完善教育督导，加强社会监督，集中体现了党中央对教育工作、对教育督导的新理念、新部署、新要求，为深化教育督导改革指明了方向、提供了遵循。[①]

教育督导制度是国家的基本教育制度，是由国家法律规定的。1995 年颁布的《中华人民共和国教育法》规定："国家实行教育督导制度和学校及其他教育机构教育评估制度。"教育督导实现了有法可依。1991 年 4 月，原国家教育委员会发布了教育规章《教育督导暂行规定》，解决国家教育部教育督导团"督政"职能的合法化问题，教育督导在法制化的轨道上迈出了关键的一步。2010 年，党中央、国务院颁布教育规划纲要，提出探索建立相对独立的教育督导机构，完善督导制度和监督问责机制。2012 年，国务院颁布实施了《教育督导条例》，系统设计了我国教育督导制度，规范了教育督导的类型和程序，为进一步推进教育督导体制机制改革，更好地实施依法督导提供了法律依据。2014 年，教育督导委员会印发了《深化教育督导改革转变教育管理方式的意见》，对教育督导改革做出了总体规划，推动教育督导成为教育综合改革的重点和亮点。国家建立了包括各级各类教育的 20 余项督导评估规章制度。近三分之二的省 (区、市) 制定或修订了地方教育督导法规，天津、上海、重庆、云南、江西、新疆已颁布实施。教育督导有法可依、有规可循的局面初步形成，教育督导的法制性基本确立。

（二）教育督导的法制化

诚然，以《教育督导条例》为标志，我国教育督导工作正式步入了法制化的轨道，但是，与其他教育法律法规相比，教育督导法规尚处于起步阶段，要走的路还很长。主要表现在：一是法律条文的操作性不强。《中华人民共和国教育法》第二十五条规定："国家实行教育督导制度和学校及其他教育机构教育评估制度。"《中华人民共和国义务教育法》第八条规定："人民政府教育督导机构对义务教育工作执行法律法规情况、教育教学质量以及义务教育均衡发展状况等进行督导。"这些虽然都对实行教育督导作了规定，但是并没有明确规定教育督导的机构设置、职责范围、队伍和工作机制，因而造成了虽有法律规定，但难以执行落实的现状。二是督导条例的法律效力有限。与英国 1998 年颁布的《教育改革法》、1992 年颁布的《家长法案》和《市民法案》相比，我国 2012 年颁布的《教育督导条例》以及各地颁布的教育督导条例，存在着法律效力较弱的问题。我国教育督导的法制化以及执行力和操作性仍有待提高。

因此，一方面学校发展性督导要充分运用好现有教育督导法律法规与规章，另一方面要积极呼吁有关方面加强教育督导立法，保证教育督导的法律对违背教育法规、教育方针、教育规律的错误做法能够进行有效监督检查和制止，保证教育督导能够深入教育管理实践、课堂教学实践，引导教育管理能力提升和推动教学改革，

---

① 刘延东：《深化督导改革 提高治理能力 为加快推进教育现代化提供有力保障》，http://www.gov.cn/guowuyuan/2016-10/21/content_5122874.htm，2019 年 5 月 20 日。

促进教育督导职能的有效发挥。

二、教育督导的独立性

教育督导的独立性，主要是指教育督导机构设置的相对独立性与教育督导职能行使的独立性。从世界各国来看，教育督导机构的独立性，主要表现为完全独立型、准独立型和依附型三种形式。

完全独立的教育督导机构，仅仅限于英国、新西兰等少数国家。英国于 1992 年颁发了《家长法案》和《市民法案》，这两个法案使皇家督导团更名为英国教育标准局，并从原来的教育与就业部中独立出来，成为一个与后者平行的国家教育督导机构；它能独立开展督导工作，同时也加强了中央政府对全国教育质量的监控与评估。新西兰的教育督导机构称为教育检查办公室（Education Review Office，简称 ERO），是隶属于国会的政府部门，独立于教育部之外，专门评估全国除高等学校之外的其他学校和早期幼儿教育服务中心，其主要教育职能是监督学校的管理和幼儿教育的执行情况，向公众发布年度报告。准独立性的教育督导机构，以荷兰和俄罗斯为代表，这类国家的教育督导机构形式上归教育行政部门管辖，但督导机构相对自主，即有很大的自主权，能独立开展工作。依附型的教育督导机构，典型的国家为美国、澳大利亚、德国等，教育行政业务部门兼有行政与督导的职责。①

我国的教育督导机构具有独立性。2012 年 8 月，我国国务院办公厅印发《关于成立国务院教育督导委员会的通知》，调整优化了国家层面的教育督导机构，这标志着我国教育督导机构的正式独立设置。随后，28 个省（区、市）成立了人民政府教育督导委员会及办公室，形成了地方教育督导机构改革的基本框架，明确了教育督导相对独立的地位，增强了权威性和客观性。

《教育督导条例》第四条规定，国务院教育督导机构承担全国的教育督导实施工作，制定教育督导的基本准则，指导地方教育督导工作。县级以上地方人民政府负责教育督导的机构承担本行政区域的教育督导实施工作。国务院教育督导机构和县级以上地方人民政府负责教育督导的机构（以下统称教育督导机构）在本级人民政府领导下独立行使督导职能。这表明，我国教育督导机构具备行使职能的独立性。但是在实际操作中，教育督导机构一般隶属于同级政府的教育行政管理部门，实行经费与人事代管模式，非独立法人主体。所以，绝大部分的教育督导机构，在本质上是教育行政部门的一个中层科室，按照教育行政部门的组织部署进行督导，因而教育督导机构独立设置有名无实，独立行使权力并没有得到真正落实。因此，实施学校发展性督导，需要进一步强化教育督导机构的相对独立性。

三、教育督导的专业性

行政管理学原理要求教育督导是专业的行政监督。教育督导主要是以教育行为

---

① 彭虹斌：《教育督导机构独立性的国际比较与启示》，《外国中小学教育》2013 年第 2 期，第 1—6 页。

作为特定的监督、检查、评估和指导对象的。教育本身具有法规性与政策性、专门性与学术性、复杂性与综合性等特点，专业性很强。教育督导需要专业的教育行政监督。

《教育督导条例》第一条规定："为了保证教育法律、法规、规章和国家教育方针、政策的贯彻执行，实施素质教育，提高教育质量，促进教育公平，推动教育事业科学发展，制定本条例。"这既表明了教育督导的法规性与政策性，也表明了教育督导专业性与学术性、复杂性与综合性。

教育督导的专业性，需要专业化的人员去实施。《教育督导条例》第六条规定实行国家督学制度。第七条规定"督学应当符合下列条件：（一）坚持党的基本路线，热爱社会主义教育事业；（二）熟悉教育法律、法规、规章和国家教育方针、政策，具有相应的专业知识和业务能力；（三）坚持原则，办事公道，品行端正，廉洁自律；（四）具有大学本科以上学历，从事教育管理、教学或者教育研究工作十年以上，工作实绩突出；（五）具有较强的组织协调能力和表达能力；（六）身体健康，能胜任教育督导工作。"同时，《督学管理暂行办法》第一条规定："为强化国家教育督导，加强督学队伍建设，促进督学管理科学化、规范化、专业化，提高教育督导工作质量和水平，保障教育事业科学发展，根据《教育督导条例》，制定本办法。"第六条规定："督学除符合《教育督导条例》第二章第七条的任职条件外，还应适应改革发展和教育督导工作需要，达到下列工作要求：……（二）熟悉教育督导业务，掌握必要的检查指导、评估验收以及监测方面专业知识和技术。"

督学人员的专业化任重而道远。督学（教育督导人员）专业化是指教育督导工作者在整个专业生涯中，通过终身专业训练，学习督导专业知识技能，实施专业自主，表现专业道德，并逐步提高自身专业素质，成为一个良好的督导工作者的专业成长过程，也就是一个从"普通人"变成"督学"的专业发展过程。面对学校发展性督导，督学队伍的重构和素质提高是关键问题。[①]实现教育督导的专业化，教育督导机构要制定并实施督学准入与培训制度；督学要树立与时俱进的教育督导理念，掌握深厚扎实的督学专业知识，具有胜任发展性督导的能力；有关高等教育学校要设立相关的教育督导专业，专门培养与培训教育督导人员。

四、教育督导的权威性

教育督导的权威性，主要表现为法律赋予的、专业的行政监督权力，包括教育督导依据的法定性、内容的法规性、主体的行政性和结果的约束性；其次表现为督学及其工作人员展示的专业的学术指导权力。

就教育督导依据而言，《教育督导条例》对教育督导的性质、职能、原则、机构，以及督学、教育督导实施及其法律责任等方面都做了明确的规定，构成了完整规范的体系，具有法定性，为教育督导提供了法律依据。就教育督导内容而言，教育督

---

① 陈聪富：《学校发展性督导》，浙江大学出版社 2009 年版。

导除对教育法律、法规执行情况进行监督外，还可依法对同级政府的职能部门、下级人民政府的教育经费预算编制、教育经费投入管理和使用情况，以及社会普遍关注的教育问题等进行监督，具有很强的刚性。就教育督导主体而言，《督学管理暂行办法》第四条规定"专职督学由县级以上人民政府按照干部人事管理权限和程序任命，兼职督学由县级以上人民政府教育督导机构根据教育督导工作需要聘任，并颁发聘书和督学证"，说明了教育督导主体的行政性。就教育督导结果而言，《教育督导条例》明确规定督导结论作为考核、奖惩依据，并承担相应的法律责任，具有相当的约束性。如《教育督导条例》第二十四条规定："县级以上人民政府或者有关主管部门应当将督导报告作为对被督导单位及其主要负责人进行考核、奖惩的重要依据。"《教育督导条例》第四章对被督导单位及其工作人员、督学或者教育督导机构工作人员的法律责任做出了明确规定，进一步增强了教育督导的权威性。

当然，教育督导的权威性，仅有法律赋予的、专业的行政监督权力是远远不够的。教育督导机构必须通过督学队伍的专业化、保障督学的话语权、扩大督学的学术影响力等途径，进一步提高教育督导的权威性。

第二节　学校办学的规定性

办什么样的学校，如何办学校，是由国家法律、规章与文件规定的。国家为适应基础教育综合改革和教育现代化发展的需要，合理配置教育资源，创设有利于学生全面发展的办学条件和育人环境，在推进办学条件标准化、主体行为规范化等方面，对各级各类学校的办学标准、管理标准和质量标准进行了明确的规定。这些标准既是各级各类学校建设与管理的依据，更是学校发展性督导标准中的基础性规范。

一、办学条件标准化

办学条件标准化，是指国家或省级地方政府，通过颁发各级各类学校办学标准，作为各级人民政府规划和建设学校、配备学校教育装备以及管理学校的依据；是有关部门编制、评估和审批学校建设项目建议书、可行性研究报告、校园规划设计和建设用地的依据，也是对学校办学条件是否达到相关标准进行督导评估的依据。

20世纪90年代以来，国家已经出台并实行的相关学校的设置与规划、建设用地、校舍建设、装备条件、师资配备等方面的建设、管理与督导评估标准主要有：

1.《农村普通中小学校建设标准（试行）》（建标〔1996〕640号）

2.《城市普通中小学校舍建设标准》（建标〔2002〕102号）

3.《教育部关于进一步推进义务教育均衡发展的若干意见》（教基〔2005〕9号）

4.《关于实事求是地做好农村中小学布局调整工作的通知》（教基〔2006〕10号）

5.《中小学理科实验室装备规范》（JY/T 0385—2006）

6.《初中理科教学仪器配备标准》（JY/T 0386—2006）

7.《小学数学科学教学仪器配备标准》（JY/T 0388—2006）

8.《中小学校建筑设计规范》（GBJ 99—86）

9.《学校课桌椅功能尺寸》（GB/T 3976—2002）

10.《中小学图书馆（室）规程（修订）》（教基〔2003〕5号）

11.《小学、中学体育器材设施配备目录》（教体艺厅〔2002〕11号）

12.《中小学体育器材和场地国家标准》（GB/T 19851—2005）

13.《国家学校体育卫生条件基本标准（征求意见稿）》（教体艺司〔2007〕32号）

14.《九年义务教育阶段学校音乐、美术教学器材配备目录》（教体艺厅〔2002〕17号）

15.《初、中等学校校园网建设规范》（教基司〔1999〕15号）

各省、市人民政府根据国家的相关建设标准，结合本省实际，出台了各级各类学校办学标准。如浙江省于2011年出台并实施了《浙江省义务教育学校标准化学校基准标准》；江苏省、湖南省均出台了《义务教育学校办学标准（试行）》；山东省于2017年1月1日，出台了《山东省普通中小学办学条件标准（试行）》。这些标准的出台与实施，进一步强化了学校办学的规定性。

二、课程计划刚性化

课程计划也称为教学计划，是课程设置与编排的总体规划，它是根据教育目的和不同层次和类型学校的培养目标，由国家教育主管部门制订的有关学校教育教学工作的指导性文件，是对学校的教学和各种教育活动做出的全面安排，具体规定了学校应设置的学科门类及活动，以及它们的开设顺序及课时分配，并对学期、学年、假期进行划分。课程计划体现了国家对学校的统一要求，是办学的基本纲领和主要依据，是编制课程标准和编写教科书的依据，具有强制性、基础性与科学性等方面的特征，是指导、监督、检查与评估学校管理教育教学工作的依据。

课程计划一般遵循如下几个基本原则：第一，保证教育目的、培养目标的实现。课程计划的制定必须保证学生在德、智、体、美、劳等诸方面都得到全面、和谐的发展，为其毕业后升入高一级学校深造或参加社会主义建设打好坚实基础。在课程设置上要体现基础性、全面性、时代性，即在加强基础学科教学的同时，适时地拓宽和更新原有的科目，保持各类学科之间的协调平衡，以全面培养和提高学生各方面的素质，为其成为国家的栋梁之材打好基础。第二，依据科学的课程理论，以教学为主合理安排各类课程和各项活动。把学科课程和活动课程，分科课程和综合课程，普通文化课程和职业技术课程等有机地结合起来，根据各类课程和各类活动的地位、作用、特点以及它们之间的内在联系，统筹合理地安排其教学顺序和教学时数，以体现课程结构的完整性。第三，注意学段之间的相对完整性和衔接性。课程计划的制定考虑初中、高中两个阶段的相对完整性，使每个阶段的学生都能受到比较完整的全面教育，为其顺利就业打好基础。同时，这两个阶段的教育又要相互衔接，在课程设置和教科书内容上要妥善安排，减少不必要的循环和重复，以保证青少年继续学习和深造。第四，统一性和灵活性相结合。在制定课程计划时，就要考虑地方的特点，允许有因地、因校制宜的部分，具有一定灵活性，适应学生身心发展的规律，同时，还要考虑学生发展的一般特点和个别差异，把统一要求与因材施教结合起来，以使学生的个性得到充分发展。

三、课程标准行政化

课程标准是国家根据课程计划编写的有关某门学科的内容及实施、评价的指导行文件。课程标准（在美国通常用 Academic Benchmark 表示）是规定某一学科的课程性质、课程目标、内容目标、实施建议的教学指导性文件。新课程标准（简称"新课标"）是国家课程的基本纲领性文件，是国家对基础教育课程的基本规范和质量要求。新一轮课程改革将我国沿用已久的教学大纲改为课程标准，反映了课程改革所倡导的基本理念。基础教育各门课程标准的研制是基础教育课程改革的核心工作，经过全国近 300 名专家的共同努力，18 种课程标准实验稿正式颁布，标志着我国基础教育课程改革进入新的阶段。

课程标准是国家意志的体现，是主流意识形态的体现。课程标准渗透社会主义核心价值观，具有鲜明的民族性和时代性，体现了正确的政治价值；课程标准关注青少年心智结构特点，突出能力要求，具有引领教学改革的科学价值；课程标准关注社会发展，重视劳动和实践，强调紧密结合生活实际，具有培养合格公民的社会价值。[①]

课程标准是国家课程的基本纲领性文件，是国家对基础教育课程的基本规范和质量要求，是教材编写、教学、评估和考试命题的依据，是国家管理和评价课程的基础。它体现国家对不同阶段的学生在知识与技能，过程与方法，情感、态度与价值观等方面的基本要求，规定各门课程的性质、目标、内容框架，提出教学和评价建议。我国实行国家课程、地方课程与校本课程三级课程体系。

（一）国家课程、地方课程与校本课程

"改变课程管理过于集中的状况，实行国家、地方、学校三级课程管理，增强课程对地方、学校及学生的适应性。"[②]国家课程是由中央教育行政机构编制和审定的课程，其管理权属中央级教育机关。国家课程是一级课程，有广义和狭义之分。从广义上来说，是指国家有关部门制定和颁布的各种课程政策，比如教育部制定、颁布的课程管理与开发政策、课程方案，各类课程的比例和范围，教材编写、审查

---

① 朱雪梅：《课程标准的价值》，《江苏教育》2017 年第 74 期，第 68—70 页。
② 教育部：基础教育课程改革纲要（试行），http://www.gov.cn/gongbao/content/2002/content_61386.htm，2019 年 5 月 11 日。

和选用制度等。从狭义上来说，是指国家委托有关部门或机构制定的基础教育的必修课程或称核心课程的课程标准或大纲。无论是广义的国家课程还是狭义的国家课程，都集中体现了国家的意志，是决定一个国家基础教育质量的主要因素。因此，国家课程具有统一规定性和强制性。[①]

地方课程又称地方本位课程，是指地方各级教育主管部门根据国家课程政策，以国家课程标准为基础，在一定的教育思想和课程观念的指导下，根据地方经济、政治、文化的发展水平及其对人才的特殊要求，充分利用地方课程资源而开发、设计、实施的课程。地方课程作为国家基础教育宏观课程结构中的重要组成部分，它既是国家课程的有机补充，又是学校课程的重要依据，具有地域性、民族性、文化性、针对性、灵活性、适切性、开放性、探究性与建构性等特征。地方课程与国家课程、校本课程有机地结合在一起，构成了完整的学校课程体系，共同担负着培养学生科学与人文素养、创新精神与实践能力、国际视野与民族精神、社会责任感与历史使命感的责任，对完善基础教育课程体系、推进学校多样化与特色化、促进学生全面而有个性的发展起着不可估量的作用。[②]地方课程也有广义和狭义之分。广义的地方课程是指在某一地方实施和管理的课程，既包括地方对国家课程的管理和实施，也包括地方自主开发的只在本地实施的课程；而狭义的地方课程专指地方自主开发、实施的课程。在一般情况下，人们所谈的地方课程都是狭义的地方课程。省级教育行政部门是地方课程的规划主体，具有对本省地方课程设置的决策权；是地方课程的审定主体，具有对地方课程教材等教学资源的审定权；是地方课程的统筹主体，要对地方课程开发过程进行统筹协调。市、县级教育行政部门是教学资源的开发主体，即组织力量进行地方课程教材的编写及其他教学资源的开发。学校是地方课程的实施主体。总之，地方课程开发主体是一个由不同层次形成的结构。

校本课程（School-based Curriculum）即以学校为本位、由学校自己确定的课程，它与国家课程、地方课程相对应。校本课程是学校自主决定的课程，它的开发主体是教师。教师可以与专家合作，但不是专家编写教材，由教师用。教师开发课程的模式是实践——评估——开发，教师在实践中，对自己所面对的情景进行分析，对学生的需要做出评估，确定目标，选择与组织内容，决定实施与评价的方式。目前，校本课程开发的主体是教师小组，而不是单个教师。校本课程也有广义和狭义之分。广义的校本课程指的是学校所实施的全部课程，既包括学校所实施的国家课程、地方课程，也包括学校自己开发的课程。而狭义的校本课程专指校本课程，即学校在实施好国家课程和地方课程的前提下，自己开发的适合本校实际的、具有学校自身特点的课程。目前，人们习惯性地将学校自己开发的课程称为校本课程，以区别于广义的学校课程。校本课程的开发，主要是针对国家课程开发，以学校为基地进

① 许洁英：《国家课程、地方课程和校本课程的含义、目的及地位》，《教育研究》2005年第8期，第32—35页。
② 浙江省教育厅办公室：《浙江省基础教育地方课程建设指导意见》，http://www.zjedu.gov.cn/，2019年5月11日。

行地方性、特色性等课程的开发，实现课程决策民主化。国家在作课程计划时应该把一部分权力下放给学校，强调学校、地方一级的课程运作，主张学校的教师、学生、学生家长、社区代表等参与课程的决策。校本课程开发是学校课程管理的组成部分，它需要有领导的支持，专家的指导，教师的努力和参与，需要得到全社会的理解、支持和评价。

（二）必修课程、选择性必修课程与选修课程

《普通高中课程方案（2017年版）》[①]规定，普通高中课程由必修、选择性必修、选修三类课程构成。必修课程，由国家根据学生全面发展需要设置，所有学生必须全部修习。选择性必修课程，由国家根据学生个性发展和升学考试需要设置。参加普通高等学校招生全国统一考试的学生，必须在本类课程规定范围内选择相关科目修习；其他学生结合兴趣爱好，也必须选择部分科目内容修习，以满足毕业学分的要求。选修课程，由学校根据实际情况统筹规划开设，学生自主选择修习。其中，一部分是国家在必修和选择性必修基础上设计的拓展、提高及整合性课程；一部分是学校根据学生的多样化需求，当地社会、经济、文化发展的需要，以及学校办学特色等设计的校本课程。

（三）基础性课程与拓展性课程

《浙江省教育厅关于深化义务教育课程改革的指导意见》[②]指出，义务教育课程分为基础性课程和拓展性课程。基础性课程是指国家和地方课程标准规定的统一学习内容；拓展性课程是指学校提供给学生自主选择的学习内容。各地和学校要按规定开齐开好基础性课程，确保每一个学生具备适应社会必需的思想道德素质、科学文化素质和健康素质。积极探索拓展性课程的开发、实施、评价和共享机制，体现地域和学校特色，突出拓展性课程的兴趣性、活动性、层次性和选择性，满足学生的个性化学习需求。每学年拓展性课程课时占总课时的比例：一至六年级15%左右，七至九年级20%左右。拓展性课程可分为知识拓展、体艺特长、实践活动等三类。①知识拓展类课程包括学科研究性学习、学科专题教育、地方历史和文化教育等课程，旨在拓展学生的知识面，激发学生的学习兴趣。②体艺特长类课程包括体育、艺术、健康教育、生活技艺等课程，旨在帮助学生培养兴趣爱好，养成良好的生活习惯和高雅的生活情趣。③实践活动类课程包括信息技术、劳动技术、科技活动、调查探究、社会实践等课程，旨在引导学生探究自然、体验生活、了解社会，着重培养学生动手实践、科学探究、团结协作、服务社会的能力。

---

① 教育部网站：《普通高中课程方案（2017版）》，http://www.moe.gov.cn/srcsite/A26/s8001/201801/t20180115_324647.html，2019年5月11日。
② 浙江省教育厅：《浙江省教育厅关于深化义务教育课程改革的指导意见》，http://jyt.zj.gov.cn/art/2015/3/31，2019年5月11日。

四、教育行为规范化

教育行为有广义与狭义之分。广义的教育行为的主体，包括学校管理者、学校办学者，以及社会相关参与者。狭义的教育行为的规范化，主要是指学校、教师与学生等行为主体的规范化，即将自身符合法律法规和有关规章制度的行为外化的活动。依法办学的外在表现，就是主体行为的规范化。

办学条件标准化，是办好学校最为基本的外部条件，是学校办学规定性的硬件要求。教育行为的规范化，是指在具体的管理与教育教学过程中，必须使自身的管理、教育与教学行为符合教育的法律、法规与规章，符合国家的教育方针和政策，按法律、制度办事，这是学校办学规定性的基础软件。

（一）认真执行国务院颁发的基础教育规章

各级政府、教育行政部门和学校在办学过程中，除严格执行宪法、教育法律外，还要认真执行实践上级政府的教育行政法规。如检阅教育部网站时发现，2015年以来国务院颁发的基础教育行政法规，主要有以下几项：

1.《关于全面加强和改进学校美育工作的意见》（国办发〔2015〕71号），2015年9月15日

2.《关于进一步完善城乡义务教育经费保障机制的通知》（国发〔2015〕67号），2015年11月25日

3.《关于强化学校体育促进学生身心健康全面发展的意见》（国办发〔2016〕27号），2016年4月21日

4.《关于统筹推进县域内城乡义务教育一体化改革发展的若干意见》（国发〔2016〕40号），2016年7月2日

5.《关于鼓励社会力量兴办教育促进民办教育健康发展的若干意见》（国发〔2016〕81号），2016年12月29日

6.《关于印发国家教育事业发展"十三五"规划的通知》（国发〔2017〕4号），2017年1月10日

7.《关于加强中小学幼儿园安全风险防控体系建设的意见》（国办发〔2017〕35号），2017年4月25日

8.《关于印发对省级人民政府履行教育职责的评价办法的通知》（国办发〔2017〕49号），2017年5月31日

（二）准确把握教育部印发的基础教育规章

又如检阅教育部网站时发现，2012年以来，教育部颁发的涉及基础教育管理、教育与教学的政策、标准和意见等方面的规章文件，主要有以下几项：

1.《县域义务教育均衡发展督导评估暂行办法》（教督〔2012〕3号），2012年1月20日

2.《学前教育督导评估暂行办法》（教督〔2012〕5 号），2012 年 2 月 12 日

3.《幼儿园教师专业标准（试行）》《小学教师专业标准（试行）》和《中学教师专业标准（试行）》（教师〔2012〕1 号），2012 年 9 月 13 日

4.《中小学心理健康教育指导纲要（2012 年修订）》（教基一〔2012〕15 号），2012 年 12 月 11 日

5.《深化教育领域综合改革的意见》（教改〔2013〕1 号），2013 年 1 月 29 日

6.《义务教育学校校长专业标准》（教师〔2013〕3 号），2013 年 2 月 16 日

7.《关于全面深化课程改革落实立德树人根本任务的意见》（教基二〔2014〕4 号），2014 年 4 月 8 日

8.《普通高中校长专业标准》《中等职业学校校长专业标准》《幼儿园园长专业标准》（教师〔2015〕2 号），2015 年 1 月 12 日

9.《关于深入推进教育管办评分离 促进政府职能转变的若干意见》（教政法〔2015〕5 号），2015 年 5 月 6 日

10.《中小学生守则（2015 年修订）》（教基一〔2015〕5 号），2015 年 8 月 25 日

11.《依法治教实施纲要（2016—2020 年）》（教政法〔2016〕1 号），2016 年 1 月 11 日

12.《县域义务教育优质均衡发展督导评估办法》（教督〔2017〕6 号），2017 年 4 月 26 日

13.《幼儿园办园行为督导评估办法》（教督〔2017〕7 号），2017 年 4 月 26 日

14.《中小学德育工作指南》（教基〔2017〕8 号），2017 年 8 月 22 日

15.《中小学综合实践活动课程指导纲要》（教材〔2017〕4 号），2017 年 9 月 27 日

16.《义务教育学校管理标准》（教基〔2017〕9 号），2017 年 12 月 05 日

以上这些教育行政法规、规章与文件，是地方各级政府、教育行政部门和各级各类学校的管理、教育与教学行为法规化的主要依据，也是教育督导机构依法督导的主要标准。

（三）科学执行地方政府、教育行政部门的相关规章和规范性文件

一般地，国家的教育意志内化为基层学校的教育行为，各省、市、县人民政府和教育行政部门都要结合本省、市、县的实际情况，发布地方性规章或规范性文件；并且这些规章或规范性文件是对下级地方人民政府、教育行政部门或学校进行考核与评估的主要依据或标准。因此，学校发展性督导主张各级教育行政管理者、学校办学者以及社会相关教育者，要认真贯彻、科学执行各级地方政府、教育行政部门的相关规章和规范性文件，摆脱政府是大校长的状况，根据学校发展实际情况，能动地执行地方政府、教育行政部门的教育行政信息。

查阅浙江省教育厅网站的"规范性文件"栏目，2010 年以来，涉及基础教育

的规范性文件主要包括：

1.《浙江省民办学校教师队伍建设实施办法》（浙教人〔2018〕32号），ZJSP 04-2018-0005

2.《进一步规范义务教育阶段公办学校学区划分、调整和招生入学工作的意见》（浙教基〔2018〕19号），ZJSP 04-2018-0001

3.《关于深化义务教育课程改革的指导意见》（浙教基〔2015〕36号），ZJSP 04-2015-0002

4.《浙江省幼儿园等级评定实施办法》和《浙江省幼儿园等级评定标准》（浙教学前〔2014〕62号），ZJSP 04-2014-0006

5.《关于进一步加强督学责任区工作的意见》（浙教督〔2012〕175号），2012年1月7日

6.《浙江省教育厅关于印发〈浙江省普通高中特色示范学校建设标准（试行）〉的通知》（浙教基〔2011〕157号），ZJSP 04-2011-0007

7.《浙江省中小学教师专业发展培训若干规定（试行）》（浙教师〔2010〕175号），ZJSP 04-2010-0009

（四）严格区分规范行为与不规范行为

学校管理者、教育与教学者等行为主体，在具体的管理与教育教学过程中，必须使自身的管理、教育与教学行为规范化，即各级各类学校要严格执行教育的法律、法规与规章，国家的教育方针和政策，按法律、制度办事，这是学校办学规定性的基础软件。为了更好地帮助读者理解主体行为的规范化，现将各类行为主体的规范与不规范行为举例如下：

1. 各类主体的规范行为。学校层面的规范行为主要表现为：①管理制度完善健全，即依法制定学校章程、管理制度；②管理体制完善；③办学活动依法规范，如招生、收费规范，课程计划、作息时间符合规定要求，完善学校内部财务、会计和资产管理制度，严格执行国家有关收费的规定，健全监督机制，依法管理好学校法人财产；④民主管理机制健全；⑤保障教师权益，依法聘任教师；⑥学生权益得到尊重和维护；⑦法制宣传教育成效明显；⑧依法治校工作机制健全。

教师层面的规范行为主要体现在：①教学教育行为规范；②思想政治行为规范；③教师与学生之间的人际行为规范；④教师之间的人际行为规范；⑤教师与行政领导之间的人际行为规范；⑥教师与学生家长之间的人际行为规范；⑦教师衣着服饰规范；⑧教师举止处事规范；⑨教师言语行为规范。

学生层面的规范行为，主要是指学生的行为既要符合国家的法律与法规规定的要求，也要符合《中小学生守则》《中小学生日常行为规范》以及《学校规章制度》规定的要求。[1]

---

[1] 陈聪富：《学校发展性督导》，浙江大学出版社2009年版。

2. 各类主体的不规范行为。学校层面的不规范行为主要表现为：①未能严格按照国家和省教育行政部门规定的课程、课时计划编制课程表、课外活动表及合理的作息时间表；②中小学流动生管理违反省、市学籍管理规定；③违规进行招生宣传，搞不正当生源竞争，超出规定的规模、班额、学片、分数线招生；④财务制度不健全，财物管理混乱；⑤教学用书超出省定目录范围和有关规定，自行选择，甚至购用盗版教材，滥发乱用教辅资料，加重学生课业与经济负担；⑥校内传播有暴力、凶杀、迷信、淫秽、反动内容的图书报刊、音像制品，学校对赌博、酗酒、不健康的书刊、影视、歌曲和封建迷信活动在学生中造成的不良影响抵制不力；⑦学校发生交通、溺水、火灾、触电、食物中毒、挤死挤伤、砸死砸伤学生和被盗等安全责任事故及刑事案件，且不按规定时限上报，造成不良影响。

教师层面的不规范行为主要表现为：①教师的消极行为。如对生活缺乏热情、思想认识激进、偏激甚至消极，个人理想及社会理想模糊，理想色彩及完美色彩浓重；对学校的制度、活动缺乏正确认识，执行上打折扣或者有应付、拖拉之嫌。②教师的不道德行为。首先，表现在对学生思想的侵犯方面，即教师在教育教学中的"自由主义"和"新自由主义"行为，使教坛成为阐述个人世界观、人生观、价值观的舞台，课堂成为个人自由思想出售的市场。其次，表现在对学生精神上的压迫方面。部分教师出于维护集体荣誉、完善个人形象等"良好"动机强迫学生按照他的思维去想、去做。③教师侵权行为。侵犯受教育权，如随意占用学生上课时间、要求学生退学、不许学生听课等；侵犯学生人格尊严，某些教师对学生进行侮辱、诽谤和诬告陷害；侵犯身体健康权，如直接责打学生、代行体罚或自罚；侵犯人身自由权，如无故拖堂、限制学生正当活动、非法搜查等；侵犯隐私权，如隐匿、毁弃或私自拆看学生信件，随意公开学生家庭隐私及成绩排行；侵犯财产权，如损坏学生财物、乱罚款乱收费或变相收费、向学生索礼索物等。

学生层面的不规范行为主要表现为学生违背《中小学生守则》《中小学生日常行为规范》《学校规章制度》等方面的行为。① 对学校、教师和学生的规范行为要不断巩固与发扬，使之成为学校成员共同的价值观。对学校、教师和学生的不规范行为，教育督导组织必须要求学校限期整改到位。对违法情节严重者，转交有关部门，按照有关纪律与法规要求进行处理。

---

① 陈聪富：《学校发展性督导》，浙江大学出版社 2009 年版。

第三章 自主性：激发主体潜能

《教育督导条例》指出，实施教育督导应当坚持"督政"与"督学"、监督与指导并重的原则。在"督学"领域，教育督导组织应当选择并运用什么样的督导理念，对学校进行监督与指导，监督与指导的核心价值是什么？作为被监督与指导的学校，除了拥有独立法人资格、依法办学以外，拥有自主发展的权利吗？笔者认为，学校的发展，更加需要办学者、教育者的主观能动性，立足自主自觉行为。学校教育督导旨在坚持学校本位理念，激发学校主体潜能，保障并促进学校的自主与健康、和谐与个性发展。立足自主自觉体现柔性诉求、学校意志，具有自律性，是发展性督导的本质所在。

第一节 内化学校本位理念

我国自恢复教育督导评估制度以来，教育督导评估理念受计划经济思想和应试教育影响，使督导评估变成了教育行政权威的象征，督导评估的目的是通过外部统一刚性的诊断性评估，划分学校的等级。这种督导评估的结果只是促进了少数学校的发展，并没有调动被评估主体的主观能动性，反而挫伤了被评估主体的自主发展性。因此，学校发展性督导，首先追求学校是否成为教育督导的主体，是否激发了学校参与教育督导的积极性、主动性与创造性，教育督导是否真正保障了学校的依法办学；是否真正促进了学生发展、教师发展和学校发展，追求教育督导是否真正保障了基础教育质量的国家标准；是否真正促进了学生按照"三个面向"的要求来发展综合素质与关键能力，这里涉及学校发展性督导的核心理念与主要内涵等方面的问题。

一、学校发展性督导的核心理念

理念是指导人们行动和实践的思想、信念、理想。有什么样的理念就有什么样的实践范式。教育督导理念要回答以什么样的理论与实践范式，来促进和推动某一区域内的基础教育质量向教育目标所期望的方向持续、和谐、有效发展。首先，坚持主体发展观，尊重被督导主体，全面调动被督导主体的自我规划、自我监控、自我评估、自主发展的积极性、主动性与创造性，挖掘发展潜力，塑造发展品质，树立通过督导评估的指导和服务，使学校发展特色化、教师发展专业化、学生发展个性化的理念。其次，坚持内涵式督导，重点关注学校教育质量，由督导学校客观环境条件转向为教师教学服务和发展学生综合素质，坚持全面质量观。第三，坚持均衡发展观，面向全体，办人民满意的教育。通过督导评估，所有学生、教师、学校在原有基础上，朝着自我发展目标，得到不同程度的发展和进步，实现学校发展均衡化、教师专业发展最优化、学生能力发展全面化。

因此，在"督学"这一层面上，我国的当务之急是建构科学的学校督导的核心理念。笔者认为，"以学校的自主发展为本"是学校发展性督导的核心理念。"以学校的自主发展为本"这一核心理念，主要包括以下四个方面的内容：

（一）学校发展性督导的逻辑起点

一定时期内不同区域同一性质的学校，其办学历史、生源基础、教育装备与发展水平是各不相同的。学校发展性督导必须尊重每一所学校的发展基础与发展水平，这个基础与水平是学校发展性督导的逻辑起点。

（二）学校发展性督导的最高价值

学校发展的内容是多方面的，某一周期内学校发展的优先项目与优势项目，是学校的最近发展区和最优发展区，学校发展性督导在于指导并帮助学校找到并实践学校的最近和最优发展区。学校纵向发展的态势与水平，决定着学校的办学质量与办学水平的高低，学校发展性督导的最高价值，在于追求学校教育品质的提升。学生、教师是学校发展的最重要元素，实现每一所学校发展的品质提升，本质上是实现每一位学生、每一位教师的品质提升。

（三）学校发展性督导的核心内容

构成学校发展的要素与内容是多方面的，影响学校发展的因素是复杂的。但是，学校发展的根本利益与根本目标是学生发展；学校发展的重要资源与杠杆是教师发展；学校发展的根本条件是组织的学习能力。学校发展性督导旨在形成"每一位学生都是发展的学生、每一位教师都是发展的教师、每一所学校都是发展的学校"的文化氛围，使所有学生、教师、学校在原有基础上，得到科学发展、优质发展与个性发展。建设保障并促进学生发展、教师发展和学校发展的督导文化，是学校发展性督导的核心内容。

（四）学校发展性督导的关键环节

治理是学校发展的重要生产力；个性化、品质化是学校发展的生命之路。促进学校管理改革，建立现代学校制度，实现学校治理体系与治理能力的现代化，是学校发展性督导的关键环节。

二、学校发展性督导的主要内涵

那么，什么是学校发展性督导？笔者认为，"学校发展性督导是指教育督导组织者和学校，在一定的法律法规政策前提下，以学校的自主发展为本，以科学发展观为指导，运用法治和民主的方式，对学校自主发展的理念与目标、策略与措施、过程与水平，进行诊断、指导、监控与评估，以促进学校依法办学、自主发展、品质提升的督导活动"。理解"学校发展性督导"这一概念，应从以下六个方面把握其主要内涵。

（一）倡导主体多元统一

教育督导组织者和学校都是学校发展性督导的主体，他们的目标统一，地位平等，是合作互惠的关系。学校教育活动的主体是教师和学生，家长和社区也是学校教育的组成部分。从这一意义上说，教师、学生、家长和社区都是学校发展性督导的主体，要充分发挥他们在教育督导中的作用。

这就是说，学校发展性督导强调教育督导组织与学校以及教师和学生各个主体之间的有机统一。教育行政部门以学校自主发展为主体，在促进学校规范管理、科学管理的基础上，丰富学校发展的内涵，张扬学校的个性特色。学校以教师自主发展为主体，充分发挥教师的主导作用，在构建高素质教师队伍的过程中，营造学者型、科研型的教师群体。教育者以学生自主发展为主体，在激发学生学习积极性、主动性和创造性的过程中，促成全体学生主动、自由、全面、和谐发展。

（二）坚持学校本位理念

学校发展性督导始终坚持"以学校的自主发展为本"的核心理念，突出学校发展的主体地位，激发学校发展的主观潜能，调动学校办学的主动性、积极性与创造性。

（三）主张法治民主思想

学校自主不等于放任自由。学校发展性督导主张学校发展的法治性，学校教育必须以教育的法律、法规、方针政策为前提，是行政化、统一性的主要标志，是衡量学校是否依法办学的重要依据。学校发展性督导主张学校发展的民主性，学校发展是学校与政府、学校与社会以及学校内部之间的互动协商、参与交流、共同提高的过程。坚持法治与民主的辩证统一，努力实践学校治理体系与治理能力的现代化，是学校发展性督导的基本方式。

（四）强调全程全面督导

学校发展性督导既在学校发展的顶层设计方面引领、指导和评价学校的发展理念、目标定位；又在发展过程层面监控学校规划与计划的执行，发展策略的实施；

更在发展结果层面综合评估学生、教师和作为社会组织的学校的品质提升水平。

（五）注重运行机制科学

学校发展性督导与传统督导不同，学校发展性督导更加关注结果评估之前的诊断与指导。基础诊断、指导服务、监控检查与综合评估，是学校发展性督导的主要实施策略与运行机制。

（六）突出自身价值导向

学校发展性督导追求自主向善价值，突出坚持依法办学、促进自主发展、保障品质提升的价值导向。依法办学是底线，自主发展是潜能，品质提升是目标。具体阐述见下一节内容。

第二节　追求自主向善价值

学校发展性督导，不是对传统"鉴定性评估"共同标准和规范的简单否定和抛弃，而是基于基本规范之上，凭借主体潜能，围绕向善目标，对共同规范的创新与超越，具有法治性、自主性、向善性等方面的核心价值。

一、法治性：实施依法办学

以学校的自主发展为本，并不意味着学校发展没有规范，依法办学是学校自主发展的基本前提。学校发展性督导首先要监督、检查、指导学校自觉遵守国家的法律法规，认真贯彻教育方针政策，严格执行国家课程计划，有效建设学校规章制度，促成学校依法办学，教师依法执教，学生依法学习。

二、自主性：促进自主发展

发展性督导在保障学校、教师和学生依法行使民主权利的基础上，努力确保学生学习自主、教师教学自主和学校办学自主，努力实现学生、教师和学校的全面发展、个性发展、持续发展，而终极目标是学生的自主发展。

三、向善性：追求品质提升

品质提升是依法办学、自主发展的最终归宿。保障品质提升，主要保障学生品质、教师品质和作为一个组织的学校品质等三个品质的提升，其中提升学生品质是品质提升的核心。具体内容见第六章"向善性：追求品质提升"。

第三节　实践一校一标机制

　　自主性，学校发展性督导的本质属性。学校发展性督导追求学校的发展环境、发展要求是自主的，并不是外部强加的；强调学校的发展内容、发展目标是符合学校实际的、个性的，并不是由外部统一制定的。自主性的外在表现形式为一校一标制。而主体独立性、自觉能动性、个性倾向性与优质增值性，是自主性内在特征的具体表现。

一、一校一标制

　　学校发展性督导实行一校一标制。一校一标制是指一所学校自主选择一个督导标准的机制，即任何一所学校，在依法办学的前提下，通过自选督导类型、自定发展目标、自订发展规划、自践发展策略、自控发展过程的方式，实现学校的品质提升的制度。其间教育督导组织的主要职能体现在：一是为学校自定目标提供发展指南；二是对学校的规划定位与编制进行评审认定；三是对学校的规划执行程度与品质提升水平进行综合评估验收。具体内容参照本书第三部分"标准研制"。

【链接】

"一校一标"让学校百花齐放 [①]

　　在学校发展性督导制度环境下，经过 12 年的不懈努力，温岭已形成较为健全的"一校一标"运行机制，在学校建设的引领性、学校发展的递进性、督导类型的系统性、评估方式的开放性、教育成果的品质性等方面，展现了区域教育督导的智慧与实力。

　　"学校自主发展性督导使学校可以寻求个性化的发展理念，不再被原先的条条框框限制住。"谈起督导方式的改变，横湖小学校长金维明感触颇深。

　　横湖小学是浙江省温岭市首批 16 所自主发展性学校之一，在刚刚完成的学校发展第四轮规划中，学校大胆地提出了"学生解放行动"，使学校向现代化学习型名校再进一步。"这种开放的理念在以前是不敢想象的，正是发展性督导给了学校、校长一个张扬个性的机会，使学校得到了新的发展。"金维明校长自豪地说。

　　"学生解放行动""创意手工""绿色足球""海韵艺术"……目前，温岭市

[①] 叶莎莎：《"一校一标"让学校百花齐放》，《中国教育报》2014 年 11 月 18 日第 7 版。

各级各类学校亮点纷呈，特色与品牌得到了充分展示。在学校发展性督导制度环境下，经过12年的不懈努力，温岭已形成较为健全的"一校一标"运行机制，在学校建设的引领性、学校发展的递进性、督导类型的系统性、评估方式的开放性、教育成果的品质性等方面，展现了区域教育督导的智慧与实力。

一校一标：学生成长是学校发展的根本

"温岭已经开始从哲学上思考、反思发展性教育督导，探讨其本质，逐渐形成了自己的一套框架体系。这些真的值得我们学习。"上海市虹口区教育督导室主任郑万瑜深入考察温岭学校发展性督导之后，在他的微博中留下了这样一段话。

早在2002年，温岭市就提出了"依法办学、自主发展"的教育督导理念，在逐层设计、逐年推进中，不断完善相关制度，形成了"一校一标"的督导运行机制。2012年，温岭市对学校自主发展性督导制度再度进行改革，出台了《关于深化与完善学校发展性督导的若干意见》。

学校发展性督导究竟督什么，导什么？

"传统的督导评估，追求的是在组织机构这一层面对学校发展的监督、检查、评估与指导。而保障每一位学生的健康成长，既是学校发展性督导的起点，也是发展性督导的终极目标。"温岭市人民政府教育督导室陈聪富说。

学生发展并不仅仅是学生学业成绩、升学能力的发展，而是按照素质教育的要求，学生的全面发展、协调发展、可持续发展。为此，温岭通过体验性评价、问卷调查、教学质量监测等各种方式，对学生的健康成长水平进行监督、检查、评估与指导。与此同时，温岭对教师发展的督导也在转型，将教师的职业道德、教学水平、科研成果以及优质教师生均占有率作为督导的重点内容。特别是通过课程类兼职督学，随机进入各类课堂，按照《有效课堂的基本标准》评价各校的教师发展水平，并作为教师品质的主要内容加以引领。

标准选择：他律到自律 刚性到柔性

在长期的教育督导实践中温岭督导人逐渐认识到，一定时期内不同区域同一性质学校的发展基础与发展水平是各不相同的，学校发展性督导必须尊重学校的发展基础与发展水平。要把发展的自主权还给学校，对处于不同发展阶段的学校，采用不同的评估标准，实行"一校一标"制。

"学校发展性督导的最大优势，在于学校发展目标确定权下移，由学校在教育督导机构的指导下自行制定。这样的模式，不仅使发展目标切合学校实际，具有更强的实践意义，而且学校成为制定目标的主体，不再是被动接受任务。"原温岭市方城小学校长周军夫认为，"这使学校对自身的基础和优势认识更加明晰，对今后的努力方向、前进目标以及实现目标的策略都预先做了通盘的安排，工作的目的性、计划性和主动性更强。"

在温岭，根据学校所处的发展阶段，学校可以选择参加规范化督导、特色化督导和品质化督导。目前，在温岭95所基础教育学校中，参加品质化督导的学校占40%，参加特色化督导的学校占28%，参加规范化督导的学校占32%。

当然，学校自主发展并不是自由发展，温岭教育督导部门的主要职能是根据学校发展的基础与趋势，策划"发展性标准"。陈聪富说："发展性标准只针对学校发展的主要维度、领域与项目，不对项目内容作程度上的限制。"从"他律指标"到"自律指标"，从"刚性标准"到"柔性标准"，采用刚柔并济的方式对学校发展加以引领与调控，成为温岭市发展性督导的一个亮点。

运行机制：民主协商与目标自控

采用什么样的督导策略与机制，能够更好地体现学校的自主发展与个性发展？温岭的教育督导者在实践中发现，周期循环式基础诊断、民主协商、目标自控、增值评估与激励推介等实施策略，既是学校发展性督导的有效方式，也是学校发展性督导区别于其他鉴定性、终结性督导的显著特征。

"如果现在仍延续以前'一把尺子'的督学制度，我们学校可能只有一个足球兴趣小组，不可能形成'绿色足球、快乐童年'的理念，更不可能形成这种特色的足球校园文化。"谈起学校发展性督导给学校发展带来的变化，泽国二小校长干兴军感受颇深。

据干兴军介绍，在学校发展性督导体系下，泽国二小申请加入了"特色化学校"督导行列。"特色化督导"内容除了有学校必须完成的"规定动作"外，还有一个非常重要的项目特色创建指标。"我们学校要根据实际，自己提出特色创建项目，在分析论证的基础上，制定学校项目特色建设三年规划；同时，要参加市特色化学校项目规划评审，通过专家评审后可以发展各自的特色。"干兴军说，以前的督导方式是"重督轻导"，现在真正体现了"督"和"导"的结合。

从"要我评"到"我要评"的转变，学校发展性督导让学校成为教育督导的主体。"学校发展性督导确保了学校的法人地位，让我们有自主发挥的空间，校长可以根据自己的想法对学校发展进行构建。"温岭之江高级中学校长林冬富说。

教育督导组织既不能脱离学校实际，为学校下达发展指标，也不能完全放任学校自由选择发展指标。学校发展性督导追求学校与教育督导组织、教育行政部门、社区之间的协商与合作，以及学校自身的内部协商与合作，必须建立民主协商机制。陈聪富认为，当前学校发展性督导还必须不断改革教育行政集权制度，下移教育管理重心，努力创设学校自主、法人治理的发展环境，全面实施学校目标自控机制。建立教育督导激励制度，既强调学校发展的内驱力，也注重学校发展的外引力；既对在发展性督导中取得优异成绩的学校给予物质与精神奖励，也为其他学校发展提供参考。

（本报记者 叶莎莎）

二、主体独立性

主体独立性是学校自主性的基本前提。学校发展性督导主张：教育督导组织既是督导的主体，对学校的发展进行监督检查，也是督导的客体，对学校的发展进行指导服务；学校、教师、学生既是教育督导的客体，接受督导组织的监督评估，更是教育督导的主体，具有独立性，在督导过程中认识自我、实践自我和发展自我。突出学校、教师、学生的主体性，旨在认同其独立性，发挥其自主性。"学校自主性的程度与它的独立性具有很大的相关性。缺乏独立性的学校，势必缺少自主性；损害学校的独立性，势必降低学校的自主性。"[①]诚然，学校的独立性是相对的，因为学校不能脱离社会的政治、经济、文化以及其他学校与教育机构而孤立、封闭地存在。主体独立性是自主性的首要特征。

三、自觉能动性

自觉能动性亦称"主观能动性"，是指人的主观意识和实践活动对于客观世界的能动作用。主观能动性有两方面的含义：一是人们能动地认识客观世界；二是在认识的指导下能动地改造客观世界。在实践的基础上使二者统一起来，即表现出人区别于物的主观能动性。自觉能动性是学校自主活力的源泉。学校发展性督导主张学校发展自主，要求充分发挥学校的自觉能动性，调动并激发学校的学习与组织能力、教育与协调能力、变革与创新能力，更好地保障并促进学校有效运用办学自主权、教学自主权与学习自主权；更好地保障并促进学校构建自主结构、运行自主机制、形成自主文化，不断提高办学水平与教育品质。自觉能动性是自主性的重要特征。

四、个性倾向性

个性倾向性是推动人进行活动的动力系统，是个性结构中最活跃的因素。决定着人对周围世界认识和态度的选择和趋向，决定人追求什么。培养什么样的人，办什么样的学校，国家有其共性的要求与标准。但每一所学校总是处于特定的社区环境、文化传统与发展基础之中，针对具体的教师与学生，采用什么样的发展理念与教育策略，各所学校均有自身的特点与个性。学校发展性督导主张：学校应有相当的个性倾向性，即基于国家共性标准，创造性地贯彻党和国家的方针与政策，改革教育行政统一要求、统一管理、统一评价的弊端，凸显学校的特色与个性。

五、优质增值性

学校发展自主的价值指向是优质与增值。优质即质量优良，服务优质。学校发展性督导主张：以基础诊断为基点，以纵向比较为主线，以3—5年为一个发展周期，指导、监督、检查与评估学校的动态发展水平。基础诊断是指发展性督导强调学校督导的诊断性功能；也就是说，教育的目的不再是鉴定或评比，而是创造适合于儿童的教育。纵向比较是指发展性督导强调将学校自身进步作为督导的主要标准，既以发展为导向，对学校在一段时期内的理念与目标、策略与措施进行指导监督，又对学校发展过程、发展水平与过去状况进行比较，衡量其进步情况，鼓励学校挖掘

---

① 浦蕊：《当代学校自主发展理论与策略》，广东高等教育出版社2005年版，第77页。

潜能，不断提升。动态发展是指发展性督导主张，对学校的督导，既要从一所学校当前的发展水平和状态出发，认同学校的督导类型与层次，更要集中关注其可持续发展能力和未来发展趋势，不搞"一锤定音"，鼓励学校迈向更高层次的督导类型，以保证学校发展的连贯性和递进性，使学校对教育督导由被动为主动，由抵制为参与，由消极为积极，由面向过去为面向未来，由外部督导为内部督导。

第四节　凸显柔性自律原则

学校发展性督导的核心理念与价值取向，决定了发展性督导的实施原则更具柔性自律的特征。其主要包括主体性、校本性、导向性、发展性、协商性和开放性等方面的原则。

一、主体性原则

长期以来，学校教育督导评估采取自上而下的"行政性"方式，以外部的、强制性的手段进行，被评学校弄虚作假、搞形式主义、消极应付也就不足为怪。发展性督导坚持学校在教育督导中的主体地位，学校不仅自主设计发展目标，自主实践发展目标，而且还要自主监控发展目标。这样能够激发学校办学的积极性、主动性和创造性，激活学校发展的内动力，增强学校自我反思、自我调控、自我完善、自我发展的能力。

二、校本性原则

学校发展性督导坚持学校本位理念，从学校的实际状况与发展基础出发，正视学校之间的个性差异，实行一所学校对应一个标准，即"一校一标"制，强调学校自身进步的幅度，为学校发展提供更广阔的空间。

三、导向性原则

发展性督导引导学校坚持依法治校，自觉规范办学行为；引导学校全面贯彻教育方针，认真实施素质教育；引导学校自觉遵循教育规律，全面提高教育质量。发展性督导引导学校立足学校实际，理解已有教育政策，把握未来发展趋势，选准优势发展和优先发展目标，切实推进学校自主发展，不断丰富学校办学内涵，努力形成学校办学特色，进一步提升学校办学品质。

四、发展性原则

发展性督导追求学校发展的优质与增值。即追求在学生发展、教师发展基础上的学校主动发展、均衡发展与持续发展；追求学生、教师与学校组织的优质发展；追求以学校个体纵向层面动态发展为基础的，学校群体之间的横向比较；追求以周期性的学校发展增值来评估衡量学校的发展效率与发展水平。

五、协商性原则

发展性督导一方面坚持学校的 "发展性目标"以学校自主设计为主，另一方面要求学校要征求责任督学、社区的意见，加强沟通与合作，共同策划学校发展目标。同时，在学校发展目标成为学校意志之前，学校要参加学校发展性目标和规划答辩与评审会，要根据目标规划评审专家组的意见，对发展目标与规划做进一步的修改，并递交学校教代会审议通过。

六、开放性原则

学校发展目标在坚持自主设计为主的前提下，充分征求各方意见，加强沟通与合作，调动一切能促进学校发展的积极因素，在实施自我诊断、自我调节、自我完善、自我发展的同时，督导评估人员、社区、家长代表共同参与学校督导评估，既增进社区与家长对学校管理和教育活动的支持和理解，又促进开放型学校的构建和现代学校制度的建设。

第四章　差异性：遵循趋势规律

　　一定区域内同一性质的不同学校是具体的、有差异的；学校是发展的，学校的发展从低向高是有规律的；学校的发展也是可逆的。教育督导必须尊重学校发展差异，遵循学校发展趋势规律，发展性督导的类型与层次随着学校发展变化而变化的。差异性，是学校发展性督导的源泉活力。

第一节　学校发展的科学性 ①

　　学校发展应该发展什么，是学校物理空间的位移、教学规模的扩大、教育资源的优化，还是学生升学能力的提高、教师专业的发展、学校组织文化的形成？因此，研究学校发展的科学性问题，对保障并促进学校发展的正确方向，具有重要的理论与现实意义。

一、学校发展的"发展性"

　　社会的经济、政治、文化是不断发展的。教育作为民族振兴的基石，必须适应并适度超前于社会经济、政治、文化的发展。学校作为有计划、有组织、有系统地进行教育活动的社会组织，理所当然地要把"发展性"作为自身的第一要义。然而，学校发展的"发展性"是什么呢？学校发展的"发展性"就是要保障并促进构成学校发展的各个要素都得到发展，即发展学校的人力资源、物力资源与财力资源等基本要素，优化学校的区位环境、政策环境与舆论环境等环境要素，建设学校的理念与精神、组织结构与管理制度、课程资源与教学方式、学校标志与学校环境等文化要素。只有构成学校发展的各个要素都得到了发展，学校的科学发展才能得到保障。（具体内容在本章第二节阐述）

---

① 陈聪富：《学校发展性督导》，浙江大学出版社 2009 年版。

二、学校发展的核心价值

在学校发展的诸要素中，校长、教师、学生等人力资源的发展，是第一位的，学校的发展比其他任何事物的发展，更应坚持以人为本。学校教育是培养人的活动，学校管理者、教育者的管理与教育活动，以及在管理活动中的自身发展，都是为学生发展服务的，这是学校教育的本质。学校在发展中坚持以人为本，在本质上就是坚持以学生的发展为本。学校的其他任何条件，如理念与目标、课程与教学、制度与行为等，都必须服从并服务于学生发展。因此学校发展的核心价值，是促进受教育者的发展，即学生发展。

三、学校发展的基本内容

学校发展的基本内容，是学校发展的诸要素能够得到全面、协调、可持续发展。即不断促进学校人的要素，即校长、教师、学生的全面发展、协调发展、可持续发展；不断改善并优化学校物的要素，即学校的校园、建筑、设备以及环境等方面的全面发展、协调发展、可持续发展；不断形成与构建学校的文化要素，即学校的理念与愿景、组织结构与管理制度、课程资源与教学方式等方面的全面发展、协调发展、可持续发展。

四、学校发展的根本要求

学校发展必须统筹兼顾学生德、智、体、美、劳等全面和谐发展，统筹兼顾学生、教师、学校、社区发展之间的关系，统筹兼顾学校规模与结构、课程与质量、特色与文化，这是学校科学发展的根本要求。

坚持并实践学校发展的科学性，必须处理好规模与质量、外延与内涵、继承与创新、共性与个性之间的关系。学校是发展变化的，学校的发展有时也是可逆的。学校发展的最终目的是实现人的发展，而人的发展对于学校教育而言，是绝不能可逆的。因此，学校教育者与管理者必须坚持科学发展观，创造各种条件与环境，以切实保障学校的全面、协调和可持续发展。

第二节　学校发展的构成要素

教育者、受教育者、教育影响和教育手段是教育的基本要素。那么作为有计划、有组织进行系统教育的学校，其构成要素有哪些？学校发展主要是指学校作为教育机构这一组织的发展呢，还是指这一组织中的人的发展，即学生发展和教师发展？

研究学校发展的构成要素，不仅对促进学校科学发展具有重要作用，而且对教育督导组织保障学校科学发展具有重大意义。

从传统学校管理层面上看，构成学校管理的基本要素主要包括人、财、物、信息和时空。美国学者构建出一个关于学校因素的模型，即地方教育行政的领导和组织、家庭与社区的教育环境、学校概况、校园文化、学校政策与实施、课程与教学六大"理论构成"，分为 30 个类别，228 个变量。[①] 我国姚文忠等学者认为，学校的基本构成包括 8 个方面，即学生素质与形象、教职工素质与形象、学校的教育思想与校史、学习组织与教育研究、学校周边条件、学校后援、学校管理和学校硬件。[②] 笔者认为，学校发展构成要素主要包括学校的基本要素、环境要素与文化要素三大方面。（见图 4-1）

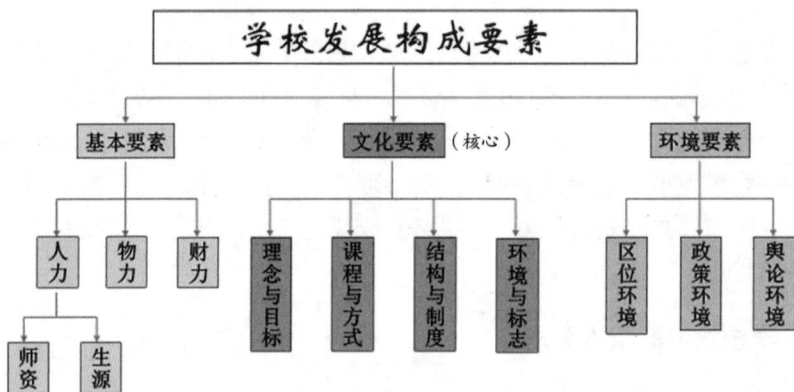

图 4-1　学校发展构成要素结构图

一、学校发展的基本要素

学校发展的基本要素是学校作为教育机构必须具有的最基础的条件，是学校教育、教学和管理活动的起点与基础，主要包括人力资源、物质资源与财力资源。人力资源在学校发展中起决定性作用，物质资源与财力资源是学校发展的最基本前提。

（一）人力资源

无论是传统学校还是现代学校，学校构成的第一要素是人力资源。人力资源不仅包括参与学校管理、教育与教学活动的管理者、教育者，而且包括接受教育的受教育者，即校长、教师和学生资源的集合。没有受教育者的教育不能称为教育；没有学生的教育机构更不能成为学校，受教育者即学生是学校发展的核心与灵魂。校长资源、教师资源等人力资源配置对学校的发展起决定性作用。

随着经济社会的发展，人力资源的配置条件和方式有了本质上的不同。建立以法人治理结构为基础，以校长准入制，聘用制、任期制、薪金制、民主监督评价制

① 姚文忠等：《学校诊断》，四川教育出版社 2004 年版，第 28—31 页。
② 凌飞飞：《当代中国教育督导历史研究》，中国社会科学出版社 2016 年版，第 77 页。

为基本内容的现代学校校长管理机制，是现代学校发展的基本要求。在传统学校中教师是依附于学校的"单位人"。但作为现代学校，随着教师"县管校聘"体制改革的不断深化，教师配置方式多元化，教师个体不再是"单位人"，而是"社会人"。以市场机制配置教师资源，是现代学校选人用人的主要模式，也是学校发展的必备条件。

在义务教育阶段，生源的配置方式是计划的，但是随着经济社会的发展、城市化进程的加速和家庭对优质教育资源的向往，生源的跨区域流动，即择校现象愈演愈烈。现行基础教育学校发展的不均衡，实质上就是人力资源配置的不均衡，即首先是教师配置的不均衡，然后是生源配置的不均衡。学生流出多的学校面临生存危机，很难谈发展；学生流入多的学校，学校规模扩大、办学档次提高、发展前景看好。因此，学生资源的配置，更是学校发展的重要条件。

（二）物质资源

物质资源要素主要包括学校基本建设、教育教学基础设施、后勤生活保障设施。物质资源是学校存在和发展的外壳，是学校优质教育资源的物质标志之一。学校的建设和发展，必须建立在一定的物质基础之上，并且随着社会政治、经济、文化的不断发展，学校办学条件的现代化程度将进一步提高。一是校舍要符合国家建筑设计标准，满足学校各种教学、学习活动的需要。二是优化校园教育教学环境，营造校园文化氛围。三是设备要先进，在多媒体、信息化等方面，能满足现代化教学手段的需要。

义务教育阶段学校的物质资源配置，在性质上是属于政府行为，各级政府要按照区域教育事业发展计划，建设好各级各类学校，校长的主要任务是为学校的物质资源配置提出意见和建议。我国近阶段开展的义务教育发展基本均衡县评估活动，有力地促进了义务教育资源配置的标准化。但是，由于许多地方政府的教育财政投入总量不足，还不能满足各级各类学校的物质资源标准化配置的需要。当应该配置而长期得不到配置时，那么物质资源就成为制约学校发展的主要因素。

（三）财力资源

财力资源主要是指保障学校管理、教育、教学活动正常运行的学校经费。学校经费是指为学校生存和发展提供资金基础的所有因素的总和，包括政府的财政投入、学校创收和社会捐赠等。学校经费包括人员经费、公务费、业务经费、设备设施经费、修缮经费等，是学校的流动资金。

财力资源在很大程度上制约着人力资源和物质资源的发展，从而制约学校的进一步发展，是学校生存和发展的基础，事关学校的前途和命运。事实上，国家实行义务教育免费政策以来，绝大部分义务教育学校的财力要素除国家财政投入外，几乎很少有学校创收和社会捐赠。这就是说财力资源对大部分学校的发展是平等的。自从落实"在国务院领导下，由地方政府负责、分级管理、以县为主"（简称"以县为主")的农村义务教育管理体制以来，各级县级政府切实担负起对本地教育发展规划、经费安排使用、校长和教师人事等方面进行统筹管理的责任。中央、省和地（市）级政府通过增加转移支付，增强财政困难县义务教育经费的保障能力。特别是省级政府切实均衡本行政区域内各县财力，逐县核定并加大对财政困难县的转移支付力度；县级政府要增加对义务教育的投入，将农村义务教育经费全额纳入预算，依法向同级人民代表大会或其常委会专题报告，并接受其监督和检查。这为学校的发展奠定了财力基础。

可是，由于国家财政性教育经费占国内生产总值比例较低，教育投入总量仍然不足。目前最突出的问题是，许多地方政府的财力资源无力解决农村公办小规模学校（校区）、民办民工子女学校的标准化问题，特别是不能解决学校教师的年均工资收入水平不低于当地公务员水平的问题，严重制约了教师工作的积极性、主动性与创造性。

二、学校发展的环境要素

学校发展的环境要素，主要是指构成学校的区位环境、教育政策环境与社会舆论环境。经济全球化促进了国际政治的多极化、世界文化的多元化。学校发展必须积极应对来自世界经济、政治和文化变革的挑战，必须符合国家的法律政策与公众利益，必须符合学校自身的区域现状。环境要素是学校发展的重要条件。

（一）区位环境

区位环境是指学校所在的地理位置以及影响学校教育的社区环境。学校的设置、布局与社区的地理位置、自然环境密切相关的。学校与社区的交互关系，是学校发展的一个重要课题。"区位"概念由高次[①]首次提出，主要含义是事物占有的场所。区位理论是经济地理学的核心理论之一，其主要思想是指人类活动的空间选择，以及一定空间内人类活动的有机结合。学校的生存与发展，离不开一定区域内人口、经济、政治、文化、交通、信息、生源、师资等区位因子。由于我国幅员辽阔，经济社会发展水平不平衡，区位环境差异较大，一般来说，东部沿海地区的区位环境优越于中西部的区位环境，省会城市的区位环境优越于其他城市的区位环境，大城市的区位环境优越于小城镇的区位环境，城镇的区位环境优越于乡村的区位环境。与此相对应，东部沿海地区的教育优越于中西部地区的教育，省会城市的教育优越于其他城市的教育，大城市的教育优越于小城镇的教育，城镇的教育优越于乡村的教育。区位环境对学校发展的影响，主要表现在教育投资、人力资源配置、区域文化等方面。区位环境越是优越的区域，得到的教育投资愈充分，选择人力资源的余地更大，借鉴区域文化的作用更多。反之，区位环境处于劣势的区域，教育投资得不到保障，优质人力资源外流，区域文化的负面作用制约学校的发展。因此，

---

① 刘继生等：《区位论》，江苏教育出版社 1994 年版，第 1—14 页。

在市场经济条件下，基础教育的计划模式不可放弃，教育投资、资源配置的低位化策略必须强化。

当然，分析区位环境对学校教育、发展的影响，并不代表就是环境决定论，珍视区位环境对学校发展的影响，就是要求教育行政决策者以科学发展观为指导，合理配置教育资源，办好每一所学校；要求学校教育决策者尊重学校现有的区域环境，并积极创造条件改善环境，把学校办得更好。

（二）教育政策环境

学校教育政策环境是指引领、规范、调节学校教育、教学和管理活动的政策及其政策体系。教育政策研究是 20 世纪 60 年代以来发展最快的学科领域之一，已经成为当前学科发展中的一个具有深远而重大影响的潮流。一项教育政策的制定和实施，对一个国家或一个地区的教育发展具有重大而深远的影响和意义。它既从宏观上影响教育事业发展的方向、速度、规模和效益，又从微观上影响具体教育活动的质量和效益，关系到社会和个人受教育的机会和质量。

孙绵涛[1]认为，教育质量政策、教育体制政策、教育经费政策、教师政策这四大政策是一个国家教育改革与发展所必需的基本教育政策。①教育质量政策所要解决的是人才培养的质量标准问题，国家要制定出最基本的学生培养的质量标准，以及实现这些标准的基本要求。②教育体制政策要解决的是各级各类教育的发展问题。为此，国家要制定政策规范去协调各级各类教育之间的关系，协调各种教育管理之间的关系。③教育经费政策要解决的是如何筹措教育经费，如何分配教育经费，以及如何使用教育经费的问题。④教师政策所要解决的问题是如何建设一支数量充足、质量高的教师队伍。为此，要处理好对教师的严格要求与对教师优厚待遇之间的关系。

（三）社会舆论环境

社会舆论环境是指学校所在社区对学校的总体评价，即学校的社会影响力与美誉度。"金杯银杯不如老百姓的口碑"，学校的社会影响力与美誉度，既是学校发展的无形动力，也是学校发展的无形阻力。社会舆论对学校教育的总体评价，主要集中在学校教育质量、学校安全事件、学校教与学的风气、学校收费行为等方面。

当前我国的教育改革和发展缺乏同情、理解、宽容和合作的社会舆论环境。应对社会舆论环境，需要在宏观层面建立科学、和谐、友好的舆论导向，更需要在学校层面做好相关工作。一要遵循教育发展、学校发展和学生发展的规律，设计发展目标、选择发展策略、提高发展水平；二要加强学校与外部的互动，使社会各界了解学校教育、尊重学校教育、维护学校教育，营造符合学校教育需要的、良好的社会舆论环境。

---

[1] 孙绵涛：《关于国家教育政策体系的探讨》，《教育研究》2001 年第 3 期，第 8—10 页。

三、学校发展的文化要素

当学校发展到一定阶段后，学校之间的差异性，主要表现为学校文化的差异性。学校文化是指在教育教学和管理实践中，学校群体成员共同创造生成的、体现时代特征和社会进步的价值观念、思维方式、行为规范及其活动结果。学校文化是内隐在学校教育理念、管理制度、行为方式以及教育环境等因素中的价值取向。学校发展的文化要素是指在学校教育活动中形成的，并且蕴涵于学校教育活动全过程，直接影响学校教育活动结果的学校理念与共同愿景、组织结构与管理制度、课程资源与教学方式、学校标志与学校环境的总和。学校文化是学校发展的核心要素。

（一）学校理念与学校精神

学校理念是指在学校管理、教育与教学过程中形成的，指导学校管理、教育与教学实践的一系列思想观念及其教育价值追求的集合体。它是学校自主建构起来的学校教育哲学，是学校内部全体师生员工的共同信仰。学校理念一般包括学校共同愿景、核心价值观、办学宗旨、学校精神、校风等几个基本要素。①

学校共同愿景是学校全体成员共同追求的"最高目标"，是学校精神的首要条件。学校核心价值观是深植于学校所有成员心灵深处的精神诉求，是所有成员对学校一切的人、事、制度等方面进行判断的价值标准。办学宗旨是学校对存在价值及其作为一个教育机构对社会做出的一种承诺，它反映学校对社会义务的基本态度。学校精神是对学校现有观念意识、传统习惯、行为方式中的积极因素的总结、提炼和倡导，是学校文化发展到一定阶段的必然产物。学校精神包括坚定的目标追求、强烈的进取精神、良好的团队意识、和谐的人际关系和独特的文化韵味，极大地影响师生的价值选择、人格塑造、思维方式、道德情操、行为习惯，是学校内部最积极、最闪光的，也是全体学校成员共有的一种精神状态。校风即学校风气或者说学校气氛。一所学校风气的好坏是衡量学校文化是否健康的重要标志。在一所文化完善、校风健康的学校里，学校成员会自觉积极地抵制不良社会风气，主动与学校同呼吸共命运，保证学校健康发展。

学校理念与学校精神是学校发展的灵魂和行动指南，也是学校文化的核心要素。现实中的很多中小学没有清晰的学校理念、缺乏学校精神，其根本原因是学校缺乏强烈的规划意识和教育策划能力，学校发展呈现出按经验办学和靠行政指令办学的局限性，从而制约着学校的进一步发展。确立科学、先进的学校理念，是传统学校迈向现代学校的关键要素，也是一切有志于学校发展的人们必须具备的思想素质。只有学校理念的先进，才会有学校发展的科学，才会引领学校从传统走向现代，从封闭走向开放，从依附走向自主，才会形成具有鲜明个性的学校精神。

---

① 陈如平：《以理念创新引领学校变革》，《人民教育》2007 年第 21 期，第 2—5 页。

（二）组织结构与管理制度

学校组织结构是指学校为了有效实现学校目标，建立内部组成部分及其关系的形式。[①]这种形式确立了学校各成员之间的沟通方式、工作规范以及学校管理人员的权力及责任范围。组织结构是否科学合理，对学校的生存与发展有着重大的影响。不同的学校文化有着不同的组织结构，不同的组织结构也会导致不同的学校文化。学校组织结构的选择必须利于学校目标的实现。我国学者吴清山认为，学校组织结构越趋于集中化、标准化，教师的工作满意度就越低；学校组织结构越趋于专门化、正式化，教师的工作满意度就越高。所以，面对 21 世纪的信息时代，我们要开发组织的活力和发展能力，促使学校结构由金字塔形向扁平型转化，实现组织结构的多元互动和整体组织结构的互动生成。[②]

学校管理制度是学校在教育实践活动中制定的各种带有强制性的规定、方案、守则等，包括学校的人事管理制度、德育教育制度、教学管理制度、后勤管理制度等学校所有规章制度。学校管理制度是学校教育变革与发展的重要保障力量，具有规范学校教育行为，保证学校组织结构稳定、协调和规范，推动学校发展的功能。但是学校管理制度的局限性，表现为它阻碍教师职工工作的创造性、挑战性和新鲜感，使教职工工作积极性下降，或者是对官僚行政组织规则的过度依赖而引起的低效率和惰性，从而阻碍了学校的发展。因此，学校管理制度建设应赋予更多的学校精神色彩，应该更多地突出学校发展理念、发展目标、价值观念、素质要求、作风态度、精神文化等方面的条款，让学校规章制度的影响能够深入到师生员工的心理层面并发挥作用。

（三）课程资源与教学方式

课程是学校赖以实现教育目标的载体。教育的现代化，必然要求课程体系的现代化。只有当我们的课程体系真正有利于学生全面素质的提高，真正具有素质教育的导向作用，学校才能在课程体系的支撑下，有效实现学校教育目标。课程资源是指形成课程的要素以及实施课程的条件。形成课程的要素包括知识、技能、经验、活动方式与方法、情感态度与价值观以及培养目标等，其特点是直接作用于课程；实施课程的条件包括人力、物力和财力，以及时间、场地、媒体、设备、设施和环境，还有对于课程的认识状况等等，其特点是作用于课程却并不是形成课程本身，但在很大程度上决定着课程的实施范围和实施水平。当然，这两者的界限有时并不那么清楚，比如图书馆、博物馆、互联网和环境等，就既包括课程的要素来源，也包含着课程实施的条件。课程资源的重要性在于课程实施的范围和水平，一方面取决于课程资源的丰富程度，另一方面取决于课程资源的开发和运用水平，也就是课程资源的适切程度。课程资源的丰富程度以及开发和运用水平，既反映一所学校的

① 赵中建：《学校文化》，华东师范大学出版社 2005 年版，第 317 页。
② 张兆芹：《影响学校发展的内在要素探析》，《外国教育研究》2005 年第 9 期，第 7—11 页。

教学观、学生观和质量观，更反映这所学校的发展程度与发展水平。如果一所学校既不重视学校内部课程资源的开发与利用，也不重视网络资源的开发与利用，更不重视学校周边社区资源的开发与利用，那么这所学校所折射出的学校文化，本质上只能是应试文化。

教学方式是教师和学生利用课程资源，实现共同的教学目标，在教学过程中运用的方法与手段的总称。教学方式是受教学理念支配的，只有坚持适合学校发展的教学理念，才会选择适合学生发展的教学方式。教学方式的合理科学与否，不仅直接制约课程资源的利用效果与利用水平，而且制约课程目标、教学目标的有效实现。因此，从某种意义上说，课程资源与教学方式反映出学校文化的实质，是学校发展的内核。

（四）学校标志与学校环境

具有一定品位的学校，总是能在物质文化层面，通过学校标志、学校环境等方面体现学校存在与发展的意义。标志，在现代汉语词典中的解释是指表明事物特征的记号。标志除表示什么、代替什么之外，还具有表达意义、情感和指令行动等作用。我们生活在一个符号的世界里，从街头的信号灯到琳琅满目的霓虹灯、广告商标，我们的周围充满各种各样的标志。一个标志不但代表着一个实体的存在，而且表达这个实体独特的含义。学校标志是指以单纯、显著、易识别的物象、图形或文字符号为直观语言，隐含学校教育理念、反映学校显著特征的图像或符号。

学校环境是指在学校理念指导下向外界传达的，反映学校行为规范要求的人群环境、物质环境。学校环境的优劣直接影响师生员工的工作效率和工作情绪。人群环境是指学校成员的着装以及修饰上的形式色彩、举止形态以及声调语气等方面共同构成的外表环境。物质环境在视角方面表现为学校的校园布局、建筑造型及色彩、园林与绿化、宣传设施、指示系统、交通工具、室内装修形式及色彩、办公用品教学设施等方面的造型与色彩以及学校规划布局状态等；在听觉方面表现为以校歌为主体的，在两操、课间、午休、上下学等时段，设计的各种音乐与铃声所构成的声音氛围；在嗅觉方面表现为各种花卉的摆放，厕所、食堂气味的处理方式及其结果。

学校标志与学校环境是具有教育性和知识性的，它能使学校真正成为一个书香校园，给人才成长营造一个良好的环境。学校标志与学校环境是学校文化的主要组成部分，在学校发展中起着重要的作用。

第三节　学校发展的规律性

推动学校发展的动力是什么？处于不同时期的学校其发展内容有无不同？学校发展有无规律性？本章主要通过分析学校发展的基本矛盾与规律性，揭示学校发展的本质特征。

一、学校发展基本矛盾

学校发展是指学校为了实现促进社会和个体发展的功能，根据社会发展要求和学校教育的内在规律的规定，在办学条件、规模、结构、形态、体制、层次、质量、效益以及文化特质形成等方面的运动变化过程。学校发展是学校与各利益主体，即学校与政府、学生及其家长、社区以及内部教职工之间基本矛盾运动变化的产物。学校与各利益主体之间的价值趋向冲突是学校发展的基本矛盾。学校与各利益主体之间的价值趋向不断地趋同，推动着学校发展。[①]

（一）学校与政府之间的价值趋同

政府发展基础教育，服从于自身的政治需求，旨在实现文化的传承与创新，提高社会公共福利，促进社会发展。因此，政府的一个重要价值取向，就是不断改善学校的物理空间，持续优化学校的教育装备。但是，许多学校的物理空间、学生规模不断扩大，办学条件不断改善，使学校的物质环境不断发展，但教育教学质量却没有提高，学生没有得到更好的发展；或者教师的专业水平、生活质量没有得到提升。

事实上，学生的学习大多是在教室里进行的，受升学考试的束缚，学生的许多活动受到了限制，学生实际的发展空间很少，特别是大规模学校管理的有效性受到质疑。如在现实中，占地面积大于 200 亩，建筑面积大于 10 万平方米，在校学生多于 3000 人的学校，大多实行年级段管理负责制，年级组长成了学校的第二层面的"校长"，但这样的"校长"有两个致命的"短腿"，即既没有"财务权"，也没有"人事权"，有的只是"责任"。台湾地区的学者在一项研究中认为，基础教育学校的最大规模不得超过 60 个班级。美国 2003 年的一项关于学校规模的调查显示，小规模的学校具有六个优势：一是出勤率更高；二是对促进标准化考试分数的作用相当明显；三是暴力事件发生率低；四是环境有利于学习；五是家长和社区成员对学校的满意度更高；六是对教师的专业发展更加有利。[②]显然，有的学校面积很小，但学生的活动内容却很丰富，学生的实际活动空间并不小。因此，学校的物

---

① 陈聪富：《学校发展性督导》，浙江大学出版社 2009 年版，第 25 页。
② 智水：《倡导"精致小校"理念》，《教育科学研究》2004 年第 1 期，第 13—14 页。

理空间到底有多大，一方面应该根据区域教育布局规划，遵循住建部、教育部的中小学建筑设计规范，按规范办事；另一方面应该在发展物理空间的同时发展教育空间，即重点发展学校的课程体系与教学方式等。

（二）学校与学生、学生家长之间的价值趋同

学生进入学校学习，服从于自身的成长需求，获得在观念、知识、技能以及综合素质等方面的发展，为选择职业、提升生活质量奠定基础。家长供养子女学习，服从于家庭的现实需求，从阶层变迁的现实出发，保障子女今后的就业方向，以促进家庭与家族的持续发展。因此，现实社会的人民群众，尤其是学生家长对学校教育的评价，从现实功利出发，往往停留在多少学生考上重点大学，多少学生考上重点高中的层面上。尽管，升学质量是教育质量的重要组成部分，但是，目前的中考、高考试题，不能全面反映学生的核心素养和关键能力。这种功利评价虽然与历史、现实的社会分层，即平民子女"跳龙门"紧密相连，但是它深深地左右着政府的管理行为、校长的办学行为。因此，学校的重要使命，既要满足学生、学生家长的现实升学需求，更要创造条件，培养学生的核心素养和关键能力。

（三）学校与教师之间的价值趋同

"师者，所以传道授业解惑也。"学校的发展、教育教学质量的提高，教师专业水平是杠杆。没有高素质的教师队伍，就没有学生的发展，也就没有学校的发展；但是，有了教师专业的发展，不一定有学生和学校的发展；有了学生的发展，也不一定有教师的发展。如在素质教育、新课程标准的大背景下，应试教育仍大有市场，许多学校非常重视抓教学质量尤其是考试质量，于是学生的学习成绩、升学能力不断提高。但是这种升学质量建立在"时间""题海"的极限之上，使得一部分学生获得成功，另一部分学生没有得到发展；使得学生的应试能力得到提高，而创新精神、实践能力没有得到发展。不仅如此，教师被"题海"所束缚，很难探索出提高教学质量的规律，所以不仅教师得不到发展，而且也没有真正意义上的学生发展与学校发展。所以，教师能不能发展取决于学校有无形成基于共同愿景的、奋发进取的学校文化与精神。学校必须满足教职工服从于自身的价值需求，即既要获得较高的经济收入，以维持或提升自身、家庭及其家族的生存及生命质量，又要获得个体教育教学专业水平的提高，更要使个体的劳动成果得到认同，获得职业或事业成就感。

（四）学校与社区之间的价值趋同

社区既是学校生存发展的空间处所，也是学校生存发展的文化环境。学校既要充分利用各种社区资源，为学校发展、学生成长服务，也要利用自身的优势，促进并推动社区的经济、社会与文化发展。社区协助学校办好教育，服从于社区的经济与文化需求，利于创设良好的人文环境，促进社区经济与文化的发展。

（五）学校与学校组织荣誉的价值趋同

现实中的学校，由于受种种力量的驱使，争这个牌夺那个奖，已成为学校发展的主要标志。文明学校、示范学校、绿色学校、安全学校、平安学校，以及国防教育、禁毒教育等等，名目繁多，不胜枚举，因此学校荣誉不断增加，各种奖牌"与时俱增"。不可否认，获得荣誉，对一所学校而言，是非常重要的，它在一定程度上反映了一所学校在某一时期的办学水平，对学校、教师、学生具有促进作用。但是，这些荣誉的获得是建立在怎样的基础上，是否符合学校的发展目标，是否有效地提高了学校的教育质量，促进了学生的发展？这些应该引起大家的深思。如有的学校获得的奖牌多、级别高，可是学生的发展水平不高，得不到社会的认可，这样的奖牌可以少得甚至不得。教育是一个激荡心智、沐浴灵府、贞立人格、彰显个性的活动。所以，学校各种荣誉的获得，并不意味着学校的真正发展，学校荣誉的本质是它培养的学生对社会发展的贡献程度。

因此，学校发展作为系统工程，是各个利益主体共同作用的结果。只有教育管理者、学校教育者不断地解决学校与各利益主体之间的矛盾，使其价值趋向渐趋统一，学校才能得到不断发展。

二、学校发展的规律性

学校发展的内涵是丰富而又复杂的，既包括学校自身数量的增加、规模的扩大，也包括学校质量的提升、结构的优化和效益的提高。学校发展也是动态的，是一个从低级到高级的渐进过程。我国许多学者根据我国基础教育学校的发展轨迹，提出了学校发展的阶段理论，这对促进学校的科学有效发展具有重要的指导意义。

（一）"两种状态、四个阶段"

从学校发展水平的视角看，有学者认为，学校的发展是从低级向高级的连续演化过程，这个过程可以划分为"两种状态、四个阶段"[①]。"两种状态"是指学校发展的规范化状态和个性化状态。规范化状态是指在学校发展过程中，学校内部的组织体制、规章制度和运作机制已经达到外部赋予的规范性要求，并对学校的稳定与发展起着主导和控制作用的发展状态。在这种状态下，也有可能在一定范围和一定程度上存在个性化因素，但这些因素常常受到组织体制和规范方面的制约而难以生长，很难发展为学校的整体性表现。个性化状态是指学校在发展中对精神、文化和价值的追求，这对学校的存在与发展起着决定作用。在这种状态下，学校成员对于学校办学理念、发展目标、价值观具有高度的心理认同，成员个体素质、群体素质不断提高，学校的技术更新和教育研究日益突出。从总体上说，学校在组织制度方面的知识积累已经为学校的个性化发展奠定了坚实的基础。

---

① 盛逸民：《发展性评估模式建设与学校自主发展》，《上海教育科研》2003 年第 2 期，第 39—41 页。

"四个阶段"与"两种状态"呈对应关系。与规范化状态对应的是规范不稳定发展阶段和规范稳定发展阶段。规范不稳定发展阶段主要表现为学校组织体制、规章制度和运作机制在一定程度上处于无序状态；规范稳定发展阶段主要表现为学校组织体制、规章制度和运作机制在一定程度上处于有序状态。与个性化状态对应的是个性化初级阶段和个性化高级阶段。个性化初级阶段主要表现为学校形成了一定的特色，但学校的个性还没有得到整体表现，学校个性形态的发育还不够具备；个性化高级阶段主要表现为学校的个性在观念意识形态、组织制度形态、实践活动形态等各个方面取得整体性的表现，学校的内部和外部机制处于和谐状态。学校发展的四个阶段不是绝对单向发展，有可能也会发生可逆变化。

（二）人治、法治与文化管理

陈玉琨[①]等学者从学校管理手段和策略的角度认为，现代学校发展有三个阶段。第一阶段属于"人治阶段"。学校的管理主要依靠校长的观念、人格和能力，这个阶段的学校必须有一个强势的学校领导。领导的个人素质直接关系到学校的发展。但依靠校长个人因素来管理学校不是长效管理，它只能是发展阶段的一个必要过程，而且是一个尽可能短的过程，否则不利于学校的发展。第二阶段属于"法治阶段"。学校的管理主要依靠一套完善的管理制度和机制，学校通过制度建设，用制度来约束人、管理人、评价人和激励人。这一阶段的学校要充分发挥全体教职工的集体智慧，群策群力，形成完善的学校管理制度和运行机制，为尽快进入第三阶段积极准备。第三阶段属于"文化管理阶段"。学校的管理主要依靠学校文化，其中最重要的是学校教职工的价值追求趋同。它的管理主要不是依靠人，也不是依靠制度，而是依靠在学校长期办学过程中形成的传统的、约定俗成的、根植于人的思想之中的文化。文化是一种觉醒，是个人的自觉行为，它不需要外在强大力量的逼迫，每个人自觉履行自己的义务，自觉待在自己该待的位置，而这位置不是外界强迫给他的而是自己认识到的，这是每一所现代学校所追求的目标。

（三）创业、规范、个性与成熟

学者陈燮锋在《学校发展的阶段理论研究》一文中认为，学校的发展要经历创业发展、规范发展、个性发展和成熟发展四个不同的阶段。创业发展阶段一般是指新办学校，或者是原来基础比较差的学校。处于这一时期学校的主要目标是用几年的时间，实现办学条件的标准化，稳定学校的教育秩序，提高教育质量。规范发展阶段的学校，其发展目标是规范管理，通过建立规范—实施规范—超越规范三个阶段，努力实现学校秩序稳定和质量稳定。对于处于这一发展阶段的学校来说，作为校长，规范管理是必不可少的一步，可通过建立必要的规章制度和一定的规范要求，来引导并约束全校师生的行为，实现从无序走向有序、从有序走向规范、从规范走

---

① 陈玉琨：《光有好校长还不够》，《教师博览》2005年第6期，第6—7页。

向质量的目标。稳定秩序，稳定质量，是这一阶段学校的基本特点。个性发展阶段的学校具有鲜明的个性特色，其特点是具备两个成熟：成熟经验与成熟队伍。学校在德育、课程、学科教学、管理、活动项目等方面，有一个或者几个方面形成了自己的优势，成为市、区某一领域的高地。如学校有几位课上得非常好的教师；学校某些课的质量一直在区域内处于领先地位；学校在教学管理和质量监控方面有自己的传统特色；学校在一些领域内一直出尖子学生；学校有一些传统的活动水平非常高；学校形成了有个性的学校文化，包括校风、学风和人际关系等。成熟发展阶段也叫核心学校阶段。核心学校是学校发展中的最高阶段，一般是特色学校经过很长时间的努力，才发展过来的。这些学校往往有着深厚的文化底蕴，有着悠久的办学历史，在一个地区有很高的知名度。这一阶段学校的特点是：做强做精，向外辐射，带动一片，通过输出人员管理—优化其他学校—形成教育集团。

对于不同的学校，由于校长的办学理念和实践能力不同，由于各学校原来的客观条件不同，在发展过程中，会出现不同的情况。有些学校可能一直停留在创业阶段没有发展；有些学校可能只经历规范发展阶段或者个性发展阶段；但肯定有不少学校会经历创业发展、规范发展、个性发展和成熟发展这四个不同的阶段。

（四）规范化·特色化·品质化

笔者认为，学校发展经历从低级阶段到高级阶段递进的过程，具有规律性，一般要经历规范化—特色化—品质化发展三个阶段。诚然，学校发展也具有一定的可逆性。（见图4-2）

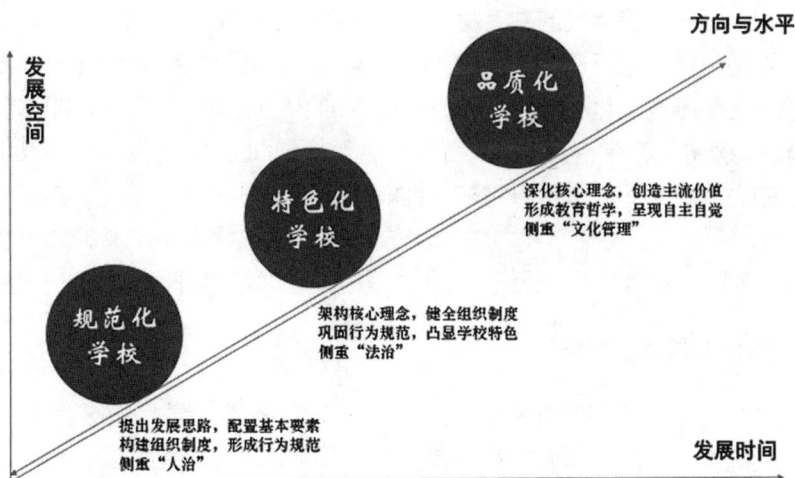

图 4-2　学校发展的规律性

1.规范化阶段。一般是指新建的学校，或者是基础相对薄弱的学校，学校发展目标和管理重点是在合理配置人、财、物等基本要素的基础上，提出学校发展思路、选择学校组织体制、制定学校管理制度、构建学校行为规范、稳定学校教育秩序、提高学校教育质量。处在规范化阶段的学校，主要是通过校长的"人治"和学校制度的"法治"的双重作用，不断形成符合学校发展实际的管理规范、教育规范、教学规范，以及校长规范、教师规范和学生规范，保障学校的规范发展、稳定发展。处于这一阶段的学校，可称为规范化学校。

2. 特色化阶段。一般是指构成学校发展的基本要素、环境要素和文化要素均已发挥作用，学校规范已经建立并能稳定发展，但全面优化的时机尚未成熟，学校发展目标与管理重点是按照"优势发展"与"优先发展"的原则，构建学校核心理念，健全学校组织制度，健全学校行为规范，凸显学校特色。处于特色化阶段的学校，主要是通过学校的"法治"，在巩固优化学校规范的基础上，创造学校特色并逐步向特色学校方向发展。学校特色是指学校在办学过程中所具有的某一方面或某几个方面不同于其他学校的个性特征。它可以表现为时空、人文等大的方面，也可以表现为学科、个体等小的内容；它相对单一且是不断变化的。特色学校是指在学校工作整体上形成的、具有较为稳定结构的、体现学校文化特质、区别于其他学校的独特风格及其个性面貌。学校特色是特色学校形成的基础，是学校发展的中级阶段；特色学校是学校特色的进一步提升，是学校发展的高级阶段及个性张扬阶段。处于这一阶段的学校，可称为特色化学校。

3. 品质化阶段。一般是指在巩固深化学校规范、形成学校特色的基础上，学校发展的构成要素已经全面优化、教育质量在稳定中持续上升等方面的特征较为显著。学校的发展目标与管理重点是深化办学理念，创造主流价值观，形成学校特有的教育、教学、管理哲学，呈现自主自觉精神。处于品质化阶段的学校具有下列特点：自主性，即能够在一般学校的共有特性中，自主创造出富有个性特质的、独特的学校理念、发展目标、教育资源和办学策略。人文性，即学校能够体现一种整体性的学校物质文化、制度文化和精神文化有机结合的学校文化。优质性，即学校是优质学校，能够向外界输出学校管理、教育与教学等方面的经验，并且引领着其他学校的发展。稳定性，即学校发展的个性倾向性能够经受时间和实践的检验，能够长期地展示、保持并得到深化，并在学校内部和学校外部产生深刻的影响，标志着学校的管理个性、教育个性和教学个性的成熟。处于这一阶段的学校，可称为品质化学校。

三、学校发展本质特征

无论学校处于何种发展阶段，选择怎样的发展策略，学校应该且必须发展什么？其发展的本质属性是什么呢？笔者认为，保障并促进学生发展、教师发展和学校文化的形成，是学校发展的本质特征。（见图4-3）

（一）学生发展

构成学校发展的要素是多元的，因而学校发展的内容也是多方面的。学校发展既包括学生升学率提高方面的要求，也包括为每一位学生的终身发展奠基的综合素

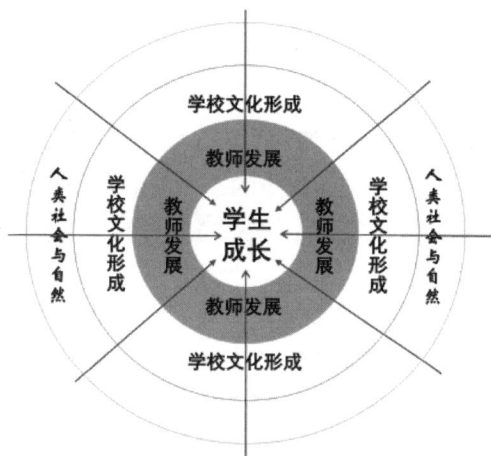

图 4-3　学校发展的本质特征

质、关键能力提高方面的要求；既包括教师专业水平、课堂教学能力提高方面的要求，也包括教师生活幸福指数提高方面的要求；既包括学校规模适度扩大、办学条件改善方面的要求，也包括学校理念成熟、精神拓展方面的要求。

然而，学校的科学发展，最核心的内容是坚持以人为本。因为，教育的本体是人，教育质量的本质是人的成长，这是教育的根，是教育的本性。所以学校发展，首先必须保障人的发展。在以人为本的大前提下，由于教育者、管理者承担的职能不同，其侧重点也各不相同。对于教师而言，教育过程中的以人为本，本质上是以学生为本；对于校长而言，学校管理过程中的以人为本，本质上是以教师为本；对于教育行政管理者而言，教育行政管理过程中的以人为本，本质上是以学校为本。在学校教育活动中，教育者和管理者无论承担何种职能，以学生为本，促进学生的发展，是教育的最高利益和最终目标。一方面，教育行政管理以校为本，是为促进学校发展服务的；学校管理以教师为本，是为促进教师发展服务的；这两者最终都是为促进学生发展服务的。另一方面，学校的教育职能，是在促进学生个性发展的基础上加速个体的社会化。也就是说，学校教育的本质，是培育学生思想品德和公民素养，培养学生知识和技能，增进学生体力和智力，使之成为有能力为社会服务、有强大生存竞争能力的人。所以，学校发展的核心价值，就是把学生发展当作学校的中心工作来抓。也就是说，学校一切工作的出发点和落脚点都在于学生发展，学校一切工作的成效都要用学生发展来检验。偏离或违背这个价值，就违背了学校教育的本质，就会伤害到学生、学生家庭的利益，就有损于国家教育方针的贯彻实施，有损于社会和谐发展。在这个意义上，学生发展是学校发展在目的与内容上的最本质的特征。

诚然，学生发展并不仅仅是学生学业成绩、升学能力的提升，而是按照素质教育的要求，使学生的知识与技能、过程与方法、情感态度与价值观都得到发展，使学生在德智体美劳等方面都得到全面发展、协调发展、可持续发展。[①]

（二）教师发展

教师是培育社会新生一代、提高民族素质的专门人员。在学校发展中保障并促进教师的发展，首先是由教师的社会角色和作用所决定的。其次是由教师的职业属性决定的。教师是民族素质的奠基者、先进生产力的开拓者、民主政治建设的促进者和精神文明的建设者。因此，只有不断促进教师的专业发展，学校教育的社会职能才能通过教师而顺利实现。教师发展是由教师职业的专业化属性所决定的。学校在发展过程中为了真正实现学生的发展，必须以教师专业发展为前提。教师的专业发展是动态的、与时俱进的。随着知识经济的到来和科学技术的迅猛发展，教育的终身化、民主化、个性化、生态化，以及教育的可持续发展等方面的理念，对教师发展提出了新的挑战。它要求教师在教育教学过程中实践并发展"以人为本"的课程体系、科学教育与人文教育的整合、对话式教学等等。但教师无论实践与发展哪一种课程理念、课程行为，都要适应新课程改革的需要，在新课程中不断进行自我更新和发展，都要按照素质教育的要求，最终为促进学生的发展服务。

教师的发展和学生的发展是互为条件、互相促进的。教师发展的真正价值和意义，就在于它是促进学生发展的必要条件，没有教师的发展，学生的发展将受到制约。理想的教育是师生在共同生活的世界中教学相长，学生在教师的发展中成长，教师在学生的成长中发展。所以，教师发展是学校发展的第二个本质特征。

（三）学校文化的形成

文化是人类的本质属性，是人类在生存与发展斗争中经过长期发展所形成的生活方式。学校文化就是学校长期积淀形成的并为全体教职员工和学生所认同的学校特有的价值与精神，以及培育这种精神所需环境的总和。学校文化形成是指学校不断为师生的生命成长提供有效帮助，全面、及时地满足师生生命和谐发展需要的行为过程。学校文化具有自身的品性[②]，主要表现为：

1. 学校文化的生命性。即教师和学生是建构与生成学校文化的主体，他们是学校文化的发生与发展的根本前提，是学校文化的内驱力，更是引导学校主体自主成就生命的意义和价值。

2. 学校文化的整合性。学校文化应该是对传统文化与现代文化、本土文化与外来文化、主流文化与非主流文化等方面的整合，它们使学校文化与师生生命成长更加和谐融合。

3. 学校文化的生成性。学校文化不是可以完全预设的，它是一种复杂、开放、多元互动的行为过程。

[①] 陈聪富：《学校发展性督导》，浙江大学出版社 2009 年版。
[②] 宋家才：《学校文化：概念、结构、本质、品性》，《教育学在线》，https://vepc.swv.edu.cn，2019 年 5 月 10 日。

4.学校文化的个性化。源于学校永葆生命力的需要，能滋生优质的教学和品牌，催生学校的核心竞争力。

5.学校文化的创新性。促进师生生命的成长，需要理念的创新，方法策略的创新，实践模式的创新，评价方式的创新；而学校文化的形成过程本身就是创新的过程。

学校文化的这些特征足以说明，学校文化以隐性和显性的形式在教育人、培养人、造就人等方面发挥着重大的作用。在构成学校发展的基本要素、环境要素与文化要素中，学校文化整合着学校价值，使学校的最高利益即学生的发展成为全体师生的共同追求；学校文化统领着学校行为规范，使学校价值内化为组织中各个成员的行为准则；学校文化整合着学校的组织结构，使学校的各个部门合力为和谐高效的功能系统。另外，学校文化协调着学校管理，认可学校机构和制度重建，为实现学校目标而团结奋斗；学校文化巩固着学校发展的成果，使学校的核心竞争力得以提升，推动学校的可持续发展；学校文化为学校发展提供新的知识，使学校教育的理念、目标、内容、制度、技术与评价等方面都得到发明和发现。正因为学校文化在学校发展中具有特定的功能，所以，学校文化的形成，是学校发展的又一个本质特征。

诚然，从文化本身来说，学校文化具有文化滞后、文化反向等消极功能，如思想意识方面不能理性地归纳出显示学校特征的文化，又如社会上的许多亚文化给学校的质量观、教育观、成才观、竞争观、就业观、消费观、审美观等带来许多负面的影响。学校管理的关键是抑制文化的消极功能，发展文化的积极功能，保障学校的优质发展、个性发展与可持续发展。

第四节　学校督导的差异性

学校发展具有阶段性，处于不同发展阶段、发展重点的学校，其适用的发展性督导层次与类型是各有区别、各有侧重的。规范化、特色化和品质化督导是学校发展性督导从低到高、依次提升的三种基本类型。（见图4-4）

一、规范化督导

教育督导组织根据教育行政需求，通过印发和实施各级各类学校督导评估方案，对学校在办学条件、行政管理、教师管理、教育教学、教育科研、后勤服务和教育质量等方面的达标程度做出评价，促进学校规范办学的督导活动。这是在封闭状态下，主要采用"他律"的标准，即使用教育督导组织统一制定的评估指标，保障学校依法办学的督导模式，是学校发展性督导的初级阶段。

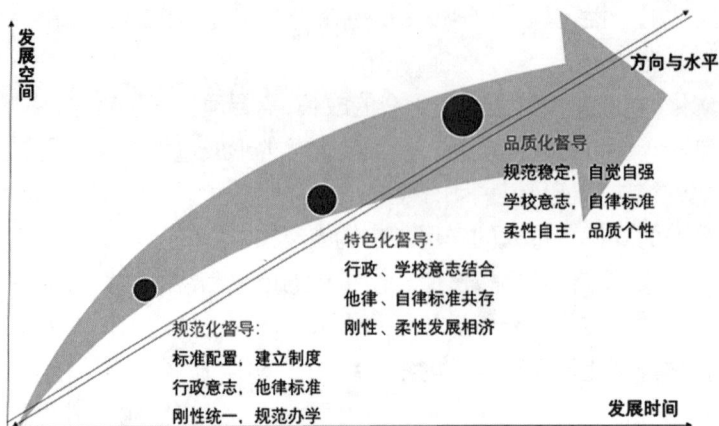

图 4-4　学校发展性督导类型示意图

规范化督导的评估内容，一般涉及办学条件、管理水平与管理绩效三大部分。办学条件包括校园校舍、设备设施、师资配备和教育经费等指标，管理水平包括办学思想、组织管理、德育管理、教学管理、体艺管理和后勤管理等指标，管理绩效包括学生的道德品质、学科质量、体育与艺术、学校特色和社会评价等指标。规范化督导的基本程序：第一，督导组织发布督导评估标准；第二，学校根据督导评估标准制订学校年度工作计划；第三，学校执行计划；第四，督导组织进行评估并做出结论。

规范化督导的最大特点，是按照教育行政的意志，用统一的、刚性的评估标准，对学校发展水平做出鉴定性、终结性的评价。规范化督导对规范学校办学行为具有重要的促进作用。规范化督导的主要适用对象为处于创业与规范发展阶段的学校。

二、特色化督导

教育督导组织在规范学校办学行为的同时，设置占相当比重的、由学校自主选择的学校特色发展项目，通过特色项目规划的编制、审核、监控与评估，增强学校的主体地位，促进学校特色形成与张扬的督导活动。这是在半封闭状态下，采用"他律"标准与"自律"标准相结合的方式，促使学校依法办学、自主发展的督导模式，是学校发展性督导的中级阶段。

特色化督导中的"他律"标准，由教育督导组织制定，一般设置基础性指标与质量性指标。基础性指标包括设备设施管理、行政管理、教育管理和师资管理等项目；质量性指标包括学生的道德修养、学生的学习能力与学习水平、学生的艺术素质与运动健康等项目。"自律"标准，由教育督导组织提出学校特色项目发展指南，如开放教学、教学评价、办学特色等内容，学校选择其中的一个或者几个项目，作为学校的特色目标加以策划与实践。

特色化督导的主要程序：首先，督导组织发布督导评估"他律"标准与"学校特色项目发展指南"；其次，学校参照"学校特色项目发展指南"，确定并制订《××

学校 ×× 特色项目发展规划》（一般为三年），并递交到督导组织；再次，督导组织对学校的特色项目发展规划进行审核；最后，督导组织采取年度过程评估与期满综合评估的方式，对学校执行"他律"标准与"自律"标准的实现程度进行评估，给出结论。

特色化督导的最大特点，是督导组织开始强调学校办学的主体地位，注意发挥学校办学的积极性、主动性与创造性，追求学校发展的特色化。特色化督导的主要适用对象为处在特色创建阶段的学校。

三、品质化督导

教育督导组织以学校发展规划的制定、评审、监控和评估为载体，以学校发展性督导标准为指导，为学校创造自我设计、自我发展、自我约束和自我完善的发展平台，促进学校依法办学、自主发展、品质提升的督导活动。品质化督导在开放状态下，以学校目标管理为前提、"自律"标准为核心，在督导组织的宏观调控状态下，促成学校更加高效地实现自主发展目标的督导模式，是学校发展性督导的高级阶段。

对于发展目标与管理重点在于深化学校理念、创造主流价值、形成教育哲学、提升教育品质、凸显学校文化的学校实施品质化督导，以引导并保障学校形成自身特有的品质与文化。品质化督导以"依法办学"为前提，"自律性指标"为依据，"品质提升"为目标，主要通过自主制定并执行学校自主发展性规划（一般为三年），实现学校的品质提升。

品质化督导的最大特点，是督导组织突出学校办学的主体地位，充分发挥学校办学的积极性、主动性与创造性，追求学校发展的个性化。品质化督导的主要适用对象为品质化学校。

诚然，在具体的学校教育督导活动中，发展性督导的三个层次与类型并不是完全独立、各不相干的，有时是相互交叉、同时并存的。

第五章 校本性：正视发展基础

学校是具体的、有差异的，不同时空下同一性质学校的发展基础与需求是有所区别的。学校发展性督导坚持学校本位理念，正视学校发展基础。立足学校发展基础并不是墨守成规，而是引导学校关注基础教育发展的趋势与挑战，以发展的趋势与挑战激发自我潜能。从基础出发，看发展水平，在于促进学校教育状态的改变、数量的增加与质量的提高，注重学校发展的增值性。校本性，是学校发展性督导的重要特征。

第一节 学校发展的基础性

学校发展的基础性，主要分析考察学校发展的历史与传统、现状与水平。正视学校发展的现有基础，旨在从学校实际出发，充分发挥学校发展的传统与经验，科学利用学校发展的有利条件与因素，有效解决不利于学校发展的矛盾与问题，切实提高学校发展的整体水平。

一、学校发展的历史与传统

学校发展性督导不能轻视历史的价值，更不能轻视迅速崛起和成长着的事物。"有无数互相交错的力量……由此产生出一个总的结果，即历史事实。"[1]对于整个世界，"要确立进步观念，就必须把过去、现在和未来理解或解释为一个具有连续性的……变化过程"[2]。历史，简称史，一般指人类社会历史，它是记载和解释一系列人类活动进程的历史事件的一门学科，多数时候也是对当下时代的映射。历史是延伸的，是文化的传承、积累和扩展，是人类文明的轨迹。从来历、沿革和过去的事实角度来看，每一所学校都有自己的办学历史。历史悠久的学校，有着浓郁的人文气息和深厚的文化积淀，这些文化是学校发展的"根"，支撑着学校经历风风雨雨。学校历史是学校文化的重要组成部分，谋划或评价学校发展，不能脱离学

---

[1] 中共中央马克思恩格斯列宁斯大林著作编译局：《马克思恩格斯选集》第四卷，人民出版社 1972 年版，第 479 页。
[2] 姚军毅：《论进步观念》，中国社会科学出版社 2000 年版，第 163 页。

校发展的历史。

传统，是指世代相传、从历史沿传下来的思想、文化、道德、风俗、艺术、制度以及行为方式等，对人们的社会行为有着无形的影响和控制作用。传统是历史发展继承性的表现，在有阶级的社会里，传统具有阶级性和民族性，积极的传统对社会发展起促进作用，保守和落后的传统对社会的进步和变革起阻碍作用。每一所学校都有自己优良的传统，这些传统是学校发展的"脉"，能够代代相传，发扬光大，引领着几代人的成长。

学校历史与传统一般承载于实物、文本和口耳相传的有关作品之中，只有通过设计创意方案、细心收集资料、深入分析本质，方能获得有用的概念。关注学校发展的历史与传统，不能就史论史，要将历史与现实加以对照，力求弄清历史在现实中的影响、积淀和价值，分析其中积极的成分，并将其中的趋势或规律阐述清楚。①

二、学校发展的现状与水平

历史与传统，代表的是学校的过去，现状与水平展示的是学校的现在。现状是指学校现有的状况，水平是指学校综合办学水平相对于督导评估标准的达标程度。学校发展性督导在尊重学校发展历史与发展传统的基础上，始终坚持一切从学校的现状与水平等实际出发，把学校的现状与水平作为新的发展基础，强调学校发展的校本性。正视学校发展的现状与水平，着重分析把握学校发展的基本要素、环境要素和文化要素的基础性。

（一）基本要素的基础性

学校发展的基本要素是学校存在与发展的基本前提。正视基本要素的基础性，重点分析把握生源基础、师资水平、校长与领导、办学条件的基础性。

1.生源基础。现代教育培养具有核心素养、关键能力、全面发展的建设者和接班人。因此，分析和把握生源基础，不仅要关心学生的社区来源、家庭背景和家长状态，学生的学业成绩，还要关心学生的道德品质、身心状况、情感特征、兴趣爱好、生活经验、职业倾向和发展需求等方面。在现有学校治理中，充分利用大数据对学生的生源基础进行分析与利用，这一点是较为缺乏的。

2.师资水平。"教师承担着传播知识、传播思想、传播真理的历史使命，肩负着塑造灵魂、塑造生命、塑造人的时代重任，是教育发展的第一资源，是国家富强、民族振兴、人民幸福的重要基石。"②学校发展性督导必须高度重视教师队伍的建设，分析师资水平的基础性，不仅要关注教师的年龄结构、学历结构、职称结构、优质教师结构，还要关注教师的理想信念与职业道德；不仅要关注教师的教育教学与管理的能力与水平，还要关注教师自身工作的饱和度、对学校发展的认同度。因为教

---

① 姚文忠等：《学校诊断》，四川教育出版社 2004 年版，第 152 页。
② 教育部：《中共中央 国务院关于全面深化新时代教师队伍建设改革的意见》，http://www.moe.gov.cn/jyb_xwfb/moe_1946/fj_2018/201801/t20180131_326148.html，2019 年 5 月 11 日。

师工作的饱和度能够体现学校的活力、紧张感、效率和可持续性，而对学校发展认同度的高低则反映了学校内聚力的强弱。

3. 校长与领导。伟大的教育家陶行知先生说，校长是学校的灵魂，学校的好坏与校长最有关系，一个好校长就是一所好学校。分析和把握学校校长与领导的基础性，是学校发展性督导的校本性的关键环节。校长的专业标准是什么呢？教育部要求坚持以德为先、育人为本、引领发展、能力为重、终身学习的基本理念，围绕规划学校发展、营造育人文化、领导课程教学、引领教师成长、优化内部管理、调适外部环境六个维度，分别从专业理解与认识、专业知识与方法、专业能力与行为三个方面对校长的专业标准进行了规定。[①]分析学校校长与领导的基础性，务必以教育部的校长专业标准为依据。

4. 办学条件。办学条件主要是指学校办学的硬件指标，是否达到或符合省市级标准化学校、现代化学校的要求。在全国推进县域义务教育基本均衡与优质均衡的过程中，学校办学条件的校际差异被控制在一定的范围内。因此，正视办学条件的基础性并不是学校发展性督导的主要矛盾。

（二）环境要素的基础性

环境要素对学校发展具有重要的影响。正视环境要素的基础性，重点分析把握学校区位条件、社区认同的基础性。

1. 区域条件。学校所在的区域可划分为城镇、城乡接合部、乡镇以及乡镇以下农村、山区或海岛。区域条件制约学校的生源基础、师资水平，从而影响学校的整体发展。十八大以来，党中央、国务院就深入推进新型城镇化建设做出了一系列重大决策部署，特别是 2014 年 3 月《国家新型城镇化规划（2014—2020 年）》发布实施以来，我国人口城市化、产业城市化和地域城市化发展扎实、推进有序。2018年我国城市化水平达 59.58%。随着我国城市化进程的加速，区域条件对学校发展的影响逐渐减少。

2. 社区认同。学校处于社区之中，社区居民了解学校、信任学校、支持学校，这是学校存在与发展的根本。金杯银杯不如老百姓的口碑。一所学校的教育质量以及学风、教风和校风等，在学校内部、教育行政部门与百姓心目中的满意程度如何，从某种角度上说就直接决定学校办学的声誉，影响学校办学生存和可持续的发展力。因此，正视社区认同对学校发展的影响，可以引导学校在加强自我民主管理、提高办学水平的基础上，正确处理好学校与上级教育行政部门、学校与社区之间的关系，实行开放办学，加强多边互动；引导学校充分利用外部需求、信息与资源，调节学校发展方向、发展内容与发展策略；引导学校增强学校管理的有效性，不断提升教育质量与学校品质，办人民满意学校。[②]

---

① 教育部：《义务教育学校校长专业标准》，http://old.moe.gov.cn/publicfiles/business/htmlfiles/moe/s7148/201302/xxgk_147899.html，2019 年 5 月 11 日。
② 陈聪富：《学校发展性督导》，浙江大学出版社 2009 年版，第 177 页。

（三）文化要素的基础性

文化是学校发展的核心。正视文化要素的基础性，重点分析把握学校核心理念、组织结构与制度、课程资源与教学的基础性。

1. 学校核心理念。学校核心理念体现一所学校的办学理想、信念和价值观，反映学校的文化特质和灵魂，对学校发展起着战略性、支配性、统领性的作用。现实中的学校教育，受社会功利因素的影响，大部分学校既缺乏学校核心理念的引领，也缺乏学生培养目标的导向。办学的主要思想只是迎合家长升学愿望，为考试服务。正视学校理念的基础性，在于指导学校增强规划意识和教育策划能力，形成以核心理念为指导，包括学生培养目标、学校发展愿景、学校课程与文化在内的理念系统，不断提升学校的办学品位。

2. 组织结构与制度。在同一区域内，尚未实行学校内部治理结构改革的学校，由于人事岗位是政府定编的，其组织结构，特别是中层职位设置大体是一致的。而学校的制度文化，对学校的发展是至关重要的。分析把握学校制度的基础性，重点在于关注学校制度的全面性、法定性、科学性与可执行性。特别需要关注主体利益分配制度、教师专业发展制度、学生成长评价制度。

3. 课程资源与教学。课程是学校赖以实现教育目标的载体。课程资源的丰富程度以及开发和运用水平，既反映一所学校的教学观、学生观和质量观，更反映这所学校的发展程度与发展水平。遵循选择性教育思想，围绕国家课程校本化，学校课程生本化的目标，开足开齐基础性课程，开好拓展性课程。如果一所学校既不重视学校内部课程资源的开发与利用，也不重视网络资源的开发与利用，更不重视学校周边社区资源的开发与利用，那么这所学校折射出的学校文化，本质上只能是应试文化。

育人方式、教学方式的合理科学与否，不仅直接制约课程资源的利用效果与利用水平，而且制约课程目标、教学目标的有效实现。学生活动的时间与空间的性质和范围是学生自由发展的条件。基于学校教学教育问题的教研与科研，在很大程度上决定着学校教育的效率与品位。因此，从某种意义上说，课程资源与教学方式反映出学校文化的实质，是学校发展的内核。

第二节　基础教育的挑战性

趋势与挑战预示着学校发展的未来。趋势是指事物发展的动向，挑战是指事物发展的动向对自己的影响。学校教育承载着培养德智体美劳全面发展的社会主义建设者和接班人的历史重任。学校发展性督导，不仅要尊重学校发展的历史与传统，而且要评价学校发展的现状与水平，更要帮助学校把握学校发展的趋势与挑战。

一、基础教育发展趋势

美国《连线》（*Wired*）杂志创始主编凯文·凯利认为，未来社会形成12新趋势。即①形成（becoming）：所有的东西都在不断升级。②知化（Cognifying）：与人工智能的合作表现决定你的薪酬。③屏读（Screening）：任何一种平面都可以成为屏幕。④流动（Flowing）：你做的所有生意，都是数据。⑤重混（Remixing）：大多数创新都是现有事物的重组。⑥过滤（Filtering）：能吸引注意力，就能赚到钱。⑦互动（Interacting）：它的影响将和AI一样深远。⑧使用（Accessing）：所有权价值变成使用权价值。⑨共享（Sharing）：核心不是分享，而是协作。⑩开始（Beginning）：技术的用途，是用出来的。⑪提问（Questioning）：好问题比完美的答案更重要。⑫颠覆（Disruption）：内因从来不是主要原因。①

今天，即使你幽居偏远山沟，通过视频，也可以面对面地和海外朋友对话交流；今天，一个"非专业教师"讲的数学课，却有来自全世界200多个国家的上千万学生来听，他给世界讲了5亿堂课，有30多万教师来旁听；今天，一个宅男只要拥有一部手机，可以足不出户，就能饭菜送到家、衣服送到手，火车票、飞机票、酒店全都妥妥地订好……这就是变化着的世界，这就是未来的10年、20年我们面临的"新常态"。当人类逐步进入智能时代，我们的教育必然会发生改变。教什么？怎么教？学什么？怎么学？都要发生改变。

张治提出未来学校变革的10个趋势。②人工智能与人类的重新分工将改变学习内容；学习逐渐走向个性化和终身化，学校服务从"电影院形态"走向"超市形态"；学校业务正在被技术公司瓜分，课程外包将常态化；混合式学习和合作学习将成为主流，群智发展成为共识；屏读成为常态，技术深度融合会极大提升认知效率；单向灌输知识的时代将终结，教师角色发生重大转变；评价会发生革新，升学将基于信任而不是分数，教育进入"后文凭时代"；学制的概念将基本消亡，学习就是一段不一样的旅程；学校将成为人们的精神栖所、心灵家园；社会教育供给机制将更加完善，教育券成为学校的通货。

我们开始进入工业4.0时代，网络化、智能化、去中心化和个性化是工业4.0时代的核心特征，它们将对教育产生巨大的冲击：传统的教育行业将被颠覆，个性化教育已经到来，教育目标正从就业目标转型为创业导向，机器不能替代的才有未来。③未来最重要的绝不是知识、绝不是专业、绝不是数理化，而是人的判断、情感和意志，人心的感受力，美学、艺术和设计能力，等等。

① 凯文·凯利：《未来20年的12个趋势》，http://finance.ifeng.com/a/20180917/16510488_0.shtml，2019年5月20日。
② 张治、李永智：《迈进学校3.0时代——未来学校进化的趋势及动力探析》，《开放教育研究》2017年第4期，第40—49页。
③ 搜狐网：《工业4.0时代，为孩子准备怎样的教育》，http://www.sohu.com/a/68916671_401518，2019年5月11日。

二、基础教育面临挑战

根据基础教育的发展趋势，结合我国基础教育法规、规章与方针政策的要求，基础教育必须全面贯彻党的教育方针，坚持教育为人民服务、为中国共产党治国理政服务、为巩固和发展中国特色社会主义制度服务、为改革开放和社会主义现代化建设服务；必须全面深化教育综合改革，全面实施素质教育，全面落实立德树人根本任务；必须系统推进育人方式、办学模式、管理体制、保障机制改革，使各级各类教育更加符合教育规律、更加符合人才成长规律、更能促进人的全面发展，为实现"两个一百年"奋斗目标、实现中华民族伟大复兴的中国梦奠定坚实的基础。因此，基础教育面临的挑战，主要体现在标准化、现代化、法治化、个性化与智能化等方面。

（一）基础教育标准化

随着教育改革向着纵深推进，国家对学校教育的标准化要求越来越高，也越来越全面。义务教育学校办学条件标准、中小学教师专业标准、义务教育课程标准、义务教育学校管理标准，规范着学校教育方方面面的内容，要求学校从粗放化、经验化，向精细化、标准化转变。学校、教师原有的条件和传统工作模式，与这些标准之间存在着相当大的差距。在教育事业标准化发展的道路上，学校还能不能勇立潮头、敢为人先？这是很大的挑战。

（二）区域教育现代化

《中国教育现代化 2035》提出，到 2035 年，总体实现教育现代化，迈入教育强国行列，推动我国成为学习大国、人力资源和人才强国，为到本世纪中叶建成富强民主文明和谐美丽的社会主义现代化强国奠定坚实基础。因此，教育现代化是每一所学校面临的紧迫任务。教育现代化包括观念、制度、内容、方法等多个层面，其灵魂是教育观念的现代化。如何以现代信息社会为基础，超越狭隘的功利主义，采取开放的灵活的全方位的学习方法，为学生提供发挥自身潜能的机会，以实现可持续的发展。这是教育现代化趋势对学校和教师教育理念的挑战。

（三）教育治理法治化

党的十八届三中全会确立了推进国家治理体系和治理能力现代化的改革目标。党的十九大报告再次强调，新时代中国特色社会主义全面深化改革总目标是完善和发展中国特色社会主义制度、推进国家治理体系和治理能力现代化。推进学校教育治理现代化是新时代中国特色社会主义教育治理现代化的必然要求。《国家中长期教育改革和发展规划纲要（2010—2020 年）》明确提出要"建设依法办学、自主管理、民主监督、社会参与的现代学校制度"，为推进现代教育治理体系建设指明了方向。从本质上讲，所谓制度就是调节各种行为主体和各种利益主体之间关系的准则。就现代学校制度来讲，其行为主体和利益主体包括政府、学校和社会（包括家庭），它们是影响学校运作的三个行为主体。因此，建立现代学校制度，推进学校治理现代化，要正确处理五个关系：一是政府和学校的关系，二是学校和教师的关系，三是学校和学生的关系，四是学校和家长的关系，五是学校和社区的关系。传统学校管理的突出特征是"行政化""科层化"与"单一化"。"去行政化""去科层化""去单一化"，将成为未来学校教育治理形态变革的必由之路。要重构现代教育治理机制，从传统的科层制管理走向扁平化管理；重构现代教育治理主体，从传统的单一行政人员管理走向多元合作治理；重构现代教育治理工具，从传统的单一的行政治理走向多元专业治理。

（四）人类学习智能化

在人工智能领域，计算机科学正在创造更像人类的智能机器。在其他方面，人工智能还包含着机器学习，即电脑通过大量数据采集和自然语言的处理形成决策和预测的能力，旨在帮助实现人类与机器之间的互动，如同人类之间的互动一样。人工智能在教学方面的应用具有积极的影响，能够提高学生的元认知能力，为有效的教学提供见解，并能够减轻教师的烦琐工作。随着人工智能基础技术的不断发展与普及，教育工作者必须让学生接触人工智能，以应对将来工作环境的变化，同时以批判性思维解决应用人工智能所产生的伦理问题。

（五）人才规格素养化

党的十九大提出中国社会走进新时代。从生活富裕走向国力强盛的未来几十年，中国基础教育肩负如何培养面向未来的公民，以使其能够更好地适应 21 世纪的工作与生活的历史重任。2014 年《教育部关于全面深化课程改革落实立德树人根本任务的意见》指出，要"研究制订学生发展核心素养体系和学业质量标准"。2016 年《中国学生发展核心素养》发布，引起教育界的广泛关注。《普通高中课程标准（2017 年版）》将"核心素养"作为重要的育人目标，并要求在高中教材修订和教学实践中落实。2017 年北京师范大学中国教育创新研究院、美国 21 世纪学习联盟（Partnership for 21st Century Learning，简称 P21）、中国 21 世纪人才标准联盟（CP21）联合发起，完成了《21 世纪核心素养 5C 模型研究报告》。这份报告吸纳了中国学者在相关领域的研究成果，并基于我国社会、经济、科技、教育发展需求，进一步追问"打下中国根基、兼具国际视野"的人应该具有哪些素养，提出了"21 世纪核心素养 5C 模型"并搭建框架、阐述内涵。5C 模型包括文化理解与传承（Culture Competency）、批判思维（Critical Thinking）、创新（Creativity）、沟通（Communication）、合作（Collaboration）5 个方面，这 5 项素养的首字母均为 C，故该模型称为核心素养的 5C 模型，这些素养简称为 5C 素养。[①]（见表 5-1）

---

① 腾讯网：《聚焦核心素养 5C 模型，引导教育供给侧结构性改革》，https://edu.qq.com/a/20180328/016916.htm，2019 年 5 月 11 日。

表 5-1　21 世纪核心素养 5C 模型的结构框架

一级纯度	二级纯度
文化理解与传承 （Cultural Competency）	1. 文化理解
	2. 文化认同
	3. 文化践行
批判思维 （Critical Thinking）	1. 质疑批判
	2. 分析论证
	3. 综合生成
	4. 反思评估
创　新 （Creativity）	1. 创新人格
	2. 创新思维
	3. 创新实践
沟　通 （Communication）	1. 同理心
	2. 倾听理解
	3. 有效表达
合　作 （Collaboration）	1. 愿景认同
	2. 责任分担
	3. 协商共赢

因此，学校要根据各方面的需求，结合学校的实际，适应时代发展的步伐，用现代教育思想和理念来把握学校发展的趋势，把学校建设成为核心理念前瞻、目标定位科学、管理水平一流、素质教育全面、教育质量上乘的现代化学校，从而增强学校发展的综合实力。

第三节　学校发展的增值性

学校发展性督导是追求发展的。基于依法办学、尊重发展基础、倡导自主发展，强调水平增值，是发展性督导的核心思想。从基础出发，看发展水平，在于促进学校教育状态的改变、数量的增加与质量的提高，注重学校发展的增值性。实行"纵向发展基础之上的横向比较"的督导范式与机制，是基础教育督导改革的必然要求。

一、增值评价的基本内涵

20 世纪 70 年代起，学校办学质量的增值评价在全球逐步兴起。到 80 年代末，增值评价已被广泛运用于教育实践中，成为多个国家和地区制定教育政策和学校质量评估标准的重要依据。[1]

增值评价（Value-Added Method of Evaluation）是以学生一段时间内学习进步的程度来评价学校或教师的绩效的一种方式。增值评价法是公正评价学校教育质量的新方法。增值评价以学校教育可以增加学生学业成就"价值"的理论假设为基础。多水平线性模型产生之后，增值评价的理念得以迅速的普及与推广。[2]学校效能的增值评价关注学校的起点与发展过程，通过对各个学校在自身基础上的"增值"来进行评价，关注的是学校发展过程中的进步，能够实现评价过程中的公平性比较。

二、国际学校增值评价的应用[3]

学校增值评价在世界各国的教育实践中已经得到广泛认同与运用，成为提高学校质量的可靠手段。美国是最早提出增值评价理念的国家。1984年，威廉·桑德斯等研究者首次提出使用增值分数对学校和教师效能进行评价，但受限于统计分析技术的发展以及增值评价理念的普及与接受程度，直到1992年，增值评价才被正式纳入田纳西州的评价系统，成为后人所熟知的田纳西州增值评价系统（Ten-nessee Value-Added Assessment System，简称 TVAAS）。到2004年，全美已有21个州使用增值评价，同时，增值评价已成为美国国家层面对学校进行评估的一个重要指标，如变革后的"蓝带学校"评估体系中加入了增值性理念的评价标准。在美国，增值评价将学生学业的进步作为教育的首要目标，将教育关注点从学生的某次成绩是否达标的问题上转移到切实提高学生的学习上来，为学校评价提供了更加客观合理的途径，为美国教育决策者提供了大量诊断信息，有效指导了学校教育的改善，从而提高了学校质量。

1992年，英国开始提倡"学校增值性评价"的理念。2002年，英国在全国范围内开始推广学校效能的增值评价，到2006年已全面开展学校效能的多元增值评价。英国政府通过提供每一年学校的增值分数，为家长、学校、教育管理者和政府提供多方面的信息。通过学校增值评价的推行，英国有效遏制了校际间的生源争夺，大大降低了由于生源质量的不同而对学校带来的影响，促进了校际间的均衡发展，有助于教育公平的实现。

21世纪初，加拿大开始引入增值评价，依据增值评价结果对学校绩效进行评估公布排名。在法国，增值评价是以"附加值"指标的形式出现在由教育部预测评估司组织的学校评估指标体系中。而经济发展与合作组织（Organization for Economic Co-operation and Development，简称 OECD）正在考虑将增值评价纳入教育系统国际指标项目中，以增强国际学校效能比较指标的效度。从2000年

① 边玉芳、王烨晖：《增值评价：学校办学质量评估的一种有效途径》，《教育学报》2013年第1期，第43—48页。
② 边玉芳、林志红：《增值评价：一种绿色升学率理念下的学校评价模式》，《北京师范大学学报》（社会科学版）2007年第6期，第11—18页。
③ 边玉芳、王烨晖：《增值评价：学校办学质量评估的一种有效途径》，《教育学报》2013年第1期，第43—48页。

起，我国香港地区开始建立自己的学校增值评价信息系统（Schools Value Added Information System，简称 SVAIS），从学生的学业成绩增值、情感及社会表现指标的增长对学校进行评价，帮助各中学了解自身情况。该系统为促进学生学业发展、提高学校教育教学质量提供支持，提供的数据是香港地区学校质量保证机制的重要指标，是进行学校评价与促进学校质量的重要依据与保障。

从增值评价在国际学校评估中的应用可以看出，目前各国或地区已将增值评价纳入其各自的教育测量与评价体系之中，成为学校评估的重要指标之一，成为公众、教育管理部门对学校进行监督与评估的一个重要依据。这些国家所开展的学校增值评价主要有以下特点：①每年，各国不同层面有组织有计划地开展大规模的学校增值评价。②通过多年的追踪评估，基于数据库的建立与连接，利用增值评价技术，实现对各个学校"净"效应的客观评估。③将增值评价的结果与问责相关联，及时将结果反馈给社会、学校与相应的管理部门，在对学校进行有效监督的同时并能为其改进提供指导。④借助于现代化的信息技术，通过相应的信息化电子平台的建立，使得从测评到结果反馈的各个环节更为高效便捷，节省了大量的人力、物力和财力。

三、国内增值评估的探索

学校发展性督导的发展倾向与发展价值，不仅仅是依法办学、自主发展，而且是发展的优质与增值，追求教育品质的提升。品质提升是发展性督导的核心价值。品质提升是指一定周期内学校理念体系的优化、教育状态的改变、数量的增加与质量的提高。优化得如何、改变了什么、增加了多少、提高的程度，是与其原有基础水平相比较的。因此，发展性督导运用增值评价原理，实行"纵向发展基础之上的横向比较"的督导范式与机制，是基础教育督导改革的必然要求。

（一）我国学校增值评价的改革探索

大连必由学教育网络股份有限公司探索以增值评价监测与评价学校教育质量的实践已历时 8 年，所涉及的学校计 2040 所，学生 141 万，出版各种评价报告 13014 种，研制了全国义务教育非学业发展的常模标准。这一切充分说明，引进"增值评价"开展教育质量的绩效评价并不是一个"事件"，而是应建立一个制度，建立一个教育绩效评价反馈的机制，提供一个强有力的公共管理工具，真正意义上扭转不良的教育评价倾向，助推教育公平落实和教育质量的提高。

2013 年开始，辽宁省引入增值评价服务系统，在全国率先启动省级层面的大规模基础教育质量监测评价工作。依据监测数据评价区域教育运行情况，调整课程政策，改进区域与学校教育问题，助推教育公平，为省域义务教育质量提高奠定了扎实的基础。2012 年开始，郑州市教育局对直属高中全面实施增值评价，根据历年监测数据，清晰了高中教育发展的问题，拓宽了学校教研思路，寻找到课程改进的突破口，发现并研究了显著增值学校的卓越表现。

温州乐清市从 2016 年起实施区域教育发展质量监测。监测范围定为全域的小学四年级至高中学段，采取了以起点测试数据为基础，每学期持续监测的方式，为每所学校的发展建立了完整的数据档案。建立促进学校研读数据、分析结果，找出问题进而不断改进的机制。监测结果将作为学校绩效评估的关键指标。2017 年 9 月，包头市整体引入增值评价系统，建立市级层面的教育质量监测与评价新体系，发挥增值评价的导向、诊断、改进、激励功能，不断推动学校基于数据思考问题、运用评价结果改进教育教学。

（二）发展性督导学校发展的增值性

目前，借助基于学生学业成绩考试为核心，学生、教师、校长与家长相关因素问卷为辅助的基础教育质量监测数据，开展的增值性评价，对改革教育教学评价，促进管办评分离、校际间的平衡和教育公平的实现，具有重大的理论与现实意义。但是，这种以学生学业成绩的"增值"作为学校效能评估的依据，评价学校的发展是不全面和不科学的。事实上，学生的发展，不仅仅是学业的增长，同时还有理想信念、道德品质以及情感态度价值观等方面的培养。不仅如此，学生的成长离不开教师的作用，离不开学校组织的文化环境等方面的因素。因此，不能将增值评价的结果作为学校评估的唯一指标，应与其他评价指标综合运用，实现对学校的全面客观评价。

教育督导条例规定，教育督导包括督政与督学。就督学而言，学校发展性督导包括对学校依法办学的督导、自主发展的督导和品质提升的督导。在品质提升的督导中，包括对学生品质提升、教师品质提升和学校品质提升的督导。学校发展性督导应当运用增值评价原理，在依法办学、自主发展和品质提升等领域，追求学校发展的增值性，把教育公平与教育质量落到实处。

学校发展性督导中的"增值"，是指学校依法办学、自主发展、品质提升水平的提高程度。这个提高程度包含三种含义：第一，增值需要一个过程，这个过程可以一个月，也可以一年，发展性督导一般以三年为一个周期；第二，增值需要一个可比的基础，这个基础就是发展性督导通过基础诊断所得到的常模；第三，增值水平的高低需要与同类学校进行横向比较，发展性督导通过比较校际之间增值水平的高低，评价学校的发展水平。

第六章　向善性：追求品质提升

　　培养什么人，是教育的首要问题。在全国教育大会上，习近平总书记明确指出要深化教育体制改革，健全立德树人落实机制，扭转不科学的教育评价导向，坚决克服唯分数、唯升学、唯文凭、唯论文、唯帽子的顽瘴痼疾，从根本上解决教育评价指挥棒问题。

　　教育督导的永恒使命是"向善"。"善"，意取完好、美好、圆满、共同满足。"向善"特指朝着美好的方向发展，借喻学校教育品质的持续提升。教育质量管理没有分数是不行的；但是，未来社会发展只有分数是更加不行的。构建孕育"核心素养"、提高"专业水准"、培植"学校文化"的督导文化，追求学生、教师与学校品质的持续提升，是每一位教育者应有的良知与最高的准则。向善性，追求品质提升，是学校发展性督导的永恒使命。

第一节　品质提升：永恒使命

　　学校发展性督导的发展性，集中体现在教育对象、教育者和教育组织的品质提升。即学校发展性督导的永恒使命在于：指导、监督并保障学生品质、教师品质和作为一个组织的学校品质的提升。

一、品质与教育品质内涵

　　"品质"一词源自企业管理。按照《现代汉语词典（第7版）》的解释，品质是"行为、作风上所表现的思想、认识、品性等方面的本质"。在市场竞争中，品质是质量、信誉、责任和文化的集合；品质是始终如一的一种追求，品质的外在表现是品牌；品质不仅是产品，也是企业"人品"的一种外在表现。卓越的品质，常常使产品的使用者获得超值和满足的体验，继而将这种体验传递给周围的人一起分享，形成良好的口碑传播，对产品的销售和品牌形象的提升起着直接的推动作用。

　　什么是教育品质？到目前为止，教育品质的概念还比较模糊，不同的学者有不同的表述，其内涵和外延还有待于进一步明确。教育的品质体现为学校的品质，关于学校品质的认识，王定华[①]认为，学校教育发展是不断深入的过程，第一阶段是实现"有学可上"，第二阶段是完成达标建设，第三阶段是要求办出特色，第四阶段是提升学校品质，学校品质提升是建立在此前阶段基础上的；学校品质是指中小学的文化建设定位、特色内涵发展、设备设施情况、教学工作质量、学校管理质量的综合水平。刘涛[②]认为，高品质学校是注重学生全面发展和个性发展相结合的学校，是办学特色鲜明的学校。封留才[③]认为，"更高质量"是高品质学校的标志性要求，"更加公平"是高品质学校应有的根本价值取向。

张江等[④]学者认为，学校的品质包括品牌、品性、品味与品位等四个方面的特征。品牌主要是指学校的教育质量，学校的教育质量不仅仅是考试质量、升学质量，而是全面的教育质量；教育质量是学校品质的核心内容。品性主要是指学校的责任意识与道德行为，学校的责任意识是指学校不仅要为学生近期的升学服务，更重要的是为学生的一生发展服务，为社会输送合格的建设者和接班人；学校的责任意识是学校品质的重要前提。品味主要是指学校积淀的文化，学校积淀的文化是学校发展过程中形成的共同信念、行为规范与价值观；学校文化是学校品质的灵魂。品位主要是指学校的社会声誉，学校的社会声誉是社会对学校的认可程度；学校的社会声誉是学校品质能否持续的外部标志。

笔者认为，就学校教育而言，教育品质的外部特征，主要表现为学生品质、教师品质和作为组织机构的学校品质。学生品质主要包括学生的理想信念、道德品质、学业成绩、身体心理、个性潜能和艺术审美等方面；教师品质主要包括教师的理想信念、职业道德、专业知识、教学水平、研究能力等方面；学校品质主要包括学校组织的校园平安、资源优化、课程领导、文化形成、特色品牌和改革创新等方面。具体内容见第十章"品质性准则：优质·增值·个性"。

二、品质提升的主要视角[⑤]

品质提升属于品质建设的范畴，是有效的品质建设活动。品质建设仿佛大树生根，根不深，树不茂盛。品质的提升是需要有品质的管理来实现的。品质管理称为QC，是 Quality Control 两个单词的缩写，是包含全体员工在内的所有工作的质量与水平的提高过程。品质管理经历了三个发展阶段，第一阶段为产品检验阶段：即主要依靠企业出厂前的产品检查，不让不良品出厂，以此来保证企业产品的品质。第二阶段为工程管理阶段：即重点依靠企业的工程管理，在生产过程中不制造出不良品，以此来保证企业产品的品质。第三阶段为源流管理阶段：即主要依靠企业的源流管理，在设计理念、设计过程中不策划不良产品，以此来保证企业产品的品质。教育领域的品质管理，比经济领域的品质管理要求更高。因为教育产品是人，如果

---

① 王定华：《启动学校品质提升》，《人民教育》2015 年第 12 期，第 26—31 页。
② 刘涛：《高品质学校的教育意蕴与建设路径》，《基础教育课程》2017 年第 18 期，第 40—45 页。
③ 封留才：《学习贯彻两会精神建设高品质学校》，《中小学校长》2016 年第 5 期，第 3—5 页。
④ 张江等：《温岭新农村教育丛书——阳光教育行动》，浙江大学出版社 2010 年版，第 132—133 页。
⑤ 张江等：《温岭新农村教育丛书——阳光教育行动》，浙江大学出版社 2010 年版，第 132—133 页。

等到学生即将毕业时，去检验是否是合格的人才，已为时过晚，不仅对学生个体的一生造成损失，而且影响社会发展。所以，教育领域的品质管理，必须以源流管理为核心。学校教育品质的提升，应该重点围绕塑造品德与承担责任、提高质量与追求品牌、坚守诚信与创造文化等方面来展开。

1. 塑造品德与承担责任。品质提升首先要塑造人的品德与社会责任意识。品德对财富和财富所有者的质疑是一个古老的世界性话题，但对富人的集体不信任，则成为中国的一个社会问题。市场经济条件下，一些富人、企业主、财富支配者，因为拥有财富而无视法律，以为拥有财富就可以不遵守社会公德，就可以无视经济规律。受市场经济的影响，教师的职业道德受到了严峻的挑战。因为经济利益，进行着有偿家教；因为经济利益，对同班的学生厚此薄彼；因为经济利益，滥发学习资料。因此，品质提升首先是人的品德回归与优化。

一个好的企业，一个优秀的企业家，是应该有责任感的。这种责任感，是企业家的良知和使命。企业生存是需要利润的，但利润并不是企业存在的根本理由，企业的存在更要创造社会价值。企业在追求利润的同时，更要注重社会形象、社会责任、社会文明、社会信任方面的责任。校长与教师不仅是一种职业，更是一种事业。教育工作者所要承担的教育责任，不单是让自己的学生能够升入高一级学校继续学习，更主要的是让学生获得进入社会后能够生存与发展、为社会创造财富、推动社会进步的能力。因此，塑造品德与承担责任，既是教育的首要目标，也是教育者与管理者必须具有的首位条件。

2. 提高质量与追求品牌。提升品质需要提高质量、追求品牌。著名管理学家戴明先生认为，质量无须惊人之举，但它是企业的生命之源。他说：生命不息，对质量的追求不止。质量是企业生存的永恒主题。中国企业从 20 世纪 80 年代开始学习日本企业管理经验，接触世界质量管理前沿理论，从"质量管理小组"（TQC）到今天的 ISO 9000 系列的质量认证，再到近年兴起的六西格玛战略，围绕的都是质量问题。基础教育所要提高的质量，并不是单纯提高学生的学业质量、学校的升学质量，而是包括知识与技能、过程与方法、情感态度价值观在内的体现核心素养、关键能力的全面质量。

提升品质需要追求品牌。基础经济学者艾丰先生是中国产品名牌战略的倡导者。2002 年 9 月他在中国第一届名牌大会上说，中国有可能很快就成为制造大国，但在相当长的时间内，还难以摆脱品牌小国的地位。一个成功卓越的企业，肯定有一个成功的品牌；而一个成功的品牌，又将成为企业发展的引领者。塑造品牌已经成为全球化趋势最伟大的贡献之一。基础教育是培养人的奠基工程，更需要追求教育品牌。基础教育对品牌的追求，不能仅仅理解为对升学质量的追求，也不能理解为对教育项目特色化的追求，而是要把学生培养目标的实现程度，即是否创造了适合每一个学生的健康成长的教育，作为对教育品牌的更高追求。

3. 坚持诚信与创造文化。坚持是一种品质，始终如一的坚持是人类的一种重要品质。毛泽东曾说，一个人做一件好事并不难，难的是一辈子做好事不做坏事。能够始终如一地坚持教育的核心价值观，始终如一地遵循自己的人生准则，本身就是一种品质。提升品质需要坚守诚信。诚信也是一种品质。联想之所以在中国市场成功，诚信是非常重要的因素。在联想企业文化手册中明确写道：联想要三个取信——取信于客户、取信于员工、取信于合作伙伴（股东、政府、供应商、代理商、媒体等）。对于那些历百年而不衰的企业而言，真正支撑他们的不是产品，不是技术，而是不变的使命，是诚信。基础教育坚持的诚信，就要取信于学生、取信于教师、取信于社会，在本质上就是坚持始终如一的爱，即对学生的爱，对教育的爱，对民族的爱和对国家与世界的爱。

提升品质需要创造文化。文化是一个国家、一个地区和一个企业发展的原始动力。二十几年前，中国人在惊叹广东、深圳、海南经济发展速度和热火朝天的经济现象时，发觉上海由于政策等原因落后了。但今天，毫无疑问，上海已经是中国经济发展前景最好的地区之一。在上海，来淘金的欧美人士不少。他们开时尚服装店、开酒吧、开餐馆，几乎成了一道风景。这就是上海文化积淀的力量，上海的商业文化是中国其他地区很难在短时间内赶上的，而这种文化又是上海具有持久竞争力之所在。在基础教育领域，一所学校仅仅有教育质量是不够的，还需要有教育品质，而品质给质量所注入的，是文化。学校文化不仅需要创造物质文化、制度文化，更需要创造精神文化。精神文化是人类在从事物质文化基础生产上产生的一种人类所特有的意识形态，是人类各种意识观念形态的集合。只有优秀的学校文化才能孕育出优秀的学校教育。

第二节　核心素养：最高价值

当今"高利害"社会背景下，对学生学业成绩的片面追求，已经成为太多的学校教育、家庭教育的过激行为，教育督导的重要使命是通过强化对学生核心素养的督导，引导、转变并保障学校教育步入素质教育的轨道。

面向未来，社会到底需要什么样的人？他们应该具备哪些素养？如何培养未来的公民，以使他们能够更好地适应 21 世纪的生活和工作？这是所有关心教育的人都在不停追问的话题，同样是全球各国关注的焦点。近年来，随着以国际经济合作与发展组织（简称 OECD）为代表的国际性组织纷纷启动对"核心素养"的界定和遴选工作，"核心素养"已迅速发展为新世纪基础教育课程改革的新基础。在 OECD 看来，"核心素养"是一个动态发展的，整合了知识、技能、态度、情感与价值观的集合体概念。在中国，"核心素养"是指学生应具备的适应终身发展和社会发展需要的必备品格和关键能力，突出强调个人修养、社会关爱、家国情怀，更加注重自主发展、合作参与、创新实践。学生成长是学校教育的终极目标，培植学生全面发展核心素养，是学校品质提升的最高价值。

一、国际学生核心素养架构模式

自 1997 年以来，OECD、联合国教科文组织（简称 UNESCO）、欧盟（简称 EU）等国际组织先后开展关于核心素养的研究。受其影响，美国、英国、法国、德国、芬兰、日本、新加坡等也积极开发核心素养框架。下面介绍几个代表性国际组织和美国、新加坡两国所开发的核心素养框架。[①]

（一）三个国际组织的学生核心素养框架

1997 年 12 月，OECD 启动了"素养的界定与遴选：理论和概念基础"项目，确定了三个维度、九项素养：①能互动地使用工具，包括互动地使用语言、符号和文本、互动地使用知识和信息、互动地使用（新）技术。②能在异质群体中进行互动，包括了解所处的外部环境，预料自己的行动后果，能在复杂的大环境中确定自己的具体行动；形成并执行个人计划或生活规划；知道自己的权利和义务，能保护及维护权利、利益，也知道自己的局限与不足。③能自律自主地行动，包括与他人建立良好的关系，团队合作，管理与解决冲突。这个素养框架对于 PISA 测试具有直接影响，进而对许多国家和地区开发的核心素养框架产生了重要影响。

2006 年 12 月，EU 通过了关于核心素养的建议案。核心素养包括母语、外语、数学与科学技术素养、信息素养、学习能力、公民与社会素养、创业精神以及艺术素养共计八个领域，每个领域均由知识、技能和态度三个维度构成。这些核心素养作为统领欧盟教育和培训系统的总体目标体系，其核心理念是使全体欧盟公民具备终身学习能力，从而在全球化浪潮和知识经济的挑战中能够实现个人成功与社会经济发展的理想。

2013 年 2 月，UNESCO 发布报告《走向终身学习——每位儿童应该学什么》。该报告基于人本主义的思想提出核心素养，即从"工具性目标"（把学生培养成提高生产率的工具）转变为"人本性目标"，使人的情感、智力、身体、心理诸方面的潜能和素质都能通过学习得以发展。在基础教育阶段，尤其重视身体健康、社会情绪、文化艺术、文字沟通、学习方法与认知、数字与数学、科学与技术等七个维度的核心素养。

（二）美国的学生核心素养框架

2002 年美国制订了"21 世纪素养"框架，2007 年发布了该框架的更新版本，全面、清晰地将各种素养以及它们之间的相互关系呈现出来（见图 6-1）。

[①] 褚宏启、张咏梅、田一：《我国学生的核心素养及其培育》，《中小学管理》2015 年第 9 期，第 4—7 页。

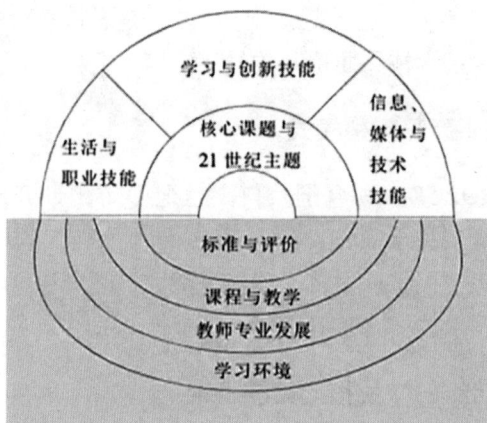

图 6-1　美国 "21 世纪素养" 框架

　　美国 "21 世纪素养" 框架以核心学科为载体，确立了三项技能领域，每项技能领域下包含若干素养要求：①学习与创新技能，包括批判性思维和问题解决能力、创造性和创新能力、交流与合作能力；②信息、媒体与技术技能，包括信息素养、媒体素养、信息交流和科技素养；③生活与职业技能，包括灵活性和适应性、主动性和自我指导、社会和跨文化技能、工作效率和胜任工作的能力、领导能力和责任能力。

（三）新加坡的学生核心素养框架

　　2010 年 3 月，新加坡教育部颁布了新加坡学生的 "21 世纪素养" 框架（见图 6-2）。其中，核心价值观包括尊重、负责、正直、关爱、坚毅不屈、和谐。社交与情绪管理技能包括自我意识、自我管理、社会意识、人际关系管理、负责任的决策。公民素养、全球意识和跨文化交流技能包括活跃的社区生活、国家与文化认同、全球意识、跨文化的敏感性和意。批判性、创新性思维包括合理的推理与决策、反思性

图 6-2　新加坡学生 "21 世纪素养" 框架

思维、好奇心与创造力、处理复杂性和模糊性。交流、合作和信息技能包括开放、信息管理、负责任地使用信息、有效地交流。

学校所有学科的教学，就是为了培育这些素养，最后培养出充满自信的人、能主动学习的人、积极奉献的人、心系祖国的公民。

二、中国学生核心素养主要内涵

2014年3月，"核心素养"作为一个崭新的概念，首次出现在教育部印发的《关于全面深化课程改革　落实立德树人根本任务的意见》中，"核心素养"被置于深化课程改革、落实立德树人目标的基础地位。[①]

从价值取向上看，"核心素养"反映学生终身学习所必需的素养与国家、社会公认的价值观。从指标选取上看，"核心素养"既注重学科基础，也关注个体适应未来社会生活和个人终身发展所必备的素养，不仅反映社会发展的最新动态，同时注重本国历史文化特点和教育现状。在我国，社会主义核心价值观包含了国家、社会、公民三个层面的价值准则。因此从结构上看，基于中国国情的"核心素养"模型，应该以社会主义核心价值观为圆心来构建。此外，它是可培养、可塑造、可维持的，可以通过学校教育而获得。

中国学生发展核心素养以培养"全面发展的人"为核心（见图6-3），分为文化基础、自主发展、社会参与三个方面，综合表现为人文底蕴、科学精神、学会学习、健康生活、责任担当、实践创新等六大素养，具体细化为国家认同等18个基本要点。各素养之间相互联系、互相补充、相互促进，在不同情境中整体发挥作用。

图6-3　中国学生核心素养框架

---

① 人民教育编辑部：《核心素养：重构未来教育图景》，《教育研究与评论（中学教育教学）》2015年第7期，第1674—4632页。

（一）文化基础

文化是人存在的根和魂。文化基础，重在强调能习得人文、科学等各领域的知识和技能，掌握和运用人类优秀智慧成果，涵养内在精神，追求真善美的统一，发展成为有宽厚文化基础、有更高精神追求的人。

1. 人文底蕴。主要是学生在学习、理解、运用人文领域知识和技能等方面所形成的基本能力、情感态度和价值取向。具体包括人文积淀、人文情怀和审美情趣等基本要点。

2. 科学精神。主要是学生在学习、理解、运用科学知识和技能等方面所形成的价值标准、思维方式和行为表现。具体包括理性思维、批判质疑、勇于探究等基本要点。

（二）自主发展

自主性是人作为主体的根本属性。自主发展，重在强调能有效管理自己的学习和生活，认识和发现自我价值，发掘自身潜力，有效应对复杂多变的环境，成就出彩人生，发展成为有明确人生方向、有生活品质的人。

1. 学会学习。主要是学生在学习意识形成、学习方式方法选择、学习进程评估调控等方面的综合表现。具体包括乐学善学、勤于反思、信息意识等基本要点。

2. 健康生活。主要是学生在认识自我、发展身心、规划人生等方面的综合表现。具体包括珍爱生命、健全人格、自我管理等基本要点。

（三）社会参与

社会性是人的本质属性。社会参与，重在强调能处理好自我与社会的关系，养成现代公民所必须遵守和履行的道德准则和行为规范，增强社会责任感，提升创新精神和实践能力，促进个人价值实现，推动社会发展进步，发展成为有理想信念、敢于担当的人。

1. 责任担当。主要是学生在处理与社会、国家、国际等关系方面所形成的情感态度、价值取向和行为方式。具体包括社会责任、国家认同、国际理解等基本要点。

2. 实践创新。主要是学生在日常活动、问题解决、适应挑战等方面所形成的实践能力、创新意识和行为表现。具体包括劳动意识、问题解决、技术应用等基本要点。

三、实践核心素养的校本式内化

学校发展性督导如何指导、监督与评估学校，将 21 世纪核心素养从理论转化为教育实践？由于 21 世纪核心素养的提出是近期的事情，总体上缺少系统的教育实践；同时，实践效果在学生身上得以体现尚需一段时日。因此，学校发展性督导以能动性指南·发展性目标导向的方式，对学校的引领是较为合适的。

（一）优化课程体系及其设置

核心素养已成为当前许多国家教育改革的支柱性理念，对研制课程标准、开发教材与课程资源起着重要的推动作用，对学校课程的结构及其设置提出了新的要求。首先，学校需要反思每个学科的本质及其育人价值，变革学科课程的设计理念和组织方式。其次，学科课程建设要适应学生终身发展和社会发展要求，加强不同范围和深度的跨学科课程整合与建设。再次，学校要根据学生素养发展的多样化需求，建立和完善各种类型和序列的课程体系。[①]

（二）改革面向核心素养的教与学

基于核心素养的教育要求教与学的方式发生变革。以学生为中心，围绕真实情境中的问题展开探索，能够激发学生的原有经验，促进学生主动学习，有助于满足不同学生的需求，促进相关素养的培养。如通过设计并开展基于问题或项目的学习，实现以学生为中心，主动学习和解决现实情境中的问题，需要倡导启发式、探究式、讨论式、参与式教学，激发学生的好奇心，培养学生的兴趣爱好，营造独立思考、自由探索、勇于创新的良好环境，让学生学会发现学习、合作学习、自主学习。[②]

（三）重构学校管理模式和机制[③]

以核心素养为育人目标，对学校的教学管理、资源配置、教师评估及专业发展等方面提出了新的要求和挑战。首先，学校要突破"一个学科一堂课"的日常教学管理定式，从学习或教学活动的现实需求出发，合理组织和安排教学时间。其次，要转变传统的教室观念，根据素养培养的需求设置功能，按照新型学习方式进行资源配置。再次，要变革教师评价方式和管理模式。素养的培养是一个长期的、潜移默化的过程，虽然蕴含在每一次的学习活动中，但不可能通过一堂课一蹴而就。学校要改变知识学习范式下"堂堂清"的评价理念，从结果导向的教师评价向过程导向的教师评价转型，重点关注教师专业实践的理念和质量；要尊重教师工作的专业性，赋予教师充分的专业自主权和灵活性。只有教师自己得到充分的尊重和支持，才能期望以学生为本的育人环境成为可能。

（四）面向核心素养的评价改革

开发体现核心素养的多样化、多形态的测评工具，建立以核心素养为导向的评价与反馈系统，是各国或地区推进21世纪核心素养教育的重要抓手，如新西兰将对核心素养的监测融入了其每年一次的学生学业成就国家监测研究中。面向21世纪核心素养的评价可以依托形成性评价、统一考试或教育监测、行业资格证书等形

---

① 杨向东：《基于核心素养，推进学校变革》，《中国教育报》2018年4月11日第5版。
② 褚宏启、张咏梅、田一：《我国学生的核心素养及其培育》，《中小学管理》2015年第9期，第4—7页。
③ 杨向东：《基于核心素养，推进学校变革》，《中国教育报》2018年4月11日第5版。

式来实现，如法国使用个人能力手册完整地记录学生的素养发展，以及欧盟多数国家通过信息通信技术（ICT）类资格证书评价学生相应的素养等。

（五）形成促进素养发展的文化

核心素养的内涵早已超越传统意义上的"能力"，它指向学生身心健康成长和人格健全发展。以核心素养为育人目标，学校需要改变学生的学习方式和育人模式，需要开放的、灵活的和公正的环境提供支持。大量研究表明，儿童只有生活在一个充满关爱、包容、安全和支持性的环境中，可以自由探索，允许不断失败，才会形成具有批判精神和创新精神的个性品质，从而积极探索未知，敢于迎接挑战。学校需要尊重作为鲜活生命和独特个体的每一个学生，相信每个学生都具有成长的心向和潜质，都值得拥有发展的权利和成功的机会。同时，学校需要从这一立场出发，创设以人为本的育人环境，建设促进学生发展的学校文化。①

第三节　专业水准：第一杠杆

专业水准是指在某一专业或者某一领域具有很高的造诣，能够以超出社会平均水平的方式进行专业性评判的标准。教师的专业水准是指教师达到专业标准的水平。2012 年 2 月，教育部制定颁发了幼儿园、中小学教师专业标准。②教师专业标准是国家对幼儿园、小学和中学合格教师专业素质的基本要求，是教师实施教育教学行为的基本规范，是引领教师专业发展的基本准则，是教师培养、准入、培训、考核等工作的重要依据。

学生的成长主要是通过教师的教育来实现的。学校发展性督导主张，教师专业水准是学校品质提升的第一杠杆。对教师专业水准的监督与检查、评估与指导，重点围绕教师的理念水准、师德水准、知识水准和能力水准来展开。

一、理念水准

人类以自己的语言形式来诠释现象——事与物时，所归纳或总结的思想、观念、概念与法则，称为理念。如人生理念、哲学理念、学习理念、时空认知理念、成功理念、办学理念、推销理念、投资理念或教育理念等等。理想信念是教师教育理

---

① 杨向东：《基于核心素养，推进学校变革》，《中国教育报》2018 年 4 月 11 日第 5 版。
② 教育部：《关于印发〈幼儿园教师专业标准（试行）〉〈小学教师专业标准（试行）〉和〈中学教师专业标准（试行）〉的通知》（教师〔2012〕1 号），http://old.moe.gov.cn/publicfiles/business/htmlfiles/moe/s6991/201212/xxgk_145603.html，2019 年 5 月 12 日。

念的首要因素，评价教师的理念水准，首先评价其理想信念。

现实中，我们为什么选择当教师？是我们的理想信念使然，还是仅仅为了自身生存发展？市场经济追求物质利益最大化，精致的功利主义具有相当的市场；基础教育按照市场机制注重了显性的、眼前的绩效考核，漠视教师学生的理想信念、思维培养、实践能力和创新精神。正因为如此，教师一方面缺乏自身的理想信念与奋斗目标，另一方面迎合甚至助长短期教育绩效行为，加剧了唯分数、唯升学等顽疾。

教师承担着传播知识、传播思想、传播真理的历史使命，肩负着塑造灵魂、塑造生命、塑造人的时代重任，是教育发展的第一资源，是国家富强、民族振兴、人民幸福的重要基石。做"有理想信念、有道德情操、有扎实学识、有仁爱之心"的"四有好教师"，是习近平总书记对广大教师的期望和要求。"理想信念"既是当代好教师的重要标准，又是当前中小学教师教育的重要内容。将中小学教师的理想信念及其教育纳入学校发展性督导之中，是当前区域学校发展中不可忽视的重要内容，也是当前实践学生全面发展核心素养的关键因素。

开展理想信念的监督与评价，旨在加强理想信念教育。深入学习领会习近平新时代中国特色社会主义思想，引导教师树立正确的历史观、民族观、国家观、文化观，坚定中国特色社会主义道路自信、理论自信、制度自信、文化自信。引导教师准确理解和把握社会主义核心价值观的深刻内涵，增强价值判断、选择、塑造能力，带头践行社会主义核心价值观。引导广大教师充分认识中国教育辉煌成就，扎根中国大地，办好中国教育。

二、师德水准

师德，即教师的职业道德，是教师和一切教育工作者在从事教育活动中必须遵守的道德规范和行为准则，以及与之相适应的道德观念、情操和品质。师德是中华民族十分看重的美德之一。教师是人类灵魂的工程师，是青少年学生成长的引路人。教师的思想政治素质和职业道德水平直接关系到大中小学德育工作状况和亿万青少年的健康成长，关系到国家的前途命运和民族的未来。将师德水准纳入品质提升评估，是学校发展性督导的关键内容。

强化师德水准评价，旨在加强师德建设。加强教师的明道信道教育。"师者，所以传道授业解惑也。""传道"是第一位的，而要传道，首先自己要明道、信道。新时代教师应明之"道"、应信之"道"首先是马克思主义信仰、中国特色社会主义共同理想和共产主义远大理想、社会主义核心价值观。加强教师的立德垂范教育。立德垂范是教师最基本的职业道德，它要求教师为人师表，在言论、行为、生活作风、思想意识等各个方面都要给学生以积极向上的影响，做学生的楷模。加强教师的业精善学教育。学高为师，教师既要做"人师"，也要做"经师"。良好的专业素质是现代教师最核心的素养之一，是教师素养中最重要、最具广泛迁移价值的部分。作为专业化教师，知识、能力和态度缺一不可。加强教师的敬业爱生教育。师爱是师德的灵魂，没有师爱就没有师德，更没有教育。师爱是不计回报的、无私的、广泛的且没有血缘的爱，是发自内心对学生的关心、尊重、期待、信任和尽责，是至高无上的"大爱"。[①]

三、知识水准

教师知识（Teacher Knowledge），是教师专业素质的重要组成部分。教师知识体现教学作为一种专门职业的独特性。教师知识不仅是教师从事教学活动所必须具备的智力资源，而且，其丰富程度和运作情况也直接决定着教师专业水准的高低。

教师的知识包括哪些内容，经历了一个历史的发展过程。美国舒尔曼认为，教师知识分为七大类，具体为学科知识、一般教学法知识、课程知识、学科教学知识、学习者及其特点知识、教育背景知识、教育目标和价值观及其哲学和历史背景的知识等。我国教师专业标准规定的教师专业知识主要包括教育知识、学科知识、学科教学知识和通识知识。

各级各类学校教师的知识水准主要由教师学历教育机构来完成。教师的知识结构占比，一般由教育行政人事部门做出规定。发展性督导的品质提升标准，关注教师的知识水准，旨在引导学校教师紧跟时代步伐，加强继续教育，更新知识结构，满足时代教育需求。

四、能力水准

教师的教育能力是一种特殊能力，是教师从事教育活动（教育教学工作）所需要的能力。一般认为，教师应具备的教育能力包括：全面掌握和善于运用教材的能力，良好的语言表达能力；善于了解学生个性心理特征和学习情况的能力；敏感，迅速而准确的判断能力；组织领导课内外活动的能力；独立思考和创造性地解决教育问题的能力；因材施教的能力；教育机制等。

我国教师专业标准规定的教师专业能力（以中学教师为例）包括：教学设计能力、教学实施能力、班级管理与教育能力、教育教学评价能力、沟通与合作能力。教学设计能力主要包括：教学目标、教学计划、教学过程的设计能力，教学资源、教学方法运用能力，学生个性化学习计划指导帮助能力。教学实施能力主要包括：学习环境、学习氛围创设能力，学习兴趣的激发与保护能力，启发式、探究式、讨论式、参与式等多种方式科学运用能力，引发学生独立思考和主动探究能力，教学过程有效调控能力，现代教育技术手段整合应用能力。班级管理与教育能力主要包括：学生世界观、人生观、价值观教育能力，学科教学的教育能力，学生班级团队组织、集体活动的教育能力，良好师生关系、同伴关系营造能力，学生身心健康发展的教育能力。教育教学评价能力主要包括：多元评价工具、方法运用能力，多视角、全过程评价能力，学生自我评价引导能力，自我评价结果反思改进能力。沟通与合作能力主要包括：与中学生平等沟通交流能力，与同事合作交流、共同发展能

---

① 戚如强：《新时代师德建设的基本遵循》，《中国教育报》2018 年 9 月 6 日第 5 版。

力，与家长有效沟通合作能力，协助学校与社区建立合作互助关系能力。

学校发展性督导对学校教师能力水准的评估，主要侧重于教师的课堂教学水平、教研与科研能力和优质教师在专任教师中的占比等方面。开展教师能力水准的督导评估，旨在深化教师的通识培训、专业研训和校本培训，促进教师的专业发展，持续提升教师教育水平。

第四节　学校文化：根本动力

如前所述，学校文化是指在教育教学和管理实践中，学校群体成员共同创造生成的、体现时代特征和社会进步的价值观念、思维方式、行为规范及其活动结果，是内隐在学校教育理念、管理制度、行为方式以及教育环境等因素中的价值取向。学生健康成长、教师专业发展不能离开学校这一特定教育机构。就学校组织而言，学校文化是促进学生健康成长、教师专业发展、提升学校教育品质的根本动力。学校发展性督导对学校文化的评估，主要侧重于学校的精神文化、制度文化、行为文化和物质文化。

一、精神文化

所谓精神文化是指属于精神、思想、观念范畴的文化，是代表一定民族的特点，反映其理论思维水平的思维方式、价值取向、伦理观念、心理状态、理想人格、审美情趣等精神成果的总和。[1]精神文化的优越性在于具有人类文化基因的继承性，还有在实践当中可以不断丰富完善的待完成性。这也是人类文化精神不断推进物质文化的内在动力。

学校精神文化是指学校在长期的教育实践中，受一定的社会文化背景、意识形态影响而形成的，为全部或部分师生员工所认同和遵循的精神成果和文化观念，表现为学校风气、学校传统以及学校教职员工的思维方式等，包括学校价值观、学校精神、学校形象等三方面内容。[2]学校价值观是指学校师生所推崇的关于学校意义的基本信念、发展目标的终极判断。学校精神是学校在长期的实践中，为谋求发展而精心培育的，并与学校个性相结合而积淀起来的群体共同的心理特征、主体意识，它赋予学校特有的个性魅力，是学校群体凝聚力、向心力和战斗力的"核动力"。学校形象就是社会、家长对学校的总体印象，是学校整体素质和文明程度的综合表现，也是学校文化最直接的外在体现方式，表现为校风与校貌。

---

① 曾丽雅：《关于建构中华民族当代精神文化的思考》，《江西社会科学》2002年第10期，第83—88页。
② 赵中建：《学校文化》，华东师范大学出版社2004年版，第299—300页。

学校发展性督导对于学校精神文化的评估，旨在加强学校精神文化建设，提升学校发展的精神内涵。学校精神文化的培育和形成，需要全体师生共同参与构建，要注重有效性和个性化，切忌形式主义，要通过宣传、激励，在教师、学生、家长、社区中达成共识，转化为师生员工的实际行动，内化为师生的个体价值观，让学校精神文化能够时时处处地在教风、学风、校风、校貌上得到体现，成为学校品质提升的核心标志。

二、制度文化

制度文化是人类为了自身生存、社会发展的需要而主动创制出来的有组织的规范体系，主要包括国家的行政管理体制、人才培养选拔制度、法律制度和民间的礼仪俗规等内容。制度文化是人类在物质生产过程中所结成的各种社会关系的总和。社会的法律制度、政治制度、经济制度以及人与人之间的各种关系准则等，都是制度文化的反映。 制度文化由三个层面构成。一是传统、习惯、经验与知识积累形成的制度文化的基本层面；二是由理性设计和建构的制度文化的高级层面；三是包括机构、组织、设备等的实施机制层面。其中，制度文化的基本层面是一个自生自发的规范层面，反映着价值观念、道德伦理、风俗习惯等文化因素。制度文化的高级层面则是一个人类有意义、有目的的理性设计和建构的，反映着一个社区、一个社会、一个国家经法律制度确认的政治、经济、社会、文化等正式的制度层面。制度文化的基本层面与高级层面是相互统一与协调一致，是实现制度文化功能的关键。制度文化作为精神文化的产物和物质文化的工具，一方面构成了人类行为的习惯和规范，另一方面也制约了或主导了精神文化与物质文化的变迁。

概括起来，制度文化有五大基本特点：①制度文化的内涵包括各种成文的和习惯的行为模式与行为规范；②制度文化凝聚了社会主体的政治智慧，并通过社会实践的延续而世代相传，从而成为人类群体的政治成就；③制度文化的基本核心，是由历史演化产生或选择而形成的一套传统观念，尤其是系统的价值观念；④制度文化作为一种系统或体系具有二重性，一方面它是人类活动的产物，另一方面，它又必然成为限制人类不规范活动的因素；⑤制度文化以物质条件为基础，受人类的经济活动制约。因此，人类在社会实践中逐步形成的制度文化，因地域、民族、历史、风俗的不同而异彩纷呈。

学校制度文化是学校文化的重要组成部分，主要包括学校组织结构、学校管理制度（具体见第四章第二节"学校发展的构成要素"之三"学校发展的文化要素"）。学校发展性督导对于制度文化的评估，旨在监督并指导学校加强制度文化建设，按照学校治理现代化的要求，不断完善旨在突出学校发展追求、价值观念、核心素养、作风态度等精神文化因子，具有本校特色的开放性的制度文化体系。

三、行为文化

行为文化是人们在日常生产生活中表现出来的有价值的，促进文明、文化以及人类社会发展的特定行为方式和行为结果的积淀，这种行为方式是人们的所作所为的具体表现，体现着人们的价值观念取向，受制度的约束和导向。在行为文化的形成途径上，首先，价值观是人的行为的重要心理基础，它决定着个人对他人和事的接近或回避、喜爱或厌恶、积极或消极；对价值的不同认识，会从其行为上表现出来，合理的行为，建立在正确的价值观念基础上。其次，行为文化建设和制度文化建设是密不可分的，只有严格完善的制度建设，用完善的制度去规范人的行为，才有可能形成统一的行为文化。再者，习惯是特定行为方式的熟练化和自动化，可以不假思索地去践行某种特定的行为方式。而职业行为习惯的养成是在长期的生产管理工作、学习、生活等实践中，依靠职业道德的养成和修炼来实现的，这是职业行为习惯养成的基础和前提。

学校行为文化是指学校在教育实践过程中产生的活动文化，是学校作风、精神风貌、人际关系的动态体现，也是学校精神、学校价值观的折射。学校发展性督导对于行为文化的评估，旨在加强学校行为文化建设。学校行为文化建设要集中体现学校先进的办学理念，遵循学生的成长规律、学校发展规律和教育发展规律，尊重和正视个体差异，以多种方式调动师生积极参与。学校行为文化要在有序高效的管理文化、合理科学的课程文化、探究共生的教学文化、温馨向上的班级文化、丰富切实的活动文化、合作和谐的人际文化、优质独特的特色文化等方面下功夫，努力形成学校自身价值的行为文化体系。

四、物质文化

物质文化是社会学与其他人文科学研究的基本问题之一。物质文化是指人类创造的物质产品，包括生产工具和劳动对象以及创造物质产品的技术。物质文化来源于技术，并与社会经济活动的组织方式直接相关。它通过经济、社会、金融和市场的基础设施显示出来。经济的基础设施包括交通、能源和通信系统。社会基础设施是指住房、保健、教育的条件和体制。金融和市场的基础设施是指一国为企业服务的机构，例如，银行、调研公司等。物质文化不是所有物质形态的单纯存在或组合，自然状态下存在的物质，不属于物质文化的范畴。物质文化是人类发明创造的技术和物质产品的显示存在和组合，不同物质文化状况反映不同的经济发展阶段以及人类物质文明的发展水平。物质文化不单指"物质"，更重要的是强调一种文化或文明状态。

学校物质文化是由学校师生员工在教育实践过程中创造的物质设施，包括学校标志、学校环境、学校文化设施等，能够给人一种有意义的感情熏陶和启迪，是一种以物质形态为主要研究对象的学校文化。校训、校旗、校徽等均是一所学校的重要标志。

学校发展性督导对于物质文化的评估，旨在加强学校的物质文化建设。加强学校物质文化建设要遵循下列原则：①物质文化的主题性。不同的廊道、楼梯和专用教室，体现不同主题的文化。②物质文化的多元性。学生发展涉及德智体美劳等各个方面，物质文化也要与之相适应体现其丰富性。③物质文化的传承性。传承中华文化文明成果，是学校教育的主要任务之一，物质文化要有传承。④物质文化的现代性。传承人类文明是必要的，但学习现代文明是必需的。⑤物质文化的未来性。学生今天的学习是为了明天的发展，当今社会最前沿的科技成果，也要成为物质文化的组成部分，具有未来性。⑥物质文化的动态性。物质文化不仅仅是静态的，而且也是动态呈现的。校园动态的环境是在教育实践的过程中形成的通过校园的主体活动展示的文化形态的总和。⑦物质文化的开放性。物质文化不仅是中国的，也是世界的，因此世界文化在校园，应当是物质文化的表现形式之一。⑧物质文化的整体性。尽管理想的校园物质文化是多元的、立体的，但是，高品位学校的文化具备整体性，是以学校核心理念为统帅，服务服从于学生培养目标的，旨在促进学生全面健康发展的。

标准研制

"千校一标"是传统学校教育督导标准的主要表现形式。这种方式有利于规范学校的教育教学与管理行为，达成管理者期待的、统一的行为范式，但不利于调动学校自身的主体能动性。从尊重学校主体独立性出发，研制并实践"一校一标"，引导、促进并保障不同发展阶段与不同发展水平的学校获得适切的发展，是学校发展性督导的核心环节。本部分旨在探讨并构建学校发展性督导的标准及其体系。

第七章 发展性督导标准：方向·核心·灵魂

学校发展性督导主张，督导组织与学校共同发展的法制性、自主性、校本性、差异性与向善性，是学校发展性督导的价值诉求。那么，什么样的督导标准，能够更好地体现并实践学校发展性督导的价值诉求呢？笔者认为，坚持督导组织宏观策划督导标准与学校自主选择发展目标的原则，研制并实践学校发展性标准，既是学校发展性督导的方向，也是学校发展性督导的核心，更是学校发展性督导的灵魂。对每一所学校来说，发展性督导标准包括：引领学校自主发展的"选择性目标导向"、评审学校发展规划的"学校发展性规划编制与评审规范"和综合评估学校发展水平的"学校发展性督导综合评估标准"。

第一节 标准与教育质量标准

《国家中长期教育改革和发展规划纲要（2010—2020年）》提出，"制定教育质量国家标准，建立健全教育质量保障体系"，把"提高教育质量作为教育发展的核心任务"。这标志着我国教育从规模扩张向内涵发展的战略转型，也是世界多国教育发展到较高水平的重要特征。那么，什么是教育质量标准？

一、标准与质量

标准是指为在一定的范围内获得最佳秩序，对活动或其结果规定共同的和重复使用的规则、原则或特性的文件。该文件经协商一致制定并经一个公认机构批准。标准应以科学、技术和经验的综合成果为基础，以促进最佳社会效益为目的。1993年9月1日开始实施的《中华人民共和国产品质量法》第六条指出："国家鼓励推行科学的质量管理方法，采用先进的科学技术，鼓励企业产品质量达到并且超过行业标准、国家标准和国际标准。"第十四条指出："国家根据国际通用的质量管理标准，推行企业质量体系认证制度。"《中华人民共和国标准化法》将我国标准分为国家标准、行业标准、地方标准、企业标准四级，以及强制性标准、推荐性标准两类。

标准与质量紧密联系在一起，标准规范了质量的内容和质量特性应当达到的指标，是衡量质量水平的准则。标准是质量管理的基础，是质量控制的依据，而质量的普遍提高反过来又促进了标准水平的提高。美国管理学家朱兰（J. M.Juran）指出，在关于质量的众多含义中，有两个对质量管理至关重要，一是产品特性能够满足顾客要求从而让顾客满意，二是没有不足。[①] 人们对标准与质量之间关系的理解，随着质量管理方式的变化和对质量内涵认识的深化而变化。其中比较有代表性[②]的是：

1. 标准是衡量质量的依据。企业的产品质量有专门的检验机构和检验制度，判定的依据就是标准。产品是按国家颁布的标准来生产和验收的。企业质量管理工作的任务，就是认真按标准组织生产、检验。

2. 质量是由顾客满意度确定的。20 世纪 60 年代以后，全面质量管理理论传入中国。改革开放以来，与市场经济相适应的、满足顾客需求的质量观被越来越多的人所接受，尤其是 ISO 9000 系列标准对质量所下的定义，以及相关原则与要求的推广和实施，"质量由顾客来认定""以满足要求的程度来评价质量"等观念已被普遍接受。质量不是一个固定不变的概念，它是变化的、发展的，随着时间、地点、使用对象的不同而不同。

3. 标准是连接市场和企业的桥梁。2000 年版的 ISO 9000 标准认为，质量是一组固有特性满足要求的程度。"固有特性"是指事物中本来就存在的、永久的、反映事物本质的特征。"要求"是指明示的、隐含的、必须履行的需求或期望。"满足要求的程度"是一个比较的结果，即事物的"固有特性"与"要求"进行比较，求得"满足程度"是差、是好、还是优良，而"满足程度"是由市场决定的。"固有""要求"和"（满足）程度"指出了质量的本质。第一，质量可以是产品质量、过程质量和管理体系运行的质量。第二，质量最重要的衡量标准是满足顾客需求的程度，而不是所有特性的总和。第三，质量是相对的，不同地区和国家、不同环境、不同消费者对质量的理解不同，对质量标准的要求存在差异。第四，质量具有时效性，社会和消费者对质量的要求会随着时间的推移而变化，质量定义和质量标准需要与时俱进，定期修订。因此，标准是连接市场和企业的桥梁。

二、教育质量标准

目前，我国尚未建立对学校办学、管理与评价具有指导意义的国家或地方的教育质量标准。对教育质量及其标准的探讨，仅仅停留在学者的理论研究上。不同的学者，对教育质量有不同的认识。英国学者格林（Green D.）把人们关于教育质量的各种观点分为五类。[③] 第一，独有的、优秀的。例如，牛津剑桥提供的教育服务是其他一般大学根本无法相比的，显然不能以这类少数名牌大学的教育作为标准衡量其他大学的教育。第二，与预定的规格和标准相一致。这种观点源于企业生产中

---

① Juran, Joseph M, Godfrey: A. Blanton. Juran's Quality Handbook, New York: McGraw-Hill, 1998, P7—9.
② 陈渭、赵祖明：《标准化战略与实施——企业标准体系 200 问》，中国标准出版社 2004 年版。
③ Green D. What is Quality in Higher Education？ Buckingham: Society for Research into Higher Education and Open University Press, 1994, P3—20.

的质量控制，由于可以为不同类别的院校规定不同的标准，因此，所有高校都有机会保证其应有的质量。这有利于整个高等教育系统的质量保证，但是，这一静态的定义会导致高校只关注结果评估而忽视过程控制。第三，适合于目的。该定义为大多数教育界人士所接受，但问题在于如何确定教育目的。因为教育系统的各种利益相关者很难把各自的目的统一起来。第四，实现本学校目标的效果。高质量的学校就是明确宣布并切实达到了其目标的学校。第五，满足消费者规定的和潜在需要的程度。

袁振国等[1]认为，教育质量标准是一定时期内为实现既定教育目标而制定的教育质量规范。首先，教育质量是一个多维的概念，包括与教育相关的诸多方面，如课程与教学、教师与学生、建筑与设施、仪器与设备等教育所有的功能与活动。其次，教育质量是一个多层次的概念，涵盖学习者终其一生所接受的不同层级、不同类型正规和非正规的教育和培训活动。再次，各教育利益相关者对教育目的有不同的期许，对教育质量的理解和侧重点存在明显差异。不管对教育质量的理解存在多少种可能，从教育教学的实践来看，对教育质量衡量的核心在于特定类型、特定学段教育目标的实现程度，最终的落脚点则在于学生的核心素养与关键能力。

教育质量标准，从管理层级上可以分为国际或区域教育、国家教育、省或州级教育、地方教育和学校教育质量标准。从效力来看，可以分为强制性教育和推荐性教育质量标准。从教育层级来看，可以分为学前教育、基础教育和高等教育质量标准。从教育过程来看，包括教育投入、教育过程和教育产出等环节的质量标准。从教育要素来看，包括教师、学生、学校、课程、教学设施等关键要素的质量标准。但从标准的核心组成以及目前国际基本共识来看，可以将教育质量标准分为内容标准、评价标准和保障标准三个维度。[2]

内容标准（Content Standards），也称学术内容标准（Academic Content Standards），它描述在核心学术性领域，如阅读、数学、科学和历史等课程中，每个学生应该知道什么和应该做什么。内容标准必须适用于所有的学生，不管他们来自什么种族和民族，不管他们来自怎样的语言和文化背景，不管他们有没有特殊的学习需求。[3]一般来说，内容标准最初的表现形式是课程框架，尤其是在基础教育领域，内容标准与课程标准概念常混淆使用。但内容标准不同于课程，正如《美国国家科学课程标准》中所阐释的，课程是传授内容的方式，包括课堂所讲内容的结构、组织安排、轻重处理及传授方式，而内容标准所描述的各部分内容可以依不同侧重点或视角组织成多种不同的课程。因此，内容标准是课程的重要参照，但不是课程。

评价标准（Assessment Standards），又称绩效标准（Performance Standards），主要是基于内容标准描述如何评估学生知识和技能的掌握程度。绩效标准明确学生

[1] 中国教科院教育质量标准研究课题组：《教育质量国家标准及其制定》，《教育研究》2013年第6期，第4—16页。
[2] 中国教科院教育质量标准研究课题组：《教育质量国家标准及其制定》，《教育研究》2013年第6期，第4—16页。
[3] 亚瑟·K.埃利斯：《美国基础教育标准化运动分析》，《教育发展研究》2008年第2期，第52—56页。

如何展示他们的掌握程度，主要回答"怎样好才算足够好"的问题，明确了学生如何展示他们对教育学术内容标准所规定的知识和技能的掌握程度。其主要表现为学生评价标准、教育质量监测、学分和资格框架等。比如 PISA 采用的即是由经合组织开发、在全球范围享有广泛认可度的一种评价标准，它测试 15 岁学生在阅读、数学和科学领域运用知识和技能解决现实问题的能力，以及在日常生活情境中做出良好判断和决策的能力。内容标准和评价标准的主要区别在于，内容标准侧重对学生应掌握的知识和技能的总体描述，而评价标准是关于学生应该知道什么和能够做什么的具体实例和明确定义,旨在展示内容标准所要求的知识和技能掌握的程度。

保障标准（Assurance Standards），也称为学习机会标准，一般是指为保证学生达到内容标准和绩效标准要求，对教育者提供给受教育者的教育经验和资源的性质和质量规定。[①]它包括人力、财力、物力投入和管理水平方面的标准，主要有教师标准、办学条件标准、经费投入标准和管理质量标准等，特别是教师标准。教师是教育质量的关键，教师标准是提升教师队伍专业化水平的基本准则和重要保障。管理标准中最具代表性的是 ISO 9000 标准，这是由国际标准化组织（ISO）颁布实施的质量管理体系标准，包括四个核心标准和一个支持性标准以及其他内容。此外，各类标准在不同国家各层级教育标准中的表现形式和名称也不相同。以内容标准为例，在基础教育领域，英国、美国和澳大利亚使用的课程标准、课程框架或学科框架，在日本则称为学习指导要领；在高等教育领域，主要表现为各种专业设置标准和专业评估标准；在职业教育领域，主要表现为课程认证标准、关键能力框架等。

袁振国等[②]认为，内容标准、评价标准和保障标准是教育质量标准的三个维度，而不是严格区分的三类不同标准。这三个维度的内容并不是也不可能截然分开，而是紧密结合在一起、相辅相成的。教育质量标准始终以一个整体存在并发挥作用，其构成和发展也随着教育实践的开展而不断丰富和完善。

第二节 国家基础教育督导要求与内容

《国家教育督导条例》指出，教育督导机构采用经常性督导、专项督导和综合督导的方式，对各级各类学校（机构）、下级人民政府的教育工作实施督导。如，开展了教育法律的执法督导；"两基"工作、基础教育工作的综合督导；体艺卫工作、教育难点重点热点问题等方面的专项督导或经常性督导。本节主要在"督学"

---

① 陈霞：《基于课程标准的教育改革——美国的行动与启示》，华东师范大学 2004 年博士学位论文。
② 中国教科院教育质量标准研究课题组：《教育质量国家标准及其制定》，《教育研究》2013 年第 6 期，第 4—16 页。

层面，介绍当前我国与学前教育、基础教育相关的教育督导要求与指标。

一、学前教育督导

"十二五"以来，我国学前教育督导标准的研制，主要围绕"督政"与"督学"两个方面。一是为贯彻落实《国家中长期教育改革和发展规划纲要（2010—2020年）》和《国务院关于当前发展学前教育的若干意见》（国发〔2010〕41号）精神，进一步推动各地学前教育三年行动计划的实施，教育部针对各级人民政府，研究制定了《学前教育督导评估暂行办法》（教督〔2012〕5号）；二是为完善幼儿园督导评估制度，推动各地教育行政部门加强和改进对幼儿园的监管，促进幼儿园规范办园行为，保障幼儿身心健康、快乐成长，制定了《幼儿园办园行为督导评估办法》（教督〔2017〕7号）。以上两个"办法"的颁发与实施，有力地推动了学前教育的发展，不断提高了幼儿园的办园水平。

（一）学前教育督导评估

国家学前教育督导评估工作遵循发展性、激励性、客观性和实效性的原则，由国家教育督导团组织实施，评估对象为地方人民政府。学前教育督导评估的主要内容包括：落实政府责任和部门职责，完善管理体制，健全工作机制，建立督促检查、考核奖惩和问责机制等方面的情况；加大学前教育经费投入，落实各项财政支持政策，构建学前教育公共服务体系等方面的情况；多种形式扩大学前教育资源，大力发展公办幼儿园，积极扶持民办幼儿园，扩大普惠性学前教育资源等方面的情况；加强幼儿教师队伍建设，核定并保证公办幼儿园教职工编制，落实并提高幼儿教师待遇，加强幼儿教师培养培训等方面的情况；规范学前教育管理，有效解决"小学化"倾向和问题等方面的情况；提高学前教育发展水平，缓解"入园难"问题及社会公众对当地学前教育满意程度等方面的情况。

国家学前教育督导评估工作要求各省（区、市）要建立学前教育工作表彰与问责机制，把学前教育督导评估和监测结果作为评价政府教育工作成效的重要内容，并作为表彰发展学前教育成绩突出地区的重要依据。同时，建立学前教育督导评估结果通报和公布制度。地方人民政府教育督导机构要向本级人民政府报告督导评估与监测结果，并向社会公布。

（二）幼儿园办园行为督导评估

国家幼儿园办园行为督导评估工作，面向3—6岁儿童提供保育教育服务的幼儿园（班、点）；遵循以评促建、客观公正、注重实效的原则；在3—5年的督导评估周期内，县级教育督导机构按属地原则对辖区内幼儿园（班、点）至少进行一次督导评估。

幼儿园办园行为督导评估的主要内容涉及五个方面。一是办园条件，主要考察幼儿园办园资质、办园经费、规模与班额、园舍与场地、设备设施、玩教具材料和图书等情况；二是安全卫生，主要考察幼儿园安全和卫生制度、膳食营养、卫生消毒、健康检查、疾病防控、安全教育、安全风险管控、校车及使用情况等；三是保育教育，主要考察幼儿园教育理念与目标、教育内容与形式、教育计划与方案、活动组织实施、师幼关系等情况；四是教职工队伍，主要考察幼儿园园长、教师、保育员、卫生保健人员、炊事员和其他工作人员的数量及资格资质，教职工专业成长，师德师风建设和权益保障等情况；五是内部管理，主要考察幼儿园组织机构、管理机制、经费管理与使用、招生、家长参与幼儿园管理等情况。幼儿园办园行为督导评估的方式主要是现场观察、问卷调查、座谈访谈、资料查阅和数据统计等。

幼儿园办园行为督导评估办法要求：各级教育督导机构将幼儿园办园行为督导评估报告向社会发布，接受社会监督；地方各级教育督导机构要将督导评估报告报送本级人民政府，作为制定学前教育政策、加强幼儿园管理的依据；督导评估结果应作为幼儿园年检、级别确定和园长评优评先的重要依据。

二、中小学教育督导

在国家教育部层面，对中小学教育督导的要求与指标，重点体现在两个方面：一是面向地方各级人民政府的督导要求，主要包括"两基"年审、义务教育均衡发展、责任督学挂牌督导创新县、义务教育优质均衡发展、省级人民政府履行教育职责的督导评估，这些督导评估直接由国家教育督导委员会推动实施的。二是面向普通中小学的督导评估，主要是制定颁布了《普通中小学校督导评估工作指导纲要》《教育部关于进一步加强中小学校督导评估工作的意见》。对普通中小学校的督导评估，主要由县级教育督导机构组织实施。

（一）普通中小学校督导评估工作指导纲要

为使学校坚持社会主义的办学方向，把德育放在首位，全面贯彻教育方针，加强科学管理，引导学生在德、智、体诸方面生动、活泼、主动地得到发展，全面提高教育质量；必须建立、健全教育督导评估制度，纠正当前存在的单纯以升学率为标准评估学校教学水平的倾向，全面科学地评价学校的办学水平和毕业生的素质。为指导各地开展中小学校的督导评估工作，1991 年 5 月下旬，原国家教育委员会制定并颁发了《普通中小学校督导评估工作指导纲要》和《关于实施"普通中小学校督导评估工作指导纲要"试点的意见》（教督〔1991〕1 号）。1992 年，全国20 个省（区、市）13 个计划单列市开展了试点工作，这对中小学校端正办学方向、加强学校常规管理、全面提高教育质量起到了积极的作用。[1]

为构建以实施素质教育为目标，全面科学地评估学校办学水平的机制，督促政府及其教育行政部门履行职责，转变职能，加强领导，创设条件，办好每一所学校。督促、指导中小学校校长贯彻执行有关教育的法律、法规、方针、政策，遵循教育

---

[1] 凌飞飞：《当代中国教育督导历史研究》，中国社会科学出版社 2016 年版。

规律，深化教育改革，优化学校管理，实施素质教育，全面提高教育质量，培养社会主义事业的建设者和接班人。引导社会、家长用正确的标准评价学校的办学水平，关心和支持学校工作。1997 年 2 月，原国家教育委员会特制定颁布了《普通中小学校督导评估工作指导纲要（修订稿）》（教督〔1997〕4 号，简称《指导纲要》）。

《指导纲要》的适用范围：政府、企业事业组织、社会团体及公民个人依法举办的对儿童、青少年实施初等教育和普通中等教育的机构。主要包括：城乡全日制完全小学，全日制普通初级中学、高级中学和完全中学，九年一贯制学校。督导评估的主要内容，涉及办学方向、管理体制和领导班子、教师管理与提高、教育教学工作、行政工作的常规管理、办学条件与教育质量等七个方面。国家教育委员会要求各地在执行指导纲要时，明确开展学校督导评估工作的目的，坚持导向性原则；在指导思想指标设定、权重分配上要引导学校全面贯彻国家的教育方针，深入进行教育改革，推行素质教育，全面提高教育质量。严格遵循教育规律，在保证科学性的前提下，突出重点，注重可操作性，力求简便易行。坚持定性与定量相结合，需要量化的指标，要认真研究论证，避免主观随意性。注意学校的层次差异和多样性，对不同类型的普通中小学校可分别拟订评估方案，以利引导学校办出特色。各地普遍开展普通中小学校的督导评估工作，对全面贯彻教育方针，推动基础教育的改革与发展，认真实施素质教育，提高基础教育管理水平，提升基础教育质量产生了深远的影响，起到了积极的作用。

（二）加强中小学校督导评估工作的意见

当前，我国基础教育进入了新的发展阶段。国家中长期教育规划纲要对中小学校的建设和发展提出了新的目标，同时对教育督导评估工作提出了新的要求。为了认真贯彻落实教育规划纲要，更好地发挥教育督导的作用，有效地促进学校加强教育教学管理、提高办学水平，2012 年 9 月，教育部制定颁发了《关于进一步加强中小学校督导评估工作的意见》（教督〔2012〕9 号，简称《意见》）。《意见》指出，"促进学校全面实施素质教育，全面提高教育质量是新时期赋予教育督导的重要任务。各地要切实增强责任感和使命感，认真履行对学校教育教学质量进行督导评估的法律职责，使学校督导评估真正成为学校健康发展的重要保障"。"督促学校依法办学，科学管理，推动现代学校制度建设；促进学校深化改革，遵循教育教学规律和学生身心发展规律，为每个学生提供适合的教育；引导社会和家长树立正确的教育质量观，关心和支持教育的改革和发展，为学校营造实施素质教育的良好社会环境"是学校督导评估的目的。把"坚持以学生发展为本，把教育教学工作是否适应学生发展需要作为衡量学校办学水平的主要标准；坚持以学校发展为重，既重视学校工作的结果，更要注重教育教学的过程；坚持规范和创新相统一，既要规范学校的办学行为，又要鼓励学校办出特色"作为学校督导评估的三大原则。围绕"健全规章制度，依法规范办学""有效使用资源，提高管理效率""优化教学管理，提高教学质量""学生的健康成长和全面发展"等方面的主要内容，把握学校督导评估的重点，突出学校科学管理和内涵发展。

《意见》的出台，是对十几年来我国依照《指导纲要》开展学校督导评估做法和经验的总结提升；是对学校督导评估的理念、内容、方法，以及机制体制的改革与创新；是贯彻执行《国家中长期教育改革和发展规划纲要（2010—2020年）》《教育督导条例》的新要求。《意见》的实施，进一步明确了中小学校督导评估标准与指标体系，为不断建立健全中小学校督导制度，更好地发挥教育督导的保障和推动作用，切实有效地促进学校内涵发展和教育质量的提高，提供了政策与法律依据，有力地推动着基础教育督导事业的深化发展。

（三）中小学教育质量综合评价指标框架

2013年6月3日，教育部颁发了《教育部关于推进中小学教育质量综合评价改革的意见》（教基二〔2013〕2号）。该意见以"全面贯彻党的教育方针，落实立德树人根本任务，遵循学生身心发展规律和教育教学规律，坚持科学的教育质量观，充分发挥评价的正确导向作用，推动形成良好的育人环境，促进素质教育深入实施"为指导思想，坚持育人为本、促进发展、科学规范、统筹协调、因地制宜的原则，围绕"基本建立体现素质教育要求、以学生发展为核心、科学多元的中小学教育质量评价制度，切实扭转单纯以学生学业考试成绩和学校升学率评价中小学教育质量的倾向，促进学生全面发展、健康成长"的总体目标，建立健全了以品德发展水平、学业发展水平、身心发展水平、兴趣特长养成和学业负担状况为主要内容的中小学教育质量综合评价指标体系（见表7-1）。

表7-1　中小学教育质量综合评价指标体系（试行）

评价内容	关键指标	指标考查要点	评价主要依据
品德发展水平	行为习惯	学生在文明礼貌、勤俭节约、热爱劳动、爱护环境等方面的认知和表现情况	社会主义核心价值观、义务教育课程方案和相关学科课程标准、普通高中课程方案和相关学科课程标准、《中小学德育工作规程》、《中共中央国务院关于进一步加强和改进未成年人思想道德建设的若干意见》、《中小学生守则》、《小学生日常行为规范（修订）》、《中学生日常行为规范（修订）》、《中小学文明礼仪教育指导纲要》等
	公民素养	学生在珍爱生命、遵纪守法、诚实守信、团结友善、乐于助人等方面的认知和表现情况	
	人格品质	学生在自尊自信、自律自强、尊重他人、乐观向上等方面的认知和表现情况	
	理想信念	学生的爱国情感、民族认同、社会责任、集体意识、人生理想等方面的情况	

续 表

评价内容	关键指标	指标考查要点	评价主要依据
学业发展水平	知识技能	学生对各学科课程标准要求的基础知识、基本技能的理解和掌握情况	义务教育课程方案和各学科课程标准、普通高中课程方案和各学科课程标准以及其他相关规范性文件等
	学科思想方法	学生对各学科思想和方法的理解和掌握情况	
	实践能力	学生关注现实生活、参加社会实践和志愿服务活动、解决实际问题、进行职业准备等方面的情况	
	创新意识	学生独立思考、批判质疑、钻研探究，解决问题的思路、方式方法等方面的情况	
身心发展水平	身体形态机能	学生身高、体重、肺活量和身体运动能力等达到《国家学生体质健康标准》要求的情况以及视力状况等	义务教育课程方案和相关学科课程标准、普通高中课程方案和相关学科课程标准、《国家学生体质健康标准》、《国务院办公厅转发教育部等部门关于进一步加强学校体育工作若干意见的通知》、《中小学学生近视眼防控工作方案》、《中小学健康教育指导纲要》、《中小学心理健康教育指导纲要（2012 年修订）》、《学校艺术教育工作规程》、《教育部办公厅关于在义务教育阶段中小学实施"体育、艺术2+1项目"的通知》以及其他相关规范性文件等
	健康生活方式	学生对健康知识与技能的了解和掌握情况，生活与卫生习惯、参加课外文娱体育活动等方面的情况	
	审美修养	学生在审美情趣和艺术修养等方面的发展情况	
	情绪行为调控	学生对自己情绪的觉察与排解、对行为的自我约束情况，应对和克服学习、生活中遇到困难的态度和表现情况	
	人际沟通	师生关系、同伴关系、亲子关系等方面的情况	
兴趣特长养成	好奇心求知欲	学生对某些知识、事物和现象的专注、思考和探求情况	
	爱好特长	学生课余生活的丰富性，在文学、科学、体育、艺术等领域表现出的喜好、付出的努力和表现的结果	
	潜能发展	学生在某些方面表现出的突出素质和进一步发展的能力	

续　表

评价 内容	关键指标	指标考查要点	评价主要依据
学业 负担 状况	学习时间	学生上课时间、作业时间、补课时间、睡眠时间等	义务教育课程方案和各学科课程标准、普通高中课程方案和各学科课程标准、《中共中央国务院关于加强青少年体育增强青少年体质的意见》、《中小学学生近视眼防控工作方案》、《教育部关于当前加强中小学管理规范办学行为的指导意见》以及其他相关规范性文件等
	课业质量	课程教学、作业和考试（测验）的有效程度以及学生的感受和看法	
	课业难度	课程教学、作业和考试（测验）的难易程度以及学生的感受和看法	
	学习压力	学生在学习过程中表现出的快乐、疲倦、焦虑、厌学等状态	

（四）义务教育学校管理标准

为认真贯彻党的十九大精神，整体提升义务教育学校管理水平，加快推进教育现代化，在总结各地实施《义务教育学校管理标准（试行）》实践经验的基础上，经认真研究修订，2017年12月4日教育部正式印发了《义务教育学校管理标准》（教基〔2017〕9号）。《义务教育学校管理标准》坚持"育人为本，全面发展""促进公平，提高质量""和谐美丽，充满活力"和"依法办学，科学治理"的理念，围绕"保障学生平等权益""促进学生全面发展""引领教师专业进步""提升教育教学水平""营造和谐美丽环境""建设现代学校制度"等六大管理职责，建立了《义务教育学校管理标准》。《义务教育学校管理标准》是对义务教育学校管理的基本要求，适用于全国所有义务教育学校，对全面改进和加强义务教育学校管理工作，促进学校规范办学、科学管理，整体提高教育质量和办学水平，加快推进教育治理能力和治理水平现代化，具有重要的引领与推动作用。

三、职业教育督导

为贯彻落实《中华人民共和国职业教育法》和《国家中长期教育改革和发展规划纲要（2010—2020年）》，全面推进《中等职业教育改革创新行动计划（2010—2012年）》的实施，督促各地认真履行发展中等职业教育的职责，2011年11月，教育部研究制定颁发了《中等职业教育督导评估办法》（教督〔2011〕2号）。中等职业教育督导评估要坚持导向性、发展性、科学性与可行性相结合的原则，运用现代教育管理和评价的理论、方法，全面统筹中等职业教育的长远发展和近期建设重点，发挥教育督导监督、导向、激励、调控功能，保障中等职业教育发展目标的实现。

根据《中等职业教育督导评估办法》，我国先后开展了中等专业学校办学水平试点评估、重点中等职业学校评选、示范中职校遴选与建设评估等工作，为推动中等职业学校发展起到了积极的促进作用。但以往的评估工作更多的是作为重点校、示范校建设的抓手，而忽略了对普通中等职业学校的监督和指导，且评估以现场考察、定性评价为主，存在一定的局限性。具体表现为：管办评分离不够、第三方参与不足、现代信息技术应用不充分等，导致评估作用难以充分发挥，国家有关中等职业教育发展的政策措施无法落实到位，普通中职学校办学保障条件薄弱，专业设置不合理、教育教学质量不高，严重影响了中等职业教育的健康发展。[①]

当前，我国正处在全面建成小康社会的关键时期，亟须加快发展现代职业教育，提高专业人才培养和社会服务水平。如何充分发挥评估工作的监督、指导和激励、导向作用，推动中等职业学校切实提高办学能力，服务经济社会发展，是职业院校评估工作亟待解决的问题。因此，为贯彻落实《国务院关于加快发展现代职业教育的决定》，推动职业学校坚持"以立德树人为根本，以服务发展为宗旨，以促进就业为导向"，全面提升中等职业学校办学能力，依据《教育督导条例》，2016 年 3 月国务院教育督导委员会制定颁发了《中等职业学校办学能力评估暂行办法》（国教督办〔2016〕2 号，简称《暂行办法》）。《暂行办法》规定，开展中等职业学校办学能力评估，旨在"全面了解中等职业学校办学情况，促进各地改善学校办学条件，指导学校加强自身建设，规范学校管理，不断提升学校办学水平和质量"；坚持统一标准、统一程序、客观公正和注重实效的评估原则；围绕学校基本办学条件、师资队伍、课程与教学、校企合作、学生发展和办学效益等六个方面的内容；运用数据表、调查问卷和数据信息管理分析平台等评估工具；对全日制中等职业学校，包括普通中专、职业中专和职业高中（含职教中心）的办学能力进行评估。

《暂行办法》的制定与实施，为引入专业机构和社会组织等第三方力量，建立健全多元参与的职业教育评价体系提供了政策依据。开展中等职业学校办学能力评估，更好地适应了全面深化职业教育改革新形势的需要，较好地落实了管办评分离的工作要求，推进了教育治理体系和治理能力现代化建设，特别是在全面了解中等职业学校办学情况的基础上，促进了各地改善学校办学条件，指导学校加强自身建设，规范学校管理，不断提升了职业学校办学水平和质量。

第三节　学校发展性督导评估指标

学校发展性督导评估是以科学发展观为指导，以"学校是发展主体，督导是发展保障"为宗旨，依据国家对学校的法律法规要求、学校办学现状和学校自主选择的发展目标，建立学校自评和外部督评相结合的运行机制；运用现代教育督导评估

---

① 《国务院教育督导委员会办公室负责人就〈中等职业学校办学能力评估暂行办法〉答记者问》，《西北职教》2016 年第 3 期，第 26—27 页。

的理论技术和方法，对学校发展的态势和绩效进行自我与外部的价值判断，提高学校依法自主发展的能力，逐步形成具有个性的素质教育办学模式的督导评估活动。[①]在我国，学校发展性督导评估指标的探索与发展，是以上海与浙江为代表的。

一、上海市的学校发展性督导评价指标

学校发展性督导评估是以教育法律、法规为根本，以学校自主制定的"发展规划"为重要依据，以学校自我评估规划实施情况为基础的督导评估。实施发展性督导评估所使用的评价指标，包含两个相对独立又相互联系的部分。一是依据教育法律、法规、政策制定的"评估指标"，通常称为督导评估基础性指标；二是依据学校自主制定的"发展规划"编制的"评估指标"，通常称为督导评估发展性指标。

《上海市中小学"学校发展性督导评价"指标纲要》，由学校办学的"基础性指标"和"发展指南"两部分组成（见表7-2）。"基础性指标"所依据的是教育法律、法规和政策，凡法定性的要求原则上都应列为督导评估指标。例如，学校是否严格执行上级有关"减负"规定和上海市教委课程计划，是否依照国家规定收取费用，是否存在对学生实施体罚、变相体罚或者其他侮辱人格尊严的行为，是否分设重点班和非重点班，是否占用节假日和休息时间（包括寒暑假）组织学生上课和集体补课，是否张榜公布学生的考试成绩与排名次，是否推销或变相推销教辅教材、商品，是否组织学生参加与教育无关的商业性活动，是否将学生活动设施、场地移作他用等。当然，不同地区不同时期的指标内容会因教育督导评估重点的不同而有所不同。"基础性指标"具有法定性、统一性和强制性，教育督导部门通过督导评价督促学校必须达到基础性目标。

"发展指南"是依据教育改革发展需求以及学校发展规律所确立的关键领域及要素，涉及学校发展目标、课程建设、教学改革与学生学习、学校德育、校园文化建设、教育科研、师资队伍建设、学生发展、学校社区共建等方面。"发展指南"是为学校自主制定"发展规划"提供参考的，为学校指明发展的方向、领域与要求。"发展性指标"是依据学校的"发展规划"编制的，依据学校发展规划编制的"发展性指标"的最大特点，就是"一校一指标"。

表7-2　上海市中小学"学校发展性督导评价"指标纲要[②]

一、学校办学基础性指标		
A级指标	B级指标	主要测评点与评价标准
办学条件	校舍面积	达到上海市中小学校舍建设一类或二类标准

---

① 张岚、杨国顺：《学校发展性督导评估80问》，上海文艺出版社、百家出版社2007年版。
② 张岚、杨国顺：《学校发展性督导评估80问》，上海文艺出版社、百家出版社2007年版。

续　表

A级指标	B级指标	主要测评点与评价标准
办学条件	设施设备	达到上海市中小学装备设施配备标准
学校管理	行政管理	◎学校有三年发展规划或办学章程；学校发展目标和分年度目标清晰，针对性强，措施落实 ◎校长负责制、教代会制度、校务公开制度、安全保卫制度等相应制度健全并得到贯彻执行 ◎学校管理机构设置合理，职责明确、运转正常
	教学管理	◎执行国家规定的课程计划，有"减轻学生过重课业负担"的具体措施 ◎备课、听课、评课等教学研究制度、学生作业检查制度及教学质量监控制度等相关制度落实，学校教学流程管理运作规范 ◎教务管理制度健全，有教学业务档案、学生学籍管理档案，图书馆、实验室、各专用教室及教学资料的管理和使用，按制度正常运作，教学设备使用率高
	德育管理	◎落实中小学生日常行为规范教育 ◎结合节假日、重大活动和学科特点，有针对地对学生进行爱国主义教育为重点，弘扬与培育民族精神为主线的教育 ◎建设自主、进取的班集体，组织各类主题性的学生社会实践 ◎学校、家庭、社会形成教育合力，有相应的组织形式并运作正常
	队伍管理	◎学校内部人事管理制度健全，全员岗位职责明确 ◎学校专任教师任职条件达到市颁标准，教师年龄、专业结构合理 ◎学校有师德规范与师德考评制度；加强全体教师育德能力的建设，杜绝体罚、变相体罚学生的现象 ◎学校对专任教师的专业发展有明确的目标，对青年教师、骨干教师的培养有具体措施 ◎学校成员管理育人职责明确，有培训、有考核
	总务管理	◎执行学校财务管理制度，按规定合理使用经费，规范收费行为 ◎有财产设备、校舍场地管理制度，并能规范执行，学校场地向学生与社区开放 ◎净化、美化、绿化校园环境，学校安全防卫和卫生措施落实
办学质量	入学率与巩固率	◎义务教育阶段入学率100% ◎辍学率为"0" ◎严格控制大龄退学人数，大龄退学率小于5%（只限初中一、二年级）
	基本要求	◎学生刑事案发率为"0"（近三年） ◎创建行为规范示范校和良好的班队集团，学生行为规范验收合格 ◎各年级留学率：小学低于1%，初中低于2%（小学五年级、初三除外） ◎毕业率：小学高于99%，初、高中按时毕业率高于90% ◎体育课及格率：中小学均高于95% ◎学生身体素质主要指标抽测合格率等于或大于95% ◎近视新发病率低于5% ◎学生能参与学校经常性的艺术、科技活动 ◎学生参加艺术、科技团队活动率高于25% ◎学生劳技课成绩合格

续　表

社会评价	家长、社区满意度80%以上

二、学校办学发展指南

发展领域	评价要素
学校发展目标	◎办学目标：贯彻教育方针和素质教育要求，体现现代教育思想，体现地区社会、经济发展与学校自身发展规律的整合，体现阶段性、递进性和办学特色，重点突出、可操作、可检测 ◎培养目标：符合教育方针，面向全体学生，有预期的育人质量要求，注重创新精神与实践能力的培养，促进学生主动发展与个性特长发展，体现递进性和个性 ◎管理目标：依法办学、规范管理，建立科学、民主、有效的决策机制，强化服务意识，关注人的发展，注重学科育人建设，开发与利用各种资源，促进教师专业成长与学生个性发展
学校课程建设	◎课程开发：执行市二期课改方案，积极开发与利用校内外各种课程资源，提供多样的、能基本满足学生需要和选择、充分体现学校特色的各类选修课程，注重校本德育教材开发，逐步形成学校的特色课程群 ◎课程内容：体现时代性与学科整合的特点，体现学生创新精神和实践能力的培养，体现学生个性发展的需求 ◎课程管理：有与二期课改要求相一致的教学管理制度和学生学习指导制度 ◎课程评价：逐步完善学校课程评价体系，建立发展性课程评价制度
教学改革与学生学习	◎课堂教学：改革主攻目标清晰，注重学生学习的知识有技能、过程与方法、情感态度价值观的养成，体现教师学科德育渗透能力，形成民主、平等、和谐、互动的师生关系与教学环境 ◎教学方式：积极进行教学方式和学习方式的改革，引导学生自主探究、独立思考、合作交流和实践操作，整合现代信息技术，提高教与学的效果；尊重学生差异，实施分层教育，开发学生的学习潜能，满足特殊学生的需求 ◎学习动力：学生有学习动力和乐趣，有学习热情、自信心、进取心 ◎学习能力：学生能够通过团队合作、探究活动、社会实践等多种方式，运用计算机网络等各种学习资源与根据进行学习，提高基础性、发展性、创造性学力 ◎评价制度：建立和完善发展性教师评价和学生评价制度，促进教师专业发展，培养学生个性特长，提高综合素质
学校德育	◎工作目标：有分学段的德育工作目标，注重主体性、层次性和递进性 ◎工作途径：充分发挥德育课程自身的功能及学科教学育人主渠道作用；利用校内外各种教育资源，加强德育基地建设，发挥团队的主体作用，形成以学校为主体，学校、家庭、社区融合互动的育人网络 ◎机制建立：建立健全学校"全员、全程、全方位"的德育工作机制 ◎队伍建设：注重班主任、团队干部为骨干的德育队伍建设，不断完善培训、考核、激励等行之有效的管理制度

续　表

发展领域	评价要素
校园文化建设	◎文化环境：校园的物质和精神环境，体现学校的办学理念，富于教育性。形成良好的管理作风、教风、学风，师生关系平等、和谐、民主，校风体现学校文化的内涵 ◎文化活动：校园文化互动丰富，师生参与面广，有利于师生自主发展和合作精神的培养，注重学习型组织的建设，努力创建班组和班级主体文化
教育科研	◎研究方向：研究课题立足于解决学校教改实际问题，起引领作用 ◎课题管理：规范、有序，教师参与面广，形成校科研骨干队伍 ◎成果应用：课题研究成果及时应用于学校教育教学工作实际，能切实推动学校发展
师资队伍建设	◎校本培训：落实教师培训措施，有效开展以校为本的教研与科研活动；积极鼓励支持教师参加专业进修和学术交流活动 ◎校本培养：根据不同层次教师专业发展需求，创设开放式的校本培养新格局，促进教师主动学习、研究和反思，促进教师职业道德和专业水平提高，形成名师和各层次骨干教师梯队建设的培养机制 ◎校本管理：建立教师聘任制度，合理配置人力资源，形成人才流动和优化机制；建立教师发展性评价制度，形成教师自评、同行评议、管理者评价、学生及家长多方参与的多元评价方式，形成促进教师专业发展的激励与保障机制
学生发展	◎培养举措：学校落实学生培养举措，为每一个学生主动发展创造条件，开展富有特色的育人活动，有促进学生发展的综合评价制度 ◎学生素质：学生公民素养、科学与人文素养、身体与卫生素养以及自治能力、合作能力、学习与探究能力、个性品质有较大发展与提高 ◎学生成长：学校有全面反映学生成长的实证材料（学生学业成绩变化状况、毕业率及学生在校表现等），学生对学校学习生活的满意度高，家长、社区、高一级学校对学生有较高的评价
学校社区共建	◎互动参与：不断健全学校参与社区精神文明建设，社区、学生家长参与学校发展管理和评价的互动机制 ◎资源共享：加强与社会的沟通、交流和合作，学校与社区教育资源的相互利用、相互开放

　　在教育改革的内涵发展阶段，教育质量评价是一个关键环节。以关注学生健康成长为核心价值追求，上海在2011年构建了中小学生学业质量绿色指标并开展了首次测试。这一评价体系的构建，对变革传统评价方式具有开创性意义。上海市中小学生学业质量绿色指标由十个维度构成：一是学生学业水平指数，包含学生学业成绩的标准达成度、学生高层次思维能力指数以及学生学业成绩均衡度。其中学生学业成绩均衡度包括总体均衡、区县间均衡和学校间均衡三个方面。二是学生学习动力指数，主要包括学生学习自信心、学习动机、学习压力和学生对学校的认同度等方面。三是学生学业负担指数，如学生的睡眠时间、作业时间和补课时间等。四是师生关系指数，主要包含教师是否尊重学生，是否公正、平等地对待学生，是否

信任学生等。五是教师教学方式指数，良好的教学方式能够对学生的学业成绩起到积极的影响。六是校长课程领导力指数，分别为课程决策与计划、课程组织与实施、课程管理与评价。七是学生社会经济背景对学业成绩的影响指数，如父母受教育程度、父母职业、家庭文化资源等综合为学生社会经济背景。八是品德行为指数，主要包括学生的理想信念、公民素质和健全人格三方面，通过热爱祖国、自尊自爱、尊重他人、有诚信和责任心、遵守公德以及拥有关怀之心、公正之心等具体指标来体现。九是身心健康指数，主要通过调查学生生理、心理和情感等指标来反映。十是进步指数，进步指数包括学习动力进步指数、师生关系进步指数、学业负担进步指数等。

二、温岭学校自主发展性督导评估指标

2001 年 4 月，浙江省温岭市印发了《新一轮学校教育督导评估方案》（温政教督〔2001〕7 号）[①]，"发展性指标"首次进入县级教育督导文件之中，但实行的是传统的学校督导评估模式。其对学校自主发展性督导评估指标的探索，经过了两个阶段。第一阶段始于 2002 年 5 月，温岭市借鉴上海的经验，发出了《关于尝试开展自主发展性督导评估的通知》，首批在 16 所学校（小学、高中各 8 所）进行了试点，开展了以"学校自主发展规划的编制""学校规划目标实现程度"为主要载体的"学校自主发展性督导评估"。传统的学校督导评估与自主发展性督导评估同时推进。2009 年开始，温岭市全面实施"学校自主发展性督导评估"。第二阶段始于 2012 年 3 月，在总结前三轮自主发展性督导评估经验的基础上，温岭市印发了《关于深化与完善学校发展性督导的若干意见》（温政教督〔2012〕3 号）[②]，明确提出"学校发展性督导标准"这一概念，开展了"规划编制""目标执行"为导向，以"学校发展性督导标准"为依据的学校发展性督导评估活动。目前，温岭市执行温政教督〔2012〕3 号文件的精神。

（一）中小学校督导评估纲要

温岭市《新一轮学校教育督导评估方案》，分为"基础性指标""发展性指标"和"质量性指标"三个部分，其中"发展性指标"占 15%，主要内容包括教育科学研究、开放性教学、教师校本培训和学校其他显著特色项目等四个方面。为了进一步深化温岭市的中小学督导评估改革，遵循"以学校发展为本"这一宗旨，不断完善"分类分等"督学制度，2003 年 9 月，温岭市人民政府教育督导室印发了《关于中小学督学制度改革的若干意见》（温政教督〔2003〕14 号），制定了《温岭市中小学督导评估纲要》。该评估纲要分为"基础性指标""质量性指标""发展性指标"和"干预性指标"四个部分，具体内容见表 7-3。

---

① 温岭市人民政府教育督导室：《教育督导》（内部资料），2001 年 5 月。
② 陈聪富：《学校发展性督导》，浙江大学出版社 2009 年版。

表7-3　温岭市中小学督导评估纲要

一、基础性指标		
A 指标	B 指标	C 指标
设施管理	图书资料	数量配置标准，设备使用效率
	实验仪器	
	信息技术	数量配置标准，设备使用效率
	音体美劳卫	
行政管理	管理过程	环节齐全
		科学高效
	依法办学	全面贯彻方针
		课程计划执行
		科学合理的规章制度
	民主管理	党组织的保证监督
		工会组织的作用
		集体决策校务公开
	文档财产	档案管理规范
	财务管理	财务管理规范
		财产管理规范
教育	教育常规	中小学教学常规
		中小学德育规程
		中小学学籍管理规定
	教育研究	教学研究制度及实践
		应用性课题研究与教改实验
	质量管理	质量管理体系
		质量控制
		质量分析
	文化环境	整洁有序
		美化绿化
		艺术教育性

A 指标	B 指标	C 指标
师资	培训培养	培训制度及效果
		名师骨干成长
	师德师风	《教师职业道德规范》实施及师德面貌

二、质量性指标

A 指标	B 指标
学生道德修养	遵纪守法
	诚实自信
	维护公德
	关心集体
	保护环境
学生学习能力	学习愿望与兴趣
	学习与反思习惯
	分析与解决能力
	创新意识与实践能力
学生学习水平	竞赛
	中考、高考、学科抽测
	信息技术操作
	实验操作
学生艺术素质与运动健康	体锻习惯
	运动技能
	审美情趣
	艺术技能
	体检合格率
	体育成绩合格率

三、发展性指标

A 指标	B 指标
开放教学	学校提供更多的属于学生自己的时间，让学生自主发展
	教学活动不只限于课堂，充分利用校本课程（乡土教材）开展多元教学

续　表

A 指标	B 指标
开放教学	及时引进社会关注的各种社会问题，着力培养学生解决实际问题的意识和能力
	整合和利用校内外各种教学资源，积极开展社会实践
教学评价	开展对学生素质评价的实践及其效果
	开展对教师教学评价的实践及其效果
办学特色（已认定并在市内外有影响）	项目稳定性
	项目独特性
	项目示范性
	具备相应的师资条件
	具备相应的经费和设施设备
	项目的实际效果
	特色项目提示：学校在加强德育，加强音体美劳卫教育，开展心理健康教育，有计划地普及信息技术教育，以及加强选修课和活动课的建设，建立有利于尊重学生主体地位，提高学生整体素质，培养学生创新精神和实践能力等新型教育模式方面

四、干预性指标

1. 学校违反《义务教育法》出现负有主要责任的"流生"现象
2. 学校出现违反师德行风有关规定现象
3. 学校负有主要责任的重大事故
4. 学校出现歧视、体罚学生和驱赶学生现象
5. 学校出现严重违反关于减轻学生课业负担规定的现象
6. 学校出现违反财经纪律、私设小金库和乱收费现象
7. 学校出现随意突破班额标准的现象
8. 学校出现教职工、学生受刑事处罚现象

（二）学校自主发展性督导评估指标

在 2003 年 3 月印发的《关于自主发展性学校督导评估的若干意见》（温政教督〔2003〕8 号）文件中，温岭市将自主发展性督导评估指标规定为以下五个方面：自主发展性规划目标；教育行政部门重点工作执行落实情况；学科教学质量评估抽测或会考、高考水平；师生、家长、社区的认同程度；干预性指标。在首批自主发展性学校（16 所）三年规划周期满时，温岭市于 2005 年 4 月印发的《关于对首批自主发展性学校进行综合评估的通知》中，规定综合评估的指标为四项，即学校依法办学情况，三年规划总体目标即年度目标实现程度，学校教育、教学质量水平，社会满意程度，并要求学校填写《温岭市自主发展性学校综合评估申报表》。该申报表主要包括下列内容：

　　1. 学校依法办学、自主发展综合评估等级申报表；

　　2. 综合性指标比较表；

　　3. 总体目标达成度分析；

　　4. 学校改革创新项目自主发展主要成效分析；

　　5. 学校特色建设情况；

　　6. 学校课程建设情况；

　　7. 县级以上全校性教育科研情况；

　　8. 新制定（含修改）的学校制度、规定和办法；

　　9. 学生艺术素质与体能，教师各类业务荣誉。

　　2009 年 8 月，温岭市以《学校发展性督导》[①]相关精神为指导，印发了《关于学校自主发展性督导评估的实施意见》（温政教督〔2009〕9 号）文件，除执行温政教督〔2003〕8 号文件中规定的自主发展性督导评估指标外，增加了"学生、教师、学校自主发展增值水平"这一指标。2010 年 4 月，印发《关于做好 2009 学年中小学督导评估工作的通知》（温政教督〔2010〕4 号），该通知规定了自主发展性学校的评估指标，根据学校发展规划相关项目年度目标，参照《关于学校自主发展性督导评估的实施意见》，执行《温岭市学校发展水平考核指南》标准，见表 7-4。

表 7-4　自主发展性学校督导评估指标（《温岭市学校发展水平考核指南》）

考 核 指 标			评 估 要 素	权重系数
一级指标	二级指标	三级指标		
A1 依法 办学	B1 办学的 法定性	C1 遵守教育法律，执行教育政策	执行教育的法律、法规及政策，重视综治工作，做到依法治校，依法治教	1
		C2 加强制度建设	健全学校管理制度；加强教育教学管理，完善内部财务和资产管理，强化监督机制	
		C3 维护师生权益	明确教师权利、义务与责任，维护教师合法权益；重视退离休教师管理；自觉尊重并维护学生的合法权益	

----

① 陈聪富：《学校发展性督导》，浙江大学出版社 2009 年版。

续　表

考核指标			评　估　要　素	权重系数
一级指标	二级指标	三级指标		
A1 依法办学	B2 管理的程序性	C4 明确管理职责流程	管理层级清晰，管理过程完整，管理资料完善，管理绩效显著，有效促进学校发展	1
		C5 程序规范、科学、实效	职责规范具体；管理流程严密；管理步骤要求明确，建立追究问责的管理评价机制	
	B3 行为的规范性	C6 学校办学规范	遵守《浙江省义务教育条例》，执行事业计划，做到招生、收费规范，课程计划、作息时间、考试安排等符合规定要求，学籍管理、教辅资料等按规定严格执行	1
		C7 师生行为规范	重视法律、法规、师德教育，自觉遵守社会公德、计生纪律。教师认真履行职业道德，自觉抵制有偿家教，恪守教育教学行为规范；学生自觉遵守守则、规范，文明礼仪、积极向上	
	B4 校务的公开性	C8 校务会议制度和教职工代表大会制度；家长委员会制度和学生评议教师制度	学校重大事项须先交校务会议审议；重视教代会的质量及合理化建议的采纳；家长委员会参与学校民主管理和评教活动；定期组织学生对教师工作进行满意度测评	1
		C9 实行校务公开	重视校务公开，扩大教师对学校工作的知情权、建议权和批评权；校务公开的内容要全面，公开的程序要严密	
A2 发展目标实践水平	B5 学校管理目标	C10 根据学校发展规划中的年度目标	年度目标的达成程度	1
	B6 教师管理目标	C11 根据学校发展规划中的年度目标	年度目标的达成程度	1
	B7 德育管理目标	C12 根据学校发展规划中的年度目标	年度目标的达成程度	1
	B8 教学管理目标	C13 根据学校发展规划中的年度目标	年度目标的达成程度	1
	B9 教科管理目标	C14 根据学校发展规划中的年度目标	年度目标的达成程度	1

续　表

考核指标			评　估　要　素	权重系数
一级指标	二级指标	三级指标		
A2 发展 目标 实践 水平	B10 后勤 管理目标	C15 根据学校发展 规划中的年度目标	年度目标的达成程度	1
	B11 团队 学校目标	C16 根据团队学校 规划中的年度目标	年度目标的达成程度	1
A3 自主 发展 水平	B12 学生 自主发展	C17 道德品质的优 秀率与合格率	学生的思想表现、道德素养、 行为规范的评价情况	1
		C18 综合素质的优 秀率与合格率	学生的德、智、体、美、劳 等方面的综合评价情况	1
		C19 初中毕业生的 流向	流向合理，升入职校就读 情况	
		C20 学习能力	学科抽测、学业水平、技能 考证率和就业率	5
		C21 个性特长	学科竞赛获奖	1
			体艺及其他获奖	1
	B13 教师 自主发展	C22 教师专业伦理 优秀率与合格率	教师职业道德及专业理论水 平考评	1
		C23 课堂教学水平 抽样系数	看课、听课抽样检查	1
		C24 县级以上科研 成果数、论文获奖 或发表的比率及专 业水平	教科研的参与面及成果数； 教师论文获奖或正式刊物发 表的比率；教师参加县级以 上业务竞赛获奖的情况	1
		C25 学生、家长评 教的满意系数	抽测评议情况	1
	B14 学校 自主发展	C26 物质资源增量	办学条件有改善，现代教育 技术装备有增加，生均图书 有增量，设备资源利用率 较高	1
		C27 校园文化的形 成与提升	物质文化、制度文化、精神 文化、行为文化形成水平	1
		C28 改革创新贡献力	富有改革创新精神，重视特 色品牌建设，学校管理和教 育教学技术上有新提高，在 县级以上会议专题介绍	1
A4 社会 评价	B15 内部 评价	C29 优秀率和良好率	教育系统内评价	2
	B16 外部 评价	C30 优秀率和良好率	家长、社区及其他有关人士 评价	1

（三）学校发展性督导标准

2009 年 5 月，笔者撰写了专著《学校发展性督导》，由浙江大学出版社出版，率先提出、诠释并论证了"学校发展性督导"这一命题。在理论研究层面，将学校发展性督导标准的基本内容设计为"学校理念的引领性""目标实践的有效性""主体行为的规范性""自主发展的增值性"和"学校教育的社会性"等五个维度。[①]

笔者认为，学校理念是促进学校发展、教师发展和学生发展的重要前提，评估一所学校，首先要评估学校的理念。学校理念是否在学校管理、教育和教学中发挥统率与引领作用，是学校发展性督导的首要标准。"学校理念的引领性"，主要衡量学校是否建立了适合学校实际发展的办学理念及其理念体系；学校理念及其体系是否科学可行；学校理念在实践中的认同、内化与完善程度如何等方面的内容。

规划编制是规划实践的基本前提，它是为规划实践提供目标导航；规划实践是规划编制的必然要求。评价规划的实践水平，在本质上应该评价规划目标的实践程度。评价目标实践的有效性，是学校发展性督导的重要标准。"目标实践的有效性"，主要评价学校规划目标与实践目标的关联度，规划实施策略与管理机制的科学性，规划实践成果的有效性。

学校自主发展的重要前提是学校依法办学，学校依法办学与否的主要标志是各利益主体的行为是否达到规范，即学校、教师与学生行为的规范性问题，这是学校发展性督导的基本标准。"主体行为的规范性"，在办学的法定性、管理的程序性、行为的规范性等方面，评价学校法律法规贯彻情况，课程计划执行情况，学校制度建设，学校、教师、学生行为规范程度。

笔者认为，学校理念引领、目标实践有效、主体行为规范的优质与增值，均为自主发展的优质与增值服务。自主发展程度的大小、水平的高低，是衡量学校管理、教育与教学发展的关键性指标。学生、教师和学校组织自主发展的优质与增值，是学校发展性督导最根本的标准。"自主发展的增值性"，就学生的自主发展而言，主要评价学生群体的道德品质、综合素质、学习能力、个性特长等方面的发展情况；就教师的自主发展而言，主要评价教师群体的师德、教学水平、教科研成果、优质教师的发展情况；就学校组织的自主发展而言，主要评价学校物质资源优化与利用、学校文化的提升、特色品牌的形成与改革创新能力等方面的情况。

学校教育与一定区域社会政治、经济、文化相联系。把"学校教育的社会性"作为学校发展性督导标准之一，主要是衡量学校教育对社区的发展是否具有促进作用、学校教育是否有效地利用了社区资源以及学校教育是否获得了社区的高度认可。（见表 7-5）

[①] 陈聪富：《学校发展性督导》，浙江大学出版社 2009 年版。

表7-5　学校发展性督导标准[①]

一级指标	二级指标	三级指标
理念建设水平	理念构建	1. 理念及其体系
		2. 前瞻性、科学性与可行性
	理念实践	3. 内化与实践程度
依法办学水平	法规执行	4. 办学的法定性
		5. 管理的程序性
	行为表现	6. 行为的规范性
目标实践水平	规划编制	7. 目标选择水平及其关联度
	目标实践	8. 策略与机制的科学性
		9. 目标达成度与成果有效性
自主发展水平	学生自主发展	道德品质 — 10. 优秀率 / 合格率
		综合素质 — 11. 优秀率 / 合格率
		学习能力 — 12. 抽测学科标准分（小学）
		12. 水平考试标准分（普通中学）
		12. 等级率 / 就业率（职业学校）
		个性特长 — 13. 学科、体艺竞赛获奖率
	教师自主发展	专业伦理 — 14. 优秀率 / 合格率
		教学水平 — 15. 课堂教学评价抽样系数
		科研成果 — 16. 论文、著作、科研成果发表与获奖率
		优质教师 — 17. 优质教师与学生总数比例
	学校自主发展	物质资源 — 18. 物质资源的增量与使用效率
		学校文化 — 19. 文化的形成与提升
		特色品牌 — 20. 特色品牌贡献度与影响力
		改革创新 — 21. 改革创新项目数 / 贡献力

[①] 陈聪富：《学校发展性督导》，浙江大学出版社 2009 年版。

续　表

一级指标	二级指标	三级指标
社会评价水平	内部评价	22. 优秀率／良好率
	外部评价	23. 优秀率／良好率

2012 年 3 月，温岭市印发了《关于深化与完善学校发展性督导的若干意见》（温政教督〔2013〕3 号，简称《若干意见》）。《若干意见》以《学校发展性督导》理论为指导，在区域教育督导实践层面，提出并实践了"学校发展性督导标准"。该标准由"依法办学"（共性标准）、"自主发展"（个性标准）和"品质提升"（共性标准）三大部分组成。

"依法办学"是指各级各类学校的发展，必须遵守教育的法律法规、方针政策，这是基本前提。"依法办学"的督导，侧重于现代学校制度与社会评价两个方面。现代学校制度主要包括依法办学、自主管理、民主监督与社会参与等四个项目；社会评价包括教育系统内部评价与教育系统外部评价等两个项目。

"自主发展"是指学校所处的发展阶段不同，"自主发展"的理念与目标、策略与机制应有不同的要求。与学校发展阶段相适应，"自主发展"的督导，旨在引领并保障处在不同发展阶段上的规范化学校、特色化学校和品质化学校，分别实践规范发展、特色发展和品质发展。"规范发展"主要由理念设计、发展定位与科学实践等三个方面构成，以"他律性指标"的执行为基础；"他律性指标"主要包括资源配置与利用、行政管理、队伍管理、德育管理、教学管理、科研管理与总务管理等七个项目。"特色发展"主要由理念形成、特色定位和科学实践等三个方面构成，以"他律性指标"和"特色性指标"的执行为基础；"特色性指标"包括特色项目指向与特色评价两个方面，特色项目指向为学校自主选择特色项目提供参考，特色评价的标准为"三性""六有"，即稳定性、独特性、示范性和有思想、有目标、有队伍、有环境、有学生、有档案。"品质发展"主要由理念引领、规划定位和科学实践等三个方面构成，以"自律性指标"的引领为基础；"自律性指标"主要包括现代学校制度建设、课程建设与教学改革、教师专业发展、学生健康成长、学校文化建设、资源建设与利用和特色品牌创建等七个项目。"品质提升"是依法办学、自主发展的最终归宿，都是服务和服从于提升学校的品质。

"依法办学""自主发展"均为"品质提升"服务。"品质提升"的督导，主要包括学生品质、教师品质和作为一个组织的学校品质等三个项目，其中提升学生品质是品质提升的核心。学生品质主要衡量学生的道德品质、公民素养、学习能力、学业成绩、身心健康和审美表现；教师品质主要评价教师的职业道德、教学水平、科研成果与优质教师；学校品质主要评价学校组织的校园平安、资源优化、课程建设、文化形成、特色品牌和改革创新。例如，品质化学校发展性督导标准，见表 7-6。

表7-6 温岭市品质化学校发展性督导标准

价值取向	一级指标	二级指标	三级指标
依法办学	现代学校制度	依法办学	1.法律法规、方针政策的贯彻执行
			2.国家课程计划的贯彻执行
			3.学校章程制度的建立健全与执行
		自主管理	4.学校自主管理机制的构建与运行
			5.教师自主管理机制的构建与运行
			6.学生自主管理机制的构建与运行
		民主监督	7.学校决策的民主化
			8.代表大会的常态化
			9.校务公开的规范化
		社会参与	10.家长委员会制度及其运行
			11.社区参与管理的制度及其运行
	社会评价	内部评价	12.教育系统内部的优秀率
			13.教育系统内部的优良率
		外部评价	14.教育系统外部的优秀率
			15.教育系统外部的优良率
自主发展	理念引领	理念深化	1.理念及其体系的深化
		理念科学	2.前瞻性、科学性与可行性
		理念引领	3.内化与实践程度
	规划定位	基础诊断	4.实事求是、客观合理
		目标定位	5.科学适切、适度前瞻
		规划制定	6.民主参与、主动及时
	科学实践	目标内化	7.规划目标在学年计划中内化
		策略选择	8.策略与机制的民主性科学性
		自我评估	9.及时、规范、客观
		实现程度	10.自律性指标完成度高

续　表

价值取向	一级指标	二级指标	三级指标
品质提升	学生品质	道德品质	16. 优秀率 / 合格率
		公民素养	17. 对个人行为负责有社会责任感
		学习动力	18. 学生的学习动力指数
		学业成绩	19. 质量标准监测合格率（小学）
			19. 水平考试合格率（普通中学）
			19. 等级率 / 就业率（职业学校）
			20. 学业成绩均衡度
			21. 个性特长展示获奖率
		身心健康	22. 体质健康标准合格率 / 优良率
		审美表现	23. 审美情趣，艺术活动参与率
	教师品质	职业道德	24. 优秀率 / 合格率
		教学水平	25. 课堂教学评价抽样系数
		科研成果	26. 教研与科研成果人均占有率
		优质教师	27. 优质教师与学生总数比例
	学校品质	校园平安	28. 无责任事故 / 违法犯罪率零
		资源优化	29. 物质资源的优化 / 使用效率
		课程建设	30. 必修课程校本化 / 选修课程 / 拓展性课程
		学校文化	31. 文化的形成 / 提升
		特色品牌	32. 特色品牌贡献度 / 影响力
		改革创新	33. 改革创新贡献度 / 影响力

三、浙江省的学校发展性评价指标

浙江非常重视学校发展性督导评估工作。2009年3月，浙江省教育厅印发了《关于试行学校发展性评价的指导意见》（浙教督〔2009〕47号），内含浙江省学校发展性评价指标参考提纲。该参考纲要分为学校"基础性评价指标"与"发展性评价指南"。"基础性评价指标"包括校舍面积、设施设备、领导班子、师资队伍、机构设置、民主管理、安全管理、师德规范、德育管理、帮扶措施、执行国家课程计划、注重学生身心健康、培养学生行为习惯、入学率与巩固率等14个二级指标。"发展性评价指南"包括规划制定、目标管理、班子建设、学校管理、文化建设、队伍建设、德育工作、教学改革、学生学习、信息技术、教育科研、自主评价、学生发展、教师发展、学校发展等 15 个二级指标。

2017 年 9 月，浙江省教育厅印发了《关于进一步完善中小学校和幼儿园发展性评价工作的指导意见》（浙教督〔2017〕94 号），内含《浙江省中小学校和幼儿园发展性评价指标参考提纲》。该参考提纲将发展性评价指标分为"学校基础性评价要素"和"学校办学发展性项目"。"学校基础性评价要素"按学校类别分为幼儿园、义务教育阶段学校和高中阶段学校三个层次。义务教育阶段"学校基础性评价要素"主要包括办学指导思想、党的领导与建设、德育工作、发展规划、制度管理、民主管理、师生身心健康、执行国家课程计划积极探索拓展性课程、规范招生与办学、师德规范、帮扶措施、校舍面积、学校规模及班额、技术设备、经费使用、师资队伍、安全卫生管理、满意度测评等 18 个二级指标；"学校办学发展性项目"包括凝练理念目标、强化立德树人、完善课程体系、创新育人模式、促进教师成长、培育学校文化、提升治理能力、健全保障机制、打造特色品牌、提升办学品位等 10 个一级要素，共 41 个二级发展要素，为学校提供了尽可能多的自主选择的发展项目。

第四节　学校发展性督导标准的新视角

标准是构成国家核心竞争力的基本要素，是规范经济和社会发展的重要技术制度。教育质量标准与督导具有重要的导向作用，是教育综合改革的关键环节。推进中小学发展性督导标准体系及其标准的制定与综合督导改革，是推动中小学全面贯彻党的教育方针、全面实施素质教育、落实立德树人根本任务的重要举措，是引导社会和家长树立科学的教育质量观、营造良好育人环境的迫切需要，是基本实现教育现代化、加强和改进教育宏观管理的必然要求。

一、学校发展性督导标准体系

前面两节，笔者筛选分析了国家与地方中小学校督导评估、发展性督导评估和发展性督导的指标与标准、国家的中小学教育质量综合评价指标框架、国家义务教育学校管理标准。这些督导评估指标与标准、督导标准的探索与发展，极大地推动着国家与地方教育事业的改革，转变着政府的教育管理职能，保障并促进了基础教育的健康、和谐与可持续发展。然而，就教育行政管理的监督系统而言，科学系统的学校教育督导评估标准，或者是学校发展性督导标准尚未制定。

尽管国家层面已经印发了中小学教育质量综合评价指标框架、义务教育学校管理标准，但是，该指标框架、管理标准具有一定的局限性。中小学教育质量综合评价指标框架强调了学校教育质量的绩效标准，忽略了内容标准与保障标准，对综合督导而言，不够全面、不够系统、不够科学。义务教育学校管理标准的发文主体为教育部基础教育司，不能统领、协调义务教育管理标准所涉及的各个职能厅、处、科室，标准的贯彻执行与评价有一定的难度，由教育部办公厅、国家教育督导委员会办公室或教育部督导局印发较为合理；另外，在教育部层面，将管理标准中的管理内容设计为88条，过于细化。

督导与评价是有差异的。虽然上海的发展性督导评价起步较早，但上海研究探索的是评价指标而非督导标准，并且对学校自主发展仅用"发展指南"加以引领，未将学校办学理念的选择、发展目标的确定与学校规划的编制等方面的内容，纳入发展性督导评价的范畴。同样，浙江的发展性指标或要素的指向，落在评价而非督导上，也未将理念选择、目标定位、规划编制等方面的内容，纳入发展性评价的范畴，也是值得商榷的。笔者2009年提出并亲自实践了"学校发展性督导标准"这一命题，将其价值取向设计为"依法办学·自主发展·品质提升"，具有较高的理论与实践意义。但是，在具体的操作过程中，"学校发展性督导标准"需要进一步完善，如，"学校发展性督导标准"结构与内容的科学性还需要进一步提高；不同学校督导标准的普适性有待进一步加强；督导主客体的操作性有待进一步简洁。特别是，无论是上海还是浙江的学校发展性督导实践，都未为学校的自主发展提供自由选择性的目标导向；未将学校发展规划的编制与评审规范列入地方教育督导规章，导致学校发展性督导标准具有相当的局限性。

笔者认为，以学校教育督导的发展性、法制性、自主性、校本性、差异性和向善性为指导，建立制定以"学校选择性目标导向"为先导，以"学校发展规划的编制与评审规范"为平台，以"学校发展性督导综合评估标准"为核心的"学校发展性督导标准"的结构体系、指标体系与权重体系，是深化学校发展性督导研究与实践的理想选择。其中"学校发展性督导综合评估标准"由"基础性规范""能动性指南"和"品质性准则"构成。（见图7-1）

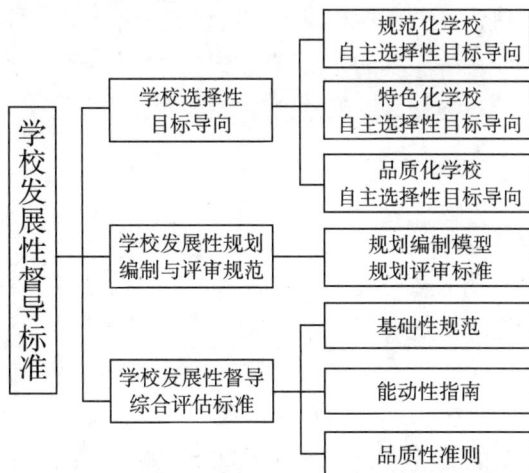

图7-1 学校发展性督导标准体系结构图

本部分主要介绍"学校选择性目标导向""学校发展性督导综合评估标准"的结构体系与指标体系，"学校发展规划编制与评审规范"在第四部分"路径选择"中介绍。由于校际之间、区域之间的学校发展是有显著差异的，本书不对督导标准的权重进行设定，而由教育督导工作者根据区域学校实际加以确定。

二、发展性督导标准的研制依据

研制学校发展性督导标准，要有据可依。一般地，法律法规与方针政策、教育理论与教育规律、教育现实与发展趋势等方面，是研制学校发展性督导标准的主要依据。

（一）法律法规与方针政策

我国的《宪法》《教育法》《教师法》《未成年人保护法》等法律，《国家中长期教育改革与发展规划纲要（2010—2020年）》《关于深化教育体制机制改革的意见》《依法治教实施纲要（2016—2020年）》《中小学教育质量综合评价指标框架（试行）》《中国教育现代化2035》等规章，以及国家的方针政策，地方的相关教育规定、条例等，是研制学校发展性督导标准的重要依据。

（二）教育理论与教育规律

学校发展性督导必须以一定的教育理论为指导。教育学、心理学、社会学、经济学、管理科学、系统论、教育哲学思想及方法论以及人本理论、复杂理论、增值性评价理论、管理效能理论等，是研制学校发展性督导标准的理论基础与依据。另外，面对社会转型期复杂多变的教育现象、教育主体及不同层次的督导评估者，更应运用并创新现代教育理论，从多维的视角加以分析并制定较为科学的督导标准体系。学校发展性督导必须遵循教育发展规律。教育必须适应并适度超前经济社会发展，学校发展性督导应该遵循社会经济发展规律。学校教育目的是培养造就中国特色社会主义事业的接班人，发展性督导标准应该遵循不同阶段学生发展的规律。学校教育是通过教师的作用来实现的，发展性督导标准应该尊重教师成长的规律。学校发展是有差异性、阶段性的，发展性督导标准除了普适性外，应该具有更强的针对性。

（三）教育现实与发展趋势

不同地区、不同时期的教育现状与发展水平是有所差异、各不相同的，学校发展性督导要立足于地方教育的发展需求，既要对一定区域学校、教师与学生的发展现状与水平做出评估，更要对区域教育质量的发展方向与趋势加以引导。不仅如此，由于当前教育督导者、学校管理者的专业化水平不高，学校发展性督导还要关注督导者与被督导对象自身的专业素养，所编制的标准既要考虑被督导对象的实际，又要符合督导者实际驾驭标准的能力。尊重并关注区域教育现实，不等于墨守成规、不思进取。发展性督导必须关注世界教育发展成果与发展趋势，发展性督导标准的研制，要适时借鉴并吸收教育标准化、现代化、法治化、智能化和个性化等方面的新成果与新趋势，利于引领各级各类学校健康、快速与可持续发展，不断提升区域教育的综合品质。

三、发展性督导标准的研制原则

学校发展性督导标准的研制原则，是指根据我国教育法律法规与方针政策，结合发展性督导的本质属性，教育督导组织设计策划学校的举办与管理、课程与教学、教师与学生标准时的基本要求。王晓妹认为，在建构学校内涵发展督导评估指标体系时，应遵循导向性、全面性、增值性、过程性、权衡性及实效性等方面的原则。[①]笔者认为，学校发展性督导标准的研制原则，主要包括合法性、质量性、导向性、过程性、差异性与增值性的原则。

（一）合法性原则

合法性是指编制的各级各类学校督导标准，必须符合国家的教育法律法规与规章、方针政策，是国家的教育意志的体现。任何教育督导组织或个人，不得把有悖于国家的教育法律法规与规章、方针政策的观点、舆论与要求，强加在学校发展之中；即便是涉及教育理论创新、教育发展趋势等方面的标准，也不得违背国家法律。合法性是研制发展性督导标准必须坚持的根本性原则。

（二）质量性原则

质量性原则是指学校发展性督导标准要以提高教育质量为主要目的和核心内容。教育质量是教育事业改革与发展的永恒主题，是学校管理、教育与教学发展的"生命线"。坚持发展性督导标准研制的质量性原则，是贯彻落实《教育规划纲要》及党的十九大等教育方针、政策的重要举措，是实践"立德树人"，培植"核心素养"，促进教育事业科学发展，办好人民满意教育的迫切需要。教育是培养人的活动，质量性原则首先要求学校发展性督导标准更多地突出学生的全面发展、个性成长；其次要重视教师的发展水平，因为教师在学生成长中起主导作用；再次要关注学校组织的课程与文化，因为学校组织是学生成长、教师发展的主阵地。

（三）导向性原则

学校发展性督导标准既要适应社会与教育的发展，更要促进教育与学校的发展，具有显著的导向作用、引领功能。一要确保底线标准，立足条件支撑，强化硬件投入，固化法规政策等；二要实践高位引领，高度重视学校核心理念建设，十分强调学生培养目标把握，非常关注学校发展目标定位等；三要健全机制保障，如建

---

① 王晓妹：《中小学校内涵发展督导评估指标体系》，教育科学出版社 2016 年版。

立并健全运行机制、动力机制和约束机制等管理机制。总之，发展性督导标准既要体现教育发展的数量、结构，又要体现教育发展的质量、效益；既要体现一定的教育发展基础保障，又要体现教育发展的贡献大小；既要符合教育发展的一般规律，又要满足地区教育发展的个性需求。

（四）过程性原则

2005 年全民教育全球监测报告《教育质量至关重要》（*The Quality Imperative*）指出，从增强对疾病的抗御能力到提高个人的收入水平，其影响效果在很大程度上取决于教学过程的质量。学校发展性督导是一种动态性的督导，对学校教育质量的督导不能脱离对教育过程的督导。既要设计评价学校发展基础的指标，又要策划关注学校管理环节、目标实践的过程性标准，更要重视学生成长、教师发展、学校组织发展的成果性标准。在这个意义上，督导标准与实践过程相对应，关注基础、过程与结果的点滴变化，是督导标准研制的又一重要原则。

（五）差异性原则

学校所处的区域环境不同，办学的历史有异，其发展的现状与水平是有差别的。为了促进并更好地保障同一性质不同区域学校的健康发展、优质发展、个性发展，必须实行差异性原则，提高发展性督导标准的普适性与针对性。差异性原则要求学校发展性督导标准，就内容指标而言，既有规范所有同类学校管理、教育与教学行为的共性标准，更要重视针对不同区域、不同发展历史同类学校发展的个性标准，做到共性标准与个性标准的有机结合；就权重系数而言，同一性质不同基础、不同水平学校的共性标准或个性标准，既可以有不同的权重系数，也可以在总分中有不同的占比。

（六）增值性原则

由于学校办学基础、教师结构与能力、学生来源与学情之间存在诸多差异，除了不能简单地用划一的评估标准来衡量不同学校的办学水平外，还要运用增值性原则，用学校发展过程中的增值水平来评价学校发展的优劣。发展性督导标准的增值性原则，就是建立学校"纵向发展基础上的横向比较"的指标权重计算方式。即督导组织通过阶段性的基础诊断与跟踪评估，为同一性质不同层次的各个学校建立发展性督导综合评估"常模"。当一个发展周期满后（一般为三年），对各个学校实施综合评估。综合评估所得的权重成绩总分，与当年的"常模"相比较，用学校发展的"增量"大小确定学校发展的优劣。增值性原则本质上关注学校发展的努力程度。

第八章 基础性规范：他律·规范·刚性

　　基础性规范是学校发展性督导的最基本的标准，也是各级各类学校办学条件的前提性标准、办学行为的基础性标准和办学质量的合格性标准。本质上，基础性规范就是依法办学标准，在执行对象上具有他律性、在行为要求上具有规范性、在关系处理上具有刚性等方面的显著特征。

第一节 基础性规范的内涵与特征

　　基础性规范是各级各类学校在办学过程中，必须遵守的最基本的办学、管理、教育与教学行为准则与要求。

一、基础性规范的主要内涵

　　基础，建筑学名词，是指建筑物地面以下的承重结构，如基坑、承台、框架柱、地梁等，是建筑物的墙或柱子在地下的扩大部分，其作用是承受建筑物上部结构传下来的荷载，并把它们连同自重一起传给地基。基础承受着建筑物的全部荷载。[①]因此，基础应具有足够的强度，才能稳定地把荷载传给地基；同时，基础应满足耐久性要求。如果基础先于上部结构被破坏，检查和加固都十分困难，而且还会影响建筑的使用寿命。哲学上的基础，是指事物发展的起点或必须具备的根本因素。如"经济基础"决定"上层建筑"。

　　规范是指明文规定或约定俗成的、群体成员必须遵守的行为标准或准则，其符合逻辑，客观、真实、全面、完整、准确，如道德规范、技术规范等；或是指按照既定标准、准则的要求进行操作，使某一行为或活动达到或超越规定的标准，如规范管理、规范操作。

　　作为"学校发展性督导标准"的"基础性规范"，笔者认为，它是学校举办者与管理者，在具体的办学与管理过程中，必须执行和遵守的办学与管理、教育与教

[①] 聂洪达：《房屋建筑学》，北京大学出版社 2007 年版。

学的最基本的行为标准和实践准则，是学校发展性督导的最基本的标准，也是各级各类学校办学条件的前提性标准、办学行为的基础性标准和办学质量的合格性标准。本质上，基础性规范就是依法办学标准。

二、基础性规范的主要特征

基础性与规范性、他律性与法制性，是学校发展性督导标准的"基础性规范"的主要特征。

（一）基础性规范的基础性

办好一所学校，必须具备人、财、物、时间、空间与信息等基本要素。对学校教育发展基本要素的督导，是学校发展性督导的最基本要求，具有基础性。例如，一所学校需要校园，需要教学、管理与生活用房、教学仪器设备等物的要素，需要教师、学生与管理者等人的要素，需要人员经费、办公经费等财的要素，也需要课程、制度、育人模式等文化要素。人、财、物以及学校基本的文化等要素，是办好学校的基础。

（二）基础性规范的规范性

一定区域内，办多大规模的幼儿园、小学与初中呢？这里涉及学校办学的规范性问题。例如《浙江省义务教育标准化学校基准标准》，对学校办学规模和建设标准（生均占地面积、生均建筑面积、生均图书资料等）、师资队伍、教育技术装备、校园环境和安全做了具体的规定；又如《浙江省教育厅关于深化义务教育课程改革的指导意见》，对义务教育课程设置及课时安排做了具体的规定。对学校办学是否达到地方或国家制定的相关标准与要求的督导，体现了学校发展性督导的规范性。

（三）基础性规范的他律性

基础性规范的他律性是指非自愿地执行的涵盖道德标准、法律体系和其他社会规范。"狭义来说，他律是指接受他人约束，接受他人的检查和监督。广义来说，他律为除本体外的行为个体或群体对本体的直接约束和控制。" 基础性规范的他律性是指就督导组织、学校而言，其基础性规范既不是教育督导部门直接制定的规范，也不是学校自我约束的准则，而是由国家、地方权力机关、行政机关、司法机关制定的，与各级各类学校教育相关的法律法规、方针政策，主要体现的是国家与政府的意志，具有鲜明的他律性。

（四）基础性规范的法制性

"狭义的法制，认为法制即法律制度。详细来说，是指掌握政权的社会集团按照自己的意志、通过国家政权建立起来的法律和制度。" "广义的法制，是指一切社会关系的参加者严格地、平等地执行和遵守法律，依法办事的原则和制度。""法制是一个多层次的概念，它不仅包括法律制度，而且包括法律实施和法律监督等一系列活动过程。"①"基础性规范"的法制性，是指对各级各类学校进行监督检查的标准与准则，是由法律法规、方针政策规定的，不是随意的。既不是以教育督导者的意志为转移，也不以校长、教师的意志为转移的，是教育督导组织、学校以及所有教育工作者必须遵守与执行的，具有强制性、刚性。

第二节　基础性规范的维度与内容

基础性规范的维度与内容主要包括学校资源配置与利用的规范性、学校组织结构与行政管理的规范性、学校教育教学与科研管理的规范性三大维度。

一、学校办学资源配置与利用的规范性

学校资源配置与利用的规范性，包括教育技术装备、师资队伍建设与校园安全。教育技术装备主要督查学校的图书资料配备、教学仪器设备和信息化环境建设等；师资队伍建设主要督查教师的学历职称、教师培训经费的使用等；校园安全主要督查学校医疗卫生条件、安全设施及其保卫等。由于生均占地面积、建筑面积和绿化面积，以及教师编制等指标，主要是地方政府行为，可列入学校发展性督导基础性规范的评估范畴，但不作具体的评估要求。

编制学校资源配置与利用的规范性主要依据，应该是县级地方政府、教育行政部门颁发的涉及学校资源配置的规章；省级人民代表大会及其常委会、人民政府、教育行政部门颁发的法规与规章，如浙江省教育厅印发的《浙江省义务教育标准化学校基准标准》，江苏省、湖南省均出台了《义务教育学校办学标准（试行）》，山东省出台了《山东省普通中小学办学条件标准（试行）》；全国人民代表大会及其常委会、国务院、教育部颁发的法律法规与规章，如《教育法》、《义务教育法》、《民办教育促进法（修订）》、《小学数学科学教学仪器配备标准》（JY/T0388-2006）、《中小学图书馆（室）规程（修订）》（教基〔2003〕5号）、《小学、中学体育器材设施配备目录》（教体艺厅〔2002〕11号）。不同区域不同时期的学校发展性督导基础性规范，可根据区域各级各类学校发展的实际，选择相应的督查范围与内容。（见表8-1）

---

① 凌飞飞：《当代中国教育督导历史研究》，中国社会科学出版社2016年版。

表8-1 学校发展性督导标准·基础性规范（一）

一级指标	二级指标	三级指标
学校资源配置与利用的规范性	规模与面积	◎学校规模与班级人数、校园占地面积、建筑面积与绿化面积达到省级标准化学校基准标准 ◎专用教室、多功能教室利用率高
	教育技术装备	◎教学仪器设备、信息技术与互联网、各专用教室和场所装备的配备（艺术、体育与卫生器材）达到省教育技术装备标准 ◎分组实验开出率、图书流通量高，信息技术与互联网、艺术体育器材利用率高
	教师队伍配置	◎教师的学历与职称结构符合省级义务教育标准化学校要求 ◎每年安排不低于日常公用经费10%的教师培训经费，或不低于教职工工资总额2.1%的专项经费
	校园安全卫生	◎学校设有围墙、校门、校牌、旗杆，硬化路面、绿化等配套设施；校园环境布局合理，清洁优美，无卫生死角 ◎学校"三防"设备、医疗卫生设施、食堂设施和超市（小卖部）达到省级标准，符合省级食品安全法及卫生防疫有关要求

二、学校组织结构与行政管理的规范性

学校组织结构与行政管理的规范性，主要包括学校党政组织与建设，教育方针与课程计划，人事与师资管理，计划与制度管理，安全卫生与后勤管理等五个方面的内容。

学校党组织是学校发展的政治核心，对学校行政、工会与团队工作的政治方向起领导与保障作用。因此，党政组织与建设主要包括明确学校党组织的政治核心作用、校长与校级领导的领导力、学校部门设置的科学性与中层干部的执行力，以及学校工会、团队工作。

教育方针是各级各类学校必须严格执行的国家教育总体要求，教育方针与课程计划主要包括学校办学方向与办学思想的符合国家意志、国家课程计划的执行落实到位。人事与师资管理是学校发展重要内容，主要包括师德师风建设和教师的培训与培养。计划与制度管理是学校发展的基本保障，主要包括规划与计划的编制、发展目标与重点工作的实践、章程与制度的制定与执行、集体决策与民主管理。安全卫生与后勤管理是学校发展的主要条件，主要包括安全与卫生人员配备、教育与检查，传染病疫情防控与学生健康体检，食堂管理"五常法"与食堂等级建设，财务、资产管理的规范性与有效性等。（见表8-2）

编制学校组织结构与行政管理的规范性标准，主要依据应该是县级以上地方政府、教育行政部门颁发的涉及学校组织建设、教师队伍建设、课程计划执行、安全卫生与学校后勤总务方面的规章，省级人民代表大会及其常委会制定的法规，以及国家的法律与法规。

表 8-2　学校发展性督导标准·基础性规范（二）

一级指标	二级指标	三级指标
组织结构与行政管理的规范性	党的组织与领导	◎学校建立了学校党的组织，党委（支部）、党小组设置科学 ◎"三会一课"制度健全，活动正常；党员发展教育管理坚持标准、规范程序、保证质量
		◎党组织在把握学校发展方向、抓好学生德育、做好教师思想政治工作、推进师德师风建设等方面，发挥了政治核心、战斗堡垒和先锋模范作用 ◎工会组织健全，教代会建设规范化，制度化，教职工参政议政积极性高，作用大 ◎学校共青团、少先队、学生会组织健全，活动正常；学生积极参与学校管理活动，学生自我管理与教育水平不断提高
	行政组织与建设	◎学校行政部门设置、校级领导与中层干部配备符合国家相关人事管理规定
		◎校长及其校级班子能建立符合实际、管理科学民主的学校管理运行机制，能协调并利用好校内外资源；领导班子作风踏实，以人为本，公正廉洁，在教职工中信任度85%及以上；管理链畅通，效率高 ◎中层干部能准确领会、把握并创造性地执行学校既定的办学理念、目标与策略；各个部门办事有原则、人性化、效率高，教职工认可度达85%以上
	教育方针与课程计划	◎认真贯彻执行党和国家的教育方针，学校办学思想（理念）符合当前教育和社会发展需要，有前瞻性和开拓性 ◎学校认真实践立德树人根本任务，积极转变育人模式，努力培养学生全面发展核心素养
		◎严格执行国家或省定课程设置标准；基础性课程、拓展性课程、体艺类课程的门数与周课时总数符合国家或省定有关标准 ◎制定了符合学校实际的学校课程方案

一级指标	二级指标	三级指标
组织结构与行政管理的规范性	人事与师资管理	◎积极实施教师的理想信念教育；教师对本学段学生培养目标知晓度高，并适时地将培养目标内化为学科的教育、教学行为与管理活动 ◎高度重视师德建设。师德创优、典型培育的学习、宣传机制健全，开展校、县级师德典型人物的评选与推介活动 ◎师德考核制度健全，执行有力，师德合格率达100%；师生关系和谐；教职工中无体罚或变相体罚学生、有偿家教、收受礼金等违法违纪事件
		◎科学探索教师培养培训制度、措施及策略；建立并运行了青年教师、名骨干教师的培养考核机制；教师年人均完成培训学时达到规定要求 ◎制定并运行了教师发展考核制度，对教师的理想、态度与业绩的评价与考核，较为客观、真实，调动了教师工作的积极性、主动性与创造性
	计划与制度管理	◎发展规划与工作计划目标清晰，切实可行，并经校级行政会议讨论通过；学校、相关部门计划齐全，规划与计划、计划与部门计划关联度高；教师、学生对学校的主要工作目标与任务知晓率高 ◎发展规划、工作计划执行力度大，实施、检查的过程性材料充分且真实可信；学校、相关部门的总结齐全，与过程性材料、计划的关联度高，成效显著
		◎制订了学校章程并经教代会审议通过 ◎根据章程建立健全了各类制度，制度分类合理并装订成册，制度与章程的关联度高；学校制度执行规范有效 ◎涉及规划、人事、绩效评价等方面的重大事项，学校实行集体决策制度 ◎严格执行校务与党务公开制度，无相关有效投诉
	安全卫生与后勤管理	◎安全与卫生人员配备符合相关规定、职责清晰；教育与检查活动正常，隐患整治常态化；每年对学生进行一次健康体检，学生健康档案建档率达100%，传染病疫情防控到位
		◎食堂管理"五常法"，做到常组织、常整顿、常清洁、常规范和常自律，为学生提供安全卫生的饮用水 ◎食堂符合等级要求，坚持"公益性"原则，成本独立核算
		◎严格执行《中小学校财务制度》，收费行为规范，经费使用合理；严格执行财务预决算及绩效评价制度，无违规收费、使用经费的现象与行为 ◎资产使用与管理机制健全，账物相符、账账相符；使用、报损、报废等处置运行规范；环保节能降耗措施落实到位

三、学校教育教学与研究管理的规范性

学校教育教学与研究管理的规范性，是学校发展性督导标准基础性规范的核心内容。学校教育教学与研究管理的规范性主要包括日常行为规范、德育指南、合力教育、教学常规、体艺与卫生、教学教育研究制度及实践、质量管理体系与质量控制等七个方面。其中，日常行为规范主要评价中小学生的日常行为规范教育与达标、班团队集体建设与节会教育活动等方面的规范性；德育指南主要检查学校德育目标与育人机制、德育队伍、德育体系与德育特色、学科德育等方面的规范性；合力教育主要评价家庭教育、社会共育机制等方面的规范性；教学常规主要包括教学调研、备课管理、课堂教学、作业管理、考试评价等方面的制度建设与实践，以及学生学习习惯与学习方法培养等方面的规范性；体育艺术与卫生主要检查学习活动总量控制、体育艺术教育与大课间活动、"体艺2+1项目"和学生护眼工程等方面的规范性；教学教育研究制度及实践主要评价教研组与备课组建设、教研主题与教研活动、学情、课堂与作业研究等方面的规范性；质量管理体系与质量控制主要检查全校性应用性的课题研究、教师的课题研究、全面教育质量管理体系、教育质量动态分析与反思以及教育质量改进措施与成效等方面的规范性。（表 8-3）

表 8-3 学校发展性督导标准·基础性规范（三）

一级指标	二级指标	三级指标
教育教学与研究管理的规范性	日常行为规范	◎认真执行《浙江省小学（初中）学生日常行为规范》，结合学校学生实际，制定并实践小学（初中）学生日常行为规范教育计划、考核细则，教育效果良好，学生行为规范 ◎高度重视班集体建设，班团队活动、课外社团活动、节假日活动与建设有计划、有组织、有措施、有成效 ◎节会教育活动正常，定期举办如体育节、读书节、艺术节、科技节等，每个节会有计划、有组织、有活动、有总结、有反思，学生参与面达100%
	德育指南及其教育	◎全面实践教育部《中小学德育工作指南》（教基〔2017〕8号），德育目标清晰，与培养目标（核心素养）关联度高 ◎有专门培训培养德育队伍（特别是班主任队伍）的计划和行动，建立并实施班主任选拔、评定和激励机制

一级指标	二级指标	三级指标
教育教学与研究管理的规范性	合力教育	◎建立健全了家庭教育工作机制，统筹家长委员会、家长学校、家长会、家访、家长开放日、家长接待日等各种家校沟通渠道，帮助家长提高家教水平 ◎构建了社会共育机制，主动联系本地宣传、综治、公安、司法、民政、文化、共青团、妇联、关工委、卫计委等部门、组织，注重发挥党政机关和企事业单位领导干部、专家学者以及老干部、老战士、老专家、老教师、老模范的作用，实现社会资源共享共建，净化学生成长环境，助力学生健康成长
	教学常规	◎建立了教学调研制度，定期开展教学调研活动，关注常态课堂的教学质量 ◎备课管理制度化，备课已成为教师个性化的日常教学研究活动；集体备课以教师独立备课为前提，重在提高每位教师的独立备课能力；备课检查重点考察教师的教案设计与课堂教学的一致性 ◎重视学生学习习惯的培养和学习方法的指导，制订不同学段的《学生学习常规》 ◎按规定组织考试，建立学科考试的评价分析制度
	体艺卫工作	◎严格控制学生在校活动总量，合理安排作息时间 ◎积极组织开展课内外体育、艺术与卫生教育活动，实行大课间体育活动制度，积极组织实施"体育、艺术"2+1"项目 ◎积极实施学生护眼工程
	教学教育研究制度及实践	◎切实加强教研组、备课组建设，教研机构合理、教研制度健全 ◎教研主题突出，校本教研氛围浓厚，教研成效明显 ◎非常重视学情研究、课堂研究、作业研究，研究成效明显
		◎每一个规划周期内，均有县级以上全校性的应用性的课题研究，并应用于学校管理、教育与教学实际 ◎教师能够自主自觉开展课题研究，参与面广，促进了专业发展
	质量管理体系与质量控制	◎建立了适合本校实际的全面教育质量管理体系，实行专人负责，全员参与 ◎定期开展全面、动态、有效的质量分析与反思，形成分析与反思报告 ◎全面教育质量控制措施多样，成效显著

第三节　基础性规范的适用原则

在实际的学校发展性督导评估中，哪些学校适合使用"学校发展性督导标准·基础性规范"呢？笔者认为，同类性质的不同学校，均可执行"基础性规范"，但是，针对不同学校的自律水平与规范程度，应遵循普适性、重点性与选择性的原则，实行区别对待。

一、普适性原则

普适性原则是指不论学校规模大小、区域环境优劣、办学水平高低，所有学校必须达到"学校发展性督导标准·基础性规范"的要求。是否达到"基础性规范"是衡量所有学校办学是否合格的基本前提。

二、重点性原则

"学校发展性督导标准·基础性规范"，旨在引导并保障每一所学校达成最基本的办学、管理与教学行为。对那些规范程度不高、自律约束不强的学校，如规范化、特色化学校，要加强"基础性规范"的督查与评估；对那些自律水平与规范程度高的学校可实行免检制度，如，品质化学校本身具有学校管理自觉与文化自信，不能再用基本的规范要求去评价学校，而是要突出发展重点，向更高的层次去引领、去督导，即淡化规范性督导，强化能动性、品质性督导。

三、选择性原则

影响学校发展的因素是多元与复杂的，不同时期因人事或偶发事件的影响，学校发展状态与水平会有所变化。因此，要根据学校发展现状与趋势，有针对性地选择若干重要领域或要素，对部分规范化、特色化或品质化学校，进行预警性、强调性的专项或专题督导检查，以利于不断提高学校的规范水平。

第九章　能动性指南：自律·开放·柔性

自觉能动性是学校发展性督导的本质特征之一。学校发展性督导对于学校的改革与发展，除了执行基础性规范外，应该为学校创造更多自主的、开放的、可选择的发展空间。与自觉能动性相适应，学校发展性督导标准包含能动性指南。本章主要阐述能动性指南的主要特征、选择性目标导向与发展性评估标准等三大方面的问题。

第一节　能动性指南的主要特征

"能动性指南"是指以学校发展规划编制为载体，自主发展性要素与指标导向为基础，对学校核心理念确立、发展目标定位、实施策略选择及其运用执行等方面，进行引领与指导、监督与评估的指标体系与标准要素。为学校提供可选择的"能动性指南"，是学校自身发展的需要，是政府职能转换的需要，是教育督导改革的需要。引领性、自主性、开放性、系统性与前瞻性，是"能动性指南"的主要特征。

一、引领性

引领是指带动事物跟随他或他们向某一方向运动、发展。引领不是推动，而是像牵引多节车厢的机车（或像拖船牵引驳船），既要牵引前进又要控制方向，以及及时制动或发出制动的信号。"能动性指南"基于基础教育发展趋势，代表现代学校发展方向，高于目前学校发展现状，学校通过自主努力可以实现的一种指标导向，具有很强的引领性。如，在落实"立德树人"根本任务的过程中，必须强化对学校办学理念特别是学校核心理念、学生培养目标校本化的引领与调控，以利于进一步端正办学方向，提升全面的教育质量。

二、自主性

自主性是行为主体按自己意愿行事的动机、能力或特性。"按自己意愿行事"包括自由表达意志，独立做出决定，自行推进行动的进程等。[①] "能动性指南"不

---

① 马衍明：《自主性：一个概念的哲学考察》，《长沙理工大学学报》（社会科学版）2009 年第 2 期，第 84—88 页。

是教育行政部门特别是督导组织，或者是第三方机构强加给学校的督导评估指标，而是教育督导组织为了使学校的自主发展方向更加清晰、内容更加精准、发展更加有效，所提供的导向性标准，是学校主动选择、自觉实践的标准，具有很高的自主性。如，"能动性指南"只要求学校要有科学适切的办学理念与发展目标，至于学校选择什么样的理念与目标，不是由教育督导组织决定的，而是由学校主体自主选择的，是学校的自律行为。

三、开放性

开放有张开、释放、解除限制等含义，现代常见的有开放政策、开放发展模式、开放式基金、性格开放等等。与"基础性规范"的封闭性与刚性不同，"能动性指南"具有开放性与柔性的特征，即"能动性指南"的发展要素与导向指标是发散式的不进行限制的。如，现代学校制度建设，设立依法办学、自主管理、民主参与与社会监督四个项目指标，至于各个项目的具体要求，一般由学校根据现代学校制度本质，结合自身实际，确定相关目标，选择相关策略，并自我实践、自我评价与自我反思。

四、系统性

中国著名学者钱学森认为，系统是由相互作用、相互依赖的若干组成部分结合而成的具有特定功能的有机整体，而且这个有机整体又是它从属的更大系统的组成部分。"能动性指南"既是学校发展性督导标准系统的组成部分，也是自身独立的子系统。这个子系统既包括学校自主发展的理念、目标、策略到成功标志的结构系统，也包括学校自主发展的内容系统。如，浙江省的学校发展性项目，涉及凝练理念目标、强化立德树人、完善课程体系、创新育人模式、促进教师成长、培育学校文化、提升治理能力、健全保障机制、打造特色品牌、提升办学品位十大方面，是对学校的自主发展进行全面的、系统性的引领。

五、前瞻性

前瞻的基本含义是向前方、远处或高处看。"能动性指南"的前瞻性，是指发展性督导标准，具有高于学校发展现状、指向学校未来发展、吸引学校向前发展、提高学校整体水平的特征。如，"学校治理体系与治理能力的现代化"项目指南，在"厘清学校内外部权利与责任清单""改革学校内部治理结构""形成决策、执行、监督三位一体的治理体系""构建管、办、评分离的运行机制""明晰校务委员会制的权利、职责与目标""激励制度更多地体现面向全体学生及其核心素养""全力推动教师专业自主、学生学习自主"指标等方面，引导学校走向远方，走向高处，具有深远的意义。

"能动性指南"的引领性、自主性、开放性、系统性与前瞻性等特征，决定了"能动性指南"既要在宏观上对学校的自主发展的理念、目标与策略进行引导，为学校的发展提供参考，又要对学校自主选择的发展理念、目标与策略进行监控与督导评估。因此，"能动性指南"应该包括选择性目标导向和发展性评估标准，分别在第二、三节予以阐述。

第二节　能动性指南·选择性目标导向

选择性目标导向，由教育督导组织提供参考，学校自主选择，用于编制学校发展规划的一系列管理、教育与教学目标提示。处于不同发展基础、发展水平与发展阶段的学校，学校自主发展的内容与程度是有差异的，选择性目标导向是有所区别的，呈现由较低水平走向较高水平的态势。规范化学校侧重于以"他律"目标为导向的自主发展；特色化学校侧重于以"他律"加"特色自律"目标为导向的自主发展；品质化学校侧重于以"自律"目标为导向的自主发展。本节主要介绍规范化、特色化与品质化学校自主发展导向指标。

一、规范化学校选择性目标导向

就学校督导而言，规范化学校要严格执行"基础性规范"等他律性指标。但是，如何执行指标，使学生、教师与学校组织达到何种发展水平，这是需要学校自主选择的。因此，规范化学校的选择性目标导向，主要包括学校理念的提出、基础性规范的内化、成功标志的确立和策略措施的创新四个方面。学校理念的提出，旨在引导学校开始思考学校发展的核心理念，并以文字形式加以固化。基础性规范的内化，旨在引导学校不折不扣地将基础性规范转化为学校未来三年的发展目标，形成目标体系；同时，将规划目标细化为学校、学校部门的计划目标。成功标志的确立，旨在引导学校围绕学生、教师与学校品质的提高，设计三年规划周期内应达到的水平，体现定量化与可测性。策略措施的创新，旨在引导学校追求管理、教育与教学的效率，提高策略措施的科学性与艺术性。（见表9-1）

表9-1　规范化学校选择性目标导向

导向项目		导向指标
学校理念的提出	理念探索	◎开始总结、调研并探索学校的办学理念
	理念提出	◎明确提出学校的办学理念
培养目标把握	培养目标把握	◎认真理解实践国家的学生培养目标

导向项目		导向指标
总体重点目标选择	总体重点目标选择	◎科学定位学校发展的总体目标与重点目标
基础性规范的内化	学校资源配置利用的规范性	◎学校规模与面积
		◎教育技术装备及其使用
		◎教师队伍配置
		◎校园安全卫生
	组织结构与行政管理的规范性	◎党的组织与领导
		◎行政组织与建设
		◎教育方针贯彻与课程计划执行
		◎人事与师资管理
		◎计划与制度管理
		◎安全卫生与后勤管理
	教育教学研究管理的规范性	◎日常行为规范教育
		◎德育指南及其教育
		◎合力教育
		◎教学常规建设
		◎体艺卫工作
		◎教学教育研究制度及其实践
		◎质量管理体系与质量控制
成功标志的确立	学生品质提升	◎道德品质、学业成绩、个性特长与核心素养
	教师品质提升	◎理想信念、职业道德、教学水平与研究能力
	学校品质提升	◎课程建设、学校文化、改革创新与资源优化
策略措施的创新	理念创新	◎在教育、教学与管理等方面进行理念创新
	制度创新	◎在教育、教学与管理等方面进行制度创新
	技术创新	◎在教育、教学与管理等方面进行技术创新
	机制创新	◎在教育、教学与管理等方面进行机制创新

注：基础性规范的内化，执行"学校发展性督导标准·基础性规范"要求，规范化学校没有选择权利。

二、特色化学校选择性目标导向

特色化学校除了严格执行"基础性规范"等他律性指标外，还要自主地实践特色发展等自律性指标。同样，如何执行他律性指标，如何选择并实践特色发展的自律性指标，使学生、教师与学校组织达到何种发展水平，这是需要学校自主选择的。因此，特色化学校的选择性目标导向，主要包括学校理念的形成、基础性规范的内化、特色发展的定位、成功标志的确立和策略措施的创新五个方面。学校理念的形成，旨在引导学校坚持以核心理念为指导，形成学校理念体系。特色发展定位，旨在引导学校在某一发展领域逐步达到人无我有、人有我优的状态，形成学校特有的办学风格或个性品质。基础性规范的内化、成功标志的确立、策略措施的创新等三项内容的导向指标，与规范化学校相同，这里不再重复。（见表9-2）

表9-2 特色化学校选择性目标导向

导向项目		导向指标
学校理念的形成	理念形成	◎固化并诠释了学校核心理念的内涵
	理念体系	◎以核心理念为导向，形成了学校理念体系
培养目标探索	培养目标探索	◎探索学生培养目标的校本化实践
总体、重点目标定位	总体、重点目标定位	◎构建以特色建设为主要导向的学校发展总体目标与重点目标
基础性规范的内化	学校资源配置利用的规范性	◎学校规模与面积
		◎教育技术装备及其使用
		◎教师队伍配置
		◎校园安全卫生
	组织结构与行政管理的规范性	◎党的组织与领导
		◎行政组织与建设
		◎教育方针贯彻与课程计划执行
		◎人事与师资管理
		◎计划与制度管理
		◎安全卫生与后勤管理

续　表

导向项目		导向指标
基础性规范的内化	教育教学研究管理的规范性	◎日常行为规范教育
		◎德育指南及其教育
		◎合力教育
		◎教学常规建设
		◎体艺卫工作
		◎教学教育研究制度及其实践
		◎质量管理体系与质量控制
学校特色发展	特色发展领域	◎现代学校制度与学校文化建设
		◎课程建设与教学改革
		◎教师专业成长与学生健康成长
		◎互联网＋教育
	特色内涵	◎"六个有"(思想、目标、队伍、环境、学生、档案)
	特色特征	◎独特性、稳定性、示范性
成功标志的确立	学生品质提升	◎道德品质、学业成绩、个性特长与核心素养
	教师品质提升	◎理想信念、职业道德、教学水平与研究能力
	学校品质提升	◎课程建设、学校文化、改革创新与资源优化
策略措施的创新	理念创新	◎在教育、教学与管理等方面进行理念创新
	制度创新	◎在教育、教学与管理等方面进行制度创新
	技术创新	◎在教育、教学与管理等方面进行技术创新
	机制创新	◎在教育、教学与管理等方面进行机制创新

　　注：基础性规范的内化，执行"学校发展性督导标准·基础性规范"要求，特色化学校没有选择权利。

三、品质化学校选择性目标导向

品质化学校一般是指在巩固深化学校规范、形成学校特色的基础上，学校发展的构成要素已经全面优化、教育质量在稳定中持续上升等方面的特征较为显著。学校的发展目标与管理重点是深化办学理念，创造主流价值观，形成学校特有的教育、教学、管理哲学，呈现自主自觉精神。因此，品质化学校的选择性目标导向，主要包括学校理念引领、目标定位、成功标志的确立和策略措施的创新四个方面。学校理念引领，旨在引导学校不断深化核心理念，将理念内化为学校管理者、教育者的自觉行为，指导管理、教育与教学实践。目标定位，旨在引导学校深刻领会党和国家的教育方针，对学生培养目标进行校本化的解读，为引导学校准确定位未来三年学校发展的总体目标、重点目标和项目目标，构建目标体系提供目标导向参考。成功标志的确立、策略措施的创新等项目内容的导向指标，与规范化学校相同，这里不再重复。虽然，"基础性规范"对品质化学校仍然具有刚性约束力，但是由于品质化学校具有高度自觉、管理自信的特点，一般不会使用该规范对他们进行督导评估，属于免检单位。（见表9-3）

表9-3 品质化学校选择性目标导向

导向项目		导向指标
学校基础诊断	学校背景与现状	◎学校发展历史分析
		◎学校现状特别是学情分析
	发展趋势与挑战	◎基础教育发展趋势
		◎标准化、现代化、法治化、智能化与个性化对学校的挑战
学生培养目标确立	培养目标诠释	◎国家培养目标的校本化解读
		◎学生培养目标的内化与实践
学校理念引领	理念深化	◎不断深化学校办学的核心理念
	理念实践	◎核心理念指导学校管理、教育与教学实践
总体目标	总体目标定位	◎科学定位总体目标
		◎总体目标的内涵诠释
重点目标	重点目标确立	◎准确设定重点目标
		◎重点目标的内涵诠释

续　表

导向项目		导向指标
学校发展 目标提示	学校治理	◎学校章程及其制度体系
		◎校务委员会制及其运行
		◎师生代表大会制与家长、社区教育委员会制
	课程建设	◎课程理念、方案与课程领导力
		◎国家基础课程的校本化
		◎选修课程、拓展性课程建设的生本化
	教师发展	◎教师理想信念与育人理念的前瞻性与科学性
		◎教师专业标准的监测与教师的培训与培养
		◎教师评价的全面性、科学性与发展性
	学生成长	◎选择性学习机制与学生学习兴趣、学习动力
		◎核心素养（关键能力）的学科式内化
		◎学生评价的全面性、动态性与科学性
	文化提升	◎学校文化建设方案及其校本性
		◎校园环境、标志、处室的教育意义与特色化
		◎学校形象、主体价值观与学校精神
	德育为先	◎适合学生成长的、科学规范的德育体系
		◎全员育人、全程育人、全方位育人，学科教学的教育性
		◎德育特色品牌鲜明
	教学推进	◎教学方式、学习方式与课堂文化
		◎智慧教学、因材施教与分层作业
		◎教学评价的全面性、动态性与科学性
	教研科研	◎教学与教育研究的问题性、针对性与应用性
		◎全校统领性的省级课题研究

导向项目		导向指标
学校发展 目标提示	资源利用	◎教育技术装备的优化与使用效率
		◎互联网＋与人工智能教育
		◎国内外教育交流与合作
	特色品牌	◎特色品牌的内涵吻合学校核心理念与主体精神
		◎特色品牌在市级以上具有一定影响力
成功标志 的确立	人的成长与 发展	◎学生道德品质、学业成绩、个性特长与核心素养等 品质
		◎教师理想信念、职业道德、教学水平与研究能力等 品质
	经验·制 度·模式与 文化	◎课程与教学改革
		◎学校治理
		◎学校文化
	资源优化	◎物质的、财力的增量，装备设施的利用率
策略措施 的创新	理念创新	◎在教育、教学与管理等方面进行理念创新
	制度创新	◎在教育、教学与管理等方面进行制度创新
	技术创新	◎在教育、教学与管理等方面进行技术创新
	机制创新	◎在教育、教学与管理等方面进行机制创新

第三节　能动性指南·发展性评估标准

　　发展性评估，不是达标性评估，而是基于基础性规范达标之上的评估活动，是引领学校向前发展、向上发展的评估。不同发展水平的学校，自主发展选择性目标导向是有差异的，因而，其发展性评估标准也是有所区别的。

一、规范化学校能动性指南·发展性评估标准

规范化学校能动性指南·发展性评估标准，是指由教育督导组织制定的，对规范化学校基于"基础性规范"等他律性指标，所编制的发展规划目标与策略及其执行程度进行督导评估的标准。规范化学校能动性指南·发展性评估标准，主要包括学校理念的提出，培养目标的把握，总体、重点目标选择，他律性指标转化为规划项目目标，学校规划文本编制，学校发展规划的执行。

（一）学校理念的提出

学校理念是学校发展的灵魂，决定着学校群体的教育行为，指导学校的办学方向，定位学校的品牌形象。学校理念的提出，主要评估学校是否认真总结、调研并探索了学校办学理念；是否明确提出了学校的办学理念。

（二）培养目标的把握

最优地实现学生培养目标，既是学校发展的终极目标与根本利益，也是学校发展性督导的根本要求。对规范化学校的督导，也要评估是否认真理解并实践了国家的培养目标。

（三）总体、重点目标选择

学校发展的总体目标是指在学校理念的指导下，学校准备在将来多久的时间内发展成为一所什么样的学校，即解决学校发展的总体目标定位问题，它服从并服务于学生培养目标。学校总体目标的选择，主要评价学校的总体目标定位是否科学，学校发展的总体思路是否清晰；重点目标适切主要评价该项目是否符合学校实际，能否加速规范学校行为，提高学校办学水平。

（四）他律性指标转化为规划项目目标

他律性指标是由教育督导组织制定的，对规范化学校具有刚性约束力。想要科学地实现他律性指标，就要内化为学校的规划与计划，并科学高效地加以实现。他律性指标转化为规划项目目标，主要评价学校资源配置与利用、组织结构与行政管理、教育教学与研究管理的规范性程度，具体执行"学校发展性督导标准·基础性规范"。

（五）学校规划文本编制

规划是指一个不断选择和决策的过程，它旨在利用有限的资源，在未来某个特定的时间内（一般为3—5年），完成某些特定目标的计划。学校发展规划是促进

学校自身发展、提升办学水平与教育质量的必要前提。^①对规划文本编制的评价，主要衡量学校规划编制主体的广泛性、制度的科学性以及文本质量的规范性。对规划文本的评价，安排在发展性督导周期期初进行，对学校发展起引领作用。

（六）学校发展规划的执行

规划编制是规划执行的基本前提，规划执行是学校发展的主要载体。评价学校发展规划的执行，主要衡量学校将规划目标细化为学校计划情况、学校实践规划所采用的策略与措施情况、学校自我评价情况、规划与计划目标实现程度情况，以及学校在规划周期内所获得的集体荣誉、社会影响力情况等等。（见表9-4）

表9-4　规范化学校能动性指南·发展性评估标准

一级指标	二级指标	三级指标
学校理念的提出	理念探索	◎认真总结、调研并探索了学校的办学理念
	理念提出	◎明确提出了学校的办学理念
培养目标的把握	培养目标把握	◎认真理解并较好地实践了国家的学生培养目标
总体、重点目标选择	总体目标合理重点目标适切	◎科学定位了学校发展的总体目标，清晰了学校发展的总体思路 ◎确立的重点目标符合学校实际，能加速规范学校行为、提高学校办学水平
他律性指标转化为规划项目目标	学校资源配置利用的规范性	◎执行表8-1：学校发展性督导标准·基础性规范（一）
	组织结构与行政管理的规范性	◎执行表8-2：学校发展性督导标准·基础性规范（二）
	教育教学与研究管理的规范性	◎执行表8-3：学校发展性督导标准·基础性规范（三）
学校规划文本编制	规划编制制度与主体	◎科学制定并认真执行公众参与、教代会审核等规划编制的制度 ◎规划编制主体具有广泛性，教师、学生、家长以及社区相关人士参与了规划的编制工作
	规划文本质量	◎规划语言平实，文本结构合理，前后逻辑清晰，编制审核及时

①陈聪富：《学校发展性督导》，浙江大学出版社2009年版。

一级指标	二级指标	三级指标
学校发展规划的执行	规划细化为计划	◎规划的总体目标、项目目标与重点目标，已细化在学校、部门的各种计划中，计划与规划的关联程度高；教师、学生与学校的目标同向，知晓率高
	策略措施科学有效	◎规划、计划的实施策略、保障措施，有效地促进了规划、计划目标的实现。学校在实践中提炼的有关策略、措施与机制，对于突出重点、破解难题、提升品质，具有相当的影响力
	自评机制健全	◎建立并执行了发展性督导的学期、学年自我评估制度，形成了适合学校实际的自我评估机制；学校自评组织合理、措施有力
	规划目标实现程度高	◎规划周期末，学校的总体目标、重点目标达成度高（综合学校规划目标诠释、成功标志界定，由评估小组集体讨论决定） ◎规划周期末，学校的项目目标达成度高（注：项目目标实践程度的评估标准，执行规范化学校的"基础性规范"） ◎所获得的集体荣誉多，档次高；社会影响力不断扩大

二、特色化学校能动性指南·发展性评估标准

特色化学校能动性指南·发展性评估标准，是指由教育督导组织制定的，对特色化学校基于"基础性规范""特色发展定位"等"他律性＋自律性"指标，编制的发展规划的理念、目标与策略，及其执行程度进行督导评估的标准。从理论上讲，特色化学校是基于学校规范发展基础上的特色发展，要编制两个规划，一个是与规范化学校一样的，基于他律性指标的学校规划；第二个是学校自主选择的特色项目发展规划。对学校来说，要编制与评审两个规划，接受两次评估，工作量比较大。为了减轻学校与督导组织的负担，将两个规划合二为一。为了进一步突出特色发展，在具体的实施过程中，学校需要制定一个特色建设实施方案。能动性指南·发展性评估要素，主要包括学校理念的形成，培养目标探索，总体、重点目标定位，学校特色发展，他律性指标转化为规划项目目标，学校规划文本编制，学校发展规划执行。

（一）学校理念的形成

学校理念的提出，是建立在对学校理念探索的基础上，主要评估学校是否固化并诠释了学校的核心理念及其内涵；是否以核心理念为指导，基本形成了学校理念体系。

（二）培养目标探索

实践学生培养目标既是学校教育的起点，也是最终归宿。对特色化学校实践学

生培养目标的督导，主要衡量学校是否积极认真地开展了学生培养目标的校本化探索。

（三）总体、重点目标定位

学校发展的总体目标是指规划周期内学校发展的方向与程度，重点目标是指在实践学校发展方向与程度的过程中，学校重点要解决的相关项目的建设目标。学校总体与重点目标的定位，主要评价学校是否建构了以特色为主要导向的学校发展的总体目标，以及与其紧密相关的重点目标。

（四）他律性指标转化为规划项目目标

特色化学校的他律性指标转化为规划项目目标，其督导评估的内容与标准与规范化学校相同，这里省略。

（五）学校特色发展

学校特色是学校在核心理念指引下，学校管理、教育与教学中表现出来的、积极的与众不同的行为表现与品质特征。对学校特色发展的督导，主要衡量学校是否对学校发展的优势发展项目或者是优先发展项目进行了有意识的、自主策划与实践探索；是否具备"六个有"，即有思想、有目标、有队伍、有环境、有学生、有档案，内涵丰富；是否具有独特性、稳定性与示范性等显著特征。

（六）学校规划文本编制

对特色化学校发展规划文本的评价，与规范化学校规划文本评价相同，这里略。

（七）学校发展规划执行

对特色化学校发展规划执行的评价，执行规范化学校规划的执行评价，这里略，具体评估标准见表9-5。

表9-5 特色化学校能动性指南·发展性评估标准

一级指标	二级指标	三级指标
学校理念的形成	理念探索	◎固化并诠释了学校核心理念的内涵
	理念体系	◎以核心理念为导向，形成了学校理念体系
培养目标探索	培养目标探索	◎探索学生培养目标的校本化实践
总体、重点目标定位	总体目标合理重点目标适切	◎构建以特色建设为主要导向的学校发展总体目标 ◎确立的重点目标符合学校实际，不仅能进一步巩固学校的规范行为，而且能够加速学校特色的形成

续　表

一级指标	二级指标	三级指标
他律性指标转化为规划项目目标	学校资源配置利用的规范性	◎执行表 8-1：学校发展性督导标准·基础性规范（一）的标准
	组织结构与行政管理的规范性	◎执行表 8-2：学校发展性督导标准·基础性规范（二）的标准
	教育教学与研究管理的规范性	◎执行表 8-3：学校发展性督导标准·基础性规范（三）的标准
学校特色发展	特色项目适切	◎学校特色是对学校优势发展项目或优先发展项目的进一步强化，是有意识自主策划与实践的项目
	特色内涵清晰	◎符合"六个有"，即有思想、有目标、有队伍、有环境、有学生、有档案
	特色特征显著	◎独特性、稳定性与区域示范性较为显著
学校规划文本编制	规划编制制度与主体	◎科学制定并认真执行公众参与、教代会审核等规划编制的制度 ◎规划编制主体具有广泛性，教师、学生、家长以及社区相关人士参与了规划的编制工作
	规划文本质量	◎规划语言平实，文本结构合理，前后逻辑清晰，编制审核及时
学校发展规划的执行	规划细化为计划	◎规划的总体目标、项目目标与重点目标，已细化在学校、部门的各种计划中，计划与规划的关联程度高；教师、学生与学校的目标同向，知晓率高
	策略措施科学有效	◎规划、计划的实施策略、保障措施，有效地促进了规划、计划目标的实现。学校在实践中提炼的有关策略、措施与机制，对于突出重点、破解难题、提升品质，具有相当的影响力
	自评机制健全	◎建立并执行了发展性督导的学期、学年自我评估制度，形成了适合学校实际的自我评估机制；学校自评组织合理、措施有力
	规划目标实现程度高	◎规划周期末，学校的总体目标、重点目标达成度高（综合学校规划目标诠释、成功标志界定，由评估小组集体讨论决定） ◎规划周期末，学校的特色项目目标、项目目标达成度高（注：项目目标实践程度的评估标准，执行规范化学校的"基础性规范"） ◎所获得的集体荣誉多，档次高；社会影响力不断扩大

三、品质化学校能动性指南·发展性评估标准

品质化学校能动性指南·发展性评估标准，是指由教育督导组织制定的，对品质化学校基于发展规划的自主发展性理念、目标与策略的选择及其执行程度进行督导评估的标准。品质化学校能动性指南·发展性评估标准主要包括学校核心理念引领、学生培养目标实践、学校发展目标定位、学校规划文本编制与学校发展规划执行五个方面。

（一）学校核心理念引领

从规范化、特色化到品质化学校，对学校理念的评估从提出、形成到引领学校发展，体现了从低到高，依次递进的督导要求。品质化学校的核心理念引领，主要评价学校是否传承并不断深化了核心理念的内涵，是否健全了包括"一训三风"在内的学校理念体系，是否以核心理念指导学校的教育教学与管理实践。

（二）学生培养目标实践

对品质化学校而言，应该主动实践党和国家的学生培养目标，不仅要对学生培养目标进行校本化的解读，而且要以学生培养目标的导向，指导、评价学校的教育教学与管理工作。因此，学生培养目标实践，主要监督评估学校是否确立了校本化的学生培养目标或核心素养；是否对学生的培养目标或核心素养在学校管理者、教师、学生以及家长等层面进行内化；教师的教学与管理活动是否有效地实践了学生的培养目标或核心素养；学生的责任意识、思维方式与态度情感价值观是否得到了较好的培养。

（三）学校发展目标定位

发展性督导强调一定周期内学校的发展是向上向前发展的、主动的有个性发展的。因此，参与发展性督导的品质化学校，必须在规划发展周期之初，明确学校发展方向与发展程度，尽可能实现合理、科学定位发展目标。因此，学校发展目标定位，主要评价学校是否较好地运用大数据开展了基础诊断，是否以核心理念为指导，制定了适合学校发展实际的，具有适切性、科学性、挑战性与可测性的总体目标、重点目标、项目目标与特色品牌目标及其成功标志，是否根据相关目标，按年度分解为任务措施以及评价考核反思要求。

（四）学校发展规划编制

与规范化学校一样，学校发展规划编制，主要评价规划编制的制度、主体与规划文本的质量状况。

（五）学校发展规划执行

与规范化学校一样，学校发展规划执行，主要评价规划细化为计划、策略措施选择、自评机制运行和规划目标实现程度等方面。具体的"品质化学校能动性指南·发展性评估标准"，见表9-6。

表9-6　品质化学校能动性指南·发展性评估标准

一级指标	二级指标	三级指标
学校核心理念引领	理念深化	◎不断丰富核心理念的内涵；核心理念具有传承性、科学性与前瞻性 ◎以核心理念为指导，构建了"一训三风"，形成了包含管理、教育、教学与服务等方面的学校理念体系，与核心理念关联度高
	理念内化	◎核心理念在校园显著地方加以呈现；核心理念在教职工、学生、学生家长以及社区各界人士等层面，进行了宣传与解读，得到了内化，知晓率高
	理念引领	◎核心理念引领了学校的管理、教育与教学等各方面的工作，学校德育、课堂教学、管理活动等方面的实践，与核心理念的关联度高
学生培养目标实践	培养目标确立	◎学校较为科学地论证并确立了本学段学生的培养目标或核心素养的校本化；培养目标或核心素养在校园显著地方加以呈现
	培养目标内化	◎学生的培养目标或核心素养在学校管理者、教师、学生以及家长等层面，进行了宣传与解读，得到了内化；学校各个层面人员以及社区人士，对学生培养目标的知晓率高
	培养目标实践	◎教师的教学与管理活动有效地实践了学生的培养目标或核心素养 ◎学生的责任意识、思维方式与态度情感价值观得到了较好的培养
学校发展目标定位	基础诊断客观	◎开展了基于传统与现状、趋势与挑战等方面的基础诊断，特别是运用大数据，对区域内的学情进行了周期性的调查研究，形成了分析报告
	总体目标定位科学	◎以核心理念为指导，制定了适合学校发展实际的总体目标，并对总体目标的具体内涵、成功标志进行了合理的科学的诠释与界定 ◎总体目标具有适切性、科学性、挑战性与可测性；总体目标在教师、学生、家长及社区各界人士中的知晓率高

续　表

一级指标	二级指标	三级指标
学校发展目标定位	重点、项目与特色目标适切	◎以核心理念、总体目标为指导，科学地设定了学校发展的重点目标、项目目标与特色品牌目标及其成功标志 ◎重点目标、项目目标与特色品牌目标具有适切性、科学性、挑战性与可测性，师生内化程度高
	任务措施落实到位	◎根据重点目标、项目目标与特色品牌目标，按年度分解为任务措施，落实目标任务的责任人、完成时间与评价考核反思要求
学校规划文本编制	规划编制制度与主体	◎科学制定并认真执行公众参与、教代会审核等规划编制的制度 ◎规划编制主体具有广泛性，教师、学生、家长以及社区相关人士参与了规划的编制工作
	规划文本质量	◎任务措施可行，规划语言平实，文本结构合理，前后逻辑清晰，编制审核及时
学校发展规划执行	规划细化为计划	◎规划的核心理念、培养目标在学校、部门的年度计划和学期计划中得到了较好的体现 ◎规划的总体目标、重点目标、项目目标与特色品牌目标，已细化在学校、部门的各种计划中，计划与规划的关联程度高；教师、学生与学校的目标同向，知晓率高
	策略措施科学有效	◎规划、计划的实施策略、保障措施，有效地促进了规划、计划目标的实现。学校在实践中提炼的有关策略、措施与机制，对于突出重点、破解难题、提升品质，具有相当的影响力
	自评机制健全	◎建立并执行了发展性督导的学期、学年自我评估制度，形成了适合学校实际的自我评估机制；学校自评组织合理、措施有力，有效地促进规划、计划目标的实现与学校的发展
	规划目标实现程度高	◎规划周期末，学校的总体目标、重点目标、项目目标与特色品牌目标达成度高（注：各校各类目标实践程度的评估标准，由各校规划中的目标、目标内涵诠释、成功标志三方面组成，在期初规划评审时予以确定。总体目标、重点目标达成度由评估组集体讨论决定） ◎学校特色鲜明，成效显著；所获得的集体荣誉多，档次高；社会影响力不断扩大

第十章 品质性准则：优质·增值·个性

"基础性规范"追求依法办学，"能动性指南"强调自主发展；依法办学、自主发展的最终归宿是促进并实现品质提升。品质是认识、品性等方面的本质，是质量、信誉、责任和文化的集合。"品质性准则"用于衡量品质提升的目标与内容、要求与程度，监督评估学生、教师与作为学校组织发展的优质与增值、品牌与个性等方面的水平。"品质性准则"主要包括学生品质评估标准、教师品质评估标准和学校品质评估标准，其中学生品质评估标准是首要的，也是根本的。

第一节 品质性准则的内涵与特征

"基础性规范"是办好每一所学校的基本前提，任何学校的办学与管理、教育与教学都不能突破法律与法规底线；依法办学使学校资源配置标准化、管理法治化、教育规范化。"能动性指南"是办好每一所学校的重要环节，任何教育行政管理都必须突出学校本位、尊重发展规律、引领学校自主发展；自主发展促进学校自主选择核心理念、自觉实践发展目标。那么，"品质性准则"追求什么呢？其基本内涵与主要特征分别是什么？

一、品质性准则的基本内涵

品质是指人的素质。人的素质指人的健康、智商、情商、逆商等状况和知识、文化、道德素养。老舍在《〈骆驼祥子〉后记》中写道："在书里，虽然我同情劳苦人民，敬爱他们的好品质，我可是没有给他们找到出路。"冯雪峰在《上饶集中营·关于主题》中亦写道："这种高贵的精神和品质，也是有着非常典型的表现的。"学校发展性督导追求的品质，主要是指学生、教师的素质与能力，也包括学校组织发展过程中所积淀的许多特征与文化现象。

用什么来衡量学生、教师和学校组织的品质提升呢？笔者认为，应该设立"品质性准则"，用于衡量学校品质提升的方向、范畴、内容与要求等方面的行为规则，评估学生、教师与作为学校组织发展的优质与增值、品牌与个性等方面的水平、程度或状态。也就是说，"品质性准则"是指基于"基础性规范""能动性指南"，遵循党和国家的教育方针、培养目标要求，以学生成长为根本、教师发展为杠杆、学校组织发展为保障，对学生品质、教师品质和学校品质进行引领与指导、监督与评估的指标体系与标准要素。品质性准则适用于所有同类学校。品质性准则主要包括学生品质评估标准、教师品质评估标准和学校品质评估标准，其中学生品质评估标准是首要的，也是根本的。

二、品质性准则的主要特征

优质与增值、品牌与个性、全面与综合是学校发展性督导·品质性准则的主要特征。

（一）优质与增值

优质一是指优良的质量。优质既是一个事件或物品的属性，也是衡量事件或物品的标准。学校发展性督导·品质性准则所追求的优质，是指一定时期内，学校发展的几个要素或者全部要素，如学生成长、教师发展，相对于发展初期或者相对于同类学校，在质的规定性上的增加与提升。这就是说，优质是就同类事物之间质的规定性相比较而言的。学校发展性督导的目的在于创造更多的优质学生、优质教师、优质学校以及优质教育。

"增值"一词是经济学术语，表示增加的价值。马克思在《资本论》中论述商品的价值是由三部分组成：一是物化劳动的转移价值 C，它包括劳动对象转移的价值和劳动资料转移的价值；二是劳动创造新价值用于补偿预付可变资本 V 的部分；三是劳动创造新价值超可变资本而形成的剩余价值 M 的部分。马克思的商品价值分析，明确提出了劳动创造的新价值是 V＋M，这个新价值实质上就是商品的增值。学校发展性督导·品质性准则所追求的"增值"，是指学校基于依法办学这一前提，通过学校的自主发展实践，促进学生、教师与学校组织等方面的品质的提高程度。这个提高程度包含三种含义，第一，增值需要一个过程，这个过程可以是一个月，也可以是一年。学校发展性督导一般以三年为一个周期。第二，增值需要一个可比的基础，这个基础就是学校发展性督导通过基础诊断所得到的常模。第三，增值水平的高低需要与同类学校进行横向比较，学校发展性督导通过比较校际之间增值水平的高低，即通过基于学校自身纵向发展水平基础之上的校际之间的横向比较，来评价学校依法办学、自主发展品质提升的程度。

学校发展性督导标准坚持优质与增值的有机统一。优质是增值的前提，缺乏优质，增值就失去意义；增值是优质的归宿，没有增值，优质就成无源之水。学校发展性督导中的优质与增值，可用两种方法来表示。一种是数量表示法，如某一学校依法办学、自主发展、品质提升的基础诊断水平为1，经过三年的努力，品质性准则的达成水平为2。那么，学校依法办学、自主发展、品质提升的提高程度，就等于品质性准则达成水平减去当年基础诊断水平所得的差，即 2－1＝1。另一种是质性表示法，即用行为动词描述学校依法办学、自主发展、品质提升的水平，如"提高到""增加了""转变了""改革了""创造了""实现了""扩大了"等等。因为学校发展的要素是多元的，并不是所有发展要素都可以用数量来表示的，所以，定性评价对学校的发展更为重要。优质与增值是学校发展性督导标准的核心思想。学校发展性督导的运行，旨在使各级各类学校的发展都获得优质与增值。相比较而言，优质注重内在的品质，增值注重内在品质基础之上量的扩张。

（二）品牌与个性

广义的"品牌"是具有经济价值的无形资产，用抽象化的、特有的、能识别的心智概念来表现其差异性，从而在人们的意识当中占据一定位置的综合反映。狭义的"品牌"是一种拥有对内对外两面性的"标准"或"规则"，是通过对理念、行为、视觉、听觉四方面进行标准化、规则化，使之具备特有性、价值性、长期性、认知性的一种识别系统总称，这套系统我们也称为 CIS（Corporate Identity System）体系。品牌是人们对一个企业及其产品、售后服务、文化价值的一种认知和评价，也是一种信任。品牌最持久的含义和实质是其价值、文化和个性。

学校品牌是指学校通过定位与实践、管理与维护、宣传与展示等一系列的战略决策，来提高办学质量和效益，进而提升学校的价值、文化和个性。与物质生产不同，学校教育区别于实物生产最显著的特点是学生与家长（消费者）介入教育过程。学校教育过程可简述为教师（劳动者）运用校舍、教学设备、课程等服务工具（劳动资料），对由学生和家长（消费者）充当的教育对象（劳动对象）进行的教育活动。学校教育产品的质量，主要取决于理念与目标、课程与教学、学生与教师、管理与服务以及校园与设备等要素的质量及优化组合状况。学校坚持以教育质量为核心，在教育质量生产过程中，把蕴含在学校核心理念与培养目标、课程与教学、学生与教师、管理与服务以及校园与设备中的办学价值、学校文化与个性品质等信息，进行固化并经常有效地传递给消费者，使消费者经过一定时间的认知、体验后，对学校教育产生认同、情感追随及价值观上的共鸣与融合，从而成为一个品牌。通过上述分析，笔者认为，学校发展性督导标准·品质性准则所强调的学校品牌，就是基于学校发展优质与增值基础之上的，以学生成长为核心的，学校核心理念与培养目标、课程与教学、校园与设备、管理与服务等因素有机结合的教育活动过程，在此过程中提供既区别于其他同类学校，又能发挥自身特色的学校形象、符号与象征。这些学校形象、符号与象征，满足学生与家长、社区与国家的教育需求；引起人民群众的偏好、共鸣与追随；引领同类学校向前发展。

个性亦称"人格"，是指个人的精神面貌或心理面貌。个性（人格）一词来自拉丁文"persona"，原指演员所戴的"面具"，后来引申为人物、角色及其内心的特征或心理面貌。在心理学中，个性与人格都有广义和狭义之分。广义的个性与人格是同义词，二者均指个人的一些意识倾向和各种稳定而独特的心理特征的总和。狭义的个性通常指个人心理面貌中与共性相对的个别性，即个人独具的心理特征。

狭义的人格通常指个人的一些与意识倾向相联系的心理特征的综合表现，有时，甚至仅指个人的品德、操行。在欧洲，有些心理学家把人格看作是性格的同义词。[①]著名心理专家郝滨先生认为："个性可界定为个体思想、情绪、价值观、信念、感知、行为与态度之总称，它确定了我们如何审视自己以及周围的环境。它是不断进化和改变的，是人从降生开始，生活中所经历的一切总和。"简单地说，个性就是个体独有的并与其他个体区别开来的整体特性，即具有一定倾向性的、稳定的、本质的心理特征的总和，是一个人共性中所凸显出的一部分。

学校发展性督导标准·品质性准则所强调的学校个性，本质上是指学校在长期的办学过程中所表现出来的，有别于其他学校的独特办学理念、独到办学风格，以及在培养目标定位、课程与教学改革、学校文化建设等方面的特色。学校个性具有独特性，即基于国家对学校教育的基本和统一的标准之上，学校在实践国家规范性标准过程中所表现出来的独创性。同时，学校个性还具有正确的导向性、相对的稳定性和较强的示范性。诚然，学校个性并不等同于学校特色，它是学校独有的一种育人文化。学校个性并不是依赖于某个单独的学科特色，也不是几个特色项目的简单堆积，更不是对大众潮流的追随；而是在先进的教育思想指导下，从本校实际出发，经过长期的办学实践所积淀的，独特的、稳定的、优质的学校精神与文化。相比较而言，品牌更加侧重优质性，个性更加侧重独创性。学校发展性督导标准追求品牌与个性的有机统一性。

（三）全面与综合

全面一是指所有方面、全方位，二是指完整、周密、详细。这里主要指所有方面、全方位。如，人的全面发展既指人的体力和智力的充分发展，又指人在德智体美劳各方面的和谐发展。它与片面发展、畸形发展相对。人类很早就萌芽了对人的完美、和谐发展的追求，但直到19世纪，马克思和恩格斯才在继承和发展前人思想的基础上，首次对这一问题做了科学的历史分析，指出人的发展与社会发展的一致性，强调人的全面发展只有在合理的社会制度下才能完全彻底地实现。又如，"四个全面"（即全面建成小康社会、全面深化改革、全面依法治国、全面从严治党）战略布局是以习近平同志为核心的党中央治国理政战略思想的重要内容，闪耀着马克思主义与中国实际相结合的思想光辉，饱含着马克思主义的立场观点方法。

学校发展性督导标准·品质性准则所倡导的全面，是指学校发展的全面性。即对学校品质提升的全面评估，既包括学生的全面发展，也包括教师的全面发展，还包括学校作为一个组织的全面发展。如对学生发展的全面性评估，不仅要对学生的学业成绩、升学水平做出评估，还要对学生的知识水平、道德素养、社会修为能力，以及对社会生活、工作、学习中所表现出来的应变能力和所体现的价值观念等综合素质进行评估，主要包括道德品质、公民素养、学习能力、交流合作与实践创新、

---

① 顾明远：《教育大辞典》，上海教育出版社1998年版。

运动与健康、审美与表现等六个方面。

综合的基本原意来源于纺织技术。"综"是织机上使经线上下提放以接受纬线的机构。一综可提数千根经丝，故含有总聚、集合之义。"综合"就是将几千根不同的经线通过"综丝"把它们合并起来便于操作。因此，"综合"便引申为将不同部分、不同事物的属性合并成为一个整体来对待，形成对研究对象的统一整体的认识。综合的基本特点就是探求研究对象的各个部分、方面、因素和层次之间相互联系的方式，即结构的机理与功能，由此而形成一种新的整体性认识。所以，综合不是关于对象各个构成要素的认识的简单相加，综合后的整体性认识具有新的关于对象的机理和功能的知识。综合的成果往往推动科学上的新发现。

学校发展性督导标准·品质性准则所倡导的综合，是指学校发展的综合性。即评估一所学校，不能单纯地评价学生的发展，也不能单纯地评价教师的发展，更不能单纯地评价学校组织的发展。学校教育的产品是学生，学校教育质量首先表现为学生的质量，即学校是否有效地实现了国家的学生培养目标。然而，学生的培养主要是通过教师教育来实现的，离开了教师的教育，学生的成长难以如期实现。同时，教师是在一定的学校组织中对学生实行教育的，学校的组织文化会对教师的教育行为产生很大的影响。另外，课程与教学、家长与社区都是学生成长的重要因素。因此，学生成长是教师与学校、家长与社区，以及课程与教学共同作用的产物，学校发展性督导标准·品质性准则，必须对学生自身品质以及促进影响学生成长的教师品质和学校品质做出综合评估，以督导标准的综合性对应学校发展的综合性。

第二节　学生品质提升综合评估标准

品质是人的立身之本，是通向成功的第一阶梯。一个人的品质和修养决定了他成就的大小。为了使成长中的青少年在未来能够取得更大成就，学校教育必须培养其优秀的品质。在学生成长的道路上，学校教育需要以优秀的品质来启迪学生学习的智慧、激发创业的力量、升华做人的境界。学校发展性督导标准·品质性准则所强调的学生品质评估标准，主要是基于学生群体发展，以学生培养目标为核心，体现在学生学业成绩判定、综合素质评价以及教育质量监测等方面数据中的，反映学生学习质量、信誉、责任与文化等方面的综合性指标要素。

一、学生培养目标的国家标准

习近平总书记在 2018 年 9 月的全国教育大会上指出，培养什么人，是教育的首要问题。培养什么人即培养目标是什么，这是教育本质的最集中、最鲜明的体现。习近平总书记的这一重要论断深刻反映了教育的本质，指引着我们联系教育的本质去理解我国教育的培养目标，去把握学校发展性督导标准的本质与核心问题。

（一）教育法规定了我国的教育方针

《中华人民共和国教育法（2015 年修正版）》指出："教育必须为社会主义现代化建设服务、为人民服务，必须与生产劳动和社会实践相结合，培养德、智、体、美等方面全面发展的社会主义建设者和接班人。"教育应当坚持立德树人，对受教育者加强社会主义核心价值观教育，增强受教育者的社会责任感、创新精神与实践能力。

（二）课程改革纲要明晰了学生培养目标

以教育法为依据，《基础教育课程改革纲要（试行）》（教基〔2001〕17 号）指出："新课程的培养目标应体现时代要求。要使学生具有爱国主义、集体主义精神，热爱社会主义，继承和发扬中华民族的优秀传统和革命传统；具有社会主义民主法制意识，遵守国家法律和社会公德；逐步形成正确的世界观、人生观、价值观；具有社会责任感，努力为人民服务；具有初步的创新精神、实践能力、科学和人文素养以及环境意识；具有适应终身学习的基础知识、基本技能和方法；具有健壮的体魄和良好的心理素质，养成健康的审美情趣和生活方式，成为有理想、有道德、有文化、有纪律的一代新人。"

课程方案更加深化了普通高中学生的培养目标。《普通高中课程方案（2017年版）》指出，普通高中课程在义务教育的基础上，进一步提升学生综合素质，着力发展学生核心素养，使学生成为有理想、有本领、有担当的时代新人。具体体现在：第一，具有理想信念和社会责任感。第二，具有科学文化素养和终身学习能力。第三，具有自主发展能力和沟通合作能力。

（三）深化教育体制机制建设的意见突出了学生关键能力的培养

为了进一步强化"培养什么人"，中共中央办公厅、国务院办公厅联合印发了《关于深化教育体制机制建设的意见》，指出要注重培养支撑终身发展、适应时代要求的关键能力。在培养学生基础知识和基本技能的过程中，强化学生关键能力培养。培养认知能力，引导学生具备独立思考、逻辑推理、信息加工、自主学习、语言表达和文字写作的素养，养成终身学习的意识和能力。培养合作能力，引导学生学会自我管理，学会与他人合作，学会过集体生活，学会处理好个人与社会的关系，遵守、履行道德准则和行为规范。培养创新能力，激发学生好奇心、想象力和创新思维，养成创新人格，鼓励学生勇于探索、大胆尝试、创新创造。培养职业能力，引导学生适应社会需求，树立爱岗敬业、精益求精的职业精神，践行知行合一，积极动手实践和解决实际问题。

（四）《中国教育现代化 2035 纲要》进一步强化了立德树人这一根本任务

《中国教育现代化 2035 纲要》把更加注重以德为先、更加注重全面发展、更加注重面向人人、更加注重终身学习、更加注重因材施教、更加注重知行合一、更加注重融合发展、更加注重共建共享，作为推进教育现代化的八大基本理念。广泛开展理想信念教育，厚植爱国主义情怀，加强品德修养，增长知识见识，培养奋斗精神，不断提高学生思想水平、政治觉悟、道德品质、文化素养。增强综合素质，树立健康第一的教育理念，全面强化学校体育工作，全面加强和改进学校美育，弘扬劳动精神，强化实践动手能力、合作能力、创新能力的培养。完善教育质量标准体系，制定覆盖全学段、体现世界先进水平、符合不同层次类型教育特点的教育质量标准，明确学生发展核心素养要求。

二、学生发展评价的现状分析

为了检验国家学生培养目标的实践程度，我国基础教育行政部门（非教育督导组织）开展了对学生学习发展水平的评价，主要有学业成绩判定、综合素质评价、基础教育质量监测。学生发展评价的主要方式有学生学业水平考试和学生综合素质报告等。

（一）学业成绩判定

成绩评定（Evaluation of Accomplishment），按一定标准对学生的学习成绩进行测定。学业成绩评定是对教学效果做出价值判断的手段，也是提供教学活动反馈信息的途径。[①]在我国，评定学生的学业成绩，一般采用百分制和等级制计分法。百分制计分法也是一种等级计分法，它以 100 分为满分，60 分为及格。中国传统的等级制计分法有：甲、乙、丙、丁；优、良、中、差、劣等。现在也有采用优、良、及格、不及格；5、4、3、2、1。它们或属于数字等级计分法，或属于文字等级计分法。当代资本主义国家有些教育学者认为，采用"标准测验"或"客观测验"，可以客观公正地评定成绩。"客观测验"的试卷一般是由简答题、填充题、选择题等组成。因为它减少学生的书写，可以大量出题，测验范围较广；学生的解答基本上不受表达能力的限制；答案明确，可以预防教师的偏颇；批阅方便，既可用人工批阅，也可用电子计算机批阅，减轻了教师的负担等，所以把它称为"客观测验"。

（二）学生综合素质评价

人的综合素质的全面提高是社会发展的一般要求和趋势，尤其是当前人类已经迈入信息社会，提高人的综合素质尤为迫切。综合素质主要反映学生德智体美劳全面发展情况，是学生毕业和升学的重要参考。教育部《关于积极推进中小学评价与

---

① 顾明远：《教育大辞典》，上海教育出版社 1998 年版。

考试制度改革的通知》（教基〔2002〕26 号），要求建立以促进学生发展为目标的评价标准，主要包括基础性发展目标和学科学习目标两个方面。基础性发展目标主要包括道德品质、公民素养、学习能力、交流与合作能力、运动与健康、审美与表现等六个方面。学科学习目标在各学科课程标准中已经列出。国务院《关于深化考试招生制度改革的实施意见》（国发〔2014〕35 号）指出，综合素质主要包括学生思想品德、学业水平、身心健康、兴趣特长、社会实践等内容。为贯彻落实《国务院关于深化考试招生制度改革的实施意见》，促进学生全面发展、健康成长，教育部就加强和改进普通高中学生综合素质评价提出了意见。意见指出，评价学生的综合素质，要反映学生全面发展情况和个性特长，注重考查学生社会责任感、创新精神和实践能力，主要包括思想品德、学业水平、身心健康、艺术素养和社会实践等五个方面。

（三）基础教育质量监测

教育质量监测与评价是一个综合性、交叉性和实践性突出的研究领域。近年来，以学生的全面发展为核心，从多个维度描述的学生核心素养，成为教育质量的重要评判标准。教育质量监测打破了统考统测中主要关注学生知识掌握程度的评价模式，而更加强调学生素养的衡量，关注"育人"的本质。如刘建银[1]认为，应当把以下三方面的内容纳入优先监测领域：第一，基础教育的质量问题；第二，基础教育的教育公平问题；第三，基础教育资源的利用效率问题。

（四）学生品质评估探索

博文从哈佛大学 300 多年积累的人生智慧角度出发，系统总结了哈佛大学教给学生应具备的 15 种优秀品质，即自信、自立、乐观、坚韧、勇敢、进取、勤奋、注重行动、负责、自制、宽容、尊重他人、乐于合作、分享、崇尚运动[2]，以帮助广大青少年从众多榜样人物的人生经历中感悟这些品质对整个人生的重要性，从而自觉锤炼自我。这里所指的学生品质，主要是侧重学生个人的素质与修养，对促进学生发展具有很大的参考意义。

作为现代教育行政监督的教育督导组织，用什么样的标准监督评估学生的发展，这值得深入的思考、研究与探索。2012 年以前，从国家已有的教育督导标准层面来看，涉及学生成长与发展的督导评估内容与标准很少。2011 年《上海市教育委员会关于〈上海市中小学生学业质量绿色指标（试行）〉的实施意见》（沪教委基〔2011〕86 号）出台，在学生学业水平、学生学习动力、学生学业负担、师生关系、教师教学方式、校长课程领导力、品德行为、身心健康、进步等方面，率先在全国开展对学生学业质量的评价工作。2012 年 9 月，教育部颁发了《关于进

---

① 刘建银：《关于基础教育监测中教育指标问题的理论探讨》，《中小学管理》2008 年第 8 期，第 35—37 页。
② 博文：《哈佛学生必须具备的 15 种优秀品质》，光明日报出版社 2011 年版。

一步加强中小学校督导评估工作的意见》（教督〔2012〕9号），明确要求将"学生的健康成长和全面发展"，作为突出学校内涵发展的主要内容之一加以监督评估。重点考察学生思想道德素质、科学文化素质养成和身心健康发展的情况，学习兴趣、良好习惯培养的情况，审美情趣、人文素养的形成和实践能力、创新精神培养的情况，学校对学生进行综合素质评价的情况。在全国范围内，开启了学生健康成长和全面发展督导评估的新时代。

对于学生发展综合评估标准的探索，笔者的《学校发展性督导》曾分别就学生个体与群体两个维度，在理论上做过一些分析。[①]就学生个体成长而言，笔者围绕"我的成长环境""现实的我与期待的我""我的成长轨迹""我的挫折或成功后的反思"等四个方面，设计了《学生个体成长手册》。其中，"我的成长轨迹"包含我的课程学习能力与学习水平、我的综合素质、我的特长展示等三个项目。我的综合素质又包括道德品质与公民修养、运动健康、审美与艺术、劳动与技能、探究学习、社会服务和地方校本课程等七个方面。

就学生群体成长而言，笔者设置了学生群体发展动态评价指标，主要包括：①基础性发展目标达成程度，如道德品质、公民素养、学习能力、交流与合作能力、运动与健康、审美与表现等内容，重点指向学生的综合素质。②学生学科学习目标达成程度，如小学生的全学科能力与知识测试水平、初中生的中考水平以及非中考学科的能力与知识测试水平、高中学生的高考水平或就业水平，重点指向学生的学科学习质量。③学生个性特长发展水平，如学生学科竞赛年人均获奖率、学生科技与艺术素质年人均获奖率、体能年人均获奖率等方面。如《对××高中学生群体发展性评价手册》中的评价指标主要包括学生的道德品质、学业成绩、基础性发展目标达成度变化趋势、学科学习目标达成度变化趋势、特长个性展示水平变化趋势。学业成绩从标准分、标准差、平均分、前20%、前70%、后30%等要素加以评价。

2012年3月，温岭市人民政府教育督导室印发并实践了《关于深化学校发展性督导的若干意见》，在教育督导实践层面，明确主张"科学构建学校发展性督导标准"，认为依法办学、自主发展的最终归宿，都是服务和服从于提升学校的品质。"品质提升"的督导，主要包括学生品质、教师品质和作为一个组织的学校品质等方面的督导，其中提升学生品质是品质提升的核心。"学生品质提升"的综合评估标准要素为道德品质、公民素养、学习动力、学业成绩、身心健康和审美表现等六个方面。

上海、浙江温岭的实践探索表明，用相对全面的学生品质指标，替代单纯的学生成绩指标，对学校发展做出评价，有效地保障了学校能够全面贯彻党的教育方针，全面深化实施素质教育，全面提升学校办学品质，全面促进学生健康成长。

---

① 陈聪富：《学校发展性督导》，浙江大学出版社2009年版。

三、学生品质提升综合评估标准

综上分析可知，学校发展性督导主张并实践学生品质提升综合评估，既有法律法规与规章等方面的依据，也有区域性教育督导实践借鉴。诚然，学校发展性督导中的学生品质提升综合评估，不是区域或学校的学生学业质量评价，也不是学生的综合素质评价，更不是区域性、抽样性的基础教育质量监测；而是教育督导组织以党和国家的学生培养目标为核心，综合区域性学生学业质量评价、综合素质评价和基础教育质量监测水平等方面的状况，在理想信念、道德品质、责任担当、动力指数、学业水平、健康指数、个性潜能和审美情趣等八个维度，周期性地对各级各类学校学生培养目标的实践程度进行综合评估，力求体现学生学习的质量、信誉、责任与文化。（见表10-1）

表10-1　学生品质提升综合评估标准

一级指标	二级指标	三级指标要素
理想信念	远大理想	◎具有共产主义远大理想的意识
	共同理想	◎具有中国特色社会主义共同理想的意识与行为
	职业理想	◎具有劳动意识，清晰自己要做一个对社会、国家和世界有用的人的职业倾向
道德品质	五爱修养	◎爱祖国、爱人民、爱劳动、爱科学、爱社会主义
	遵纪守法诚实守信	◎自觉遵守集体纪律和国家的法律法规 ◎对他人、对集体、对社会、对国家诚实守信
	维护公德	◎具有人本意识，自觉尊重、维护人的尊严和价值 ◎能够关心人的生存、发展和幸福
责任担当	社会责任感	◎孝亲敬长，有感恩之心；具有团队意识和互助精神；对自我和他人负责 ◎具有规则和法制意识，维护社会公平正义 ◎热爱并尊重自然环境
	国家认同国际理解	◎了解国情历史，认同国民身份，捍卫国家主权 ◎具有全球意识和开放的心态，理解人类命运共同体的内涵与价值
动力指数	学习信心	◎积极评价个人学习能力，大胆尝试解决困难问题 ◎乐于预期取得优异学习成绩和全面完成学习目标
	学习动机	◎理解学习的目的和意义
	学习压力	◎正确对待学习任务的轻重与难易、考试次数多少与学业成绩的高低，心理负担和焦虑较少
学业成绩	质量检测	◎优秀率、合格率、后20%控制率不断提高
	学业均衡度	◎学业成绩总体均衡度、学校均衡度达到相关要求

一级指标	二级指标	三级指标要素
个性潜能	兴趣爱好	◎学习兴趣浓厚，科学、人文与艺术爱好广泛
	特长展示	◎基础性课程学习展示水平高，拓展性课程学习展示水平高
	实践创新	◎善于发现和提出问题，具有工程思维，能对创意和方案进行转化
健康指数	身体机能	◎体质健康监测优秀率、合格率达到或超过国家相关标准
	健全人格	◎具有积极的心理品质，自信自爱、坚韧乐观 ◎具有自制力，善于调节情绪，抗挫能力强
	审美情趣	◎具有发现与表达、感知与欣赏、评价与创意美的意识、兴趣和基本能力

第三节 教师品质提升综合评估标准

教师是人类灵魂的工程师，是人类文明的传承者，承载着传播知识、传播思想、传播真理，塑造灵魂、塑造生命、塑造新人的时代重任。学校发展性督导标准·品质性准则所强调的教师品质提升评估标准，主要是基于教师群体发展，以教师专业标准为核心，体现在教师的理想信念、师德修养、育人水平、专业水准等方面的，反映教师专业质量、信誉、责任与文化等方面的综合性指标要素。

一、教师评价标准的现状分析

教师评价标准在很大程度上就是教师发展指南，能够促使教师具备更专业的知识和教学技能，以提高教学效率、促进教育发展。传统的一年一度的教师述职报告，是由区域人事部门统一制定并实施的，其评价标准主要围绕德、勤、能、绩四个方面展开。我国已于 2012 年颁发了中小学教师专业标准，近几年以教师评价标准为主题的理论研究也在不断增加。但是，在区域教育督导实践层面，鲜有针对教师专业标准的评价标准的出台与实践。

据笔者所知，在浙江省内，温岭市于 2012 年开始，单列"教师品质提升"项目，将其纳入学校发展性督导综合评估之中。其主要内容包括教师的职业道德、教学水平、研究能力和优质教师比率四个方面。2018 年 6 月，杭州萧山区的中小学校发展性督导评价指标体系（试行），单列"教师的素养与发展"项目，涉及培养与发展、骨干引领与提升、探索实践与研究三个项目。同年，丽水市 2017 学年全市普通高中学校督导评估指标体系的一级指标，按学生发展、教师发展和学校发展来设置，其中教师发展包括教师培养、教师考核与激励、教师表现三个方面。虽然三地都开始了教师发展评价的标准构建，但是，温岭与萧山、丽水是有区别的，温岭侧重于教师专业发展结果，即专业水平提高的评估，而达成这一水平的前提与过程性标准，分别体现在基础性规范、能动性指南的评估标准之中。

1987 年，美国各州主要学校官员组成的委员会发起了"洲际新教师评估和支持联盟"（Interstate New Teacher Assessment and Support Consortium，简称 INTASC），致力于对美国教师的评价。1993 年，INTASC 提出了新教师评价十大标准，即 INTASC 标准[①]，对制定发展性督导教师品质提升标准，具有一定的借鉴意义。（见表 10-2）

表 10-2　美国 INTASC 教师评价标准框架

标准维度	标准条目		对评价标准内容的描述
学习者	1	学习者的发展	教师了解学习者成长和发展的规律，认识到学生在认知、语言、社交、情感和身体方面的差异，并为学生设计和实施具有适宜性、挑战性的学习体验
	2	学习差异	教师要了解个体、不同文化和地区的差异，以确保形成包容性的学习环境，使每个学习者达到高标准
	3	学习环境	教师与其他教育者一起创造支持自主和协作学习的环境，鼓励学生积极参与学习和社交活动，形成自我激励的氛围
知识内容	4	教学内容	教师清楚掌握学科结构、教学内容的核心概念，熟练运用教学工具，为学生创建能理解的学习体验；设计能让学生理解和掌握的、有意义的教学内容
	5	知识的应用	教师引导学生将新旧知识结合，用不同的观点看待生活和全球真实的问题，协作提出问题解决方案；培养学生的批判性思维、创造力
教学实践	6	教学评估	教师从多个角度评估学习者的成长，起到引导和监督的作用；结合其他教师和学习者的意见综合制定评估方式
	7	教学计划	教师了解学习者的知识储备及其社会背景，结合学习内容、课程、跨学科技能和教学法制定使学生严格达到学习目标的教学
	8	教学策略	教师运用各种教学策略，鼓励学生深入理解知识内容及内容间的联系，并培养学习者应用知识的技能

---

① 姚春霞:《美国 INTASC 教师评价标准及其启示》,《教育测量与评价》2019 年第 5 期, 第 25—31 页。

续　表

标准维度	标准条目		对评价标准内容的描述
职业责任	9	专业学习 道德实践	教师不断提高自身的专业知识和教学实践能力，注重教师自身行为对他人（学习者、家庭、其他专业人士和社区）的影响，通过自身实践尽可能地满足每个学习者的需求
	10	领导与协作	教师领导教学活动，为学生提供反馈，对学生负责，对教育负责；教师与学习者、家庭、同事、其他学校专业人员和社区成员合作，共同促进学习者成长，推动教育发展

二、教师品质评价的依据

教师品质评价的主要标准，应该是中小学教师专业标准。2012 年，教育部颁发了幼儿园、中小学教师专业标准[①]，指出："《专业标准》是国家对幼儿园、小学和中学合格教师专业素质的基本要求，是教师实施教育教学行为的基本规范，是引领教师专业发展的基本准则，是教师培养、准入、培训、考核等工作的重要依据。"

以中学教师为例，《专业标准》坚持"师德为先""学生为本""能力为主""终身学习"的基本理念，在三大维度、十四个领域设定了中学教师专业标准的基本内容。在专业理念与师德维度，围绕职业理解与认识、对学生的态度与行为、教育教学的态度与行为、个人修养与行为等领域，对教师提出了 19 条要求；在专业知识维度，围绕教育知识、学科知识、学科教学知识、通识性知识等维度，提出了 18 条要求；在专业能力维度，围绕教学设计、教学实施、班级管理与教育活动、教育教学评价、沟通与合作等维度，提出了 23 条要求。除了教师师德建设外，这是在国家层面对教师专业的系统的官方要求，理所当然成为教师品质评价的主要依据。

三、教师品质提升综合评估标准

根据我国中小学教师专业标准，按照《中共中央、国务院关于全面深化新时代教师队伍建设改革的意见》要求，结合区域教师发展评价实践经验，笔者认为，从理想信念、职业道德、专业知识、育人水平、研究能力和专业水准等六个维度，设置教师品质提升评价标准，是较为切实可行的。（见表 10-3）

---

① 教育部：《关于印发〈幼儿园教师专业标准（试行）〉〈小学教师专业标准（试行）〉和〈中学教师专业标准（试行）〉的通知》（教师〔2012〕1 号），http://old.moe.gov.cn/publicfiles/business/htmlfiles/moe/s6991/201212/xxgk_145603.html，2019 年 5 月 12 日。

表 10-3 教师品质提升综合评估标准

一级指标	二级指标	三级指标要素
理想信念	对民族、国家的把握	◎教育关系到民族的未来、国家的兴衰；百年大计，教育为本。理解准确，行动到位
	对学生、家庭的认识	◎教育关系到每个人的成长、千万个家庭的幸福。认识深刻，行动到位
职业道德	五心修为	◎具有爱心、耐心、细心、童心和责任心，深得学生喜欢
	和谐统一	◎做到教书与育人、言传与身教、潜心问道与关注社会、学术自由与学术规范相统一，深受学生尊敬
	立德垂范	◎能够以德立身、以德立学、以德施教、以德育德 ◎无违背师德要求的现象与行为，学生满意度高
专业知识	学历水平	◎学历水平达到省定规定要求 ◎高一层次学历占比不断提高
	学科结构	◎学科结构满足素质教育需要，无学科缺编教师
育人水平	课堂教学评价	◎不少于25%的专任教师课堂教学水平抽样系数不断提高
	教学的教育性	◎学科教学的育人功能得到充分体现
研究能力	作业开发	◎根据学情合理处理教材，实施分层分类作业 ◎学生课程满意度高
	教学研究	◎教学论文获奖率、发表率不断提高
	课题研究	◎课题立项数、结题率不断提高，教师科研参与面不断扩大 ◎教育科研成果获奖率不断提高
专业水准	课堂教学比武	◎课堂教学比武获奖率不断提高
	优质教师占比	◎优质教师占比不断提高

从表 10-3 可知，对教师理想信念的评价，既要评价教师对学生个体及其家庭的发展的认识与行为，更要让教师站在民族、国家前途与命运的高度，把握今天的教育教学行为，即要有远大的理想、崇高的信念、扎实的行动。对教师职业道德的评价，既要实行一票否决制，又要在"五心修为""和谐统一"和"立德垂范"等方面加以引领。

对教师专业知识的评价，重点关注其学历层次的达标性、学科结构的合理性。对育人水平的评价，则要强化对教师课堂教学水平的随机监督评价，面向所有学科，每一学科的听课教师 3—6 人。听课标准在第四部分阐述。在随机听课的同时，检查教师的备课、改作情况、教材处理与课程开发情况；同时，要关注学科教学的教育功能。对教师研究能力的评价，主要考察教师的分层作业开发能力、教学论文、课题研究等方面的获奖水平。对教师专业水准的评价，主要涵盖教师课堂教学竞赛等方面的获奖情况，名师名校长、骨干教师、教坛新秀、特级教师等优秀教师的拥有量。

第四节　学校品质提升综合评估标准

撇开学生、教师来评价学校组织，是一件较为困难的事。就学校教育而言，学生、教师是不能离开学校这一组织而独立存在的。因此，学生和教师品质的提升，本质上就是学校品质的提升。但是，学校品质的提升，不单单是学生的成长、教师的发展。作为独立的社会组织，学校文化的形成与提升是学校品质提升的重要内容。因此，本文主要从学校文化的范畴，讨论学校品质提升的评估标准。

一、学校评价标准的现状分析

检索中国知网可知，就学校评价标准的研究国内很少有学者涉及。如前所述，就国内教育行政部门而言，涉及对基础教育学校整体评价的规章或者指标，主要有加强中小学校督导评估工作的意见、中小学教育质量综合评价指标框架、义务教育学校管理标准等。在基层教育督导实践层面，温岭市于 2012 年将"学校品质提升"作为单独项目，列入学校发展性督导综合评估之中，主要包括学校平安、资源优化、课程建设、学校文化、特色品牌、改革进取等六个维度。2018 年 6 月，杭州萧山区的中小学校发展性督导评价指标体系 (试行)，单列"学校特色与品质提升"项目，包括：实施"文化立校"的发展战略，构建良好育人环境；制定学校文化建设方案，重视方案实施；与社区（会）、家庭共建学校文化三个维度。同年，丽水市2017 学年全市普通高中学校督导评估指标体系的一级指标，单列"学校发展"项目，包括常规管理、校园文化、资源利用、校外联系、评估改进和自主创新等六个维度。这些实践探索有力地促进了学校发展评价标准研制与完善。诚然，与教师评价标准一样，温岭市的学校品质提升标准具有自身鲜明的特征，即温岭侧重于学校组织发展的结果性标准，而达成这一结果的前提与过程性标准，分别体现在基础性规范、能动性指南的评估标准之中。

二、学校品质的主要视角

人的品质主要是指人的素质。那么，学校的品质是什么呢？就学校教育而言，学生、教师是不能离开学校这一组织而独立存在的。因此，学生和教师的品质，本质上就是学校的品质。但是，学校的品质，不单单是学生的成长、教师的发展，还有学校组织的发展。除学生与教师外，构成学校的品质是什么呢？

分析学校的品质，不能脱离学校发展的构成要素。如前所述，学校的构成要素包括：以人、财、物等为主的基本要素，以区位、政策、舆论为主的环境要素，以理念与精神、组织结构与管理制度、课程资源与教学方式、学校标志与学校环境为主的文化要素。在基本要素中，学生与教师既是学校管理与教育的对象，也是学校管理质量与教育质量的主体；环境要素是影响学校品质的重要因素，文化要素是学校品质的主要组成部分。研制学校品质提升标准，要在学校的文化要素中找到切实可行的指标。

三、学校品质提升综合评估标准

从温岭的实践探索来看，笔者认为，学校平安、资源优化、课程建设、学校文化、特色品牌、改革创新和社会满意等七个维度，作为学校这一组织品质提升的评估标准，是较为切实可行的。（见表 10-4）

表 10-4　学校品质提升综合评估标准要素

一级指标	二级指标	三级指标要素
学校平安	政治安全	◎教师、学生无违法犯罪的现象与行为，学校无重大责任安全事故
	人身财产心理安全	◎师生无损害人身安全、财产安全的事件发生 ◎师生心理安全
资源优化	配置优化	◎按标准配置各类资源并不断增值优化
	效率提高	◎分组实验开出率高 ◎图书流通量大 ◎其他功能教室有效利用
课程建设	基础性课程	◎基础性（国家）课程校本化程度不断提高
	拓展性课程	◎拓展性课程、社团活动、兴趣小组活动门类齐全，选择性强，满足不同学生的学习需求

续　表

一级指标	二级指标	三级指标要素
学校文化	物质文化	◎校园文化具有主题性、多元性、传承性、现代性、动态性、整体性与未来性等方面的特征
	制度文化	◎分类科学，针对性、时代性强 ◎内化程度与执行程度高
	行为文化	◎师生行为规范、文明、高雅
	精神文化	◎形成共同价值与行为方式，内聚力强，积极向善、向上
特色品牌	独特性 综合性	◎在本区域内具有相当的独特性与综合性
	示范性 时代性	◎至少在本区域范围内具有示范辐射作用，并不断与时俱进
改革创新	改革创新	◎改革创新项目具有一定的实效性，在本区域范围内产生一定的影响
社会满意	社会满意	◎教师满意度高 ◎社区家长满意度高 ◎教育系统机关干部满意度高

学校平安是社会稳定的主要标志，是行为文化的体现，单列学校平安，旨在突出其重要性，主要评价学校的政治安全、人身安全、心理安全与财产安全。资源优化是学校发展的基础，是学校物质文化的体现之一，单列资源优化旨在突出其使用效率，主要评价学校的资源配置的优化程度，特别是评价有限资源的利用效率。课程建设是学校个性发展的主要方面，也是精神文化的主要方面，单列课程建设旨在强调其地位与作用，主要评价基础性、拓展性课程的开发与开设状况。文化形成本身主要评价物质文化、制度文化、行为文化与精神文化。特色品牌、改革创新既有行为文化特征，也有精神文化特点，单列评价旨在主张学校发展的优质化与进取心。社会满意是办人民满意学校的主要衡量标准。

路径选择

学校发展性督导不断实践并完善以民主法治为核心的、周期性的发展性督导运行机制，努力构建适合不同区域、不同学校发展的发展性督导文化。基础诊断—规划编评—民主协商—发展自控—挂牌督导—综合评估—推介激励是发展性督导往复循环、周期推进的运行机制。

第十一章　基础诊断：发展性督导的逻辑起点

教育督导组织者与学校一起，共同对学校发展的历史与传统、现状与基础、强项与弱项、要求与趋势，进行诊断、分析与反思，既为学校未来三年的发展定位奠定基础，又为评价未来三年学校发展成果提供常模。基础诊断是学校发展性督导的逻辑起点。

第一节　基础诊断的意义原则

基础诊断是指学校为了制订较为科学的且通过几年努力后能取得令人满意的发展目标，对学校发展的现状与趋势进行全方位总结、分析与反思的管理活动。即对学校发展的过去与现在，在人力资源、物质资源和文化资源等方面，进行科学分析、综合比较，从而找准学校发展的优势和弱项，正确把握学校未来发展方向，从而促进学校的科学高效发展。

一、基础诊断的主要意义

学校发展性督导的校本性价值诉求，要求教育督导组织必须尊重学校发展的基础；学校发展性督导的差异性价值诉求，强调教育督导组织追求学校纵向发展的增值。因此，作为学校校长，要把基础诊断看成是学校发展的逻辑起点，把主观认识方面的管理状态与客观现实的管理状态的差距不断缩小，保障学校优质发展、持续发展与个性发展。基础诊断除了必要的"照镜子"外，更多的是实践创新和发展。[1]

（一）总结经验教训

每一所学校经过几年甚至几十年或上百年的办学历程，必然有其辉煌的年代，也有相对低谷的时期；必然有其令人赞叹之处，也有令人惋惜之处；必然有其使人学习，效仿之经验，也有使人借鉴，吸取之教训。学校通过"照镜子"，能够总结

---

① 陈聪富：《学校发展性督导》，浙江大学出版社 2009 年版，第 179—180 页。

提炼已有的成功经验，使之继承、丰富与发展；同时，分析反思失败的教训，为学校今后发展提供借鉴。

（二）明了现有水平

通过基础诊断，对学校现有的办学条件，以及理念建设、依法办学、目标实践、自主发展状态和社会评价水平进行客观、综合的评判，能够明了学校组织机构的运行能力，把握学校发展的优势和特色；明了教师课堂教学能力、教育教学研究能力；明了学生的道德品质水平与学力水平。只有盘清家底，做到心中有数，才能知己知彼，有效发展。

（三）找准所处位置

根据学校的现状，给学校发展一个比较合适的定位是非常重要的。通过基础诊断，学校能够把握自身水平与国家及上级教育行政部门规定要求的差距；把握学校自身在同类学校中的位置。只有这样，学校才能找到发展的方向。

（四）把握发展方向

在基础诊断的过程中，由于明了现有水平，特别是分析了学校发展的优势、条件，吸取和借鉴了经验、教训，学校如何定位，朝着什么方向发展？怎样发展？渐渐地有了清晰而明确的想法，从而也为确立学校发展的目标找到了依据。

二、基础诊断的基本原则

（一）客观性原则

客观性又称真实性、客观实在性，与主观性相对，是指事物是客观存在的，是事物的本来面目，不掺杂个人主观的性质。唯有将主观性通过实践与客观性统一才能获得客观真理。基础诊断必须一切从学校的实际出发，既要看到学校发展的成绩与经验，也要正视学校发展存在的不足与问题，实事求是，客观真实。

（二）整体性原则

影响制约学校发展的要素是复杂多元的。整体性原则，就是把学校看作由各个构成要素形成的有机整体，从整体与部分相互依赖、相互制约的关系中揭示学校的特征和运行规律，研究学校的整体特征。切不可一叶障目，以偏概全。

（三）动态性原则

学校是运动着的、发展变化的。学校的发展是向前向善的，同时也是可逆的。基础诊断也要周期性地进行，与学校发展规划的编制与执行周期相统一，基础诊断的周期为每三年举行一次。

（四）关联性原则

校长是教育行政、事业管理机关政策指令的具体执行与实践者，更是学校内部教育教学与管理的决策者。发展性督导主张学校发展的自主性，首先要为校长创造更多的自主发展空间。因此，学校基础诊断的主要内容设置，尽可能与学校自我评估、督导组织的综合评估的主要内容相关联、相统一，有效提高学校管理效能。

第二节　基础诊断的主要内容

学校发展的历史与传统，以及基本要素、环境要素和文化要素的基础性，在第五章中已进行了论述。这里从学生、教师、学校组织以及社区的维度，分析基础诊断的主要内容与视角，力求为下一周期学校理念优化、目标定位、策略选择提供决策参考。

一、学生来源与现状

学生是学校教育的起点，也是终点。对于优秀生源的青睐，是每一所学校的共同特征。然而，如何利用现代教育技术对生源情况进行全面科学诊断分析，还没有引起学校的重视。这里着重从生源的区位与家庭、品德与学业、特长与个性以及可持续性等方面加以分析。

（一）区位与家庭

主要诊断分析本学区或本届生源：城市、城镇与农村占比；家长从事的一产、二产、三产等产业、行业占比；家长的教育背景，如学历层次；家庭结构，如双、单亲家庭，创业型、工薪性与贫困型家庭，留守儿童家庭等。

（二）品德与学业

主要诊断分析本校学生（包括新入学的新生）：理想信念问题；道德品质问题，如文明礼仪、行为习惯、学习态度等；学业水平问题，如学业成绩的优秀率、合格率与后20%控制率；身心状况，如体质健康优秀率、合格率、心理焦虑等。

（三）特长与个性

主要诊断分析学生：兴趣爱好状况，如兴趣爱好的广泛性、深刻性等；特长个性展示率，如基础性课程特长展示水平、拓展性课程特长展示水平以及社团活动、兴趣小组活动参与率等。

（四）可持续发展

主要诊断分析学生：基本生活经验、职业倾向性、发展需求，特别是本校学生毕业后升入高一级学校学习的情况，进入社会工作的情况等等。

二、教师水平与态势

一般来说，有好的老师，就有好的学生，从而形成好的学校。教师管理实行"县管校聘"制度以后，义务教育教师的校际均衡程度会得到提高。然而，做好教师的培养与有效利用，要先了解把握教师现有的水平与发展的趋势。

（一）数量与结构

主要诊断分析：生师比问题，因为执行省定标准与实际情况是有差异的；教师的年龄、学科与职称结构的合理性问题。

（二）信念与师德

主要诊断分析：教师的教育理想信念状况，这里涉及教师教育的境界与动力问题；教师的职业道德状况，这里涉及教师的为人师表、立德垂范问题。

（三）水平与能力

主要诊断分析：课堂育人水平，如教学设计、课堂教学、作业编制等方面的水平；课程建设能力，如教材处理、拓展性课程的开发与开设；教育研究能力，如教学研究、课题研究能力等。优质教师占比，如名骨干教师、教坛新秀、特级教师占有量，以及教师的发展潜力等。

三、学校基础与发展潜能

一般地，学校基础是指学校的硬件设施，如规模与面积、技术与准备、环境与安全等；学校发展潜能主要指学校的组织与管理、社区需求与期待等方面的内容。

（一）学校规模与面积

主要诊断分析：学校办学规模、班额、生均建筑面积、生均占地面积、生均绿地面积是否达到省定标准化（或现代化）学校要求；各类教学、教育与活动用房（或场地），是否满足核心素养、关键能力的培育，以及选择性教育的需要。

（二）教育技术与装备

主要诊断分析：生均图书册数、教学仪器设备、教育信息技术配备的数量、质量是否达到省定标准化（现代化）学校要求；是否符合现代教育的需要。

（三）校园环境与安全

主要诊断分析：校内区域功能划分、配套设施、集中绿地、活动场地、医疗卫生、校园安全、学校保卫是否符合省定相关标准；校外周边环境是否有利于学校教育与管理。

（四）学校组织与管理

主要诊断分析：学校理念、组织状态、课程建设、制度运行、特色品牌、管理改进等方面的现有状态、主要经验、制约因素、发展空间等问题。

（五）社区需求与期待

主要诊断分析：社区党政干部、学生家长、社区贤达名流对学校教育的满意程度、需求状况与发展期待等方面的问题。

第三节　基础诊断的主要方法

基础诊断的主要方法有历史分析法、同类比较法、标准引领法、问卷调查法和SWOT 分析法。

一、历史分析法

所谓历史分析法，就是把事物当作一个过程，从其产生、发展、灭亡和转化等方面，去把握对象的方法。历史分析法不仅能帮助人们认识事物的现状，还能把握它的过去和未来。对于学校来说，历史分析法主要是将学校以往的发展历史作为分析的对象，结合现状，从而把握和预测它的未来。做到：①分析历史。作为学校历史，不管是经验还是教训，都应当成为学校发展的借鉴。②把握意义。分析学校历史旨在把握对于今天学校发展的意义，是学校传统中的教育资源、教育质量、教育思想，还是属于共同观念、价值取向与学校文化。③传承发扬。要把学校办学历史中最有价值的东西，如丰富的人文资源、学校精神等传统，在今天的学校发展规划中加以传承，发扬光大。

二、同类比较法

同类比较法指对比研究同类学校的发展过程、管理方式与发展成果，总结异同点，分析成因，找出一般性的规律和特殊的规律。同类比较法可以指导人们在分析长处与短处、经验与教训、强项与弱项的基础上，进一步遵循教育教学规律，使学校更加规范、优质、健康、有序发展。运用同类比较法，首先要寻找到与本校有相似之处的学校，这样才有可比性，才有意义。其次对比项目和内容的设置要合理，从现象到本质，从点到面，系统连贯，纵横结合，从而分析成因，归纳其共性与个性，揭示其规律。再次要灵活，采用实比、列比和综合比的方法，以获得较好的效果。

三、标准引领法

某一个标准公布于众，为号召人们做人做事朝着这个方向努力，经过艰苦的创业，日积月累，以达到这个标准的要求，这就是标准的引领。不同类型的学校、不同级别的学校有不同的标准，不同的标准引领不同的学校去奔跑去达标。例如，教育部颁发的《义务教育学校管理标准》，浙江省教育厅颁发的《浙江省现代化学校建设标准》等等，都在硬件与软件等方面引领学校发展。

四、问卷调查法

问卷调查法是指教育督导人员通过预先编制并形成的统一问卷，向调查对象或有关人员了解情况或征询意见，再通过科学的结果数据处理，进行由表及里、由此及彼的分析综合，进而获得督导对象的真实情况和发生变化的客观认识。[①]问卷调查法中的问卷，从答题形式来看，可以分为开放性、封闭性和综合性问卷，从问卷的传递方式来看，可以分为纸质问卷、访问问卷和网络问卷。问卷调查法具有广泛性、标准化、高效率、真实性等方面的特点。[②]

五、SWOT 分析法

所谓 SWOT 分析，也称为态势分析法。就是将与研究对象密切相关的各种主要内部优势（Strengths）、弱势（Weaknesses）、机会（Opportunities）和威胁（Threats），通过调查罗列出来，并依照一定的次序按矩阵形式排列起来，然后运用系统分析的方法，把各种因素相互匹配起来，从中得出一系列相应的结论或对策。SWOT 分析主要步骤：①分析环境因素。运用各种调查研究方法，分析出学校所处外部环境因素和内部能力因素。外部环境因素包括机会因素和威胁因素，它们是外部环境对学校的发展有直接影响的有利和不利因素，属于客观因素；内部环境因素包括优势因素和弱点因素，它们是学校在其发展中自身存在的积极和消极因素，属于主观因素。在调查分析这些因素时，不仅要考虑到学校的历史与现状，还要考虑到学校的未来发展。②构造 SWOT 矩阵。将调查得出的各种因素根据轻重缓急或影响程度等排列，构造 SWOT 矩阵。在此过程中，将那些对学校发展有直接的、重要的、大量的、迫切的、久远的影响因素优先排列出来，而将那些间接的、次要的、少许的、不急的、短暂的影响因素排列在后面。③制定行动计划。在完成环境因素分析

---

① 殷伯明、朱一军、周东红等：《教育督导方法论》，上海三联书店 2013 年版，第 132 页。
② 涂文涛、刘东、吉文昌：《教育督导新论》，人民教育出版社 2015 年版，第 192—194 页。

和 SWOT 矩阵的构造后，便可以制定出相应的行动计划。制定计划的基本思路是：发挥优势因素，克服弱点因素，利用机会因素，化解威胁因素；考虑过去，立足当前，着眼未来。

【链接】学校发展性督导资料之一："依法办学·自主发展·品质提升"基础诊断表

目 录

1—1：学校发展基础诊断汇总表

2—2：学校发展现状定量统计表

2—3：学校办学理念

2—4：目标实践

2—5：学校办学行为

2—6：学校组织管理

2—7：学校校本课程建设

2—8：学校特色品牌建设

2—9：学校改革创新状态

2—10：学校优势

2—11：学校社会满意度

3—12：教师师德

3—13：教师课堂教学能力

3—14：教师教育教学研究的能力

3—15：学校优质教师

4—16：学生的道德品质

4—17：学生学习能力统计评价分析表

4—18：学生个性特长

1—1　学校发展基础诊断汇总表

一级指标	二级指标	三级指标	权重系数（Q）	基础诊断（J）	
				自我诊断	组织诊断
理念建设水平（3）	理念构建	1. 理念及其体系	0.5		
		2. 前瞻性、科学性与可行性	0.5		
	理念实践	3. 内化与实践程度	2		

一级指标	二级指标	三级指标	权重系数（Q）	基础诊断（J）	
				自我诊断	组织诊断
依法办学水平（4）	法规执行	4. 办学的法定性	1		
		5. 管理的程序性	1		
	行为表现	6. 行为的规范性	2		
目标实践水平（8）	规划编制	7. 目标选择水平及其关联度	2		
	目标实践	8. 策略与机制的科学性	1		
		9. 目标达成度与成果有效性	5		
自主发展水平（21）	学生自主发展（9）	道德品质	10. 优秀率／合格率	2		
		综合素质	11. 优秀率／合格率	2		
		学习能力	12. 抽测学科标准分（小学）	2		
			12. 水平考试标准分（普通中学）	2		
			12. 等级率／就业率（职业学校）	2		
		个性特长	13. 学科、体艺竞赛获奖率	3		
	教师自主发展（6）	专业伦理	14. 优秀率／合格率	2		
		教学水平	15. 课堂教学评价抽样系数	2		
		科研成果	16. 论文、著作、科研成果发表与获奖率	1		
		优质教师	17. 优质教师与学生总数比例	1		
	学校自主发展（6）	物质资源	18. 物质资源的增量与使用效率	1		
		学校文化	19. 文化的形成与提升	2		
		特色品牌	20. 特色品牌贡献度与影响力	2		
		改革创新	21. 改革创新项目数／贡献力	1		
社会评价水平（2）	内部评价	22. 优秀率／良好率	1		
	外部评价	23. 优秀率／良好率	1		
合计权重			38		

2—2 学校发展现状定量统计表

项目	序号	诊断内容	结果分析	
			自我分析	组织认定
基本情况	1	在校学生数（人）	3045	
	2	班级数（人）/平均班额（人）	49/62	
	3	招生数（人）/当年毕业生数（人）	528/384	
	4	教职工总数（人）/专任教师数（人）	146/132	
组织管理	5	校领导班子人数（人）/平均年龄（岁）	4/42	
	6	设置处（室）数（个）/中层领导人数（人）	5/9	
	7	演示实验开出率/学生分组实验开出率/实习实训率（%）	100/100/50	
	8	生均借书册数（册）	10	
	9	开设地方和学校选修课门数（门）		
师资队伍	10	师生比	1：21	
	11	高一级学历人数（人）/比例（%）	124/91	
	12	研究生学历和硕士学位人数（人）	0	
	13	高级职务人数（人）/比例（%）	12/8.8	
	14	知名教师数（人）/骨干教师数（人）	55/45	
教育教学	15	全校性教育改革科研（实验）项目（个）	3	
	16	教师参与教育科研比例（%）	90	
	17	市级及以上获奖或刊物发表论文数（篇）	210	
	18	省级及以上课题结题数（个）/市级课题结题数（个）	5/37	
	19	在校开展县级及以上教科研活动（次）	8	
	20	教师在县级以上教研活动中上课和专题讨论会（人次）	20	
	21	组织教师出县(市、区)进行校际交流活动(人次)	12	
	22	对口帮助、扶持县内中小学数（所）	5	
	23	特色学科数/骨干示范专业数	/	

项目	序号	诊 断 内 容		结果分析	
				自我分析	组织认定
办学条件	24	上年生均教育经费（元）		16057	
	25	上年基本建设投入（万元）		555.6	
	26	上年购置专用设备经费（万元）		73.5	
	27	计算机（台）/语音教室（个）		280/1	
	28	教学、管理用计算机（台）		280	
	29	教学用多媒体设备（套）		55	
	30	理、化、生实验室（个）/主题活动室（个）		1/0	
	31	音、美、劳等专用教室（个）/实习实训工场基地（个）		6	
	32	图书馆建筑面积（m^2）		161	
	33	图书总量（万册）/当年生均新增图书（册）		86809/2	
	34	电子资料容量（G）		60	
	35	体育馆或风雨操场建筑面积（m^2）		700	
	36	标准田径场（m）			
	37	生均占地面积（m^2）		4.96	
	38	生均建筑面积（m^2）		3.07	
教育质量	39	何级文明单位		浙江省	
	40	是否发生过重大安全事故		无	
	41	高考上线人数（人）/比率（%）/学生就业人数（人）/比率（%）	第一批/一次性就业率		
			第二批（体面就业率）		
			第三批		
	41	中考全科合格率/职业高中会考全科合格率		/	
		小学学科抽测水平/幼儿培养目标实现程度		/	
	42	省（市）级及以上学科（技能）竞赛获奖（人次）		385	
	43	体育达标率（%）		94.2	
	44	近视率上升比例（%）			
	45	县级以上特色项目（个）			

2—3 学校办学理念

项目	自我诊断	组织诊断
办学理念陈述	理念名称：一切为了孩子的发展 理念先进，符合教育本位价值和时代要求，阐述明晰，内涵丰富，行为特征明显	
认同程度分析	"让学生享受童年的天真快乐" "让教师享受职业尊严和幸福"成为学校工作指向标，"一切为了孩子的发展"认同程度高	
实践运用水平	办学理念代表着学校教育的价值观，应该内化体现在学校每一项教育活动中。实践层面上，"学生第一"在某些领域、某些教师行为上存在着执行不到位的问题	
规划理念构想	继承与秉持学校的核心办学理念。进一步阐释了"小学教育的责任，在于让孩子享受本属于他的斑斓童年，并累积起未来幸福人生的基础"，即快乐成长，幸福奠基	

2—4 目标实践

项目	自我诊断	组织诊断
上轮学校总体目标实践分析	"品质学校"创建取得进展。学校文化品质、管理品质、资源品质、教育教学品质、服务品质有了提升，建设"国际化开放型学校"行动有待进一步跟进	
上轮学校项目目标实践分析	学校管理效率明显提高，教师管理建设成绩显著，教学管理目标达成，德育管理扎实推进，教科成绩继续领先，学校建设阶段告捷，特色创建有待丰富	
规划目标努力方向	全面推进"三大工程"（基建工程、青蓝工程、幸福工程），全力打造"五香校园"，重点突出"科研兴校""质量立校""文化强校"	

2—5 学校办学行为

项目	自我诊断	组织诊断
法律法规贯彻	自觉依法办学，尽力维护办学自主权	
课程计划执行	严格开齐开足课程。术课教师基本素质有待提高，"综合实践"课受硬件、人员双重制约	
学校制度建设	学校重制度建设，对照制度，制定考核评价标准并执行考核是重点，尤其是对班组的综合考核、中层班子的考核	
师生行为水平	教师职业行为规范、守法；学生日常行为向善、守纪	
规划发展重点	更加丰富课程选择，规范课程计划执行；更加注重制度文化建设，规范师生行为；更加控制办学规模，改善学校教育生态	

2—6 学校组织管理

项目	自我诊断	组织诊断
组织管理亮点	学校工作分线执行，落实分管、兼管；组织机构精简、合理； 管理模式："垂直—扁平"； 管理创新：目标管理，部门负责，项目推进	
组织管理主要问题	组织机构设置受限于市局中层岗位设置标准，未能体现学校实验性特点； 进一步提高办事组织效率问题	
组织管理构想	学校设想设立"质量监测机构"； 深化项目管理制，提高管理水平； 加强中层组织机构"组织化"建设	

2—7　学校校本课程建设

项目	自我诊断	组织诊断
现有校本课程（选修课）及兴趣小组活动	德育类：《弟子规》《学子规》； 实践类：《三模》《石韵》； 综合类：《口语交际》（1—4册）； 兴趣小组活动：全面开设至一、二年级； 社团活动：体育类、艺术类居多，受制于学校现有物质条件和师资能力	
规划校本课程建设内容	编写《口语交际》（5—8册）； 编制《中华传统节日教育读本》； 编撰"五香校园"系列教材； 《公民》《心理健康》读本也在拟编制计划中	

2—8　学校特色品牌建设

项目	自我诊断	组织诊断
已有特色建设状况	人文德育（"人文见长、全面发展"教育亮点） 教育科研特色； 小学学习与质量评估体系建设特色	
规划特色品牌发展方向	学力课堂常态范式构建； "人文见长、全面发展"育人模式整体改革	

2—9　学校改革创新状态

项目	自我诊断	组织诊断
近三年改革创新项目	人文德育之课程开发；儿童发展论坛； 学力课堂的探索； 语文综合实践活动之《口语交际》教学	
近三年改革创新成效分析	人文德育体系基本成形； 学力课堂探索富有实践创新性； 口语交际课普及	
规划改革创新趋向	"人文见长"之人文德育活动机制建设； "健康学力"探索； 五香校园创建	

2—10　学校优势

项目	自我诊断	组织诊断
已有优势状况	文化优势，师资优势； 品牌优势，质量传统优势	
可资开发和利用资源	方城元素（深挖方城资源）； 学校建设（校改工程带来物质红利）； 开放办学（充分利用家长资源、社会教育资源）	
规划优势发展方向	方城系列人文教程（环境、艺术、德育、文科、学校传统）； 国内外合作交流（公民意识教育、礼仪教育）； 学力课题研究，推动课堂转型	

2—11　学校社会满意度

	优秀率	良好率		优秀率	良好率
学　生	88.50%	10.30%	教　师	78.60%	20.10%
学生家长	79.20%	16.40%	社会各界	82.90%	17.10%
综　合	优秀率：82.3%		良好率：15.9%		
数据来源	学生调查、家长问卷调查、家委会随机调查				
自我反思	随着社会的不断发展，对教育也提出了更高的要求。虽然从表格上看学校社会满意度尚属"优秀"评级，但我们要仔细分析数据显示的真实性（不排除是学校组织的调查活动，而且是特定人群的调查活动，可能有失真实意志表达）。此外，也可发现相当部分受访者对学校的不满意。 社会对学校的不满意，主要原因是： 1.学校硬件条件较为落后，与方城名气不相称，虽然校改工程启动，但是校改工程使教育环境暂时更加"恶化"； 2.学校老师师资水平不均衡。方城不乏名师，但也有庸辈，师资在一定程度不均衡，导致部分受访者不满； 3.个别老师师德表现不佳，教学方法不够科学； 4.学生生源的复杂性。如今的教学环境，如班额过大，致使相当部分学生学习不大成功，从而使家长迁怒于学校； 5.学校开放力度不够大，与外界沟通不足。				

注：按 2010 学年末数据填写。

3—12　教师师德

项目	自我诊断	组织诊断
教师师德概述	围绕市局"两年"工作和学校师德建设"五四三规划"，开展了各项活动和工作，进一步增强教师教书育人的光荣感、责任感和使命感，强化师德教育，力行师德规范，弘扬高尚师德，凝聚力、团队精神得到有效的巩固和提升，教师在各级各类评比、比赛中成绩优秀	
师德存在问题	如何让广大教职工全身心投入教育、教学、科研工作，关心集体，关心学校发展尚需进一步努力； 教师中体罚学生现象已基本消除，但变相体罚及精神体罚并未杜绝； 教师应进一步树立终身学习理念，进一步树立"一切为了学生的发展"的理念，学校应为教师的发展提供更多更广的平台，研究教师幸福指数提升的策略	
师德建设方向	结合市局"四爱四讲"活动深化"三争三创"； 加强师德制度建设，履行师德承诺； 增强自律意识，培植现代公民意识，大力开展"廉洁从教系列活动"； 以"爱"和"责任"为重点，促进"亲童"观念形成； 创建"勤奋廉洁、和谐团结、务实创新"的优秀团队	

3—13 教师课堂教学能力

价值取向	理念影响（学生为本、差异教学、全面发展），目标设计（适切、可行、可测），方式提供（自主、合作、探索），情境展现（主动、多向、和谐），作业分层（前15%，后20%），效果感觉（学历发展、人格成长）																	
区间分布	科目＼节数	语文	数学	外语	科学			政治品德	历史与社会		体育	音乐	美术	信息技术	劳动技术	通用技术	综合实践	其他
					物理	化学	生物		历史	地理								
区间分布																		
	综合水平	A－																
总体评价	主要成绩	优质教师比例不断上升，课堂教学研究氛围浓厚，学力课堂初见影响，名优老师培养成功，学科比赛成绩优异																
	主要问题	传统的"传授法"在一定范围内盛行； 新理念、新思维、新技术未能更广泛地落实使用； 年轻一代教师的职业观亟待改变																
	教师培训方向	分层培训与全员培训相结合； 师德（职业责任）教育与师能培养相结合； 学校意志与教师自觉相结合																
组织评价																		

注：按 2010 学年末数据填写。

3—14　教师教育教学研究的能力

教育科学研究及其成果					
	立项数	结题数	三等奖	二等奖	一等奖	合计
县　级	10	16	6	6	8	46
市　级	35	21	9	8	12	85
省　级	7	5	1	2	1	16
国家级	1	0	0	0	0	1
小　计	53	42	16	16	21	148
每10位教师拥有结题数						

教育教学论文获奖及发表						
	论文获奖				论文发表	小计
	一等奖	二等奖	三等奖	优胜奖		
县　级	24	56	23			103
市　级	5	9	8			22
省　级	8	12	20		44	84
国家级						
合　计	37	77	51		44	209
年均专任教师数	109					
占专任教师的比例	191.70%					
自我诊断	教师的教育科研能力、学校的教科研氛围，这方面的成绩是肯定的；教师参与积极性尚属"优秀"评级；论文水平反映学科教学的研究能力和实践能力，总体情况属"优—"评级。当前，教科研工作有点窄化趋势，即研究面窄，参与面窄；论文水平应有更高的标准空间					
组织诊断						

注：填写上一轮三学年总数。

3—15 学校优质教师

		县 级	市 级	省 级	国家级	小 计
优质课	一等奖	6	3	3		12
	二等奖	2	2	2		6
	三等奖					
	小计	8	5	5		18
大比武	一等奖	5	1			6
	二等奖	3	1			4
	三等奖	1	3			4
	小计	9	5			14
教坛新秀						
教坛中坚						
教坛宿将						
骨干老师		8				8
名教师（校长）			2			2
合 计						
年均专任教师数						109
年均优质教师比例		%	%	%	%	%
优质教师培养定位	师德高尚、业务精湛、结构合理、数量众多，在教学上形成自己鲜明风格，在区域上产生较大影响的学科领军人物					
组织诊断						

注：填写上一轮三学年总数。

4—16　学生的道德品质

年级	学生数	优秀人数	优秀比例	良好人数	良好比例	及格人数	及格比例	不及格人数	不及格比例
一年级	520	421	81%	99	19%				
二年级	564	451	80%	113	20%				
三年级	517	388	75%	129	25%				
四年级	480	370	77%	110	23%				
五年级	506	369	73%	137	27%				
六年级	367	279	76%	88	24%				
七年级									
八年级									
九年级									
十年级									
十一年级									
十二年级									
合 计									
德育主要成绩与问题	德育工作中突出"人文性"，活动卓有成效； 德育载体丰富：五项节会活动，节日教育活动，主题活动； 　　　　　校本德育教材修编，成果较多； 德育主要问题：德育的系统性、实效性和持久性存在不足								
规划德育目标	塑造心香学生，评比心香班级，建设心香校园，发挥人文德育优势，累积幸福人生基础								
组织诊断									

4—17　学生学习能力统计评价分析表

	A		B		C		D		E		综合水平
	A+	A−	B+	B−	C+	C−	D+	D−	E+	E−	
语　文											A
数　学											B+
外　语											B
科学　物理											
科学　化学											B
科学　生物											
政治(品德)											B
历史社会　历史											
历史社会　地理											
体　育											B
音　乐											B
美　术											B−
信息技术											B
通用技术											
劳动技术											B−
综合实践											B+
其　他											
小　计											
成绩与问题	成绩：学习态度端正的约占82%，学习行为正确的约占86%，学习能力强的约占87%，后续学力强大的约占78% 主要问题：相当一部分学生缺失家庭教育，学习态度不端正，学习能力较弱，自主学习能力不强										
教学目标与策略定位	教学目标：夯实基础、培养能力、发展智力，强基培能，发展个性 策略定位：学力课堂打造，五香校园建设，课程体系完善，教学方法创优										
组织诊断											

4—18　学生个性特长

		语文	数学	其他	科学			艺体	科技	小计
					物理	化学	生物			
县级	一等奖	8	11					54	7	
	二等奖	7	5					67	15	
	三等奖	0	1					51	34	
	小计	15	17					172	56	
市级	一等奖								4	
	二等奖								9	
	三等奖								23	
	小计								36	
省级	一等奖								4	
	二等奖								3	
	三等奖								3	
	小计								10	
国家级	一等奖								3	
	二等奖								5	
	三等奖									
	小计								8	
合　计		15	17					344	110	
在校生数		2776								
生均比例		4.09%								
级别比例		县：　% 市：% 省级以上：%								
成绩与问题		成绩：学生动手实践能力、解决问题能力、信息技术运用能力、语言表达能力、强项表现能力较全，持续后劲较强 主要问题：个性发展项目有限，难以突破学校所限（规模与装备）									
规划培养方向与要求		方向：人格健全，文理兼修，身心两健，乐于交往，个性鲜明，才艺出众 要求：课堂主渠道，家庭主阵地，社会大舞台									
组织诊断										

第十二章 规划编评：发展性督导的核心内容

学校发展性督导重要标准是学校自主制定的"发展性目标"，而承载学校"发展性目标"的载体是"学校自主发展规划"。"学校自主发展规划"是学校发展性督导的一个平台与纽带。

规划的编制与评审是学校发展性督导的核心内容。通过规划编评，学校自主选择核心理念、自主定位发展目标、自主实践发展策略、自主反思发展成果，从而形成自我设计、自我完善、自我约束和自我发展的学校成长平台。规划编评机制使学校法人治理得到保障与深化。

第一节 规划的价值与意义

现代学校在追求发展的过程中越来越理性，摒弃了"摸着石头过河"的思想，总是在管理过程中，策划、规划和计划着学校的发展目标及如何实现目标，规划在学校发展中的地位越来越突出。学校发展性督导标准·能动性指南，主要是以学校发展规划为依据。学校发展规划既是学校自主发展的物质载体，更是学校连接政府、社区的纽带，是现代学校制度建设的主要表现。

一、策划、计划和规划[1]

《荀子·王霸》有言："农夫朴力而寡能，则上不失天时，下不失地利，中得人和而百事不废。"诸葛亮"草船借箭"就是得"天时、地利、人和"的成功典故。当前，我们常常听到人们借用中国传统文化的"天时、地利、人和"之说，总结一个单位成功的因素。在学校管理中，"天时、地利、人和"这些资源同样起着重要的作用，而且是决定性的作用。"3+1"的社会学理论指出，优秀学校是"天时、地利、人和 + 谋划 = 成功"的产物。[2]而"谋划"包括"策划、计划、规划"等方面，是实现学校发展的基本手段。

---

[1] 陈聪富：《学校发展性督导》，浙江大学出版社 2009 年版，第 75—78 页。
[2] 转引自谢芸的《教育策划，打造品牌学校的法宝》，《现代校长与管理艺术》2009 年第 8 期，第 19 页。

（一）策划

"策划"一词非常流行，在社会各领域的作用越来越大，这表明各行各业都在关注自己的发展，都重视用科学的方法谋求发展。

策划一词最早出现在《后汉书·隗嚣传》中"是以功名终申，策画复得"之句。其中"画"与"划"相通互代，"策画"即"策划"，意思是设想、打算。策划，在日本称作企画，在美国称作 plan。目前，策划一词，已被赋予了另一种意思，日本策划家和田创认为：策划是通过实践活动获取更佳效果的智慧，它是一种智慧创造行为；美国哈佛企业管理丛书认为：策划是一种程序，"在本质上是一种运用脑力的理性行为"；我国学者认为，策划就是激发创意，有效地运用手中的有限资源，选定可行的方案，达到预定目标或解决某一难题。从中，我们可以看出，策划具有创造性、资源性、目的性等基本属性。

（二）计划

计划，是根据组织内外部的实际情况，通过科学的设计，提出在未来一定时期内组织所要达到的目标以及实现目标的方法。计划工作就是预先决定做什么，讨论为什么要做，确定何时做、何地做、何人做以及如何做，即通常所说的 5W1H。计划工作是事先选择预定目标的一种管理方法，表现出管理在实践方面的能力。

计划的基本特征：①方向性。计划的主要方面就是确立目标，计划工作旨在减少工作的随意性，促使组织实现目标，获得发展。②主导性。计划是管理工作的基础，并贯穿于整个管理过程。③短时性。狭义的计划一般为期一年、半年、甚至更短。短时期内的目标设定和策略选择，有很好的预见性，也更贴近实际，更易获取效果。④协调性。计划是一种协调过程，它给管理者和非管理者指明方向。⑤具体性。计划的内容比较具体，不仅要提出工作目标、工作思路，而且要提出工作步骤、措施及方法。

（三）规划

在科学发展观的指导下，人们将规划视为设计和实现发展的一个最佳方式。放眼当今社会，我们会看到国家规划、城镇规划、学校规划、企业规划、教育规划、职业规划、理财规划、土地规划等好多抢眼的词儿。这是科学发展的产物，也是社会进步的表现。

规划，意指个人或组织制定的比较全面长远的发展计划，是对未来整体性、长期性、基本性问题的思考和考量，是设计未来整套行动的方案。规划本质上是一种计划，它是为了解决发展问题而做的长远计划，这个"长远"是指若干年，比较通用的年限为三到五年。规划是一个综合性的计划，它带有全局性、战略性、综合性、系统性、时间性、强制性等特点，涉及目标、政策、程序、规则、任务分配，要采取的步骤、要使用的资源，以及为执行既定行动方针所需的其他因素。总之，规划是指一个不断选择和决策的过程，它旨在利用有限的资源，在未来某个特定的时间内（一般为 3—5 年），完成某些特定目标的计划。时间、空间和人是组成规划的三大要素。就学校而言，学校发展规划是面向未来的文化传承、理念引领、战略思考、目标定位及策略选择。

策划、计划和规划都是一种以现实为基础的，对未来所从事活动的筹划或谋划，但它们各有特征，策划是重在创意的活动，计划是具体的实施策略，规划是宏观的发展战略。在学校做规划及规划实施时，必须用好策划和计划。规划前的总体策划：深度分析、准确定位发展主题、学校形象、核心吸引力；规划后的年度计划：规划的内容由计划来具体实施，是对规划的细化和落实，它需要根据总体规划，结合实际情况，通过科学、准确的安排，提出在未来一定时期内的目标及实现目标的方法。规划是宏观的，计划是具体的。没有计划的实施，规划只是"空中楼阁"，不可能完成规划所设定的发展。

二、规划的价值与意义

学校发展规划是促进学校自身发展、提升办学水平与教学质量的重要平台。无论是规划的制作实践与反思过程，还是规划自身内在意蕴，学校发展规划有其独特的价值。学校规划实践了政府职能的转换，转变了学校治理的方式，创新了社会参与的载体，优化了质量管理的策略，选择了自主发展的标准。具体来说，主要体现在以下五个方面：

（一）突出学校的自主管理职能

随着教育改革的不断深化，教育行政部门对学校的管理已经从外控管理转向校本管理，由直接的过程管理转变为间接的目标管理。教育行政部门给校长松绑、放权，学校的办学主体地位进一步确立。行政部门的计划与规定，不能取代学校自身的发展需求；行政部门的意志和权力，不能替代学校的自主发展。

"学校发展规划"强调学校发展的自主性，突出了学校的自主管理职能，变革了学校管理方式，从而推进校本管理的确立与不断深化。当前，越来越多的中小学认识到，制定和实施学校发展规划，能够改善学校机制，加强学校结构，提高学校效能，是实现学校自主发展的重要途径和手段，为学校未来的发展提供了一个有效的平台。因此，学校发展规划是学校职能转变的一个基本前提。

（二）建立学校发展性督导的基础

学校发展规划，是学校发展性督导的重要基础。学校发展性督导重要标准是学校自主制定的"发展性目标"，而承载学校"发展性目标"的载体是学校发展规划。所以，在学校规划制定阶段，教育督导部门对学校有关人员进行培训，并组织专家对学校规划进行评审或论证，指导学校修订与完善发展规划；在规划实施阶段，教育督导部门建立督学联系制度，加强对学校随访指导，并与学校共同商定督导评价指标；在规划评估阶段，教育督导部门在学校自评的基础上，组织督导队伍对学校实施发展规划情况进行中期评估，帮助学校改进工作继续实施规划；在学校规划终结性评估阶段，教育督导部门根据学校综合自我评估，做出验证性评估，撰写督导评估报告，肯定成绩，指出问题，提出改进策略，学校根据督导评估报告，提出改进意见，制订新一轮三年规划。

学校发展性教育督导的整个过程，都是在围绕"学校发展规划"进行，"学校发展规划"是学校发展性督导的一个平台与纽带。

（三）搭建凝聚发展合力的载体

任何教育改革，如果没有教师的理解和积极参与，都是难以达到预期的目的。这是国际教育研究的一条重要结论。制定学校发展规划的重要途径，是在学校内部坚持自下而上，要求民主参与，通过群众的广泛参与和讨论，形成学校发展的目标。教职工是学校发展的依靠力量，他们对学校情况最熟悉，教师和学生是学校发展的最大受益者，他们的想法代表着学校的发展需求。这一过程非常有利于凝聚人心、达成共识。这样的目标和措施可以最大程度得到教职工、社区的支持，能够增强凝聚力，调动教职工落实学校发展规划的积极性。

同时，上级行政部门既是政府的代表，又是学校发展的重要力量，他们对学校发展的建议，是学校发展的重要保障。社区及家长是学校发展的受益者，也是学校发展的参与者，他们的建议是学校发展的宝贵资源。在学校外部，通过广泛的沟通交流，可以有效改进学校与社区的关系，增强学校与教育行政部门的相互理解与支持，为学校发展创造最好的外部条件。

（四）变革学校管理内容与方式

学校发展规划的内在价值并不在于完成上级的督导，不在于应对上级的评比，而在于对学校发展、对校长和教师发展、对学校教育系统变革具有内在的价值。

首先，学校发展规划能够形成学校发展的理念和目标。科学合理的学校发展规划，必然是在学校理念指导下的目标、策略与措施的有效设计。学校发展目标是学校理念的具体化，体现的是利益相关者对学校的要求，是一个综合的整体。目标可以起到引领作用，同时也是学校对社会的一种承诺，对学校自身具有约束作用。

其次，学校发展规划能够变革学校管理的内容与方式。在学校层面涉及教师发展、学校内部制度更新、学校科研的推进、学校管理人员的素养提高、学校文化建设等；在教学层面涉及各学科的课堂教学改革等。体现在纵向的时间维度上，则不仅要有三年或五年的长远规划，还要有每一学年和学期的发展计划，有每一阶段的改革重点和考核指标。有了规划，就有了发展方向；有了规划，就有了具体的操作指南。

（五）提升教育者自身的素质

校长、教师是学校发展中重要的、承担责任的主体，同时也是学校发展重要的目标群体。学校发展规划与其说是一个文本，不如说是一种学校管理的思想。规划的思想是学校变革中的重要条件，也是学校变革主体自我发展的重要内因。当校长和教师们形成规划意识之后，他们就会逐渐成为一种自我更新的主体，就会不断反思与重建，不断丰富与发展自己。

校长制定学校发展规划的过程，是一个学习、思考的过程，是形成"自己"办学理念和办学目标的过程。叶澜教授主持的"新基础教育"实验，就是通过学校发展规划的制定，促进校长等管理者实现学校管理的核心性转型：从"行政事务型"转向"发展策划型"，促使校长等管理者转变观念、思维方式和工作方式。

学校发展规划的制定总是与各部门、各年级组、各位教师发展规划的制定结合起来。这一行为本身就唤醒了教师和各部门管理者的发展意识，使教师发展、学校变革成为每一个学校主体自身的需要，使每一位教师和管理者意识到学校发展与自身发展的关系，并以自己的个体发展规划，丰富、支持着学校的整体发展规划，从而使得学校发展获得了内动力的支持。

第二节　规划的结构与内容

不同的国家有不同的规划结构。如①英国：学校工作基础与使命、优先发展项目、行动目标、行动任务和成功标准等。②澳大利亚：规划过程的具体细节、学校简介（对学校的描述和对学校所处环境的分析）、学校使命、学校价值观和信念、目标和策略、检查和评价等。③丹麦：教育领导、课程管理、人事福利和教师发展、学校组织、冲突处理、学校发展、管理透明度、管理责任心、学校管理团体的权利等。一般来说，我国学校发展规划的结构是指学校总体发展战略规划、课程和队伍建设规划、校园发展规划三个部分，涉及学校现状分析、办学思想、发展目标、发展要素和保障体系五个方面。笔者认为，引言、基础与挑战、理念与目标、任务与措施、保障系统等五大方面，是学校发展性规划较为理想的结构。

一、引言

引言作为规划的第一部分，旨在简要说明本规划制定的法律法规与政策依据、教育规律与理论依据，以及教育实践依据。在一个周期内，"学校发展性督导标准"，即学校发展的基础性规范、能动性指南和品质性准则，是学校规划制定的主要依据。

二、基础与挑战

基础与挑战属于背景分析范畴，包括基础、趋势与挑战分析。任何一所学校都是在特定的社会和自然环境里办学的，学校今天的背景是昨天发展的积淀，而今天的改革决定了明天的发展结果。从某种意义上讲，学校发展是一个不断适应内部和外部变化，调整改革自身的教育教学和学校管理的过程。因此，学校发展的背景分析是学校发展规划的基础，是规划制定的现实依据。从外部来看，背景分析主要包括教育发展的形势、政策和理论分析，以及学校发展的环境分析；从内部来看，背景分析主要解决以下三个问题：

第一，学校从哪里来？对学校进行历史分析：历史是一面镜子，可以看到自身优势与缺失以及对未来的期待。分析历史要特别注意总结学校成功经验、优势和传统，这是实现学校自我超越的前提条件，继承传统、发挥优势，让学校在历史的轨道上继续前进。

第二，学校现在在哪里？即对学校的现状进行分析：深刻分析学校的有利因素与不利因素，明确优势与劣势。要进行管理、教育与教学等技术方面的分析，要进行组织结构、管理机制等结构方面的分析，要进行人、财、物、时间、信息、形象和声誉等资源方面的分析，要进行思想理念、行为规范、文化和期望等文化方面的分析。

第三，学校可以到哪里去？即对学校发展的趋势与挑战进行分析：趋势与挑战往往是并存的。趋势是一种可供人们选择的境遇、机会和时机。抓住趋势，乘势而上，才能开创学校发展新局面。挑战是面对发展标准与要求存在的潜在危机，它对学校的发展产生一定的威胁。学校应直面各种问题，挑战危机，在挑战中走向辉煌。抓住机遇，应对挑战，这是管理的基本哲学思想。分析趋势，旨在"拓宽视野，提高境界"；直面挑战，旨在"对标反思，准确定位"。

分析学校发展背景的主要策略就是 SWOT 分析法。明确学校内部的优势（S）、劣势（W）、挑战（O）、机遇（T），以及外部环境、发展趋势提出的要求与存在的威胁等，以此理清学校发展的思路。

三、理念与目标

规划的理念与目标，主要是指学校办学的核心理念与以学生培养目标为核心的目标体系。学校教育是以学生培养目标（核心素养和关键能力）为目标的，学校规划不能忽略或者漠视学生培养目标。实践学生培养目标需要学校发展总体目标、项目目标、年度目标来支撑，也需要教师发展目标来维护。

（一）核心理念是学校发展的灵魂

学校核心理念具有走在前列、指导方向、凝聚力量、激发潜能的特征，在促进学校发展、教师发展和学生发展中具有极其重要的作用。评估一所学校的发展规划，首先要评估规划中所选择的学校核心理念。学校核心理念的选择既要基于学校，也要高于学校；既是对学校办学历史与传统的总结与提炼，也是对现代基础教育发展趋势的理解与把握，对学校发展未来的展望；既要遵循教育法律、教育规律和教育政策，也要体现学校的历史传统、学校文化与校长的个性特点；既要具有一定的理论层次，也要指导学校的管理、教育与教学活动实践；既不能朝令夕改，也要随着学校的发展而发展。学校核心理念是学校发展方向性与前瞻性、继承性与创新性、统一性与个性化、理论性与实践性、稳定性与发展性的有机统一。

学校核心理念决定学校发展的灵魂、方向与品位。学校核心理念是学校发展的灵魂，决定着学校群体的教育行为，指导学校的办学方向，定位学校的品牌形象。它以一种精神力量、一种文化氛围、一种理性目标熏陶着学校的群体成员。学校核心理念的内核是学生观、教育观与学校观。准确把握学校观：第一，学校不只是一种知识传授的场所，更是一种将制度化组织与日常生活组织统整的社会组织；第二，学校是一种充满着精神感召力的学习型与发展型的文化组织；第三，学校是具有文化品位的场所，有品位的学校应具有合作与交往的文化、研究与创新的文化、人本的文化；第四，学校是物理环境与心理、精神和谐统一的优质生活空间。[1]

学校核心理念既是学校发展规划的重要组成部分，也是学校发展规划的理论基础，能够指导和保证学校遵循教育规律、端正办学方向、规范办学行为，从而促进学校的自主发展。

（二）培养目标是发展规划的根本要素

学生培养目标是学校办学的根本目标，也是学校发展的终极目标，更是学校的价值所在。它规定着学校的办学方向、教育行为，是学校一切工作的出发点与落脚点。任何学校都必须十分明确自己要培养什么样的人，这也是任何校长与教师必须回答的本质问题。培养目标所要解决的问题：一是国家要培养什么样的人？二是本学段如何体现并落实国家的学生培养目标？这里涉及学校、校长和教师的使命与价值、理想与境界、责任与担当等方面的问题。因此，学校在明晰培养目标的过程中，学校要根据国家的培养目标、核心素养与关键能力，进行校本化的解读、个性化的阐述和形象化的描述。

然而，现实的学校管理，人们往往把培养目标窄化为课程目标，甚至是教学目标，对于教育目的多数停留在理论探讨层面，而具体的教学目标却继续维持在"应试教育"的轨道上运行，这使得立德树人的培养目标处于悬空状态。事实上，教育目的、培养目标、课程目标与教学目标既有联系又有明确的区分。[2]教育目的是一个国家和政党的教育意图和方针，即国家教育的总体目标和人才培养的质量预期。教育目标属于培养目标的范畴，它规定了"为社会主义事业服务"的各级各类教育，

---

[1] 郭元祥：《论学校的办学理念》，《教育科学论坛》2006 年第 4 期。
[2] 叶平（执笔）：《关于中小学素质教育评价若干问题的思考》，湖北省教育科学规划领导小组办公室，2004 年。

必须培养出具有什么素质的人才。正如《中共中央国务院关于深化教育改革全面推进素质教育的决定》中明确规定的那样，实施素质教育就是要"造就'有理想、有道德、有文化、有纪律'的德、智、体、美等全面发展的社会主义事业建设者和接班人"。教育目的和培养目标都属于教育目标的上位概念。课程目标属于教育目标的中位概念。它依据培养目标设计学校教育的主要内容，包括课程设置的原则、体系、结构、标准等等。教学目标则是课程目标的具体化，是具体教学过程中每一教学内容的标准，属于教育目标的下位概念。对于学校教育来说，所有的目标最终都要转化为教学目标才能执行。

一所学校，首先要准确认识并把握国家教育目的、培养目标、课程目标与教学目标之间的关系。其次要根据国家的教育目的、培养目标，结合学校的历史与传统、现状与趋势，制定符合本校学校发展需求的学生培养目标。最后以学生培养目标为核心，制定并实施学校发展目标。

（三）学校发展目标是学校规划的主体部分

学校发展目标是学校依法办学、自主发展、品质提升的价值取向与发展追求，是一定时期内学校发展的方向、内容、水平的综合要求。学校发展目标的策划既是规划的核心，也是发展性督导的主要标准。学校发展目标体系是以核心理念为指导，紧紧围绕学生培养目标，由总体目标、重点目标、项目目标与成功标志等构成。

1.学校发展总体目标。总体目标是学校一定时期内发展的总体定位，是学校发展的大方向，是学校发展要求和发展水平的有机统一。具体来讲，学校发展的总体目标是学校的一种期待，就是管理者根据学校发展现状，期望在一定时期内把学校办成什么模样，希望在同类学校中处于一个什么位置，具有什么特点等。当然，学校发展总体目标表述的基本内容仍然由学校组成要素构成，包括学生质量、教师水平、管理能力、基础设施等方面的内容。学校发展总体目标是学校发展的内在动力，是学校发展效率的牵引力量。学校总体发展目标的设计与定位，要充分体现继承与发展、求实与创新、眼前与长远有机结合的原则。

2.学校发展重点目标。学校制订了学生培养目标和总体发展目标，接下来的一个环节是确定这一时期的重点目标。所谓重点目标是指那些关系全局发展的关键要素和关键环节，或基础性要素，这些内容必须优先得到保障，优先得到发展。那么，如何确定重点目标呢？①根据发展要素列出一系列的具体化目标，按照实践总体目标，区分主次、轻重项目，整理出最关键的作为重点目标。②体现优先发展与优势发展的原则。所谓优先发展是指影响全局的基本要素或者缺失要素，所谓优势发展是指学校本身所具有的优势条件或者是亮点特色，均可作为发展重点。③重点目标应该具有发展性、特色性、前瞻性等特征。即重点目标应具有较大的发展空间，并能带动全局发展；具有学校特色倾向或能显示学校特色；它面向未来，是学校长远发展的基本要素，能为未来发展奠定坚实基础。

3.学校发展项目目标。是以学生培养目标为核心，对学生培养目标、学校发展总体目标、重点目标的分解，是以上目标要素的具体化。项目是学校各项工作推进的具体内容，也是各项工作推进的具体抓手，项目目标的核心思想应该完整地体现学校的总体目标和重点目标。侧重于工作领域的项目目标可分为：理念建设、学校管理、队伍建设、教学管理、德育管理、教育科研、后勤服务、办学条件、特色创建等方面；侧重于发展要素的项目目标可分为：组织与管理、课程与实施、资源与条件、教师与学生等方面；侧重于专题发展的项目目标可分为：信息技术、发展性评价、学校文化建设、家庭教育等方面。项目目标要体现分解科学、表述正确、凸现特色等原则。分解科学指的是对学校发展总体目标和重点目标内涵细致地确定，然后找出分解的具体标准，精心设计发展项目，使之具有较强的秩序性和逻辑性。表述正确指的是对项目目标的阐述要准确合理，富有现实性、操作性、可测量等特点，不要笼统宽泛，模糊不清。凸现特色指的是项目目标要具有独特性，具有本校的独特文化价值，能够形成学校发展的独特方式，具有内在价值和外在形象。

在一定时期内，项目目标的编制能够体现下列相关的主题词，是一种较为理想的选择。例如：学生成长的主题词是健康、全面、个性；学校治理的主题词是法治、民主、正义；教师发展的主题词是理想、尊严、勇气；课程建设的主题词是校本、多元、个性；德育为先的主题词是全员、全程、全境；教学推进的主题词是规范、有效、科学；教研科研：引领、前瞻、规律；资源利用的主题词是实用、高效、经济；特色品牌的主题词是独特、稳定、示范；文化形成的主题词是传承、创新、繁荣。

学校发展年度目标。年度目标是对项目目标的具体细化，要体现准确性、关联性、递进性、操作性原则。由于规划目标本质上是预测性目标，具有一定的超前性与不确定性。根据温岭发展性督导综合评估 6 个周期近 18 年的实践经验表明，年度目标列入规划对于督导组织意义不大，但作为学校年度计划是适切可行和高效的。

4. 学校发展的成功标志。成功标志，是指学校发展规划经过规定时限的执行以后，应该具备的一些基本特征和基本状态，即规划目标达成的衡量指标、预估价值、应然状态，是学校规划的重要组成部分。成功标志，可以从定量或定性两个方面加以分析。定量表述中的"量"，是现有基础数量与目标实践后的增量之和，不能低于基础数量，至少是等于或大于基础数量；但是其"增量"不宜过高，必须是经过三年努力可以实现的，高不可攀的"增量"，会挫伤积极性。定性表述的关键是选择合理、准确、科学的行为动词，用摘果子的行为来比喻，其衡量标准是"跳一跳，能摘到"。成功标志，既是学校在发展过程中，进行目标自控、自我评价的主要依据，也是教育督导组织评价学校依法办学、自主发展、品质提升水平的重要标准。成功标志，应主要围绕学生、教师和学校的品质来设置。成功标志的设置可从下列视角考虑：从物的视角来看，建筑面积、占地面积、现代教育技术装备、校园环境文化的变化；从人的视角来看，教师的数量、结构、职称、荣誉变化，学生的品德、素养、能力、学业、特长变化；从文本视角来看，制度、课程、文化、模式等方面的变化，都可以作为成功的标志。本质上，学校规划实践的成功标志，要与发展性督导综合评估标准中的品质性准则相对应。成功标志的表示方式为：时间跨度＋行为动词＋发展主题＋程度副词（量词）。

5.学校发展目标的表述范式。①载体式目标。把上级教育行政部门设置的示范创优载体作为学校发展的目标。如"到 2020 年，创建成为浙江省现代化学校"。②定语式目标。用若干个修饰语，对学校发展的内涵加以界定的目标。如"同心同德、殚精竭虑、马不停蹄，有序高效地创建一所风光怡人、设施先进、管理科学、质量上乘、个性鲜明、和谐奋进、百姓称道的全国一流的乡村名校"。③分列式目标。从各个不同的发展要素角度，分别表述学校发展的总体目标。如"磨炼教师的教育智慧，建立一支以名师为核心的教师队伍；构建数字化校园，不断实践教育现代化；打造高品位的育人环境，形成有个性的学校文化；凸显学校特色，培育学校精品，打造品牌学校"。④综合式目标。既有发展载体表述，又有发展内涵界定，也有发展要素陈述的目标。如"继续高扬教育现代化和素质教育两面旗帜，坚持科学发展观，解放思想、与时俱进，积极探索并构建现代学习型学校的新理念，以学习型学校建设带动学校综合办学质量与水平的全面提升，把学校打造成为一所内涵发展、均衡发展、持续发展的全省一流、国内知名的现代学习型学校"。

四、任务与措施

任务是指某一时段内（一般一个学期或一个学年）学校工作的具体要求与担负的责任，它是对项目目标的具体分解与细化，为项目目标服务。任务的设计原则：①准确性：任务要准确把握项目目标的内涵与实质，对项目目标的内在要素做边际分析，使内涵和外延都能得到准确地体现。②关联性：一要与项目目标紧密关联，二要在上下年度任务之间体现内在联系，突出承接关系。③递进性：上一年度任务是下一年度任务的基础，下一年度任务是上一年度任务的提高。④操作性：年度任务必须具有可操作性。

措施是指围绕学校发展的目标、任务体系，制定出一系列达成目标、完成任务的可执行操作的办法。不能直接支持目标实现、任务完成的措施，不能作为学校发展的措施；没有措施支持的目标与任务也不能作为学校发展的目标。措施须具备以下条件：与目标、任务的关联度高；符合国家和地方法律法规要求；符合教育规律和学生发展规律；切实可行，具有很强的操作性；不同的措施之间不会相互冲突；讲求实效，能够多快好省地达成目标，完成任务。

目标、任务、措施与成功标志之间既有联系，它们都是规划的重要组成部分，为学校发展服务；但是它们之间又有区别。现实中，许多学校规划的目标、任务与措施是比较混淆的，必须加以区别。目标是指想要达到的指标或标准，任务是指交派的工作和担负的责任，措施是指解决问题或完成任务的途径或方法，标志是指事物达成的某种特征或状态、程度。（见表 12-1）

表 12-1 目标、任务、措施与标志的区别

项　目	含　义	举　例
目　标	想要达到的指标或标准	建立一支师德高尚、敬业务实、具有现代教育先进理念和具备从事教育事业发展能力的专业化队伍
任　务	指派的工作，担负的责任	加强师德师风建设，使每一位教职工都能够自觉遵守职业道德
措　施	解决问题（完成任务）的途径和方法	1. 教师节期间，开展评选学校师德先进个人活动，并组织先进人物报告会；2. 修改教师考核方案相关条款，加重师德在考核评比中的权重
标　志	表明某种特征（状态或程度）	1. 评出校级师德先进个人20名并至少有2名教师被评为市级先进；2. 出台新的教师考核方案

五、保障系统

保障是指作为社会成员之间的某种意义上的交互动态的有限支撑和支持，比如基本生存、基本生活、基本医疗、就业、失业、阶段性的免费义务教育、基本养老、居住条件、安全、合情合理、正当正义的言论自由等。它需要建立在全社会的文明和财富逐步增加和法治建设逐步完善的基础上。作为规划结构组成部分的保障系统，是指为实践理念、达成目标、完成任务所构成的保护、保证等方面的支撑体系。一般来说，规划的保障系统主要包括思想保障、组织保障、人员保障、条件保障、制度保障等内容。

思想保障。社会存在决定人们的思想，一切根据和符合客观事实的思想是正确的思想，它对客观事物的发展起促进作用；反之，则是错误的思想，它对客观事物的发展起阻碍作用。规划的编制是一个统一思想、凝聚人心、明晰奋斗目标的过程。规划的实践，更需要全体师生员工理念认同、目标认同。

组织保障。学校要成立学校发展规划实施领导小组，加强对规划实施的组织与领导，并进行任务分解，层层落实目标责任。领导小组成员是条块负责人，全体教师共同参与实施。每学年开学前要求各部门对发展规划做具体研究，提出阶段工作计划；期末做出小结，根据发展要求和出台的发展政策及时进行调整，落实到位。

人员保障。教师是规划的具体组织者和实施者，必须进一步提高对教师队伍建设重要性与紧迫性的认识，采取各种有效措施，努力创设有利于教师队伍建设的制度环境，建立合理配置教师资源的有效机制，建设一支适应规划发展需要的数量适当、素质优良、结构合理、富有活力的高水平、高素质的教师队伍。

条件保障。规划实施就必须按照规划提供相应的条件保障，支持学校的发展。一是争取上级各级部门的支持，二是发挥学校的优势，让社会都来关心学校的发展，

多方面筹集资金，加强对学校硬件建设的投入。

制度保障。学校发展能否处于良性运行状态，有机协调地向着发展目标迈进，学校制度起着关键的保障作用。在规划的指引下，要全方位地梳理学校现行制度，建构与学校发展规划改革相匹配的各项管理制度，促进规划有效实施。

第三节　规划的编制与评审 [①]

编制学校发展规划，是学校自主发展的需要。规划得好，落实得好，学校才能快速、健康、持续地发展。因而，学校要加强对规划编制的研究与实践，解决好规划编制的主体，编制的程序、策略等问题。规划评审是学校规划编制的延续，是学校发展性督导的主要组成部分，督导组织要加强规划评审，坚持原则，把握标准，讲究方法。

一、规划的编制

规划的编制涉及教育行政部门、督导组织、学校与社区各方利益，必须坚持编制主体的广泛性、目标定位的科学性等方面的原则，强化编制过程，提高编制质量。

（一）提供规划模型

不同时期不同区域的教育发展基础与价值取向是有所区别的。教育督导组织要结合本区域的实际情况，向学校提供较为合理通用的规划模型，为学校制定规划提供参考。

【链接】学校发展规划的结构模型

引言

第一部分　基础与挑战

一、基础诊断：（一）发展历史；（二）传统反思；（三）现有条件；（四）发展优势；（五）制约因素

二、趋势挑战：（一）发展趋势（市内、省内、国内、国际）；（二）面临挑战（观念、内容、制度、技术、评价）

---

① 陈聪富：《学校发展性督导》，浙江大学出版社 2009 年版，第 103—110 页。

第二部分 理念与目标

一、学校核心理念

二、学生培养目标（核心素养）

三、学校发展目标：（一）总体目标；（二）发展重点；（三）项目目标

第三部分 任务与措施

一、学校治理（民主·平等·正义）

二、课程建设（校本·多元·个性）

三、德育为先（全员·全程·全境）

四、教学推进（规范·有效·科学）

五、教研科研（引领·前瞻·规律）

六、教师发展（目标·尊严·勇气）

七、文化形成（传承·创新·繁荣）

八、资源利用（实用·高效·经济）

九、特色品牌（独特·稳定·示范）

第四部分 保障与实施

一、组织保障

二、制度保障

三、资源保障

四、队伍保障

五、实施保障

规划模型印发后，教育督导组织要适时分类召开学校规划编制培训会，学校中层以上干部均要参加。培训会主要分析上一轮规划编制的经验与问题；解读本轮规划结构的主要特点与价值诉求；提出本轮规划编制的具体意见与要求。

（二）成立编制组织

规划编制组织一般是指规划编制小组或团队。该团队由外请专家、校长、财务规划者、课程计划者、评估者、普通教师代表、学生代表、家长代表、社区人士等组成。团队负责规划编制活动并协调整个系统的规划工作。规划团队要经常召开各种形式的规划编制会议，如背景分析会、目标设计会、策略研讨会，充分吸纳意见，为制定规划打下基础。在规划团队中，校长是法人代表，是学校的总设计师，是学校发展的主要策划者，要发挥校长的领导与决策作用。但是，校长不是规划的唯一制作者，校长既要信任编制团队，也要调动所有人参与制定规划。

（三）集聚编制智慧

规划编制是一项创造性的智慧劳动，要集聚各方智慧。首先，与大学教授、专家、学者合作，提高学校发展规划的战略性、理论性、系统性。让专家学者融入学校中

去，使其"身临其境"，对学校整个规划过程进行指导、提供咨询，提高规划的针对性与校本性。其次，充分发挥教师是学校主人翁的作用。教师作为规划编制的主体，学校要满足并尊重教师自我实现的需要，激发教师的高度责任感，发挥教师的积极性与主动性。同时，能够更好地将教师个人目标与学校团队目标相结合，教师个人前途与学校整体发展相统一，建立起完善的"校长—团队—个人"三位一体的规划系统。再次，充分听取家长与社区的意见。家长与社区是学校工作的对象，学校要与家长、社区广泛互动，共同参与学校的管理与监督。最后，学生也是规划的主体。学生是学校发展规划的主要服务对象，也是规划的主体。让学生了解学校的规划，使他们学会学习，学会交往，学会做事，学会做人，提高荣誉感，为学校争光，这也是在实践学校的规划。

总之，学校发展规划不是领导层或专家的"专有物"，它与全体师生员工，甚至与社区都是息息相关的，在制定规划过程中，必须发挥各方面的作用。

（四）选择编制模式

自上而下模式。自上而下的学校发展规划模式是指在制定学校发展规划时，主要依靠学校管理层和外来咨询专家的力量，提出学校发展规划草案，再通过一定的方式征求教职工的意见，对规划草案进行建设性而非颠覆性的调整，最后确定学校发展规划。咨询专家一般包括教育管理理论研究者、知名校长和上级教育行政部门的领导等。学校管理层和外来咨询专家，更多地关注规划技术层面的理性分析，并对此起决定作用。

自下而上模式。自下而上的学校发展规划模式是指在制定学校发展规划时，主要由教职工提出学校发展规划草案，再由学校管理层会同外来咨询人员进行集中讨论，对规划草案进行建设性或者颠覆性的调整，最后确定学校发展理念、目标。在学校管理层会同外来咨询专家集中讨论规划草案阶段，究竟是建设性调整还是颠覆性调整取决于两个方面：一个是草案的质量，一个是学校管理层和外来咨询专家意见的质量。在这一模式中，教师的集体智慧和全员参与起决定性作用，学校发展规划的实践层面的因素和对实践的分析被更多地关注，学校发展规划的成功更多地取决于教师的整体素质和参与学校管理的程度。

（五）确定编制步骤

规划编制步骤主要包括：①前期准备。建立专家调研小组，明确任务和分工落实；收集文献资料和考察调研；专家调研小组对调研材料进行汇总、分析、研究，完成撰写分块调研报告。②规划起草。在充分调研的基础上，结合学校实际，完成发展规划初稿，报校长办公会讨论修改。③咨询论证。组织学校有关领导、部门负责人、专家、师生代表和社区人员等对初稿进行讨论，集思广益，充分听取大家的意见，在通过有关部门专题研讨、校外专家讨论论证后，对报告再次进行修改形成审议稿。④讨论审定。对论证意见进行认真研究、修改后，在学校教代会审议通过，将规划文本上升为学校意志，由学校发文公布实施。

二、规划的评审

学校发展规划是学校依法办学、自主发展的文本，对于规划中的各种指标一定要详细论证，这有利于下阶段规划实施的有效性、科学性。对于学校来说，规划的不断完善是一个学习、研究和统一认识的过程。对于督导来说，整个发展性督导评估机制运作的基础与起点是学校制定的发展规划，对学校发展规划的评审是开展发展性评估的关键部分。因而，加强规划编制后的评审显得非常重要。评审是学校规划编制的延续，是教育督导的首要环节。

（一）清晰评审意义

学校发展规划，虽然在制订过程中，经过了广泛的协商，但还需要进一步的会商与评审，以不断完善规划，增强其可行性。会商是指集体思考、讨论规划，各抒己见，畅所欲言，它往往是同级别之间的一种解决问题形式；评审含有评议和审查的意思，规划评审是一种管理评审，是管理者依据规划编制标准对学校发展规划所进行的正式评价。规划评审的意义在于：

1. 提高规划编制质量。规划编制往往受编制者的认知水平、地域局限、程序失误等因素的制约。吸纳百家意见，成就一个规划，这是编制规划的一个基本方法。规划评审就是让专家、学者、上级领导、社区人士和本校教师共同来商谈、检查、评议学校发展规划，使得规划在大家的共同努力下，不断完善。只有这样，才能保证规划的有效性、科学性，使学校发展规划更加符合学校自身的发展实际，更好地体现学校发展的要求。

2. 强化规划的认同感。就学校内部而言，规划的实施者就是学校全体教职工，因而教职工参与学校规划的编制及对规划的认识，是考验学校民主程度的重要一环，也是提高规划水平的基本步骤。规划的校内评审是让大家进一步行使主人职责，进一步明确规划所引领的目标、倡导的理念、选择的策略，提高规划的教职工认同感。就教育系统而言，规划的组织评审，有益于对学校规划的方向性、宏观性、系统性等方面的点评与指导，同时，增强了对规划的教育行政组织的认同。

3. 加强与社区的协作。让社区参与学校管理的一个重要环节就是参与规划的评审。通过评审学校发展规划，使社区能够发现当地可以挖掘的资源，从而实现改善学校的办学条件和水平的目的；使社区发现学校面临的问题和需求，全面而具体地了解学校的现状和需要优先解决的问题，并找出解决问题的办法，明确学校今后的发展方向和目标；使学校和社区之间的联系更为紧密，鼓励学校和社区成员更多地承担起改善教育的责任。

4. 启动发展性督导第一程序。发展性督导评估以规划为抓手，促进学校教育全面、均衡、协调发展。而对规划的指导与评审是督导实施的第一步。规划评审将以科学的规划标准对学校规划制定是否科学、合理与适切进行全面的评价。对于学校来说，可以进一步优化发展规划；对于教育行政部门来说，可以准确把握学校发展方向，同时也可以提高决策的科学性、管理的有效性和服务的针对性。教育督导从规划评审中起步，从而实现有意、有效、有序的督导评估。

（二）确定评审原则

正确、规范、高效的规划评审应遵循以下原则：

1. 互动性原则。规划评审是一项双向甚至多向的活动。评审者与被评审者之间要进行广泛的交流和沟通，充分了解被评审学校的历史和发展现状，了解学校所面临的挑战和发展意愿，并以平等的身份和被评审者共商学校发展规划。这要克服把规划评审作为评判学校工作水平的一个手段，这种单向的审查式的评审，无益于规划的编制，也无益于督导的目的。

2. 全面性原则。评审时，要对规划进行多方位考察，既要关注规划文本是否适当，又要考虑规划形成过程是否合理；既要关注规划文本结构及表述形式，又要关注规划的内涵；既要关注办学理念和办学目标的适切性，又要关注措施是否得当，保障是否有力。

3. 指导性原则。评审要与指导相结合，评审者要在认真研究规划以及与被评审学校充分对话的基础上，有针对性地指出规划的优点和不足，并提出富有建设性的修改意见；尤其是专家要以独到的眼光、现代的标准、科学的方法和可持续发展的要求，从促进学校发展的目的出发，为被评审者进一步改进和完善发展规划提供有价值的参考意见。

4. 规范性原则。规划评审的程序要规范，要规范规划评审的运作。在评审之前要明确评审时机、评审前期准备、评审人员选择、评审组织、评审程序等操作性细则，并让评审者充分了解情况，防止前期准备不足，评审者尚未了解有关情况就仓促决断，致使评审质量不高、效果欠佳。在评审之中，要严格按照程序运作，其中很重要的一点是程序的规范，防止中途变换；同时要防止纠缠于一些细枝末节的问题，而对关键性问题的关注不够。在评审之后，要重视评审结论，特别是少数意见的反映。

（三）研制评审标准

什么样的规划算是一个好规划？这涉及一个标准问题。规划标准是用于比较各种备选方案的尺度，亦可称为决策标准。常用的决策标准有效益、效率、充分性、公正性、回应性和适当性等。因此，在规划评审中采取怎样的决策标准，以及对呈交的公众意见采取怎样的评定依据，将成为规划评审的核心问题。总体来说，规划的评审标准有以下几方面：

1. 现状分析的客观性。现状分析的客观性是考察规划是否对自身的发展背景做出实事求是的分析，为制订规划做出有效的基础分析。现状分析的客观性体现在（1）准确：如实剖析学校发展的优势与不足，不能拔高自己的优势，也不能隐瞒自己的不足，要实事求是。（2）全面：按照 SWOT 分析法，从地理环境、学校规模、硬件设备、教师资源、行政人员、学生资源、家长素质、社区参与、地方资源等维度展开分析。（3）透彻：分析有深度，深刻理解学校的发展背景，而不是浮在表面，蜻蜓点水，做表面文章。

2. 制定过程的民主性。制定过程的民主性是指规划制定过程体现科学民主，充分发动师生、员工积极参与，倾听家长、社区的意见建议，制定过程成为共同探讨、凝聚人心的过程。制定过程的民主性须具备以下条件：（1）参与制定的人员具有广泛性，有专家、教师代表、家长代表、社区人员、教育行政人员等。（2）开展各种方式的征求意见活动，有调查、会议、咨询等。（3）召开教代会进行民主评审。

3. 目标定位的适切性。目标定位的适切性是指规划提出的学校理念、培养目标、发展目标和能体现学校的教育追求，定位适切，且阶段目标清晰、具体。一个科学有效的发展目标必须具备以下条件：（1）与国家和地方教育发展目标相一致。（2）符合学校实际情况。（3）难度适中，既有挑战性，又有实现的可能。（4）整体目标必须分散到学校各个核心领域的工作中，形成合理的学校发展目标体系。（5）目标在文字表述上必须清楚、明确，不能模棱两可，让人产生歧义。

4. 重点项目的合理性。重点项目的合理性是指考察重点项目是否能立足学校发展的优势与不足，聚焦影响学校发展的关键领域，集中学校各方面的力量突破原有的发展框架。重点项目的合理性须具备以下条件：（1）重点发展项目的数量不宜太多。（2）重点发展项目既可能是学校的薄弱环节，也可能是其优势和特色所在。（3）重点发展项目能使学校的弱势得到改善，优势进一步凸现，成为办学特色。（4）重点项目能使学校改变不足，尽快步入内涵发展、自主发展的轨道。

5. 成功标志的科学性。成功标志是否科学，可以从定量或定性两个方面加以分析。定量表述中的"量"，是现有基础数量与目标实践后的增量之和，不能低于基础数量，至少是等于或大于基础数量；但是其"增量"不宜过高，必须是经过三年努力可以实现的，高不可攀的"增量"会挫伤积极性。定性表述的关键是选择合理、准确、科学的行为动词，用摘果子的行为来比喻，其衡量标准是"跳一跳，能摘到"。

6. 规划措施的可行性。规划措施的可行性是指围绕学校发展的目标及其体系，制定出一系列达成目标的措施。这些措施整体统筹、具体可行。须具备以下条件：（1）有针对性，能够立足学校现状，指向学校某一方面的工作。（2）讲求策略，能够多快好省地达成目标。（3）符合国家和地方法律法规。（4）符合教育规律和学生发展规律。（5）切实可行，具有很强的操作性。（6）不同的措施之间不会相互冲突。

（四）选择评审方法

规划评审机制应形成公众参与、专家论证、行政决策的三级体系。每一体系和环节对应不同的参与主体，发挥不同的作用。其中，公众参与体系主要体现评审的民主性，专家论证评审体系主要强调评审的科学性，行政决策体系反映评审的综合平衡性。

1. 公众参与。学校发展规划有自下而上的特点，它有一个学校共同体，通过这个共同体进行会商、恳谈、论证。会商，是一个集体思考、共同评议的方法。会商就是召开座谈会或发放征求意见表，发动教师、学生、家长、社区广泛参与，广泛商讨，充分吸收每一位成员合理的意见和建议，分校内会商与校外会商两种方式。规划恳谈会通常以规划涉及的问题为基本内容，邀请教职工代表及社区人士、家长对三年发展规划提意见、出主意，旨在通报情况、征求意见、增进共识，为规划修改的顺利进行创造条件。恳谈会应围绕办学理念、发展目标、重点项目等有影响的重大问题展开，虚心听取意见，形成会议纪要，作为规划修改的依据。学校发展规划编制采取听证方式，是当前学校推进民主改革的重要步骤，能够获取重要的意见与建议，为规划修正提供依据。

2. 专家论证。专家评审是规划决策的一个重要环节，甚至是必需的法定环节。其主要方式是开展咨询与召开论证会。咨询：专家咨询是规划编制的重要方法，对于保证规划编制的质量，提高可行性十分重要。专家咨询可以通过走访、通信、E-mail、网上聊天等形式进行，具有简便、迅速、高效的特点。专家咨询时要注意：选择的专家在学校教育领域尤其对规划编制应有独到的见解与水平；要尽可能让专家了解学校的历史及当前的情况；对专家咨询的意见要进行综合分析。论证会：通过邀请专家、学者和有关方面的专业人士，对学校发展规划进行科学论证，为学校修改规划提供科学依据。

3. 行政决策。学校发展规划的编制，需要由技术文本向法律文件转化，因而规划评审在规划决策体系中占据越来越重要的地位，不过此关，规划就不能实行。行政决策的主要方式是督导评审与教代会审议。督导评审：督导部门应协同教育行政部门对学校发展规划进行评审与认定，使学校发展规划更具科学性、前瞻性、可操作性、可检测性和递进性，让学校发展规划成为学校与上级行政部门的一个"合约"；成为学校内部各部门的行动纲领和行动指南；成为实现学校发展性督导的有效载体；成为评估学校依法办学、自主发展的主要依据。教代会审议：教代会审议是学校发展规划编制的最后环节。学校规划要根据督导评审意见进行进一步的修改，修改后的规划要递交教代会审议通过。教代会是学校民主管理的基本载体，规划只有经教代会审议通过，才能成为学校意志，从而转化为学校行为，促进学校的科学发展。因而，教代会审议在整个规划编制中是至关重要的。

第十三章　民主协商：发展性督导的法治基础

基础诊断结束后，学校向何处发展，怎样发展？教育督导组织既不能脱离学校实际，为学校下达发展指标，也不能完全放任学校自由选择发展指标。发展性督导追求学校与教育督导组织、教育行政部门、社区之间的内外协商与合作，以及学校自身的内部协商与合作。通过民主协商与合作的机制，确立学校发展的理念、目标、策略与机制，实践学校的管理、教育与教学活动。

第一节　民主协商的含义特征

学校教育督导领域内的协商，既有生活领域中的协商的特点，更具政治领域的民主特质，姑且以"民主协商"命名之。

一、民主协商的主要含义

在生活领域，协商是处理人与人关系的润滑剂；在政治领域，协商则是一种重要的民主形式。协商如同一种静水流深的力量，推动着社会前进的巨轮，成为我们党执政和决策的重要方式。学校发展性督导领域倡导的民主协商，是指学校在实践依法办学、自主发展、品质提升的过程中，学校内部各利益主体，以及学校与教育行政部门、学校与学校所在社区等行为主体，围绕学校发展方向、发展内容与发展程度等维度，在基础性诊断、自主性目标、品质性标志等方面，进行协商，听取内部教师、学生的意见，吸收教育行政部门、当地政府、学校社区以及家长的建议的管理活动。

二、民主协商的基本特征

学校发展性督导行为主体之间进行的民主协商，同样具有人民政协民主协商的许多特点[①]：

[①] 孙淑义：《坚持和完善人民政协的民主协商》，《求是》2007年第5期，第45—47页。

（一）包容性，这是民主协商的基本要求

协商的过程本质上是一个求同存异的过程，协商主体间相互体谅、相互包容，因为差异是客观存在的，承认差异、尊重差异，在大的问题上能求得共识，这就是包容。学校发展性督导既强调督导组织统一规范的刚性标准，也主张学校组织自主个性的柔性标准，是规范与个性、刚性与柔性的有机结合，具有包容性。

（二）平等性，这是民主协商的基本精神

通过"平等协商"的议事规程，来发扬民主，促进和谐。参与协商的单位或个人在地位上是平等的，任何人都不能把自己的意见强加于他人。协商的重点不在于事后表决，而在于事先广泛听取各方的意见，进行充分的讨论。需要对协商问题做出决议时，也是在充分协商之后再按少数服从多数的原则进行。

（三）广泛性，这是民主协商的本质特征

民主协商，始终把学生与教师、家长与社区代表的广泛参与，作为完善发展性督导机制的一个重要内容和目标，为广泛参与搭建了平台，扩大了经常性、制度化的参与渠道。

（四）程序性，这是民主协商的重要保障

始于基础诊断，基于规划定位，终于综合评估，发展性督导的协商落实到各个环节。程序体现民主，程序保障民主；程序不落实，民主协商就难免流于形式。

第二节　民主协商的必要性

现代学校追求法人治理，建立现代学校制度，实践学校治理体系与治理能力的现代化。民主协商是学校法人治理的一种重要方式，有利于突出学校主体地位、强化政府指导职能，增强主体协同共进。

一、突出学校发展的主体性

学校发展性督导实行的是"一校一标"式的个性化督导，强调的是学校自主发展。自主发展的主体是学校本身，学校必须发扬民主精神，集合学校师生、教育行政组织、社区组织的智慧，为自身的发展服务。所以，民主协商策略，可以进一步突出学校在发展中的主体地位。而教育行政部门、学校所在社区要转变职能，做好

主动服务工作，积极参与学校发展定位等方面的研讨，为学校的发展决策服务。同时，学校在制定规划、确定目标、自我评估、自我完善的过程中，实践民主与科学的精神。

二、强调督导组织的指导性

突出学校的自主发展，尊重学校的自主性，并不意味着教育督导组织就无所事事、无所作为，教育督导组织必须加强宏观调控。督导组织的宏观调控体现了指导与服务的原则，要指导和帮助学校有效地实现依法办学、自主发展。因此，民主协商策略也强调了督导组织的宏观指导。

加强对学校内部工作的指导，其关注点有三。首先指导学校加强领导，完善机制，全力推进。做到营造舆论环境，保证认识到位；营造工作环境，保证组织到位；营造推进环境，保证工作到位。其次，指导学校规范动作，确保质量。做到抓培养，重在提高素质；讲参与，重在民主协商；抓质量，重在规范标准。再次，指导学校严格管理，加强监督。建立动态管理体系、监督检查体系、目标责任体系，使学校内部民主协商机制得到充分保证。

加强对学校外部工作的指导，其关注点有二。首先，指导当地政府、社区、家长真诚地关心关爱学校，实事求是评价学校，同时为学校发展出谋划策，给予必要的投入与资助，营造良好的环境。其次，作为学校，应真正倾心听取各方面的意见和建议，经常走入社区，走进家庭与他们交流、沟通协商，使他们对学校遇到的困难予以理解，对其取得的成绩予以宣传，使学校的发展得到指导与支持。

三、增强主体之间的协同性

学校发展目标定位，本质上是通过民主协商，特别是通过学校管理者与教师、学生之间的协商后进行决策的，其决策结果既是学校集体的意志，也是教师与学生个人意愿的体现，对群体中的每一个人都将产生深刻的影响，自觉执行决策是群体的共同行为。另外，学校在目标定位时也吸收了督导组织、地方政府的意见，督导组织对学校决策的实践成果的督导评价，也成为学校自我发展的重要组成部分。正因为如此，民主协商策略可以不断增强行为主体之间协调发展、合作共进的意识与行为。

四、形成学校督导的人文性

现代教育行政管理如何转变管理职能？政府与学校之间怎样才能有效地达成共识？政府意志与学校意志如何统一？学校发展性督导的民主协商，是以学校发展规划的编评为主体平台的，是着眼于学校依法办学基础之上的自主发展、个性发展，激发和维护学校发展的生机与活力。通过对话、交流与沟通等方式，构建协商式民主机制，孕育发展性协商式的督导新文化，推动着学校教育督导的新发展。

第三节　民主协商的主要内容

民主协商的主要内容应围绕学校发展目标的核心而展开，从现有水平到发展潜力的认可，从主体发展理念的确立到规划目标的定位，把握自主发展增值的幅度，进而选择科学的发展策略和切实有效的保障机制。

一、把握学校发展水平潜力

不同的学校现有水平各不相同，当然其发展潜力也是不同的，只有比较清晰地掌握现有水平，才能充分地把握学校的发展潜力，只有对现有水平达成共识，才能充分发展各自的潜力。现有水平和发展潜力方面的民主协商，主要从办学条件、管理能力、师资队伍、学校文化、课程设置、学生状况等方面展开。

二、研究学校发展核心理念

学校发展的核心理念主要是指学校的办学理念，即以办学理念为中心而构建的管理理念、教学理念和服务理念等方面的理念体系。办学理念则是建立在对教育规律和时代特征深刻认识的基础上，它必须回答"学校是什么""学校具有什么使命""学校发展什么"等一系列基本问题。办学理念不是凭灵感爆发，或靠拍脑袋而提出来的。民主协商学校的办学理念，应围绕学校历史与现状的研究总结与反思、学校所处的区位环境与教育政策环境、学校优先发展项目与优势发展项目各方面进行分析。

三、策划学校发展规划目标

当学校发展核心理念基本确立后，民主协商的主要内容就是学校发展规划目标的定位与策划问题。规划目标是由学校发展的总体目标、项目目标和年度目标构成的一个目标链，每一个目标又是方向、程度与时间的统一体，规划目标基于现实又高于现实，是在一定周期内经过努力可以实现的。所以，目标定位的民主协商，是就学校发展总体目标、项目目标和年度目标等方面的努力方向、实现程度与实现时间等，进行讨论、沟通与互动。

四、共商学校发展主要策略

规划目标确定后，关键是如何实现目标，因此设计科学的发展策略，以保证各项目标的顺利实施，是民主协商的又一个重要内容。结合学校实际，一般可对以下五个方面的策略进行协商。

（一）观念导向策略

观念导向是规划实施的先导和基础。学校的发展离不开先进的办学理念，离不开学校教师教育观念的不断更新。学校对办学指导思想进行深入的思考和探索性的实践，逐步形成了办学理念，在制定发展规划包括实施规划的整个过程中，都要努力使学校的办学理念成为全体师生的共识和自觉行为。将学校的办学理念融入学校管理和教育教学改革实践中，不断更新教师的教育观念，树立正确的教师观、学生观、质效观、价值观和评价观，以保证规划的顺利实施。

（二）以人为本策略

以人为本是规划实施的根本指针。以人为本，是科学发展观的核心。由于规划实施的主体是全校师生，规划的实施过程是全校师生共同发展的过程，所以，学校管理必须坚持以师生为本，充分调动全体教师的工作积极性，发挥他们的聪明才智，尊重和关爱学生，促进学生健康人格的形成和全面素质的提高，增强学生的"参与性"与"选择性"，从而创造性地推动规划的实施。

（三）依法治校策略

依法治校是规划实施的根本保障。国家的教育政策法规和学校的规章制度是规划实施的政策法律依据。通过建立现代学校制度，进一步健全基于学校章程的各种规章制度，保证规划的实施在民主、法治的轨道上健康运行。

（四）梯度递进策略

梯度递进是规划实施的主要方式。规划的实施，必须遵循梯度递进、循序渐进的原则，无论是规划确立的目标、工作内容还是规划的实施过程，都要突出重点、分门别类、分批分层，注意轻重缓解，确立发展梯度。

（五）特色精品策略

特色精品是规划实施的增长点和发展引擎。办学特色对学校的发展起着极其重要的作用，办学特色的创建是一个不断积累、不断完善的过程，是不断继承发展、改造调整、自立自强的结果。没有特色就没有精品，没有精品就没有优势，打造特色精品，是学校可持续发展的必然要求，是学校竞争力的表现。

（六）机制保障策略

机制保障是规划目标实现必不可少的条件。民主协商机制保障策略，应着重围绕：①精神保障。学校是教育和培养人的地方，更应用精神文化来引领人、塑造人、成就人，从而形成强大的凝聚力、向心力和号召力。要通过对优良校风、严谨教风、自主愉悦学风的建设，来形成坚定的精神支柱。②物质保障。学校要根据发展目标，不断完善各项教育装备，为教育教学创造良好的环境和必要的物质条件。同时重视规划来布置校园环境，形成校园环境特色。③组织保障。树立"和谐、高效、卓越、可持续发展"的现代学校管理理念，以分工合理、职责明确、机构精简、反应灵敏的原则建立学校组织管理体系，确立科学、民主的管理模式，宏观上强化，微观上独立，健全学校自主管理的各级各类组织机构。④制度保障。坚持制度创新，进一步完善学校的各项制度，尤其是规范性制度、评价制度和奖惩制度。建立精干高效的责任权利统一的岗位责任制，逐步形成竞争机制，为规划目标的实现提供强大的制度保障。⑤队伍保障。充分调动与开发学校的人力资源，营造和谐、融洽、团结、协作、自主、平等、奋发向上的校园氛围。通过师德教育和业务培训，建立一支师德高尚、业务精良、结构合理、个性鲜明、一专多能的师资队伍。同时加强学生干部队伍建设，提高学生的自主管理能力，还要重视社区和共建单位的功能，充分发挥校外资源的作用。

第四节　民主协商的制度构建

民主协商的形式是多种多样的，可以组织协商，也可以通讯协商；可以群体协商，也可以个体协商；可以上下协商，也可以平行协商。这里着重介绍民主协商的三种重要制度，即规划答辩与评审制度、代表大会审议制度、责任督学与学校沟通制度。

一、规划答辩与评审制度

规划答辩与评审制度，是指学校围绕发展规划，对规划答辩与评审委员会提出的问题、意见与建议，进行陈述、阐释与申辩，以及规划答辩与评审委员会根据学校的陈述、阐释与申辩，对学校规划做出是否予以通过的结论的制度。建立规划答辩与评审制度，其目的就是在学校内部协商的基础上，加强学校与督导组织的双向互动，便于达成共识，加快学校科学发展的步伐。

规划答辩与评审是由督导组织邀请有关教育行政领导、教育专家、社区代表，成立学校发展性规划答辩与评审委员会，召开规划答辩与评审会议，进行答辩与评审。规划答辩与评审委员会设主任 1 名，副主任 1—2 名，各专业委员 7—9 名，组成答辩与评审团。规划答辩与评审的程序是：首先，学校领导陈述规划构想及其理由。其次，行政领导和专家，就学校办学理念的确立是否简洁精炼、适合学校实际，总体目标定位是否准确、适中，项目目标和年度目标是否具体明确，发展策略是否科学，保障措施是否得力等方面提出问题、意见和建议。再次，学校对答辩维护员提出的问题、意见和建议，进行具体的陈述、解释与申辩。第四，答辩与评审委员会主任综合各个委员与学校的意见，提出学校发展性规划答辩与评审意见。最后，学校负责人对规划答辩与评审意见进行表态。若无异议，就成为指导学校修改规划的主要依据。

【链接】对××小学自主发展性规划答辩与评审的意见

十月十一日，×××人民政府教育督导室组织召开了"依法办学、自主发展"（2006—2008学年）规划答辩与评审会议。答辩与评审委员会听取了××小学领导对发展性规划编制思想的陈述后，在办学理念、发展目标、实施策略等方面与学校进行了深入对话、答辩与探讨。以此为基础，答辩与评审委员会对学校的规划文本进行了认真的审议，认为：

一、规划文本结构规范、合理，用词恰当、务实，条理清晰、明了，具有较高的科技含量，体现了学校对规划编制认真、严肃的态度。

二、尽管学校办学历史短暂，但其做的基础分析仍然较为充分，认识到位。

三、学校确立了"以孩子的发展为本，为孩子的未来奠基"的办学理念，并以此为指导所选择的学生培养目标、学校发展目标以及实施策略具有较强的现代学校制度的倾向。目标体系与策略体系中提出的许多主题，包含了许多创新的提法与措施，其时代性、可行性、全面性、科学性较强。

为了使规划更加规范，更加符合学校实际，更加具有可操作性，答辩与评审委员会建议校方在以下几方面做进一步的修改和补充。

一、从所确立的办学理念与学生培养目标的角度出发，结合现代学校制度研究成果，继续反思修正规划目标与目标体系，如增加促进学生发展的评价体系、教育质量监控体系等方面的内容。

二、对总体目标、成功标志要做适当的修改，增加总体目标修饰语阐述；成功标志中教师的课堂教学能力与水平、学生的学习能力与水平要达到何种程度，应有量的表述。

三、根据新办学校历史较短的特点，应围绕学校文化积淀、队伍建设、资金筹措等重点加以修改、完善，使之更加符合学校实际，实现程度更高。

规划答辩与评审委员会要求学校根据本次答辩与评审意见，结合评委所提的问题进行认真的修改，并将修改后的规划递交本校教代会审议通过。希望学校以规划为导向，做到思想到位、认识到位、行动到位，为确保三年规划的顺利实施打下坚实的基础。

×××自主发展性学校规划答辩与评审委员会

二〇〇六年十月十一日

二、师生代表大会审议制度

教职工代表大会是教职工行使民主权利，参与学校民主管理的基本形式，也是学校发展性督导实施民主协商的重要策略。教职工代表大会在有关法律法规规定的范围内，有权审议校长工作报告，讨论学校年度工作计划、发展规划、改革方案等重大问题，并提出意见和建议。

实施代表大会审议制度，意义有三：一是在听取专家团意见的基础上，再次请教职工代表讨论，提出意见和建议，使规划更具基础性、民主性、创造性和科学性。二是将发展规划通过教职工代表大会审议通过，可以使校长和审议人的意志上升为学校整体的意志，使学校发展具有严肃性与权威性。三是这是一种群体决策行为，决策结果对群体中的每一个人都产生影响，决策后需要群体中的每一个成员做出相应的行动，决策执行是群体的共同行为，代表大会审议制度可以大大提高教职工参与规划实践的积极性、主动性与创造性。

另外，对于中学特别是高中学校，代表大会审议制度还应延伸到学生层面。这就是说，学校的办学理念、发展目标、实施策略、保障措施等规划的主要内容，应该在学生代表大会、共青团员代表大会上，听取学生代表的意见。因为学校发展的根本目的是学生发展，在规划学校的发展时多听取学生意见，目的是更好地为学生的发展服务。

三、责任督学与学校沟通的制度 [①]

责任督学与学校沟通制度既是民主协商的重要方式，也是学校发展性教育督导的一项重要制度，在实践中将会产生不可忽视的作用。其主要表现在：

第一，在规划制订准备阶段，责任督学与学校进行自然、平等的沟通，可以了解学校对制订发展规划的认识；同时解释制订发展规划的指导思想，消除学校的担心和顾虑，努力促使学校正确领会制订发展规划的目的与意义。

第二，自我诊断是学校制订发展规划的基础环节，自我诊断工作的深度与质量直接影响规划制订的效果；在自我诊断阶段，责任督学可按照学校的工作进度与实际需要，联系相关督导人员，帮助学校开展阶段性的自我诊断工作，对学校自我诊断工作如何深入群众、深入实际提出要求，确保有一定数量的教职员工参与，使各项信息能够完整、全面、客观地反映，也可以对自我诊断的程序、方法的合理性提出建议。

第三，在规划制订实施阶段，责任督学一方面指导规划文本的规范要求，另一方面对文本有关内容尤其是办学理念、办学目标、项目目标和年度目标的设定等有关资料进行深度分析，目的在于发现目标间的联系与脉络，并提出一些有预见性的问题。在规划实施过程中，责任督学及时指导学校进行阶段总结，按照"办学总目

[①] 赵连根：《区域发展性教育督导评估概念》，四川人民出版社 2001 年版。

标—培养目标—项目目标—年度目标—专项报告—总结报告"的程序展开规划反思，并对成绩和问题做出深刻的揭示。

第四，在综合督导阶段，责任督学首先是督导信息的传递者，责任督学为克服分组督导带来的信息阻隔的问题，与各项目组保持不间断的联系，实现各组之间的信息共享；把各组信息汇总后做出的初步价值判断及时提供给各项目组，对各组的评估活动从宏观上加以引导。其次是磋商、反馈的协调者。责任督学为各项目小组、全体督导人员之间的磋商提供多项条件，通过协商将评估结果以不同形式（集中反馈、个别反馈、口头反馈、书面反馈）反馈给学校不同人员（学校领导、部门负责人、教职员工）。再次是学校发展信息的反馈者。督导评估活动结束后，责任督学有义务了解学校的有关整改情况，并及时汇报；有义务了解学校对督导评估结果的使用情况；有义务与学校保持经常性联系，与学校共同研究发展过程中面临的具体情况和问题，对学校发展提供可行性建议。

第十四章 发展自控：发展性督导的主要环节

如何实现从"要我评"到"我要评"的转变，让学校真正成为教育督导的主体？发展性督导不断改革教育行政集权制度，努力创设学校自主、法人治理的发展环境，全面实施学校发展自控机制。规划编制与实践的主体是学校，督导组织的职能是引导学校发挥主体能动性，实现学校发展的自我控制。发展自控是指通过学校自主定位发展目标、自主实践发展规划、自主反思发展成果，从而形成自我设计、自我完善、自我约束和自我发展的学校成长机制。发展自控机制有利于政府下移管理重心，强化学校发展主体，形成自主发展机制，使学校自主、法人治理得到保障与深化。

第一节 自主定位发展目标

学校发展的总体目标、重点目标与项目目标的定位，列入了第九章能动性指南·发展性评估标准要素之中。理念与目标体系在第十二章规划结构中进行了陈述。这里专述目标定位的原则与策略。

一、目标定位的主要原则

适应性、前缀性、同一性、全局性、重点性、创造性、民主性、操作性、特色性是学校目标定位的主要原则。

（一）适应性原则

适应性原则是指学校办学目标必须适应社会经济文化发展需求，并为之服务。社会需求是学校生存的基础，学校办学目标只有适应社会经济文化发展需求，把自身办学目标同社会发展需求协调起来，学校办学条件才能得到改善，学校的发展才有正确的方向。

（二）前缀性原则

规划是指向未来的，要表明未来事业发展状态。学校发展规划以学校的使命、愿景和目标为核心，学校的愿景、使命和目标都指向学校的未来，是学校将要达到或努力要达到的一种理想状态。学校发展规划根据学校发展趋势和一定的教育思想，对学校未来进行合理性的预见，体现适度的前瞻性。学校发展规划考虑的都是"明天的学校"，是学校发展的行动纲领。

（三）同一性原则

同一性原则，即学校办学目标不是学校领导的目标，而是全体教职工的共同奋斗目标，能够统率学校全体教职工的思想和行动。在这个目标的统率下，全体教职工的思想认识一致，并自觉地把个人发展目标同学校办学目标协调起来，使教职工在为学校办学目标奋斗的同时自身得到发展。

（四）全局性原则

要求正确处理全局和局部的关系，争取局部利益和全局利益的统一，有时，为了全局利益的实现，还要牺牲局部利益。全局性原则强调整体利益大于个体利益。中小学发展战略定位必须从学校发展整体来考虑定位，不能为了突出局部利益而丢失整体利益，如果这样，局部利益由于没有整体利益的依托也将丧失。

（五）重点性原则

重点性原则指学校发展战略定位必须要有战略重点，这是实现战略定位的主要矛盾。每一个战略重点都是战略定位每一阶段实现的具体体现，战略重点解决不好，必将在战略定位实现中增加困难。

（六）创造性原则

学校发展战略定位是一种创造性的工作，由于战略定位是在现有条件下对未来的假定，创造性思维具有重要的决定性作用。可以说，没有创造性思维，就不可能有实际的学校发展战略定位。每一个未来战略的定位，都是创造性原则的成功体现。如，浙江万里集团教育经济一体化定位就是一个符合实际的成功定位。

（七）民主性原则

学校发展规划实质上是一个学校共同体成员就学校未来发展进行合作的过程，它的编制程序是自下而上的，制定者之间有一个充分合作的过程。学校实施民主参与方式，通过党支部、行政、工会、组室、教研组等不同部门，通过协调会、论证会、教代会等不同审议形式，征求大家意见和建议，希望各个共同体成员站在学校发展的角度，一同真诚地提供参考和帮助。让规划编制过程成为集思广益、广聚智慧的过程，让规划制订过程成为统一认识、凝聚人心的过程。

（八）操作性原则

规划要在现有的或可能的条件下付诸实施，必须设计一系列具体的、详细的可以操作的行动计划，明确阶段性的目标，这样才能充分调动学校广大师生参与规划执行的主动性和积极性。可操作的行动计划须达到以下要求：目标必须是精确而可以测量的，对办学目标和培养目标中的关键词做出内涵的界定，必须有明确的阶段性目标、达标措施和保障体系；具体任务的陈述必须是清晰明确的，要有具体的、可以实施的对策、措施与行动方案；责任的分配必须是合理到位的；时间表必须是合适的且可以利用的；成功标准必须是具体规定且可以达到的；另外还必须有严格的监督和评估过程。

（九）特色性原则

学校特色是学校的个性、品牌，也是学校发展的主要标志。每一所学校，在办学的过程中必须要有独到之处，办学治校要突出差异化，并形成一种差异优势，甚至是差异强势，也就是要有自己的突出特色，要有吸引学生的突出特点。目标定位，必须明确学校特色建设的方向。

二、目标定位的主要策略

方向定位与水平定位、类型定位与性质定位、形象定位与特色定位是学校目标定位的主要策略。

（一）方向定位与水平定位

方向定位指的是首先确定学校发展方向，到底朝着哪个方向走，要十分明确。水平定位指的是学校发展要达到的办学水平，应该居于哪个层面。方向定位与水平定位实际上就像一个矢量，学校发展目标就是在某一方向上的一个坐标点。例如一个相对比较薄弱的学校要朝着名校方向走，于是设定三级水平实现名校。第一级水平作为第一个规划期：学校实现制度化、规范化、精细化管理，学生各项发展指标达到区域内中等水平。这个发展目标就是方向定位与水平定位的有效结合。

（二）类型定位与性质定位

类型定位指学校根据发展情况和发展类型，对学校进行定位，有利于学校的发展。学校类型从发展水平来分，可分为薄弱学校、一般学校、优质学校；从地域来分，可分为农村学校、城镇学校、城市学校；从专业化角度分，可分为普通学校和专门学校；等等。学校在定位时应当明确自己所属的类别，以利于更好地制订学校发展目标，采取更有效的办学策略。而性质定位，是就学校的属性特征来说的，如科研兴校、文化强校、制度立校、专家治校、联合办校等。学校在规划目标时应明确定位学校的性质和发展特性。

（三）形象定位与特色定位

所谓的形象定位，是内在气质和外在形象的统一，是一个学校呈现给公众的具体模样，也可以说是一种意象。这种意象是由一系列的视觉形象和理念组成的。例如一个学校提出这样一个基本形象定位：环境分区功能明确、整洁有序、结构美观；教学质量优秀、持续稳定；教育质量品行俱佳、身心健康发展；学校管理制度科学、管理精细；教师敬业勤业、仪态嘉懿；学生敦厚踏实、仪态大方。学校从这些具象上展示自己内在的气质。学校的形象主要是从具体事物中塑造。

特色定位是指学校根据自己学校的内在特征和外在环境，确定并创造与众不同的学校特色项目。特色定位首先要找到学校独特的优势资源和历史条件，并根据这些情况确定相应的发展策略和学校特点，逐步形成学校的办学特色，成为学校发展的独特资源。例如有一个学校的学生家长资源很丰富，高资历和高学历的家长很多，于是就开发了定期讲座的课程，请学生家长主讲，作为学生了解世界、增长知识的窗口，并组织参观相关内容，形成了独特的教育途径和项目，这就是这个学校的特色定位。特色定位主要有课程特色、教学工作管理和方法特色、德育工作特色、学校管理特色、校园文化特色、教师培养特色、活动项目特色等定位。学校办学特色定位必须遵循教育规律，强化学校整体建设与发展，在夯实学校发展基础的前提下积极创造特色。其中，在办学特色的形成中，课程建设是核心。

第二节　自主实践发展规划

目标定位是为目标实践服务的。目标实践首先要学习内化规划，在全体师生中达成共识；其次要把规划的理念、目标与策略落实在各年度的工作计划中，制定好学校、部门的年度计划；再次要认真执行工作计划，及时总结计划执行程度。

一、规划的学习与内化

规划的学习与内化，重点做好三件事：

（一）方针政策的学习与把握

尽管各学校的发展规划已经通过督导组织的评审，并经学校教职工代表大会审议通过，成为学校意志。由于规划具有预测性，必须准确把握时代经济社会发展，特别是教育发展的趋势与规律。规划的实践也要与时俱进，加强教育方针政策、教育行政法规与规章的学习与把握，更好地实现规划目标。

（二）发展规划的学习与内化

教师与学生不仅是规划编制的主体，更是规划实践的主体，要将规划的主要思想、要实现的目标内化于心，从而外化为行。在规划实践之初，学校要组织各种形式的规划宣讲会议或者活动，把规划编制的背景、学校面临的挑战、学生培养目标的选择、学校发展目标的确定、规划实施策略的优化等方面的内容宣讲清楚，让他们明白其中的意义，奋斗的方向，肩负的责任与担当。不仅如此，学校的相关部门应该召开专项规划解读会议，深入学习学生培养目标、学校核心理念、学校总体目标与本部门项目目标的精神内涵，相互关系，从而准确定位本部门工作在规划实践中的地位与作用，发挥其应有的作用。

（三）规划目标的调整与核准

规划的学习内化要每年举行一次。在学校内化的过程中，如发现原定的规划目标与现实有差距时，即有些目标定位过高，难以实现；有些目标定位过低，或者已经实现时，启动规划目标调整机制，向督导部门提出目标调整的书面申请，告知目标调整的理由和要求，经审核批复后，作为规划的补充文本予以保存，并作为自评与综合评估的依据之一。

二、计划的制定与实施

通过规划文本的学习与内化，规划目标的调整与核准后，进入规划实践的第二与第三程序，即计划的制定与计划的执行。

（一）计划的制定

将规划转化为各个年度、各个部门的工作计划，这是规划有效实施的重要环节。参加发展性督导的各级各类学校，绝不能脱离规划制定计划；诚然，也不能脱离变化了的区域教育行政工作重点制定计划，两者必须有机结合。计划按时间划分，有年度计划、学期计划或季度计划；按主体划分，有学校计划、部门计划；按范围划分，有综合性计划、专题性计划等。一般来说，一所学校应该制定包括学校、部门的计划、重点项目计划，以及与计划相配套的工作行事历。

（二）计划与规划的关联度

将规划转化为计划，必须高度重视学校计划与规划的关联度，必须高度关注部门计划与学校计划的关联度；必须高度关注重点项目计划与学校计划、学校规划的关联度。计划与规划的关联程度越高，规划的实现程度越高。

计划与规划的关联度，主要表现在：学校核心理念是否统帅整个学校计划；学生培养目标能否内化在各项教学、教育与管理之中；学校总体目标、项目目标、重点目标以及成功标志，能否合理科学地分解为学校的年度工作目标，细化为学校的年度工作任务，落实在学校的年度工作措施之中。

（三）计划的执行

一个好的计划，更需要好的执行。计划的执行一般实行岗位责任制，厘清责任清单，明确权利义务。如一岗一责、一岗双责或一岗多责等。对于计划的执行，也可实施"计划执行管理"。计划执行管理是一款用于增加对计划执行情况的可见性的管理方案。利用 Teamcenter 软件，管理层、项目管理人员和计划管理人员可以增加对计划执行情况的可见性，扩大对计划执行的控制，更准确地解释计划执行情况，从而加强计划执行管理。

第三节　自主反思发展成果

计划（Plan）、执行（Do）以后，就要开展检查（Check）、处理（Act），这是全面质量管理 PDCA 的思想基础和方法依据。这里的自主反思发展成果，包含检查与处理的环节与内容，就学校发展性督导而言，特指学校的自我评估。自我评估是学校依法办学、自主发展、品质提升的重要环节，是现代学校制度建设的重要方面。

一、把握自评价值与目的

自我评估要以党和国家的教育法律法规、方针政策为指导，以现代学校管理、现代教育评价理论为基础，确立学校依法办学的主体地位，树立现代教育理念，加强发展研究，形成学校自我设计与实践、自我监控与调整、自我完善与发展的内在机制，规范办学行为、改善学校管理，优化师资队伍、创建组织文化，提高办学水准，推进学校素质教育的全面实施，逐步形成具有个性化的办学模式。

二、建立自评组织与制度

计划目标的实现程度如何？所有的计划目标实现了，是否意味着规划目标的实现？学校作为规划与计划的实施主体，需要认真做好自我评价工作。学校要建立专门的发展性督导自评工作领导小组，校长担任组长，各个职能科室负责人担任副组长，并兼任部门组（项目组）组长，明确自我评估职责与具体分工；要充分发挥教职员工、学生在自我评估中的主体作用，全员参与，上下结合，部门融通。同时，制定自我评估计划，实行季度、学期与年度有机结合的目标自我检查与反思制度，使自我评估获得制度保障，有利于学校对阶段性发展目标达成情况做出全面评估，有利于通过发挥评估的调节反馈功能来优化学校管理行为，提高管理效能。

三、确立自评原则与标准

用什么样的原则，什么样的标准，去评价学校计划目标、规划目标的达成程度？要坚持原则的科学性和标准的合理性。

（一）自我评估的原则

学校发展性督导自我评估要坚持下列原则：①主体性原则。充分凸现和发挥学校发展的主体地位和主体作用，支持和尊重学校依据内涵发展需求自主选择的改革举措，提高学校在自我评估实践中不断完善自我、发展自我的能力。②整体性原则。把学校各个方面工作作为一个有机整体，强调整体与部分、部分与部分之间的相互关系，重视评估对象内部各组成部分关系的协调性、合理性和最佳的整体效应性，从而对学校发展态势做出客观、合理的价值判断。③发展性原则。高度关注学校自身纵向发展的需求与发展水平，积极引导学校依据自身的发展基础，确定分阶段的发展目标，形成不断发展的内在动力，促进学校持续发展。④民主性原则。充分发扬民主，由师生共同参与自我评估，并吸收社会有关方面、广大学生家长参与到对学校的评估活动中。⑤激励性原则。以个体内差异评价为主，注重学校发展绩效的纵向比较，促使不同条件、不同层次学校获得成功的体验，调动学校自主发展的积极性、主动性和创造性。

（二）自我评估的标准

区域学校发展性督导标准，就是学校自我评估标准。但是，由于学校自身所处的发展基础不同，参与的督导类型有别，学校要根据被核准的督导类型，制定适应本校实际的自我评估标准。即学校要将本校规划或计划中的"发展性目标"，与督导部门策划的"能动性指南"的具体标准相对照，用"能动性指南"中的标准，衡量评价本校"发展性目标"的达成程度，检视学校发展的状态与水平，成绩与问题，用以反思办学、教育与教学行为，提高教育质量。

四、选择自评类型与程序

（一）自评的类型

1.绝对评估、相对评估和个体内差异评估有机结合，以个体内差异评估为主。基础性规范侧重于绝对评估，即评估学校依法办学的达标程度；能动性指南侧重于个体内差异评估，即评估学校规划目标等发展性指标的努力程度，重在对学校的现在与过去进行纵向比较，凸现学校发展成效的价值判断，激励不同条件、不同层次学校自主发展的积极性，增强学校发展的内驱力；品质性准则侧重于相对评估，即评价相对于规划中设定的成功标志，其达成程度的高低，说明本校品质提升的幅度。

2. 诊断性评估、形成性评估和终结性评估有机结合，以形成性评估为主。对学校发展规划、发展计划的审核侧重于诊断性评估；对学校发展规划、发展计划的实施过程侧重于形成性评估，强调反馈调控，促进学校在宽松的环境下依法办学、主动发展。对一定时期内学校的办学水平达成度侧重于终结性评估。

3. 自评与他评有机结合，以自评为主。有效的评估应建立在对受评者高度信任及自尊、自信、自觉的基础上，以受评学校的自我认识、自我改革、自我完善为归宿，因而坚持以自评为主。学校通过建立自评组织、制定并实施自评制度，转变"要我评"为"我要评"的评估心态，形成学校内部自律的工作机制。

（二）自评的程序

第一阶段：诊断性自评。根据现代基础教育改革和发展的趋势，结合学校发展性督导标准，对学校的基本现状和发展水平做出价值判断。并以此为基础，依据学校发展的价值取向，编制学校发展规划、计划，确立学校的规划发展目标和年度实施目标。使之成为学校形成性评估、终结性评估和外部督导评估的重要依据。

第二阶段：形成性自评。学校发展过程以实施发展规划、发展计划为主线，建立学校目标实施过程的形成性自我评估制度。形成性自我评估至少每个季度进行一次，对规划目标、计划目标达成度做出价值判断。同时，充分利用评估结果，调整发展规划和实施计划，改革优化学校管理，确保规划目标、计划目标实施的有效性。

第三阶段：终结性自评。在学校发展规划、工作计划实施年限期满后，采用绝对评估和个体内差异评估相结合的方法，学校对规划、计划实施的目标达成度和整体发展态势，进行全面、综合的价值判断，数据分析，撰写自评报告。充分运用终结性评价结果，对学校的发展态势做出客观的评估，为学校制订新的发展规划、发展计划提供可靠的依据。

五、发布自评数据与报告

自评的目的在于总结经验，发现问题，调整目标，改进行为，优化管理，提高质量。一般来说，学校自评数据与自评报告的发布时间为每年一次，或者每周期（三年）一次，这与学校发展的实际状态相关联。

学校应当发布哪些数据，这要与学校发展性督导标准中的"品质性准则"相关指标相统一。主要呈现反映学生、教师品质提升的相关指数，特别要注意呈现体现学生理想信念、道德品质、核心素养和关键能力等方面的指数，引导教师与家长全面落实立德树人，深化推进素质教育。自评报告的结构要与督导组织提供的模型相吻合，也可结合学校实际有特别的安排。自评报告的结构一般包括：学校概况、自评结果汇总、主要做法与成绩、问题与挑战、发展与展望等维度。学校发布的数据与自评报告，要在校务委员会会议或者学校行政会议上讨论通过，提高数据与报告的真实性与权威性。

【链接】温岭市自主发展性学校自我评估资料

目录

★提升学校文化高品位 实现学校办学高品质

　——×××三年（2014年7月—2017年3月）发展规划自评报告（略）

★品质化学校自我评估：表1—表4（式样）

★温岭市品质化学校发展性督导自我综合评估汇总表

品质化学校自我评估：表1-1
2014—2016学年_____学校办学核心理念实践水平

目标陈述	
理念诠释	
自评概述	
问题对策	
区间评价	

填写人：_____　审核人：_____　时间：_____年_____月_____日

品质化学校自我评估：表1-2
2014—2016学年_____学校总体目标实践水平

目标陈述	
成功标志	
自评概述	
问题对策	
区间评价	

填写人：_____　审核人：_____　时间：_____年_____月_____日

品质化学校自我评估：表 1-3
2014—2016 学年_____学校重点目标实践水平

目标陈述	
成功标志	
自评概述	
问题对策	
区间评价	

填写人：_____ 审核人：_____ 时间：_____年_____月_____日

品质化学校自我评估：表 1-4
2014—2016 学年_____学校现代学校制度建设实践水平

目标陈述	
成功标志	
自评概述	
问题对策	
区间评价	

填写人：_____ 审核人：_____ 时间：_____年_____月_____日

品质化学校自我评估：表 1-5
2014—2016 学年_____学校课程建设与教学改革实践水平

目标陈述	
成功标志	

续　表

自评概述	
问题对策	
区间评价	

填写人：_____　审核人：_____　时间：_____年_____月_____日

品质化学校自我评估：表 1-6

2014—2016 学年_____学校教师专业发展实践水平

目标陈述	
成功标志	
自评概述	
问题对策	
区间评价	

填写人：_____　审核人：_____　时间：_____年_____月_____日

品质化学校自我评估：表 1-7

2014—2016 学年_____学校学生健康成长实践水平

目标陈述	
成功标志	
自评概述	
问题对策	
区间评价	

填写人：_____　审核人：_____　时间：_____年_____月_____日

品质化学校自我评估：表 1-8
2014—2016 学年_____学校文化建设实践水平

目标 陈述	
成功 标志	
自评 概述	
问题 对策	
区间 评价	

填写人：_____ 审核人：_____ 时间：_____年_____月_____日

品质化学校自我评估：表 1-9
2014—2016 学年_____学校资源建设和利用实践水平

目标 陈述	
成功 标志	
自评 概述	
问题 对策	
区间 评价	

填写人：_____ 审核人：_____ 时间：_____年_____月_____日

品质化学校自我评估：表 1-10
2014—2016 学年_____学校特色品牌创建与展示实践水平

目标陈述	
成功标志	
自评概述	
问题对策	
区间评价	

填写人：_____ 审核人：_____ 时间：_____年_____月_____日

品质化学校自我评估：表 2-1
2014—2016 学年_____学校自我评估表：道德品质

	学年	2014 学年	2015 学年	2016 学年	三年均数
定量统计	在校生数				
	优秀率				
	合格率				
违法违纪记录					
自评概述					
问题对策					
区间评价					

填写人：_____ 审核人：_____ 时间：_____年_____月_____日

品质化学校自我评估：表2-2

2014—2016 学年_____学校自我评估表：学科竞赛

项目 / 等次		语文			数学			外语			科学			小计
		14学年	15学年	16学年	14学年	15学年	16学年	14学年	15学年	16学年	14学年	15学年	16学年	
县级	一等奖													
	二等奖													
	三等奖													
	小计													
市级	一等奖													
	二等奖													
	三等奖													
	小计													
省级	一等奖													
	二等奖													
	三等奖													
	小计													
国家级	一等奖													
	二等奖													
	三等奖													
	小计													
合计														
在校生数		14学年：			15学年：			16学年：			三年平均数：			
生均比例		14学年：			15学年：			16学年：			三年平均数：			
级别比例		县级：			市级：			省级：			国家级：			

填写人：_____ 审核人：_____ 时间：_____年_____月_____日

品质化学校自我评估：表 2-3

2014—2016 学年_____学校自我评估表：学生个性展示

项目\\等次		艺术			体育			科技			其他			小计
		14学年	15学年	16学年	14学年	15学年	16学年	14学年	15学年	16学年	14学年	15学年	16学年	
县级	一等奖													
	二等奖													
	三等奖													
	小计													
市级	一等奖													
	二等奖													
	三等奖													
	小计													
省级	一等奖													
	二等奖													
	三等奖													
	小计													
国家级	一等奖													
	二等奖													
	三等奖													
	小计													
合计														
在校生数		14 学年：			15 学年：			16 学年：			三年平均数：			
生均比例		14 学年：			15 学年：			16 学年：			三年平均数：			
级别比例		县级：			市级：			省级：			国家级：			

注：体育、艺术第一名统计为一等奖，二、三名为二等奖，四、五、六名为三等奖。

填写人：_____ 审核人：_____ 时间：_____年_____月_____日

品质化学校自我评估：表 3-1
2014—2016 学年_____学校自我评估表：优质教师

项目	级别（时间）数据	县级			市级			省级			国家级			小计
		14学年	15学年	16学年	14学年	15学年	16学年	14学年	15学年	16学年	14学年	15学年	16学年	
课堂教学	一等奖													
	二等奖													
	三等奖													
	小计													
大比武	一等奖													
	二等奖													
	三等奖													
	小计													
业务竞赛	一等奖													
	二等奖													
	三等奖													
	小计													
合计		三年获奖总人数：		三年获奖均数：			占专任教师比例：							
优质教师	特级教师													
	名师（校长）													
	骨干教师													
	教坛新秀													
	教学能手													
专任教师数		14学年：		15学年：		16学年：			三年平均数：					
优质教师比例		2013学年末基数：		人数：占专任教师比例：		14—16学年（均数）：			人数：占专任教师比例：					

注：优质教师：指特级教师、温岭市级以上名师（校长）、骨干教师（不含教学能手）、教坛新秀、教学能手获得者（不可重复计算）。

填写人：_____ 审核人：_____ 时间：_____年_____月_____日

品质化学校自我评估：表 3-2
2014—2016 学年_____学校自我评估表：教学论文

数据 级别 （时间）　　奖次		获　奖			发 表	合 计
		一等奖	二等奖	三等奖		
县级	14学年					
	15学年					
	16学年					
市级	14学年					
	15学年					
	16学年					
省级	14学年					
	15学年					
	16学年					
国家级	14学年					
	15学年					
	16学年					
合　计						
专任教师数		14学年：	15学年：	16学年：	三年均数：	
论文数占专任 教师数的比例		14学年：	15学年：	16学年：	三年均数：	

填写人：_____　　审核人：_____　　时间：_____年_____月_____日

品质化学校自我评估：表 3-3

2014—2016 学年_____学校自我评估表：教育科研

级别	时间	立项数	结题数	立项参与人数	参与人数比例（%）	成果数	合计
县级	14 学年						
	15 学年						
	16 学年						
市级	14 学年						
	15 学年						
	16 学年						
省级	14 学年						
	15 学年						
	16 学年						
国家级	14 学年						
	15 学年						
	16 学年						
合　计							
专任教师数	14 学年：　　15 学年：　　16 学年：　　三年均数：						
论文数占专任教师数的比例	14 学年：　　15 学年：　　16 学年：　　三年均数：						

注：参与人数比例是指该课题本校教师参与人数与全校专任教师之比。成果数是指课题结题后参加成果评奖获得三等奖以上的数量。

填写人：_____　审核人：_____　时间：_____年_____月_____日

品质化学校自我评估：表 4-1
2014—2016 学年_____学校自我评估表：物质资源

项目 \ 数据 \ 年度	2013 学年基数	2014 学年		2015 学年		2016 学年		合计	
		数据	增量	数据	增量	数据	增量	数据	增量
在校人数（人）									
教育总投入（万元）									
校舍改造投入（万元）									
专用设备投入（万元）									
建筑面积（ ）									
占地面积（ ）									
计算机（台）									
多媒体设备（套）									
图书（万册）									
理化生实验专用教室（个）									
专业建设经费									
教师培训经费									
问题及对策									
区间评价									

填写人：_____ 审核人：_____ 时间：_____年_____月_____日

品质化学校自我评估：表 4-2
2014—2016 学年_____学校自我评估表：社会评价

项目 \ 年度 数据		2014 学年			2015 学年			2016 学年		
		优秀率	良好率	基本满意率	优秀率	良好率	基本满意率	优秀率	良好率	基本满意率
内部评价	教职工自我评价									
	学生课堂教学满意度									
外部评价	学生家长									
	社区及各界人士									
自评陈述										
区间评价										

填写人：_____ 审核人：_____ 时间：_____年_____月_____日

温岭市品质化学校发展性督导自我综合评估汇总表

价值取向	一级指标	二级指标	三级指标	权重	自评系数	自评成绩	他评数据	他评成绩
依法办学	现代学校制度	依法办学	1. 法律法规、方针政策的贯彻执行	2	A1	2		
			2. 国家课程计划的贯彻执行	2	A1	2		
			3. 学校章程制度的建立健全与执行	2	A1	2		
		自主管理	4. 学校自主管理机制的构建与运行	1	A1	1		
			5. 教师自主管理机制的构建与运行	1	A1	1		
			6. 学生自主管理机制的构建与运行	1	A1	1		
		民主监督	7. 学校决策的民主化	2	A1	2		
			8. 代表大会的常态化	1	A1	1		
			9. 校务公开的规范化	1	A1	1		
		社会参与	10. 家长委员会制度及其运行	1	A1	1		
			11. 社区参与管理的制度及其运行	1	A1	1		
			XDXX 合计	15		15		
	社会评价	内部评价	12. 教育系统内部的优秀率	2	A1	2		
			13. 教育系统内部的优良率	1	A1	1		
		外部评价	14. 教育系统外部的优秀率	1	A1	1		
			15. 教育系统外部的优良率	1	A1	1		
			SHPJ 合计	5		5		
自主发展	理念引领	理念深化	1. 理念及其体系的深化	2	A1	2		
		理念科学	2. 前瞻性、科学性与可行性	1	A1	1		
		理念引领	3. 内化与实践程度	1	A1	1		
	规划定位	基础诊断	4. 实事求是、客观合理	3	A1	3		
		目标定位	5. 科学适切、适度前瞻	3	A1	3		
		规划制定	6. 民主参与、主动及时	2	A1	2		
	科学实践	目标内化	7. 规划目标在学年计划中内化	3	A1	3		
		策略选择	8. 策略与机制的民主性科学性	5	A1	5		
		自我评估	9. 及时、规范、客观	5	A1	5		
		实现程度	10. 自律性指标达成度高	15	A2	14.25		
			PZH 合计	40		39.25		

品质提升	学生品质	道德品质	1. 优秀率 / 合格率	2	A1	2	
		公民素养	2. 对个人行为负责,有社会责任感	2	A1	2	
		学习动力	3. 学生的学习动力指数	2	A1	2	
		学业成绩	4. 质量标准监测合格率(小学)	4	A1	4	
			5. 水平考试合格率(普通中学)				
			6. 等级率 / 就业率(职业学校)				
			7. 学业成绩均衡度	4	A1	4	
			8. 个性特长展示获奖率	2	A1	2	
		身心健康	9. 体质健康标准合格率 / 优良率	2	A2	1.9	
		审美表现	10. 审美情趣,艺术活动参与率	3	A1	3	
	教师品质	职业道德	11. 优秀率 / 合格率	2	A1	2	
		教学水平	12. 课堂教学评价抽样系数	2	A1	2	
		科研成果	13. 教研与科研成果人均占有率	2	A1	2	
		优质教师	14. 优质教师与学生总数比例	1	A1	1	
	学校品质	校园平安	15. 无责任事故 / 违法犯罪率零	2	A1	2	
		资源优化	16. 物质资源的优化 / 使用效率	2	A1	2	
		课程建设	17. 必修课程校本化 / 选修课程	2	A1	2	
		学校文化	18. 文化的形成 / 提升	2	A2	1.9	
		特色品牌	19. 特色品牌贡献度 / 影响力	2	A2	1.9	
		改革创新	20. 改革创新贡献度 / 影响力	2	A2	1.9	
		PZTS 合计		40		39.6	
		总计				98.85	

自我诊断学校　　温岭市 × × 小学(盖章)　　　　　校长签名:

组织诊断　　　　温岭市人民政府教育督导办公室　　组长签名:　　　年　月　日

第十五章　挂牌督导：发展性督导的基本要求

教育督导是教育管理的重要组成部分，是实施依法治教的重要环节，是保障教育改革发展的重要手段。中小学责任督学挂牌督导制度，是我国教育督导领域的一项制度创新，也是深化教育督导改革、提高教育督导效能的重要尝试。本章围绕教育督导责任区、责任督学和挂牌督导等方面的内容，讨论中小学责任督学挂牌督导的理念、职能与机制。

第一节　合理设置督导责任区域

教育督导责任区，是指责任督学受教育督导机构指派，对幼儿园、学校或教育机构，履行教育督导责任的定向区域。教育督导责任区建设，是指教育督导机构在教育督导责任区的设置理念、承担职能、运行机制等方面所进行的探索与实践。

一、教育督导责任区的设置意义

深化教育综合改革，转变教育管理方式，建设服务型政府，要理顺政府、学校和社会的关系，深入推进管办评分离，必须深化教育督导改革。深化教育督导改革，是加强教育监督、指导和服务的重要抓手。

设立教育督导责任区，是教育督导制度创新的重要内容。加强教育督导责任区建设，有助于深化教育督导改革，进一步完善我国教育督导制度；有助于加快教育法治化进程，更好地推动依法治国基本战略的实现。责任督学挂牌亮相，依法依规入校督导，及时发现并解决教育教学实际问题，促进学校全面实施素质教育，得到教育行政部门、学校、家长及社会的广泛认可，为提高教育质量、促进教育公平、办人民满意的教育发挥重要作用。

（一）加强教育督导责任区建设，有助于我国加快构建现代治理体系，推进依法治国基本战略的实施

《中共中央关于全面深化改革若干重大问题的决定》提出，要深化教育领域综合改革，"深入推进管办评分离"，对深化教育督导改革、提高教育督导效能提出

了新要求，教育督导责任区制度是我国教育督导领域的一项制度创新，其实行有助于提高督导效能，强化督导效果，加快推进我国教育治理体系和治理能力的现代化。同时，督导责任区制度的实行有助于更好地保证我国教育法律、法规、规章和国家教育方针、政策的贯彻执行，是保障教育改革与发展的重要手段，也是依法治教的重要环节。作为我国法治国家建设的重要组成部分，它的实行有助于推进依法治国基本战略的实施。

（二）加强教育督导责任区建设，有助于政府和教育行政部门及时了解和掌握区域内中小学校工作情况，为推进教育改革与发展提供决策参考

教育督导责任区制度主要根据行政区划来划分督导责任区，力求在每一责任区内都可以做到中小学校教育督导工作的"全覆盖"，有助于提高督导质量，并使当地政府和教育行政部门全面了解和掌握本区域内中小学校的工作情况，从而在宏观领域做出及时的调整。同时，责任督学在实际督导工作中，既要及时总结和推广典型经验，又要及时发现和指出学校在办学过程中存在的问题，并在深入调研的基础上，形成调研报告，定期向政府和教育行政部门汇报，为当地推进教育改革与发展提供决策参考。

（三）加强教育督导责任区建设有助于提高教育教学质量，促进学校内涵式发展

随着我国教育领域综合改革不断深化，教育的现代性不断增强，学校发展正从追求数量增长、规模扩大的外延式发展逐步走向追求结构优化、质量提高的内涵式发展，人们对教育的需求已从"有学上"转向了"上好学"，开始追求更公平、更高质量的教育。教育督导责任区制度作为教育督导工作向基层延伸和拓展的创新举措，其意义在于指导和督促中小学校规范办学行为，提高教育教学质量。可以说，教育督导责任区的全部工作都是以服务学校为中心来开展的。[1]

二、教育督导责任区的设立原则

教育督导责任区的设立，应遵循行政区域、学校类别、全面覆盖、他律刚性和共同发展原则。

（一）行政区域原则

根据省、市、县（市区）的行政区域分布状况，可将1个或若干个行政区域内的幼儿园、中小学（一般为5—20所），纳入同一个教育督导责任区。区域责任区的优点，一是学校相对集中，便于督学开展工作，二是能够更好地了解各类别学校之间的衔接状况，三是在纵向上便于把握区域教育发展的总体水平，有利于提高区域教育的整体质量。其缺点是学校类别跨度大，对督学的要求高。

---

[1] 张清宇、苏君阳：《督学责任区建设中的问题与改进路径》，《现代教育管理》2016年第1期，第59—64页。

（二）学校类别原则

将相同类别的学校划分为同一个责任区，如将幼儿园、小学、初中和高中分别划分为若干个责任区。相同类别学校责任区的优点是督导标准相对单一，责任督学专业集中度高。其缺点是学校类别单一，不利于责任督学在整体上把握区域发展总体状况。

（三）全面覆盖原则

将本区域内的各级各类公办民办中小学校、幼儿园，纳入相应的教育督导责任区之中。特别是要优先将民办学校、外来务工者子女学校纳入督导责任区。

（四）他律刚性原则

设立教育督导责任区的目的是更好地监督、促进学校自主自律地发展，因此，规范程度低、自律能力弱的学校，要强化他律标准，规范刚性要求，缩小责任区规模，增强责任督学力量，抬高学校发展底部。相反，对那些自主发展程度高，自律性强的学校，可以不设责任区，少派甚至不派责任督学。

三、教育督导责任区的基本职能

教育督导责任区，是由人民政府负责教育督导的机构，根据本行政区域内的学校布局设立的，在教育督导部门领导下的、非实体的、责任督学的工作区域。教育督导机构指派督学，对责任区内学校的教育教学工作实施经常性督导。[①]

责任区的职能是由督学来承担的，责任督学的基本职责决定了督导责任区的基本职能。《中小学校责任督学挂牌督导办法》规定，责任督学的基本职责有五项：一是对学校依法依规办学进行监督；二是对学校管理和教育教学进行指导；三是受理、核实相关举报和投诉；四是发现问题并督促学校整改；五是向教育督导部门报告情况，并向政府有关部门提出意见。由此可见，督导责任区的基本职能可以归纳为：规范办学行为，促进内涵发展，实现上下贯通。

（一）规范办学行为

责任督学在经常性督导过程中，对学校法律法规、教育方针政策、地方教育行政文件、育人目标、课程标准的执行进行监督。对于发现的违规、违法问题，按相关法定程序呈报。同时，帮助学校分析存在原因，提出整改意见，督促学校及时整改到位。旨在规范办学行为，实现依法治教。

---

① 《教育部关于加强督学责任区建设的意见》，http://old.moe.gov.cn/publicfiles/business/htmlfiles/moe/s7057/201407/171752.html，2019 年 5 月 10 日。

（二）促进内涵发展

责任督学在经常性督导过程中，关注学校的规划与计划编制等顶层设计问题并给予指导；关注学校的组织人事制度、教育教学与管理制度建设及其执行状况并给予指导；关注学校的课程标准执行、立德树人方式、教师专业发展、课堂教学水平并给予指导。旨在促进内涵发展，提高教育质量。

（三）实现上下贯通

责任督学在经常性督导过程中，保持受理电话和其他信息渠道公开畅通，及时接收受理学生、教师、家长以及社会各界的举报和投诉；多方核实（包括校方、教师、学生、目击人、知情人、举报投诉人等）投诉事件真相；按有关规定和程序及时提出举报投诉事件的处理意见，能就地处理的就地处理，需上报上级处理的上报上级处理。责任督学在经常性督导过程中，按月或季或年形成书面反馈意见，呈交教育督导室；涉及重大事项，特别是涉及学校或教师违法违纪、较大安全隐患、食堂食品问题、学校管理、社会干扰等方面的问题，要形成书面意见，向督导部门或相关政府部门提出意见。

教育督导部门要高度重视督导责任区的建设，切实加强对督导责任区工作的领导，为责任督学开展工作提供必要的条件保障。要建立督导责任区联席会议制度，定期研究督导责任区工作，听取责任督学的工作汇报。要制定督导责任区建设总体规划，建立督导责任区工作机制，加强对教育督导责任区的管理。

第二节　不断优化责任督学队伍

责任督学，是指受教育督导机构指派，在教育督导责任区内从事经常性督导的督学。责任督学可以由专职督学担任，也可以由兼职督学担任，一般由兼职督学担任为主。加强责任督学队伍建设，是深化挂牌督导的核心。

一、责任督学的选聘与配置

建设一支数量充足、结构合理、素质较高的专业化督学队伍，对实施挂牌督导非常重要。要根据本地教育发展规模和学校数量，选拔聘任一批教育教学、教育管理等方面的专家担任责任督学。每个教育督导责任区至少要配备两名督学。[1]

---

[1] 《教育部关于加强督学责任区建设的意见》，http://old.moe.gov.cn/publicfiles/business/htmlfiles/moe/s7057/201407/171752.html，2019 年 5 月 10 日。

（一）责任督学的条件

责任督学与其他督学一样，应当符合下列条件："坚持党的基本路线，热爱社会主义教育事业；熟悉教育法律、法规、规章和国家教育方针、政策，具有相应的专业知识和业务能力；坚持原则，办事公道，品行端正，廉洁自律；具有大学本科以上学历，从事教育管理、教学或者教育研究工作10年以上，工作实绩突出；具有较强的组织协调能力和表达能力；身体健康，能胜任教育督导工作。"[1]

（二）责任督学的选聘

根据教育督导责任区的职能与学校类别，遵循兼职为主、兼专结合、统筹兼顾的原则，选聘相应的责任督学。在选聘范围上，教育局机关中层以上行政人员、校级领导、县级以上名师，是责任督学的主要选聘对象，以确保责任督学的专业性。在选聘程序上，实行公布条件、自主申报、单位同意、督导部门审核的方式，确保责任督学的权威性。

案例：温岭市兼职督学资格认定办法（试行）

一、指导思想

坚持以科学发展观为指导，通过兼职督学资格认定工作，确立教育督导在推动教育发展中的应有地位，规范教育督导工作管理制度，完善督学队伍建设机制，建立以专职督学为主体，专兼职相结合、专业门类齐全、结构优化、专业素养较高的督学队伍，实现督学整体专业素质的提升，推动教育督导队伍的专业化发展。

二、兼职督学申请人员范围

凡在本市教育行政部门及其所属的全日制中小学、职业学校、特殊教育学校、幼儿园、其他教育机构中符合督学资格条件的人员均可申请兼职督学资格。

三、兼职督学专业分类

督学的专业分为管理类、课程类与保障类兼职督学三大类。

管理类兼职督学，主要从事学前教育、中小学教育、职业教育管理等工作，承担基础诊断、规划评审、综合评估等方面的职能。

课程类兼职督学，主要从事语文、数学、外语、科学（物理、化学、生物）、德育、心理等学科教学管理、教学研究等工作，承担课堂教学水平评价、教学管理评价等方面的职能。

保障类兼职督学，主要从事学校规范、教育经费、设施设备使用和管理等工作，承担依法办学、课程计划执行、资源配置与利用等方面的职能。

四、督学资格条件

根据《国家教育督导条例》《温岭市教育督导规定》中关于督学资格的有关规定，

---

[1] 教育部：《教育督导条例》，http://www.jyb.cn/zyk/jyzcfg/201209/t20120917_54315.html，2019年5月12日。

督学应当符合下列基本条件：

1. 坚持党的基本路线，热爱社会主义教育事业；

2. 熟悉有关教育法律、法规、方针、政策，具有较强业务能力、组织协调能力、口头与书面表达能力；

3. 熟悉教育行政管理和教育事业相关工作的管理，以及学校教育教学与管理等专业工作，具有丰富的实践经验；

4. 具有大学本科（含同等学力）以上的学历，从事教育管理或者教育教学、研究工作10年以上；或具有中学高级教师职务和特级教师称号；

5. 热心教育督导事业，身体健康，能保证参加市、区（县）政府教育督导室组织的有关教育督导和专题调研活动；

6. 根据督学的专业分类，在学校教育某一领域具有较深的专业造诣，并具备一定的督导评估技能。

五、认定办法

凡符合督学资格标准，均可申请温岭市兼职督学。（2011年12月29日前，已在市政府教育督导室从事兼职督导工作的人员，应申请督学资格认定过渡）

1. 申请兼职督学资格的，由本人提出申请，填写《温岭市兼职督学资格申请表》。

2. 本人提出申请后，要经所在学校（单位）同意，报市政府教育督导室统一审核认定。

3. 经审核认定合格者，由市政府教育督导室颁发《温岭市督学资格证书》并予以注册。

（三）责任督学的配置

责任区的规模与学校类别不同，责任督学的配置数量与要求也就不同。一般按同类学校设置教育督导责任区的，实行"一人一区"，即1名责任督学负责5所左右同类学校的经常性督导。按行政区域设置教育督导责任区的，实行"多人一区"，即多名责任督学（一般为5名）共同对1个责任区内的不同类别的学校（20所学校左右）进行经常性督导。诚然，按同类学校设置教育督导责任区的，也可实行"多人一区"。

"一人一区"的优点，在于责任落实明确，便于管理；不足之处是经常性督导内容广泛，业务性强（如"推门听课""问卷调查""撰写报告"等），对责任督学的专业要求高。

"多人一区"的优点，在于按照责任区督导任务选配相应专业要求的责任督学，各个责任督学的专业可以互补，利于增强责任区的督导效能。不足之处，在于需要确立1名责任区"区长"督学，通过"区长"督学落实相应的督导责任，拉大了管理长度；同时，由于各责任督学是以兼职为主的，各自都有相应的工作，到责任区督导的时间难以统一，督导责任主体多元。

二、责任督学的工作方针与守则

责任区督学主要负责对本责任区中小学校的办学行为和教育教学工作进行随机督导，遵循"依法监督、正确指导、及时反馈、深入调研、合理建议"[①]的工作方针。中小学校责任督学工作守则包括十个方面。第一，爱岗敬业：热爱督导奉献教育，忠于职守勤勉尽责。第二，依法履职：熟悉法律遵守规章，依法依规履行职责。第三，科学规范：遵循规律坚持标准，讲究程序严格操作。第四，客观公正：了解情况实事求是，处理问题公平公正。第五，善于沟通：深入学校贴近师生，加强交流及时反馈。第六，勇于担当：敢查实情敢讲真话，督促整改一抓到底。第七，开拓创新：视野开阔思维缜密，大胆探索注重总结。第八，注重实效：认真监督悉心指导，意见明确落实到位。第九，业务精湛：注重学习勤于钻研，本领过硬能力全面。第十，廉洁自律：严于律己作风正派，品行端正不谋私利。

三、责任督学的工作任务与要求[②]

责任督学主要负责对本责任区中小学校进行经常性督导，其工作任务主要包括：①督导检查中小学校贯彻落实教育法律、法规、规章和国家教育方针政策的情况，及时发现危及中小学校安全、师生合法权益和教育教学秩序的违法违规行为，调查核实群众举报、投诉的有关教育问题。②指导帮助中小学校合理制定学校发展规划，规范办学行为，提高办学水平，形成办学特色；督促指导中小学校全面贯彻党和国家教育方针，遵循教育教学规律，深化教育教学改革，落实国家课程方案，扎实推进素质教育，不断提高教育教学质量，切实减轻学生过重的课业负担。③及时推介督导过程中发现的典型经验；及时向教育行政部门、教育督导部门和中小学校反馈可能影响中小学校正常教学秩序以及违背教育规律的问题。④认真研究中小学校教育教学工作中的重点、热点、难点问题，在深入调研的基础上，形成调研报告。⑤准确掌握中小学校的办学现状、发展动态及存在的问题，定期或不定期地向教育行政部门和学校报告，提出建议并督促落实。

责任督学在同级教育督导部门的领导下开展工作，对中小学校的经常性督导的具体要求是：①根据本部门年度教育督导工作计划开展督导工作，不事先通知被督导检查单位及其主管教育行政部门。②每次督导后，要填写督学责任区随访督导检查记录，并撰写报告。③在督导检查过程中，不得接受被督导单位及其上级主管部门的陪同、宴请和提供的各种招待与礼品礼金等；不得影响被督导单位和中小学校的正常工作秩序。④省级责任区督学对本责任区随机督导的次数根据省级教育督导部门要求开展；市级责任区督学对本责任区中小学校的随机督导每季度不少于1

---

① 《教育部关于加强督学责任区建设的意见》，http://old.moe.gov.cn/publicfiles/business/htmlfiles/moe/s7057/201407/171752.html，2019 年 5 月 10 日。
② 《教育部关于加强督学责任区建设的意见》，http://old.moe.gov.cn/publicfiles/business/htmlfiles/moe/s7057/201407/171752.html，2019 年 5 月 10 日。

次；县级责任区督学对本责任区中小学校的随机督导每月不少于1次。

四、责任督学的管理与使用

浙江省温岭市对责任督学的管理，实行注册登记、培训提高、交流研讨、考核激励、轮流换岗的机制。

①注册登记：聘任为责任督学的人员按要求填写《责任督学登记表》，实行注册登记。登记内容包括姓名、性别、出生年月、学历、现任职务、督学证号、发证日期、聘期、届次、责任区域等内容。建立责任督学个人档案。②培训提高：新聘任的责任区督学要进行入职培训，培训时间为1天。培训内容：《教育督导条例》《中小学校责任督学挂牌督导办法》《中小学校责任督学挂牌督导规程》《中小学校责任督学工作守则》等。责任督学的在岗培训，可参照《督学管理暂行办法》执行，采取集中培训、网络学习和个人自学相结合的方式进行。培训主要内容包括：教育法律、法规、方针、政策、规章、制度和相关文件；教育学、心理学、教育管理、学校管理、应急处理与安全防范等相关理论和知识；评估与监测理论，问卷与量表等工具开发在教育督导工作中的应用；督导实施、督导规程和报告撰写等业务知识；现代信息技术的应用；教育督导实践案例。③交流研讨：教育督导部门至少每2个月组织一次责任督学交流研讨活动。责任督学围绕上阶段挂牌督导重点内容，汇报交流学校发展情况、遇到的问题与困难，并提出建议，讨论研究相关问题。④考核激励：教育督导部门对责任督学的考核激励主要包括：日常工作检查、年度考核评价、激励轮岗。首先，教育督导部门组织专职督学对责任督学的日常工作情况进行检查，或通过通讯形式（网络方式）向校长征求反馈意见。其次，督导部门围绕工作积极性、工作规范性、工作扎实性、工作有效性等方面的内容，对责任督学进行年度考核。对年度工作考核优秀的责任督学，给予表彰；对存在玩忽职守、弄虚作假、徇私舞弊、滥用职权等行为的，干扰学校正常工作或在督导活动中造成不良影响的，及发现重大问题未及时上报的，根据实际给予批评、教育和处分，情节严重的取消督学资格。⑤轮流换岗：对责任督学所承担的责任区实行轮岗制度，一般情况下一年轮岗一次，最长不得超过三年。

第三节　科学运行挂牌督导机制

挂牌督导是指县（市、区）人民政府教育督导部门，为区域内每一所学校设置责任督学，对学校进行经常性督导。同时，教育督导部门制作统一规格标牌，标明责任督学的姓名、照片、联系方式和督导事项，在学校门口显著位置予以公示。责任督学挂牌督导是国家落实依法办学、推进教育治理现代化的一项重大举措，在明晰理念、落实事项、制订规程、选择方式、明确要求、强化保障等方面，建立科学高效的挂牌督导运行机制。

一、明晰挂牌督导基本理念

"以学校自主发展为本"[①]，是学校发展性督导的核心理念。挂牌督导作为发展性督导的基础要求，必须遵循"以学校自主发展为本"这一理念。然而，学校自主发展的前提条件是规范办学，脱离了规范办学的自主发展，属于没有纪律与法律约束的放任自流，是违纪或违法的。因此，挂牌督导的基本理念，应设计为"以学校的规范发展为基础"。

实践"以学校的规范发展为基础"的挂牌督导基本理念，就要对学校是否严格执行教育法律法规、国家方针政策进行经常性督导，实现学校教育行为的法规化；就要对学校是否认真执行了国家的课程标准与计划进行经常性督导，实现课程标准行政化；就要对学校是否适时配置了满足教育教学需要的人财物等基本要素进行经常性督导，实现资源配置的标准化；就要对学校的计划与目标、组织与实施、检查与控制、评价与激励等内容进行经常性督导，实现学校管理的程序化；就要对学生是否遵守守则、教师是否遵守师德、学校是否规范办学进行经常性督导，实现主体行为的规范化。

二、落实挂牌督导主要事项

为了使经常性督导工作更加有效，保证责任督学深入细致开展督导工作，《中小学校责任督学挂牌督导办法》规定了责任督学经常性督导的八大事项。温岭市教育督导机构结合当地实际，增加了后两项工作的督导。

（一）校务管理和制度执行情况

主要督查：各项校务工作计划制订和落实情况、校务会议召开情况、校务公开和决策民主化情况、学校财务制度与预算执行情况、各项制度汇编与执行情况；实地巡视学校各项制度上墙情况及行为到位情况。

（二）招生、收费、择校情况

主要督查：学校执行招生规定及招生计划情况，收费项目和收费项目公开情况；学校择校标准、择校比例按规定执行和收费情况；听取学生及家长、社会群众对招生的评议。

---

① 陈聪富：《学校发展性督导》，浙江大学出版社 2009 年版。

（三）课程开设和课堂教学情况

主要督查：学校课程标准与计划执行情况、课程开设规范化和课程表执行情况、课堂教学基本制度建设与执行情况、课堂教学评价情况；进入课堂听课，检查课堂教学情况，并给予指导。

（四）学生学习、体育锻炼和课业负担情况

主要督查：学生作息时间表编制的科学性、学生学业负担的合理性、学生的心理与身体素质状况、学生学习态度和学习积极性状况、学生体育课和大课间运行情况、学校艺术课程开设和艺术活动开展情况；关注学校音乐、体育、美术及相关小学科的教师按编制配置情况。

（五）教师师德和专业发展情况

主要督查：学校师德教育与师德现状、教师专业发展规划制订和执行、教师培训及其有效性、教师专业发展评价与奖惩情况。

（六）校园及周边安全情况，学生交通安全情况

主要督查：校园及周边不安全因素及安全设施配置情况、学校安全制度建设和防范措施落实情况、学生交通安全知识教育和各类安全演练情况；了解交通及其他安全事故发生率。

（七）食堂、食品、饮水及宿舍卫生情况

主要督查：食堂的基础设施符合标准情况、食堂的管理制度与卫生管理状况、食堂工作人员的行为规范化水平、食品采购制度与仓储食品管理状况、饮水安全情况、学生宿舍管理制度、人员到岗、安全设施及卫生状况。

（八）校风、教风、学风建设情况

主要督查：学校校风、教风、学风的公示与宣传情况，"三风"建设的载体与成效；了解学校校风、教风、学风的内涵和意义。

（九）学校章程建设及其执行情况

主要督查：学校章程制订、修订程序的科学性、合规性，学校章程的执行情况。

（十）政府部门重点工作落实情况

主要督查：学校年度工作计划体现政府部门相关重点工作情况，或学校落实政府部门重点工作方案；政府部门相关工作重点执行情况。

三、制定挂牌督导工作规程

结合国务院教育督导委员会办公室制定的《中小学校责任督学挂牌督导规程》，笔者认为，挂牌督导工作规程可设计为：制定计划方案、选择督导技术、反馈督导意见、督促整改提高、做好总结汇报。

（一）制定计划方案

责任督学应根据教育督导部门年度工作安排，针对教育领域存在的突出问题，结合所负责学校实际情况，制定月度、季度、年度工作计划，报教育督导部门审核备案。工作计划经教育督导部门审核同意后，责任督学应制定每次督导的具体方案，明确督导任务和督导重点，填写学校督导备案表，包括督导学校、时间、目的和内容。

（二）选择督导技术

责任督学进入学校督导时，应出示督学证。可事先不通知被督导学校，随机实施经常性督导；也可根据督导需要，提前要求学校就有关事项进行准备，协助开展工作。责任督学进行经常性督导时，可根据督导内容，选择相应的督导技术与方式，如校园巡视、推门听课、查阅资料、问卷调查、座谈走访、督导记录等，其具体要求将在本节第四点加以叙述。

（三）反馈督导意见

责任督学针对在学校督导中发现的问题，提出改进建议，形成口头或书面的反馈意见，及时和学校沟通交流。对责任区内各个学校所存在的共性问题，责任督学要向教育督导部门进行口头或书面汇报，以提高区域教育的整体水平。

（四）督促整改提高

责任督学在督导中发现的重大问题，应书面报告教育督导部门，提出整改意见，由教育督导部门向学校及相关部门发出《整改通知书》，明确提出整改要求和整改时限。责任督学根据《整改通知书》要求，督促学校或有关部门认真整改。对在期限内没有及时处理或整改落实不到位的，应及时报告督导部门负责人。

（五）做好总结汇报

责任督学以书面形式对督导工作进行总结，向教育督导部门报告工作情况，接受教育督导部门的检查和考核。同时，责任督学应独立完成责任区月度、季度、年度督导报告。督导报告应包括督导任务、督导过程、典型经验、突出问题、督导结论以及督导建议等。报告应实事求是、观点鲜明、文字简练、言之有据。

四、正确运用挂牌督导方式

国务院教育督导委员会办公室制定的《中小学校责任督学挂牌督导规程》，规定了校园巡视、推门听课、查阅资料、问卷调查、座谈走访、列席会议等六个方面是挂牌督导方式。温岭市人民政府教育督导室围绕这六大方面出台了相关细则。

（一）校园巡视

校园巡视的主要目的是发现安全问题、检视校园净美、观察学生作息、透视学校风气、感受学校文化等。责任督学进入校园，要对学校教学楼、办公楼、实验室、宿舍楼、食堂、围墙、厕所等建筑物的安全情况作视察，对水电、体育、游乐等设施作安全检查，并作记录，不作泛泛而看。要观察学校的整体布局，了解学校的校园建设规划，观察学校的卫生状况与卫生设施，检视学校的绿化美化和护理状况，并提供一些建议。通过课间和课中观察，了解学生的劳作情况和休息情况，分析学校的合规性行为，提出有效的建议。要静观学校师生的言行举止、精神风貌、工作学习状态，静观行政人员的行事风格，审视学校的校风、教风和学风情况，并力图在检查中加以印证。要观察学校的文字布置、宣传阵地、墙体文化、教室环境和食宿环境，感受学校主流文化价值的宣传状况与成效。

（二）推门听课

推门听课的主要目的是从课堂这个教学主环节了解学校的教学管理工作、教师素质能力、学生学习状态等。责任督学一年应该不少于4次深入课堂了解情况，实行推门听课（随机地不打招呼地进课堂听课）。听课时关注学校贯彻国家教学计划、学校教学管理制度和教学改革工作落实情况，发现问题，及时记录，并予以适当反馈；听课时关注教师的教学现状，透过教学内容、教学方法、授课方式、课堂互动、教学效果等，对教师的整体素质与教学能力、教学态度做出分析，向学校提出教师培养与教学改进的有关建议；听课时关注学生课堂表现，对学生的学习基础、学习态度、学习能力等做出分析，向学校提出一些方向性的建议和意见。

（三）查阅资料

查阅资料是责任督学督导工作的主要方式，要求学校就督导项目呈现比较全面而真实的资料，并重视原始资料的查阅工作。资料主要包括学校校务管理、财务管理、教学管理、人事管理、后勤管理等方面的规章制度，学校有关会议和活动记录、学生学籍档案、财务账目、教师教案、学生作业等。资料查阅时就督导项目相关的内容做好摘要记录，必要时可以复印或翻拍资料，复制影像，以便于分析问题、反映情况。在资料查阅中审视学校的办学理念、培养目标、办学目标、办学思路和办学策略，形成对学校比较全面的看法，并为学校提供一些建议。查阅资料应尊重学校办学特色，不宜公开的信息要严格保密。

（四）问卷调查

责任督学需要深入了解学校、教师、学生对教育或学校的态度、认识、观点、状况、诉求等，并且希望取得样本资料和直接资料的，可进行问卷调查。编写问卷调查时，根据督导事项，抓住问题的本质，分析问卷设计的项目，根据不同问卷对象科学设置类型、题干和选项，保证其效度。实施问卷时，必须保证其信度，不事先告知学校和有关人员本次的问卷对象、问卷内容和实施方式。精心选定问卷实施人员，保证不诱导问卷对象，严格按程序实施，实施人员与问卷对象不构成直接利益相关方，也可实施网络问卷。问卷收回后要进行科学统计，按类分析，得出结论，不能束之高阁，走走过场。根据分析结论撰写问卷调查报告，反馈给学校、督导室，如果需要呈示给有关政府部门的，应该以报告形式呈示给相关政府部门。

（五）座谈走访

座谈走访是责任督学的常规工作方式，要尽量做到提问有效、回答有效、记录真实、媒体多样。责任督学可随时与校长、教师、员工、学生交流，召开教师、家长或学生座谈会，了解学校管理、教学和学生学习活动等情况；也可走进社区、学生家庭及相关单位，了解群众对学校工作的意见。必要时可通过暗访、单独访谈、相关人员回避、匿名问卷、保密承诺等方式进行访谈。座谈走访开展前，根据督导目的，精心选择座谈走访的对象，精心设计座谈的内容和问题，精心选择座谈和走访的实施形式，保证座谈的成效性。座谈走访对象选择要遵循典型性、广泛性、代表性原则；实施座谈走访时要尊重和信任座谈走访对象，不探问其个人隐私（座谈和走访对象自我暴露的除外），要保护走访调查对象隐私，鼓励说真话、讲实情。座谈走访过程中注意气氛的调节与把握，保持理性与和谐的氛围，尽量消弭对抗与对立的情绪；座谈走访可采用记录、录音、录像等方式，根据实际情况选择合适的手段，或多媒体并用；整理座谈走访内容，得出结论，并把问题反馈给学校，对督导项目做出评价。

（六）列席会议

列席责任区内学校重大事项会议是责任督学的权利与义务，责任督学和责任区内学校必须认真对待。学校的章程修改、规划审核、教职工代表大会、重大事项决策、财务预算方案定案、教育改革方案审定等内容，应邀请责任区督学参加会议，并听取意见和建议；学校应提前一天以上告知责任督学会议的时间、地点和内容，如果需要可将有关文件电子稿发送给责任督学阅读，责任督学要及时回复并出席会议。列席会议时主要听取会议发言，关注依法办学、科学办学方面的内容，关注决策程序的合规性，就关注内容提出建议，不得干扰学校的决策过程，不得强制学校做出某种决策结果。

除此之外，教育督导部门应倡导互联网＋的方式，收集责任区督导数据，为教育决策提供参考。

五、学校配合挂牌督导要求

学校接受责任督学经常性督导，对于规范学生的学习行为、教师的教育行为与学校的管理行为，具有极大的推进作用。学校要认真履行接受挂牌督导职责，主动配合责任督学做好相关工作。

学校接受挂牌督导，应履行下列职责：按规定要求在校门显著位置，呈现责任督学挂牌督导公示标牌，并做好维护工作；通过会议等形式向学生、教师和家长宣传挂牌督导的事项与意义；根据挂牌督导要求全面规范学校管理教育与教学行为；为责任督学准备好相关材料，创造出良好的督导环境；虚心接受责任督学的意见与建议，及时整改督导过程中发现的问题，按时完成整改任务。

学校接受挂牌督导，应配合责任督学做好以下工作：尊重和支持责任督学的工作；督导时涉及相关需要出席的人员，要做好协调工作；按规定需要携带、复印的资料，组织有关人员给予提供；若学校处所交通不便，应为责任督学提供信息或加以引导。

六、健全挂牌督导保障措施

中小学校责任督学挂牌督导是否具有科学性、权威性、生命力，主要由结果使用、经费保障、专业建设与制度构建等方面所决定。

（一）用好挂牌督导结果

一般地，挂牌督导结果使用方式为：第一，责任督学对责任区内每一所学校的每次督导结果，加权形成年度督导成绩，纳入教育行政部门对学校年度责任目标考核成绩。第二，责任督学对责任区内每一所学校的年度督导结果，通过加权量化，以10%的比例计入学校三年综合督导评估成绩，作为评优评先、晋升等奖励依据之一。

与专项督导、综合督导不同，由于同一类型学校经常性督导由不同的责任督学承担，责任督学对督导事项与标准的理解把握，具有一定的差异性，因此，如何提高挂牌督导的公正性与公平性，需要教育督导部门认真研究。

（二）单列挂牌督导经费

《教育督导条例》明确规定，教育督导经费列入财政预算；《中小学校责任督学挂牌督导办法》规定，各地要为责任督学提供必要的工作条件和专项经费。在教育督导经费中，挂牌督导经费应该包含其中。挂牌督导经费主要包括责任督学必要的工作条件经费、培训经费、差旅费和超工作量补贴等。责任督学主要是来自一线的校长、名师以及教育行政干部，他们自身均有足够的工作任务；即便是退居二线的校级领导、教育局中层干部，或者已退休的教育专家，他们也有自己的工作与生活安排。挂牌督导内容广泛，时间既定，要占用责任督学相当的时间与精力，教育督导部门除为责任督学配备工作条件外，必须对他们的超工作量给予补贴。

（三）强化责任督学队伍建设

责任督学是挂牌督导的专业保障，缺乏一支责任心强、专业程度高、乐于奉献的责任督学队伍，挂牌督导难以顺利进行。强化责任督学队伍建设，必须建立健全责任督学的选聘、培训与考核机制。

目前，责任督学均为兼职督学，选聘什么样的责任督学尤为重要，所以，必须认真制定并实施责任督学选聘制度。责任督学的选聘范围，主要有三个方面，一是在职的教育局机关中层以上行政人员、校级领导、县级以上名师；二是退居二线的局机关中层干部、校级领导；三是已退休的教育教学与管理专家。由于受现行财政制度的制约，前两个方面人选参加挂牌督导，其工作经费补助的发放受到了县市区纪委的限制，挫伤了责任督学工作的积极性、主动性与创造性；第三方面已退休的教育教学与管理专家，在一般的县市数量有限，难以成为县市责任督学的主要力量。鉴于以上分析，更为合理的责任督学选聘对象，应是分管业务的副校长，在政策设计上，将责任督学列入教育行政部门对正级校长考核系列，享受正级校长相关待遇。在选聘程序上，实行公布条件、自主申报、单位同意、督导部门审核的方式，确保责任督学的权威性。对于选聘了的责任督学，要实行培训制度、考核制度，以确保责任督学的专业性。

第十六章　综合评估：发展性督导的重要杠杆

发展性督导追求学校发展的优质、增值与个性。教育督导组织在出台学校发展性督导标准，引领、指导学校自主发展规划的编制与实践之后，要对学校依法办学、自主发展、品质提升的策略与措施、状态与水平做出综合评估，这是学校发展性督导的重要杠杆。

第一节　综合评估的价值

《教育督导条例》第十三条就"督导的实施"问题，将中小学校的教育督导划分为"经常性督导""专项督导"和"综合督导"。教育督导具有评估、反馈、监督与指导的职能，综合评估是综合督导的重要内容。

一、综合评估的价值

综合评估是指根据系统科学的评估标准，运用较为规范多元的评估方法，在一定周期内，对学校依法办学、自主发展与品质提升的理念与目标、策略与措施、状态与水平，同时进行检查评定的督导活动。新时期督学的根本任务，是督导学校全面贯彻党的教育方针，依法依规办学，全面实施素质教育，切实提高教育质量。教育督导组织要切实增强责任感和使命感，认真履行对学校教育教学质量进行督导评估的职责。

学校发展性督导综合评估，旨在督促学校依法办学，自主发展，科学管理，推动现代学校制度建设；促进学校深化改革，遵循教育教学规律和学生身心发展规律，坚持立德树人，为每个学生全面发展、健康成长提供适合的教育；引导社会和家长树立正确的教育质量观，关心和支持教育的改革和发展，为学校营造实施素质教育的良好社会环境。

二、综合评估的内容

学校发展性督导的周期一般为三年，在这三年内，综合评估的主要内容包括五个方面。第一，评估周期之初，对学校三年自主发展规划的编制进行评审；第二，评估周期末，对学校教师的课堂教学水平进行现场抽样评价；对学生的学科（侧重于体育与艺术）学习素养，开展体验性表现性测评，或者委托基础教育质量监测单位进行监测；第三，在一个周期内，对学生、教师、学校各方面品质提升水平进行定量统计；第四，组织相关评估专家到各个学校开展现场评估；第五，公布各级各类学校的评估报告，并召开推介激励活动，部署下一个周期的发展性督导活动。

第二节　综合评估的准备

科学合理、切实可行的综合评估，需要进行充分的准备。综合评估的准备包括制定综合评估方案、开发综合评估工具和选聘综合评估专家等环节。制定的评估方案越周密、考虑的问题越细致、选择的工具越科学、聘请的专家越适切，评估工作将会越顺利，评估结果的公正性、可信度将会越高。

一、制订综合评估方案

方案是一种行动的计划。从评估的基本理念、工作原则、主要任务、实施步骤、具体要求等方面，具体、周密、可操作地部署综合评估的相关工作。一般地，学校发展性督导第三方评估工作规程规定如下：

受×××的委托，×××教育机构，坚持"学校本位，以评促改，和合共进"的督导理念，开展×××中小学、幼儿园发展性督导年度现场综合评估活动。为确保评估工作有序开展，特制订本工作规程。

一、全面遵循评估原则

（一）法制性原则。学校严格执行法律法规、方针政策以及学校发展督导标准；评估组各位评估专家要严格执行学校教育督导标准、现场评估工作规程。

（二）激励性原则。以发展的、向善的观念，充分肯定学校发展的积极性、主动性和创造性，善于总结挖掘学校发展的成绩与经验。

（三）问题性原则。坚持"问题导向"，既要肯定成绩，更要找出问题。对照相关标准，指出学校在发展进程中的不足与成因，为学校下一步发展提供改进建议。

（四）引领性原则。以现代教育思想和学校发展性督导理念，引领学校的教学、教育与管理工作，使评估成为全面贯彻教育方针、实施素质教育、推动育人模式多样化、提升学校发展水平的重要措施。

（五）公正性原则。严肃评估纪律，规范评估程序，坚持评估标准，自觉接受广大师生和全社会监督。实事求是，客观公正；一把尺子，一个标准。

二、准确把握工作任务

（一）内化标准。认真阅读、准确把握评估办法、评定标准的精神实质。了解当前有关基础教育发展的方针、政策与趋势。

（二）采集信息。全面把握评估信息，如校长汇报、自评材料，学校物质文化、师生行为表现，以及与师生认知等信息。

（三）客观给分。根据所采集的全面的、正确的评估信息，严格对照评估标准，给所评项目打分。

（四）科学排序。根据现场评估情况，对同一学段学校的发展状态、办学水平进行横向比较，初步判断各校在全县所处的位置，提供等级建议名单。

（五）上传成果。各评估组向领队及时提供评估成果。各组最终需要提交的评估成果包括：工作记录表、问卷打印稿、问卷统计表、评分统计表、每校的评估报告、每组的评估综述等。

三、认真执行评估流程

（一）材料评审。在评估前一天，评估专家开始审阅学校自评材料汇编，了解被评学校自评情况。

（二）评前沟通。在当天进入学校正式评估前，评估组召开预备会议，学习有关评估的指标内容和流程，落实责任，明确分工。同时，向被评学校介绍参加评估的专家，说明评估的目的、内容、方法及需要对方配合的事项。

（三）学校汇报。由学校负责人（一般为校长）简要汇报学校自评情况，时间不超过 20 分钟。汇报会出席对象除评估组全体成员、学校管理团队外，学校也可根据需要邀请教职工代表或其他人员参加。

（四）信息收集。评估组成员按各自分工，通过校园考察、资料查阅、课堂巡视、师生访谈等方式收集评估信息，评定各指标得分。

1. 校园考察。汇报会后可安排评估组集中考察校园，也可由评估组成员根据分工有重点地进行实地考察。需要重点考察的内容有：师生行为表现、校园（含班级、办公室、寝室等）文化元素、功能教室与信息技术的使用、校园安全等。

2. 查阅资料。核查台账资料，发现问题或需要新的佐证材料时应向学校提出，学校要及时提供有关材料或数据。其中，教师培训学时、学生体质健康合格率和优秀率、学生学业成绩相关指标，可暂时参考上一年度数据进行评估，最终以×××教育局各职能科室提供的数据为准。

3. 课堂（教室）巡视。根据指标需要，相关评估组专家可选择非毕业班级进行听课或巡课。重点巡视的内容有：教师教学行为、作息时间表、班级课表、作业批改情况、班额等。

4. 师生访谈。评估组专家根据指标要求与实际需要，可抽取部分师生在恰当的时间进行个别访谈或座谈（学生一般 8—10 人，教师一般 6—8 人）。向校长重点了解的问题有：学校办学理念、发展规划、教学质量及发展瓶颈；向教师重点了解的问题有：学校制度建设、规划落实、教学管理、校园文化建设等方面情况；向学生重点了解的问题有：师德师风、课程开设、课业负担、体育锻炼、活动参与等方面的情况。

（五）综合给分。根据上述四个步骤所掌握的信息，对照督导标准给分办法，选择合适的给分区间与等级系数，得出该项指标得分数。

（六）小组评议。由评估组组长召集各成员讨论、评议各项指标得分情况，确定学校总体优势、不足与改进建议。

（七）口头反馈。各项评估工作结束后，由评估专家就各自评估的指标进行分项反馈，最后评估组组长代表评估组向学校领导班子、教师代表等作总结反馈。

四、严格履行专家职责

评估专家由教育教学研究者、省地市督学、教育行政管理者、学校（幼儿园）校长（园长）组成。根据学校类别，将评估专家分为 3 个小组，具体名单见后表。

（一）组长工作职责

1. 主持评估组内部会议，制订评估组工作计划，调整落实组员分工，安排各校评估报告的撰写。

2. 主持现场评估工作，包括向校长说明来意、介绍本组成员、主持汇报和反馈会、监督评估纪律的执行等。

3. 参与指标评定工作，填写相应的评估记录表。

4. 组织小组评议，讨论评估意见和评估结论，代表专家组反馈评估意见。

5. 审核本组组员评分和评语。

6. 撰写本组评估综述；审核修改组员撰写的各校综合评估报告。

7. 回收相关评估资料，如工作规程、评估标准、评估记录表、评估报告、评估综述。

（二）组员工作职责

1. 接受组长领导，参加评估组集体活动。

2. 全面系统、客观真实地采集相关评估信息。如，开展阅读材料、聆听汇报、验证数据、校园巡视、师生访谈、社区了解、问卷调查等信息收集活动。

3. 将采集的评估信息与评估标准相比较，综合认定该项指标所处的区间、应得的等级。然后将等级系数乘以指标权重，给出该项指标得分。

4. 各项指标评分完成后，要客观、真实且有创意地填写相应的评估记录表。对学校所取得的成绩与存在的问题，必须客观、真实地予以呈现；对学校发展的建议，要体现引领性、时代性与前瞻性。

5. 完成组长交办的其他相关任务。如在规定时间内，向学校做出口头反馈；认真高质量地完成相关学校评估报告的撰写，要确保相关数据的真实性、提出问题的客观性、给予意见与建议的先进性与可行性。

6. 组内成员分工不分家，互通评估信息，共享评估资源，构成"信赖·尊重·和进·向善"的发展性评估共同体。

7. 维护评估组良好形象，对评估工作提出建设性意见。

（三）联络员工作职责

1.告知学校评估流程、评估专家及要做的准备工作：6份纸质自评表、评估会议室、学生问卷、多媒体教室、中午晚上工作餐。

2.落实专家行程安排，做好组长、组员和司机之间的沟通。

3.收发本组评估资料，包括专家签到表、专家手册、各项纸质评估表格。

4.做好学校汇报会和反馈会记录，协助专家处理相关评估指标的评估问题。

五、严格遵守工作纪律

（一）控制好现场评估的时间。如无特殊情况，评估组应严格按照评估日程和评估流程开展评估工作，确保每所学校评估程序与方法基本一致，保证每校现场评估时间不少于3小时，其中校长汇报时间不超过20分钟。

（二）处理好与评估对象的关系。评估专家应以同行交流者和合作伙伴的姿态开展评估工作，本着发展的眼光看待学校的问题，以专业的精神为学校发展出谋划策。不针对评估对象或个别事项发表不负责任的片面意见；不在公众场合或微信上传播评估对象的负面消息；不做不尊重评估对象、损害评估专家组队伍和评估工作声誉的事。

（三）保持好清廉正气的工作作风。评估人员严格遵守相关接待规定，不得接受高规格接待，不得接受被评学校或其他出面接待单位的礼品馈赠。进行现场考察活动时食宿从简，在被评学校食堂用工作餐，拒绝饮酒；不得接受利益相关人员的宴请。

（四）遵守保密规定。评估人员必须严格执行相关保密规定，做好保密工作，不得外泄被评学校的任何信息。

年 月 日

二、开发综合评估工具

综合评估方案解决怎么做的问题，综合评估工具解决做什么的问题。做什么，特别是依据什么样的标准对学校的达成程度做出评价是非常重要的，它事关学校能否沿着正确的方向，健康持续地发展。一般地，综合评估的工具主要包括评估标准操作细则、综评指标计分办法、各类评估对象问卷、学校自我评估手册、专家评估手册等方面的工具。

（一）评估标准操作细则

就周期性督导综合评估而言，督导组织于综评周期初，将学校发展性督导标准告知学校，对学校起到警示与引领作用。综评周期末（提前1个月），督导组织要印发关于做好学校发展性督导综合评估工作的通知，附上"学校发展性督导标准综合评估操作细则"，对学校起到检查评判与反思提高的作用。期初的督导标准宜粗，旨在为学校发展留足空间；期末的评估细则宜细，旨在对学校发展结果的评定能够相对客观。学校发展性督导主张督导类型的差异性，综合评估细则也要因类而异，体现层次性。

【链接】宁波市镇海区义务教育学校发展性评价细则学校管理部分

一级指标	二级指标	评价要素	分值	评价要点		
F1 学校管理 29分	F1-1 办学理念和三年规划	学校三年发展规划具有适切性、科学性、前瞻性，可引领学校发展，达成度高	6	1. 办学理念、办学目标能体现素质教育要求，体现立德树人的教育宗旨（2分） 2. 学校三年发展规划切合实际，学年度目标基本达成（2分）	1. 对教育改革与发展有理性的思考，办学理念、办学目标体现素质教育要求和时代精神，体现立德树人的教育宗旨（2.5分） 2能根据学校发展实际，适当调整三年发展规划，学年度目标达成度较高（2.5分）	1. 对教育改革与发展的本质有深刻的理性思考，有独特的体现素质教育要求和时代精神、体现立德树人教育宗旨的办学理念、办学目标（3分） 2. 能根据学校发展实际，适当调整三年发展规划，学年度目标达成度高（3分）
	F1-2 自评机制	建立不断自我反思、自我完善、自我发展的内在机制。开展工作进度、工作绩效的追踪，并进行自我检查、自我反思	2	定期开展工作进度、工作绩效的追踪，并进行自我检查和反思（1分）	问题分析比较到位，整改措施比较有效（1.5分）	问题分析到位，整改措施有效（2分）
	F1-3 领导力建设	校级领导具有改革和创新的意识和能力，了解并能运用现代学校管理方法和手段，教职工满意度高	7	1. 校级领导对学校发展有一定的认识和工作推进能力，能经常深入课堂听课，有体现现代学校特点的管理方法和手段（2分） 2. 领导班子分工明确，团结和谐（1分） 3. 教职工满意度达到75%及以上（1分）	1. 校级领导对学校发展的认识深刻，工作推进思路清晰，能经常深入课堂，有体现改革创新的现代学校管理方法、手段（2.5分） 2. 领导班子管理理念先进，能以身作则，凝聚力较强（1.5分） 3. 教职工对校级领导的满意度达到80%及以上（1.5分）	1. 校级领导对学校发展的认识独到、深刻，工作推进思路科学、清晰，有较强的课堂指导能力，有示范性、创新性的现代学校管理平台、方法、手段（3分） 2. 整个班子有较强的学习研究能力，有一定的改革创新意识，战斗力强（2分） 3. 教职工对校级领导的满意度达到85%及以上（2分）

F1 学校管理 29分	F1-4 制度建设	学校不断完善制度建设，积极探索现代学校制度创新；学校运转高效有序有活力	6	1. 有适应学校发展的基本管理制度（2分） 2. 教职工对学校制度的执行力满意度高，达到75%及以上（1分）	1. 有比较完善的、根据学校自身发展需要而制定的基本管理制度，并有一定创新（3分） 2. 教职工对学校制度的执行力满意度高，达到80%及以上（1.5分）	1. 在现代学校制度创新上有示范性（4分） 2. 教职工对学校制度的执行力满意度高，达到85%及以上（2分）
	F1-5 校园文化建设	校园布局合理，物化环境优美典雅，具有本校特点；学校有媒体平台开展文化宣传；校园文化活动内容丰富，师生参与面广；有校园传统文化活动，注重校园文化传承与创新，并形成特色	8	1. 校园布局合理，学校物化环境整洁有序，体现学校教育性（1分） 2. 有校园媒体平台经常开展文化宣传活动（2分） 3. 有计划开展校园文化活动，学生参与面广，有过程记载（2分）	1. 学校环境有美感，体现学校办学特色（1.5分） 2. 校园文化宣传内容丰富，并在市级及以上媒体平台有专题报道（2.5分） 3. 校园文化活动有传承与创新，初步形成校园文化特色（2.5分）	1. 校园环境优美典雅，富有艺术性，体现学校独有的办学理念和特色（2分） 2. 校园文化宣传内容丰富，并在省级及以上媒体平台有专题报道（3分） 3. 积极推进校园文化活动传承与创新，在市级及以上有一定知名度（3分）

（二）综评指标给分办法

采用什么样的指标计分办法，对评估结果的公平性有较大的影响，评估细则的制定应该包括指标计分办法。一般地，综评指标计分法包括：区间等级给分法、二次量化法、直接给分法、分列等级给分法、直接扣分法等五种计分法。

1.区间等级给分法。先将某项指标的达标程度，以模糊定性的办法，区分为好、较好、一般、较差和差五个区间，分别用 A、B、C、D、E 表示，每个区间划分为4个等级，每个等级的对应一个系数，相邻系数之间的差额为 0.05。按照先定区间，后定等级，再以等级系数乘以此项权重的办法，得出本项得分。见下表。

区间等级系数表

区间	A（好）				B（较好）				C（一般）	
等级	A1	A2	A3	A4	B1	B2	B3	B4	C1	C2
系数	1	0.95	0.9	0.85	0.8	0.75	0.7	0.65	0.6	0.55
区间	C（一般）		D（较差）				E（差）			
等级	C3	C4	D1	D2	D3	D4	E1	E2	E3	E4
系数	0.5	0.45	0.4	0.35	0.3	0.25	0.2	0.15	0.1	0.05

注：区间等级给分法适用于定性分析的指标，是对分列等级给分法的进一步优化，是较为流行的计分办法。

2. 二次量化法。顾名思义，要通过两次以上计算才能给出分数的指标计分法。二次量化法一般适用于定量分析的指标，包括学生学业成绩、体质健康、个性特长展示等方面的量化；教师课堂教学水平、业务能力展示等方面的量化；学校资源的优化与利用、集体荣誉的获得、学生教师社会满意度等方面的量化。

二次量化计算公式：

$$X = \frac{(m_{大} - m_{小})(a - a_{小})}{a_{大} - a_{小}} + m_{小}$$

X= 某校某项定量统计所得分

$m_{大}$= 规定权重最大值

$m_{小}$= 规定权重最小值（权重最小值的确定要与本组所测值的离差程度相联系，一般地，本组学校所测最小值与最大值的比例，作为确定本组权重最小值的依据。若本组有学校所测值为零时，该最小值也为零）。

$a_{大}$= 本组所测最大值

$a_{小}$= 本组所测最小值

a= 某校所测值

3. 分列等级给分法。即本项指标由若干个分列指标组成，每列分别按1、0.8、0.6、0.4四个等级系数计分。

4. 直接计分法。将同一评估指标分列若干等级指标，给出每列指标的具体评估要求以及权重，对照学校达标情况给出分数。

5. 直接扣分法。一般地，量化式的达标性指标，采用直接扣分法。扣分的指标，原则上不倒扣，即本项分数扣完为止。

（三）编制相关问卷

评估信息采集越充分、越全面，越能提高评估结果的客观性与公正性。因此，除了由评估专家现场采集评估信息外，还要利用网络技术，面向学生、教师、家长与社区以及教育行政干部，开展全方位的数据采集。问卷是综合评估的主要工具。

就问卷主体而言，可以分为学生问卷、教师问卷、家长与社区问卷以及教育行政干部问卷。一般地，教师、家长与社区以及教育行政干部的问卷，主要是各类主体对所在辖区学校的教育满意度调查。随着立德树人的深入，对学生核心素养的培育越来越成为基础教育的核心与主题。因此，单纯的学业成绩评价、个性特长展示不能满足新时代发展的要求。所以，教育督导组织要适时用评估指标加以引领、检查与约束。学生问卷涉及三个维度的内容，一是了解学生的基本情况；二是围绕学生理想信念、道德品质、创新意识、健康生活进行调查；三是了解学生对学校教育的满意度。教师问卷可以设置以下几个方面，一是了解教师的年龄、学科、职称结构；二是从学校管理、教育与教学的各个方面了解教师的满意度；三是从学校后续发展角度了解教师的价值取向。家长与社区、教育行政机关的问卷侧重于满意度的测评。

（四）印发学校自评工作手册

学校发展性督导综合评估的重心，不是通过评估专家对学校的发展给出一个等级结论，关键是通过综评这一环节，引领指导学校做好自我评估工作。正因为如此，研制学校自评工作手册显得十分重要。学校自评工作手册包括：学校自评等级申报表、自评报告、指标自评分析表、基本数据自评表和自评得分统计表。

1. 学校自评等级申报表。实行自评等级申报制度，可以提升学校的主体地位，也可以增强学校自评的真实性与客观性。申报表的主要内容为两个方面，一是明确提出学校申报的等级，如"四星级品质化学校"；二是阐明申报此等级的主要理由，包括本周期内学校发展所取得的主要业绩，特别是学生、教师、学校品质提升方面的主要成果。诚然，申报理由要简洁明确，不能写成自评报告。

2. 自评报告。自评报告是学校一个周期内对依法办学、自主发展、品质提升的全面梳理，是对学校发展的理性认识。自评报告主要包括：学校概况、自评结果汇总、主要做法成绩或经验、存在的主要问题及相应改进策略、未来三年学校发展的基本定位五大方面展开。自评结果汇总，按照学校发展督导标准中的基础性规范、能动性指南、品质性准则三个方面加以呈现，在总体上审视本周期内学校发展状态与水平。由于指标自评分析表单列，所以自评报告的字数要控制，一般在 5000 字以内为宜。

3. 指标自评分析表。指标自评分析表是学校自评的主要工具。自评分析的依据是学校发展性督导综合评估细则，主要包括基础性规范达成度分析、能动性指南达成度分析和品质性准则达成度分析。基础性规范、能动性指南可按管理部门划分为

若干份分析表，每张分析表包含指标要求与权重、自评概述、主要做法与成绩、存在的问题与改正措施等。（见表16-1）

表16-1 指标达成分析自评3：德育管理与学生道德、身体心理

一级指标	二级指标	三级指标（摘要）主要依据操作细则	权重	计分方法	自评系数	自评得分
A4 德育管理（20）	B11 日常规范	C20 日常行为规范	2	分列等级	/	2
		C21 "体育节""读书节""艺术节""科技节"的实施	3		/	
		C22 班集体建设、社团活动、节假日活动	3	区间等级系数法		
	B12 德育指南	C23《中小学德育工作指南》	2			
		C24 德育队伍（班主任）建设	2		/	2
		C25 立德树人、德育特色或德育品牌、主张	5			
	B13 合力教育	C26 家庭教育工作机制	2			
		C27 社会共育机制	1		/	1
A13 道德品质 (15)	B33 理想信念	C67 集体意识、爱国情感、民族认同感、社会责任感	3			
	B34 习惯素养	C68 行为习惯与公民素养	10			
	B35 人格品质	C69 自尊自信、自律自强；尊重他人、乐观向上	2			
A15 身体心理 (10)	B39 身体机能	C73 体重、肺活量、视力、跑步、立定跳等	7	二次量化	/	
	B40 健康生活	C74 心理品质、生活方式、审美表现、人际关系	3	综合给分		
自评概述						
主要做法亮点						
主要不足问题						
改正措施						
主要佐证材料						

自评者签名：　　　　　审核者签名：　　　　　评估时间：

由表 16-1 可知，德育管理属于基础性规范的内容，道德品质、身体心理属于品质性准则的内容。前者是教育与管理的过程与措施，后者是教育与管理的成果，前者为后者服务，后者决定或制约前者的理念与行为。

又如，能动性指南中的"规划执行"指标达成分析自评，包括规划内化、规划实施策略与机制、自我评估制度、规划目标实现度等二级指标。（见表 16-2）

表 16-2　指标达成分析自评 7：规划执行

一级指标	二级指标	三级指标（摘要）主要依据操作细则	权重	计分方法	自评系数	自评得分
A12 规划执行 (44)	B29 规划内化	C61 核心理念、培养目标的内化	2	区间等级系数法	/	
		C62 规划目标与计划目标关联度	4		/	
	B30 实施策略与机制	C63 规划、计划的实施策略、保障措施	4		/	
	B31 自我评估	C64 自我评估制度与实践	4		/	
	B32 规划目标实现度	C65-1 总体目标达成度高	12			
		C65-2 重点目标达成度高	8			
		C66 特色品牌，集体荣誉，社会影响力	10	二次量化	/	
自评概述						
主要做法亮点						
主要问题不足						
改正措施						
主要佐证材料						
自评者签名：　　　　审核者签名：　　　　评估时间：						

4. 基本数据自评表。基本数据自评表主要由三部分构成，一是学校生均物质资源占有量；二是学校行政班子简况；三是学生、教师、学校品质提升相关数据统计。学生品质提升主要统计学生的道德品质优秀率与合格率、基础性课程竞赛获奖率、拓展性课程展示获奖率以及学生个性特长展示率。教师品质提升主要统计教师师德优秀率与合格率、教师课堂教学与教学论文获奖率、教师教育科研成果获奖率等；学校品质提升主要统计学校物质资源的优化与利用效率、学校课程开发与开设水平、学校的改革创新能力以及学校教育的社会满意程度。相关基本数据自评表格，要与学校的自我评估表格相一致，要减轻学校评估负担（参照第十四章）。值得注意的是，品质提升的自评不是重复指标是如何达成的，而是陈述指标达成的状态与水平。另外，学校要按三级指标的序号，统计自评得分状况。

（五）制定专家评估工作手册

学校发展性督导综合评估专家工作手册的设计，由评估要求、时间的长短、评估内容的多少来确定。评估手册一般包括：①督导组织印发的开展综合评估的文件（含综合评估细则）；②评估工作方案或规程；③评估时间安排表；④评估专家分工表；⑤评估专家工作记录表；⑥学校评估成绩统计表；⑦综合评估报告样本；⑧分类（组）综合评估报告综述；⑨专家承诺书。

评估专家工作记录表与学校指标达成分析自评表的内容与格式是相吻合的，因为现场综合评估主要是基于学校自评基础之上的验证性评估，这里不再介绍。下面重点介绍综合评估报告样式。

综合评估最难的一件事，是向每一所学校提供书面的综合评估报告，向区域教育行政部门递交区域综合评估报告综述。各位专家向学校口头反馈项目评估意见，都是非常有水平、有高度的，但是与学校综合评估报告撰写要求，往往是有一定距离的。因此，如何写好综合评估报告显得十分重要，综合评估组织者必须予以高度重视。通常的做法是向评估专家提供综合评估报告模板。综合评估报告一般包括综合评估概况、发展水平状态呈现、主要成绩与经验、主要问题与不足、主要意见和建议等方面的内容，其中发展水平状态重点呈现学生健康成长、教师专业发展和学校品质提升等方面的定量表述与定性评语，具体见书后附录。

三、选聘综合评估专家

选择什么样的综合评估专家，是由评估标准、评估要求决定的。大部分专家能够接受外出一周的督导活动，时间大于一周的评估，很难保证每一位专家均能坚持自始至终参加，这会给评估的一致性带来一定的影响。综合评估通常的做法是每组5—7名专家，每校半天时间，每次评估时长少于或等于一周。就选聘对象而言，评估专家由现任或退职的校长书记、省市县督学、教育行政干部组成；就选聘专业而言，评估专家由规划类、管理类、教育类、教学类、资源类与技术类等方面的专家组成。

第三节　综合评估的实施

综合评估的准备是为综合评估的实施服务，综合评估的实施是学校发展性督导最重要的部分，是发展性督导理念能否得到体现，价值诉求能否得到实现的重要环节。课堂教学评价、教育质量监测、网络数据采集和专家现场评估是综合评估实施的重要内容。

一、课堂教学水平评价

课堂教学是学校教育的中心。对教师的课堂教学水平进行监督、检查与评价，是发展性督导一种新的导向，是内涵式督导的重要标志。课堂教学评价的标准有两种取向，一种是采用本区域教学研究机构通用的评优标准，或者直接采用教研机构课堂教学评价结论。另一种是由督导组织另行制定评价标准。该标准侧重于面向全体、全面发展。例如，温岭教育督导组织于 2005 年开始，就将课堂教学评价引入学校发展性督导之中。其评价的标准是：

（一）理念影响到位

思想是行动的先导。课堂教学必须坚持"为了学生的健康成长"的核心理念，并将其落实到每一堂课的教学之中。因此，教学中的科学理念是否影响到位，是课堂教学是否有效的基本前提。理念影响是否到位，主要用于评价教师在教学过程中，是否始终坚持学生为本、差异教学、全面发展的理念。

（二）目标设计科学

课程标准、教材与教学内容是共性的，而学校、教师与学生是具体的、有个性的。教学有效与否的衡量标准是目标的实现程度，教学目标设计的科学性，对于每一个学生的健康成长尤其重要。因此，教学目标设计是否科学，主要评价教师在教学设计过程中，是否能够根据课程的三维目标要求、教材的地位与作用、班级学生的学习起点，遵循"以学定教"的原则，策划出适宜、可行、可测的课时、单元（章节）教学目标。

（三）方式提供合理

教无定法，适合学生发展的，都是合理科学的、好的方式。教学方式是否合理，主要评价教师在课堂教学中，是否合理地利用自主、合作、探究等方面的学习方式。

（四）情景创设多元

学生的本质是好奇的、好学的。先进的理念、科学的目标，需要多元的教学情景。

情景创设是否合理,主要用于评价教师是否设计并运用了主动、多向、和谐的教学情景。

（五）作业分层有效

学生的学习水平是有差异的，但目前的作业是面向共性学生的，优秀学生与学习起点相对滞后的学生，体会不到学习的快乐。所以作业分层是否有效，主要评价教师在教学过程中是否既关注班级中的前10％的学生，又厚爱班级中的后20％学生，为不同的学生布置不同的作业，使之获得不同的发展。

（六）效果感觉良好

评价效果感觉是否良好，重点是基于教学目标的学生学力发展，不仅仅是学生知识的掌握，能力的培养，同时，评价是否促进了学生的人格成长。以此为基础，反过来评价目标设计是否科学，方式提供是否合理，情景创设是否多元。

课堂教学评价一般在现场评估前1—2月举行，评价的对象涵盖所有学科，包括拓展性课程。每个学科由外聘的两位学科专家负责各听2节课，共听4节课。对每节课的评价采用区间等级系数表示。当然，在进行课堂教学评价的同时，检查被评价教师的备课、作业批改等方面的情况，并予以点评指导。

二、教育质量数据采集

教育质量数据来源有五个方面，一是区域招生考试办公室（或考试院）组织的中考、高中学考与高考数据；二是区域教学研究机构组织的小学毕业年级会考成绩；三是市级以上基础教育质量监测机构的监测数据；四是教育督导组织根据需要单独实施的非基础学科学生体验性、表现性学习评价成绩；五是义务教育学校学生体质健康监测上报数据，高中学校的新生体质健康监测成绩。

基础教育学科学业成绩、中考成绩与学考成绩的统计方式，重点突出优秀率、合格率与后20％控制率。优秀率强调英才教育，合格率强调整体水平，后20％控制率强调教育公平，面向全体。高考成绩对不同层次的学校要有不同的统计方法，如对本区域一级重点（特色示范）学校，侧重于985、211学校的上线率，对一般普通高中侧重于普通高校的上线率。对于体质健康数据的统计方法，重点突出体质健康合格率。不同区域如何统计利用相关数据，要根据区域教育发展实际，结合时代发展趋势来确定。

由于党和国家非常重视全面落实立德树人的根本任务，强化学生全面发展核心素养教育，因此，教育督导组织要通过非纸笔测试的方式，加强对非基础学科学生学习状态与水平的监测，特别是加强对学生的情感、态度与价值观等方面核心素养的监测。如加强对学生的科学素养、艺术素养的监测，并增加权重占比，突出教育督导、指导功能。

三、网络信息调查

通过网络（手机、电脑）调查学生的学习状态、同伴关系、师生关系、家庭关系，以及学生对教师教学、对学校教育、对社区环境的满意度；调查教师的职业理想、教学理念、通识性知识，以及对学生、对同伴、对学校、对社区、对教育的满意度；调查家长对子女教育的态度，以及对教师教学、对学校管理的满意度；调查机关干部的教育理想与信念、对辖区内教师、对校长、对学校的满意度。通过对这些调查数据的整理与分析，找出与学校教育的相关因素，作为对学校综合评价的参考。

四、专家现场评估

专家到校现场评估是综合评估的最后一个环节，也是决定性的环节。其主要工作内容包括：采集评估信息、验证自评结论、讨论评估意见、反馈评估报告。

（一）采集评估信息

课堂教学水平评价、教育质量数据采集、网络信息调查均属于现场评估之前的信息采集。现场评估之中的信息采集，主要有听取学校汇报、校园巡视观察、师生社区访谈、课堂教学巡视、档案资料查阅等方面的内容。

1. 听取校长汇报。校长的汇报是这一周期内学校教育发展的精华部分，能够反映学校办学的核心理念、教育价值、策略路径、成绩经验等方面的成果，对各位评估专家具有先入为主的作用。虽然各位专家的分工是具体的，但是30分钟以内校长报告所蕴含的学校管理、教育与教学等方面的信息，每位专家仍要好好把握。

2. 校园巡视观察。校园巡视主要有五个角度，一是验证相关功能教室、设备设施是否达到标准并有效使用；二是学校的物质文化是否符合学校核心价值，体现校长办学理念，是否既重点突出，又全面多元；三是校园特别是厕所、食堂是否整洁有序，能否体现师生的规范文明行为；四是师生、生生、师师之间的课间或课堂的即时交往，能否体现生态友好的人际氛围；五是教师办公室能否体现出立德垂范、为人师表，学生寝室能否反映学生健康成长等等。

事实上，只要有相对足够的时间，校园巡视观察就能更全面、细致，这对学校综合评估结论具有重要的影响。各位评估专家切不可只在学校事先准备的档案材料中采集信息，更加客观真实的信息是在动静结合的校园中。校园的巡视观察方式有两种，一种是在听取校长汇报前评估组成员集体巡视，这种巡视带有校方预设的效果；另一种是各位专家根据分工所需单独巡视。单独巡视比群体巡视具有更细致深入、更贴近本源的优点。

3. 师生社区访谈。师生社区访谈是常用的评估方法。如果由评估组给出访谈提纲、校方提供访谈对象，那么访谈结论的真实性较差。理想的访谈应该是，每一位评估专家根据已采集的评估信息，自主拟定若干个师生访谈提纲，在校园巡视的过程中，与偶遇的师生进行访谈，访谈人数3—5人。这样的访谈具有生成性、随机性，因而更具真实性。

4. 课堂教学巡视。一般由分管教学与德育的专家完成，侧重考察学生的学习状况、教师的教学状态以及师生互动情况，同时考察教师现代教育技术运用状况。

5. 档案资料查阅。查阅档案旨在验证学校指标自评的客观性，特别是师生获奖情况的真实性。习惯上，学校非常重视档案资料的整理与呈现，作为评估专家，要尽可能多地阅读学校提供的档案，但是也不能被档案资料所束缚，一定要坚持多走走、多看看、多问问。

（二）撰写评估结论

撰写评估结论的主要依据是采集的评估信息，同时要参考学校的自评结论。当他评结论与自评结论差距较大时，要反复验证，必要时与校方进行交流沟通。项目指标的评估结论包括：①评估概况，简要说明采集的相关信息；②主要成绩与亮点；③主要问题与不足；④主要意见与建议。

（三）讨论评估意见

讨论评估意见建立在专家独立工作的基础上，要在向校方反馈前召开专家小组讨论会，各位专家交流对被评学校的总体看法，评估组长综合各方数据、看法，提出综合评估结论，成员统一认识，如，学校达到了"五星级品质化学校"的申报要求。若评估结论与校方申报要求有一定的距离，评估组长要与校长沟通，告知未达到申报等级的主要原因，让校方有一个心理准备。

（四）召开反馈会议

召开反馈会是现场评估的最后一个环节，也是学校一个周期努力后迫切期待得到一个好结论的时刻。反馈会议一般有三项议程：宣读评估报告、评估组长讲话、学校表态发言。反馈会由副组长或该校评估报告撰写者主持，组长宣读报告。但是，由于评估时间短，评估报告的形成有一定的困难，因此，通常的反馈方式是组长主持，每一位评估专家对分管指标的评估结论进行反馈，组长最后作总结性、全面性的反馈。这种反馈方式的优点是能够充分发挥各位专家的点评与指导引领作用，对学校的后续发展具有很大的推动作用，缺点是由于有话可说，往往不能控制时间，导致专家工作非常辛苦。设置校长表态环节，旨在让校方对是否认同各位专家的评估结论进行表态，若有异议，可以重新核实交流。这个环节具有协商的成分，学校发展性督导的民主意识与行为得到了体现。

五、评估报告传递

周期性的综合评估报告，经评估专家撰写、评估组长审核、教育督导组织认定通过后，以文件的形式发送至被评估学校（单位）；属于义务教育学校的，要发送至学校所在地人民政府（办事处）办公室。另外，对本区域各类别学校的综合评估，要撰写本区域学校评估报告综述，并将区域学校评估报告综述，以文件的形式上报本级人民政府，发送至本区域教育行政部门。同时，相关综合评估报告，要在本区域教育网站上予以公布。

第十七章 推介激励：发展性督导的新的征程

每一所学校的发展是自主的、个性化的，但是发展的策略、机制与成果是可以且必须共享的。于是，推介激励机制既是一个周期学校发展性督导的延伸，又是下个周期发展性督导的开始。教育督导组织不仅要指导监督学校规划实践的程度与水平，更要善于发现总结学校依法办学、自主发展、品质提升的成功做法与经验，并通过推介的形式，实现学校发展策略、机制与成果的共享。

第一节 推介激励的作用

一、推介与激励的含义

推介指把好的人或事物向人或组织介绍，希望被任用或接受，有推广介绍之意。推介会顾名思义就是推广介绍的大会或活动，旨在帮助企业、社会组织和团体、政府等宣扬自己的特点、产品和政策，促进交流活动，为合作双方带来利益。推介会向推荐对象传达相关组织、团体或企业的情况、文化价值观、人力资源政策等信息。

激励是人力资源的重要内容，是指激发人的行为的心理过程。激励就是组织通过设计适当的外部奖酬形式和工作环境，以一定的行为规范和惩罚性措施，借助信息沟通，来激发、引导、保持和规范组织成员的行为，以有效地实现组织及其个人目标的过程。

学校发展性督导中的推介激励，是指教育督导组织推广或约束学校依法办学、自主发展、品质提升的经验或问题，以实现学校发展理念、策略、机制与成果的共享，并对学校的发展成果予以物质与精神激励或惩罚的教育督导活动。

二、推介与激励的作用

推介可以张扬学校个性、共享发展成果。发展性督导在本质上又叫个性化督导，学校个性发展结果，学校自身的宣传是基础，得到督导组织的认可并以组织名义进行推介，不仅对被推介的学校产生强大的激励作用，而且对其他学校的发展也会产生推动作用。

激励能够调动各级各类学校工作的积极性、主动性和创造性，使学校努力去贯彻党和国家的教育方针，实现学生的培养目标，履行教育行政组织工作职责，完成学校自主设定的目标。有效的激励会点燃学校师生的教育激情，促使他们的工作动机更加强烈，让他们产生超越自我和他人的欲望，并将潜在的巨大的内驱力释放出来，为学校教育的远景目标奉献自己的热情。

推介激励作为一种制度，它能够引导学校经常性地反思学校的发展过程、发展水平，不断总结学校发展的经验教训，调整学校发展策略，提升学校发展水平。

第二节　推介激励的主要方式

一、推介的主要方式

推介的主要方式包括现场推介与媒体推介。现场推介包括综合成果表彰、实物图片展示、举办督导论坛等；媒体推介包括报纸杂志介绍、电视广播报道等。

（一）现场推介

学校发展性督导的现场推介，通常选择在会议中心或某一所学校的会议室，在学校之间举行面对面的交流，达到介绍学校发展理念、主要成果、策略措施以及经验与启示等目的。可选择的方式如下：

1.综合成果表彰。当一个学校发展性督导周期结束时，教育督导组织及时召开学校发展性督导总结表彰大会，对那些在这一周期内所取得的"依法办学，自主发展，品质提升"优秀成果，予以推介、表彰。为了尊重每一所学校在发展性督导中所取得的发展成果，可以先请各个自主发展性学校全面总结三年来"依法办学，自主发展"所取得的成绩，印发《"依法办学，自主发展，品质提升"——学校发展性督导成果汇编》，从中选出若干个典型经验进行大会介绍，以实现学校发展性督导成果的共享。

总结表彰既是上一个发展性督导周期的终点，又是下一个发展性督导周期的起点；学校发展性督导成果的共享，既是对学校过去"依法办学，自主发展，品质提升"成果的认可，又是对学校未来"依法办学，自主发展，品质提升"水平的期待。因此，召开总结表彰会议并不是学校发展性督导的目的，教育督导组织要通过这个会议，对学校未来三年的发展性督导加以引领，具体部署下个周期的学校发展性督导工作。这就是说，上一周期的发展性督导的总结表彰会议，也是下个周期的发展性督导的启动会议，做到承前启后，螺旋上升，持续发展。

2. 专题经验推广。学校发展性督导的周期较长、标准多元，各校的发展成果也是多样的，有些学校取得了综合性成果，有些学校取得专题性经验。因此，督导组织除了组织综合性的推介活动外，也可以根据实际需要，开展专题性成果推广活动，如设立理念建设成果、依法办学成果、目标定位成果、学生发展成果、教师发展成果以及学校发展成果等专题，使每一所学校均能获得展示的机会。专题成果推广的方式主要为实物、图片、视频等。

3. 教育督导论坛。学校发展性督导是一项全新的工作，在实际运行过程中会遇到这样或那样的问题，有些问题这个学校遇到了，而另一个学校解决了，有些问题这个学校解决了，但另外的学校存在着。教育督导组织要善于梳理各种问题，把各种问题整合成学校发展性督导的若干个主题，然后通过"学校发展性督导论坛"的形式，让大家各抒己见，集思广益。不仅如此，学校发展性督导论坛可以与大学、高校链接，邀请教育督导与教育评估的专家学者进行理论引领，这样，既提高学校对发展性督导的理性认识，又探讨了学校"依法办学，自主发展，品质提升"的方法、策略与模式，进一步完善了学校发展性督导的理论体系与实践范式。

（二）媒体推介

媒体推介是指通过报纸、杂志等纸质媒体，电视、广播、视频、网络等视听媒体，向社会大众介绍、展示学校发展性督导成果的活动。教育督导组织要善于向社会公众展示自己的理念与价值、制度与技术，善于展示学校依法办学、自主发展、品质提升的成果。

二、激励的主要方式

推介本身是一种很好的激励。除此之外，激励可分物质激励与精神激励。

1. 物质激励。是指运用物质的手段使受激励者得到物质上的满足，从而进一步调动其积极性、主动性和创造性。学校发展性督导的物质激励，主要是将督导结果与学校教师的奖励性工资年终考核挂钩的制度。这一制度促进各校教师必须参与发展性督导的全过程，树立并实践校荣我荣、校耻我耻的理念与行动，更好地保障了学校品质的全面提升。物质激励要体现一定的竞争性、级差性与公正性，既不搞平均主义，体现一定幅度奖金的差异，又要保证公平、公正性。例如温岭市学校发展性督导结果与学校年终考核奖金挂钩的系数设置，具有竞争性、温柔性与激励性。（见表 17-1）

表17-1

	三星级	四星级	五星级
品质化学校	1.1	1.15	1.2
特色化学校	1.05	1.1	1.15
规范化学校	1	1.05	1.1

2. 精神激励。精神激励即内在激励，是指以表扬、奖状、勋章、荣誉称号、授权等手段进行的奖励方式。精神激励主要满足员工对尊重、成就、自我实现等高层次的精神需要，是调动员工积极性、主动性和创造性的有效方式。学校发展性督导的精神激励，主要是对学校取得的成果，以荣誉称号的方式发文命名，如×××"五星级品质化学校"等，同时授予奖牌。另外，在教育系统内外推介学校的办学质量，也是一种精神激励。

保障策略

近十年以来，公平与质量成为基础教育的主题，学校标准化、财政公平性已基本完成。因此，推进现代教育治理，建立现代学校制度，深化教育督导改革，特别是实现督导标准法制化、督导治理一体化、督导队伍专业化、督导过程民主化和督导手段信息化，成为学校发展性督导能否顺利实践的重要保障。

第十八章 法人治理：教育督导的重要保障

法治与人治相对立，是人类政治文明的重要成果，是现代社会的一个基本框架，也是一种治国的方略和社会调控方式。法治是法律制度治理的简称，法是指法律制度，治即治理。推进学校教育治理现代化是新时代中国特色社会主义教育治理现代化的必然要求。推进教育治理的现代化，强化现代学校制度建设，保障深化教育评价改革，既是学校发展性督导的价值追求，也是教育督导的重要保障。

第一节 优化现代教育治理

治理一词来源于拉丁文和古希腊语，原意是控制、引导和操纵。长期以来，它与统治一词交叉使用，"无论传统用法或辞书上的解释都以'治理'为'统治'的同义词"[①]。但是，到了 20 世纪 90 年代以后，西方经济学家针对现代企业在"委托—代理"关系中激励不足所导致相关利益受损，提出了一个新的制度架构，即通过利益相关者共同参与，并形成一种新的制约机制和激励机制，以促使外生的约束内化为内在的制度结构，赋予治理新的含义。相对"管理"而言，"治理"概念内容丰富，强调灵活性、协调性、沟通性与包容性，彰显国家的公平、正义，社会的和谐、有序。现代教育治理是民主与法治、共享与责任、多元与互动等诸多理念的综合体现。教育现代化是国家现代化的基石，没有教育现代化就没有国家现代化。其中，教育治理的现代化不仅是优化现代教育治理的首要目标，而且是实现教育现代化的核心目标和根本要求。

一、教育治理现代化的内涵与意义

《国家中长期教育改革和发展规划纲要（2010—2020 年）》明确提出要"建设依法办学、自主管理、民主监督、社会参与的现代学校制度"，为推进现代教育治理体系建设指明了方向。教育治理体系现代化在国家治理体系现代化当中具有举

[①] 格里·斯托克著，华夏风译：《作为理论的治理：五个论点》，《国际社会科学杂志》1999 年第 2 期，第 19—30 页。

足轻重的地位和作用，是国家治理体系现代化的重要组成部分。

（一）教育治理现代化的内涵

教育治理是"多元主体"，包括国家机关、社会组织、利益群体和公民个体，通过合理的制度安排，合作管理教育公共事务的过程。许多学者根据各自研究的侧重点对其进行了诸多阐释。褚宏启认为，教育治理应以共治求善治，是多元主体以民主形态共同管理教育公共事务的过程，通过共治建立起高效、公平、自由、有序的教育善治新格局。戚晓思认为，"教育治理是在构建政府、学校、社会共治关系的基础上，运用现代技术手段和管理方式，统筹相关治理主体并充分发挥其能动性，使各级各类教育在依法治教的轨道上创新协调全面发展，最终实现教育现代化的一种新型教育行政方式"[①]。教育治理现代化中，教育治理体系现代化和教育治理能力现代化是重中之重。

教育治理体系现代化，是以新时代中国特色社会主义教育制度为基础的，涵盖各级各类教育治理主体与客体、过程与方式的综合治理系统，是一种由"教育治理制度等众多要素构成的完整系统"。[②]教育治理体系现代化，是一个从"教育管理"走向"教育治理"的、内涵不断丰富的过程，体现在"教育治理主体的多元化、教育治理运行的互动性、教育治理过程的民主性、教育治理方式的合作化"。[③]

教育治理能力现代化，由教育政策执行能力、教育资源利用能力、教育体系规范能力等多方面能力的现代化构成。教育治理能力现代化，还需要根据新时代人民群众的要求，不断提升教育治理的规范化、民主化和高效化。教育治理能力现代化，既决定着教育现代化水平的高低，也是实现国家治理现代化的智力基础。[④]

（二）教育治理现代化的意义

教育治理体系与治理能力现代化不能仅仅被理解为概念的更新，关键在于其意义的更新，是对既往教育管理体制的历史超越；教育治理体系与治理能力现代化不仅是教育现代化的关键内容，也是教育现代化得以实现的重要保障。[⑤]

1. 教育治理体系是国家治理体系的重要组成部分。国家治理体系是一系列国家制度的集成，是由治理主体、治理客体、治理目标、治理方式等要素构成的完整体系；国家治理能力则是指国家治理体系的执行能力。[⑥]教育是国家大系统中的子系统，具有基础性地位。教育的基础性地位主要是由教育的本质和功能所决定的。教

---

① 戚晓思：《教育治理体系与治理能力现代化的研究进展与展望》，《河南社会科学》2018 年第 2 期，第 113—118 页。
② 张健：《教育治理体系的现代化：标准、困境及路径》，《教育发展研究》2014 年第 9 期，第 27—33 页。
③ 刘冬冬、张新平：《教育治理现代化：科学内涵、价值维度、实践路径》，《现代教育管理》2017 年第 7 期，第 1—6 页。
④ 戚晓思：《教育治理体系与治理能力现代化的研究进展与展望》，《河南社会科学》2018 年第 2 期，第 113—118 页。
⑤ 陈金芳、万作芳：《教育治理体系与治理能力现代化的几点思考》，《教育研究》2016 年第 10 期，第 25—31 页。
⑥ 俞可平：《国家治理体系的内涵本质》，《理论导报》2014 年第 4 期，第 15—16 页。

育的本质是一种培养人的社会实践活动,具有推动人类社会和人类个体发展的功能。现代教育的政治、文化、科技、经济和军事等方面的功能，是促进经济发展、社会进步、民族复兴的基础性力量。所以，教育治理体系在国家治理体系中具有举足轻重的地位和作用，是国家治理体系的一个重要组成部分。

2. 教育治理体系与治理能力现代化是实现教育现代化的强大动力。教育治理体系与治理能力现代化的过程，意味着一系列教育体制机制的改革与创新，将有力推动教育观念、教育内容、教学方法、教育手段、教学设施、教师素质等各方面的改革与创新，从而实现教育整体现代化。多年来，教育领域逐步进行办学体制、投资体制、招生就业体制改革，以及学校内部管理体制和教育教学体制的改革。但是，我国当前教育仍然面临很多问题，如教育法制建设比较薄弱，教育立法、执法监督和法制宣传教育都有待进一步完善；教育管理体制、经费投入体制等依然滞后于社会经济的发展；学校内部管理的改革还不适应教育内涵式发展的需要等等。只有实现教育治理体系与治理能力现代化，才有可能克服现有教育体制机制的弊端，以利于实现教育现代化。

3. 教育治理体系与治理能力现代化是完成我国教育转型的关键环节。改革开放前 30 年，我国教育重在强调数量增长、规模扩大、空间拓展和适应外部需求等外延方面发展，满足了人民群众"有学上"的需求。近年来，教育发展进入了一个新的阶段，高度重视教育的内涵发展。经济社会对人才的需求发生很大变化，创新型与复合型人才稀缺，人民群众接受优质教育、个性化教育需求强烈。教育的内涵发展以结构优化、质量提高、实力增强和适应可持续发展为主要特征，政府自上而下、刚性统一的外控管理模式，具有显著的局限性。因此，处在以"公平"与"质量"为主题，以核心素养、关键能力为导向的教育发展转型期，教育治理体系需要创新，治理能力需要提升。教育治理体系与治理能力现代化是完成我国教育转型的关键环节。

二、教育治理现代化的结构与标准

孙绵涛[1]认为，现代教育治理体系是由谁治理、治理什么、如何治理这三个基本要素所组成。谁治理是指参与现代教育治理的政府、学校与社会。治理什么是治理的内容，包括：协调政府、学校与社会之间的关系；协调各级各类教育之间的关系；协调教育观念、体制、机制与活动之间的关系；协调教育观念、体制、机制与活动四个基本要素中各子要素之间的关系。如何治理包括治理的依据、原则、程序、过程及法理结果的处理等五个子要素。

陈金芳等[2]认为，教育治理体系是一个以教育制度为中心的系统，这个系统既包括作为教育制度导向的教育价值观或价值追求,也包括贯彻教育制度的政策行为。

---

[1] 孙绵涛：《现代教育治理体系的概念、要素及结构探析》，《新观察》2016 年第 4 期，第 8—11 页。
[2] 陈金芳、万作芳：《教育治理体系与治理能力现代化的几点思考》，《教育研究》2016 年第 10 期，第 25—31 页。

教育治理能力包括理解能力、执行能力和创新能力三个主要构成要素。教育治理体系与治理能力现代化的衡量标准主要包括：符合科学精神、教育规律；过程民主化；运行制度化、法治化；高效与公平并举。

（一）教育治理现代化的基本结构

按照陈金芳等[①]的观点，教育治理体系是一个系统，是一个有机整体，具备系统性、整体性、协同性特征，包括不同的构成要素。从宏观角度看，教育治理体系是一个以教育制度为中心的系统，这个系统既包括作为教育制度导向的教育价值观或价值追求，也包括贯彻落实教育制度的政策行为，其基本结构如图 18-1。

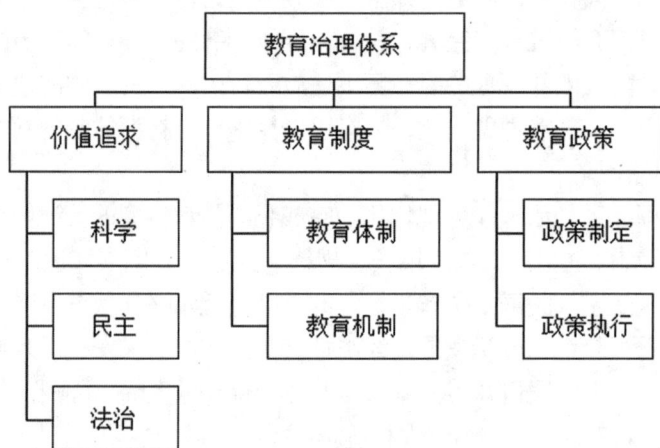

图 18-1　教育治理体系结构

价值追求、教育制度、教育政策三者在教育治理体系中的地位和作用呈正态分布。教育制度居于核心位置，包括一系列教育体制与机制；价值追求居于开端位置，对于教育制度的形成与发展具有导向作用；教育政策居于末端位置，支持教育制度的落实与执行。在教育治理体系中，教育制度是根本，是决定教育治理体系现代化的关键性构成要素。三者缺一不可，且相互制约、相辅相成。

"教育治理能力也包括三个主要构成要素：理解能力、执行能力和创新能力。理解能力主要指对于代表大多数人利益的教育价值观的理解与认同，进而加以维护与坚持；执行能力指教育治理体系的制度形成能力、制度实施能力、制度调适能力等；创新能力指制度学习能力与制度创新能力"[②]，其基本结构如图 18-2。

理解能力、执行能力、创新能力三者在教育治理能力结构中呈递进关系，且相辅相成。理解是执行的基础，只有充分理解代表大多数人利益的教育价值观，才能

[①] 陈金芳、万作芳：《教育治理体系与治理能力现代化的几点思考》，《教育研究》2016 年第 10 期，第 25—31 页。
[②] 陈金芳、万作芳：《教育治理体系与治理能力现代化的几点思考》，《教育研究》2016 年第 10 期，第 25—31 页。

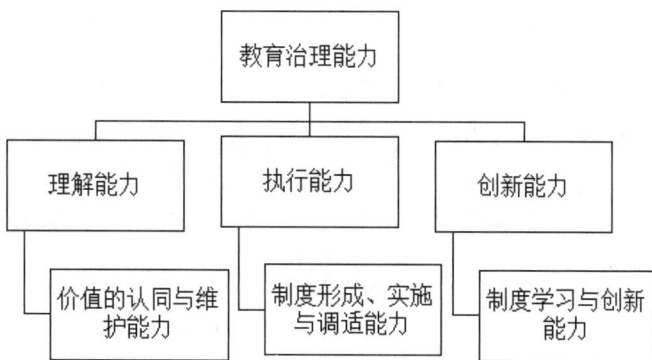

图 18-2　教育治理能力结构

形成正确的指导思想，才能使执行能力在正确的轨道上运行并富有成效；执行是创新的基础，只有在制度的形成、实施与调适过程中，才能不断发现新问题并解决新问题，才能在这个过程中迸发出新的思维与新的方法。同时，三者又是相辅相成的，理解能力强有利于提高执行能力，执行能力强又有利于提高理解能力。理解能力与创新能力的关系、执行能力与创新能力的关系亦如此。

（二）教育治理现代化的衡量标准

用什么样的标准来衡量实现教育治理的现代化呢？目前很少学者论述之。陈金芳等[1]认为，教育治理现代化，在于追求教育治理体系的更加科学化、民主化、法治化，教育治理能力更加彰显教育的高效与公平。张建[2]认为，教育治理体系现代化的主要衡量标准是教育权力运行的制度化与规范化、过程民主化、运行法治化、结构一体化和效率最大化。陶希东[3]认为，治理能力的现代化、决策能力的民主科学化，包括执行能力的公开法治化、调控能力的协调统筹化、协同能力的互动合作化、改革能力的综合配套化。因此，教育治理现代化的衡量标准，应当主要体现在以下几个方面：①治理结构的一体化。②权力运行的法治化。③治理过程的民主化。④实现效率的最优化。⑤促进教育的公平化。

三、教育治理现代化的路径与策略

如何推进教育治理现代化？许多学者认为关键在于推进教育"管办评"分离，并从政府、学校、社会等各方面提出实现管办评分离机制的有效措施，促进教育治理体系和教育治理能力的现代化。[4]

---

① 陈金芳、万作芳：《教育治理体系与治理能力现代化的几点思考》，《教育研究》2016 年第 10 期，第 25—31 页。
② 张建：《教育治理体系的现代化：标准、困境及路径》，《教育发展研究》2014 年第 9 期，第 27—33 页。
③ 陶希东：《治理能力现代化的衡量标准》，《学习时报》2014 年 12 月 8 日，第 A6 版。
④ 戚晓思：《教育治理体系与治理能力现代化的研究进展与展望》，《河南社会科学》2018 年第 2 期，第 113—118 页。

（一）转变政府职能

政府是教育治理的主体，明确和落实政府的主体责任，是教育治理现代化过程中的重要问题。明确责任主体、实行简政放权，厘清权力清单，是实现教育治理现代化的关键。实际上，无论是政府政策的制定还是试点先行，近年来教育治理所取得的成果，主要是政府积极推动的结果。政府的政策先行，导向明确，是教育治理的把舵手、领航人。

（二）确定学校主权

学校是办学的主体，是实现教育目标的载体。为激发学校办学活力，提高教育质量，政府在简政放权后，政府与社会要进一步明晰学校的办学主权，应赋予学校相对应的主体权力以及责任，充分发挥学校自我规划、自我发展、自我约束的能力。从学校内部而言，必须明晰各职能部门的权力职责，全面准确理解学校的核心理念、学生的培养目标、学校的发展愿景；全力推进教育教学改革，建立起适应中国国情和时代要求的现代学校制度，形成学校文化，实现教育目标。

（三）健全评价机制

社会第三方评价是推进教育治理现代化的重要途径。目前，教育评价的主体是多元的，有代表政府的教育督导机构的督导评估，也有教育行政部门内部的检查评价，更有学校自身的教育教学评价；既有对区域、学校、班组的群体评价，也有对管理者、教师和学生的个体评价。笔者认为，健全与完善社会评价机制，主要是要改变政府及其教育行政部门的集权式评价，既要加强教育行政体制内的教育行政监督，完善教育督导机制，使督导与评估成为政府监督教育、指导办学的重要手段，又要丰富体制外的社会专业评价，积极培育和发展社会"第三方"教育评价机构，让作为教育利益相关方的广大人民群众参与各级各类教育的决策、监督和管理，由此形成多元参与的教育质量评价体系，筑起教育治理现代化的互通桥梁。

除此以外，推进教育治理的现代化，还要：①加强教育治理体系与治理能力现代化的宣传，在全社会特别是在教育行政管理系统内达成共识；②深化教育治理现代化的内涵研究，在治理思维、权力共治、依法行政、标准制定、信息服务等方面形成法治的理论环境；③完善制度建设，在政府治理教育、学校自主办学、社会参与治理和评价等方面，进一步完善相关制度安排、规范公共秩序，切实保障有法可依。

第二节 建设现代学校制度

教育治理的现代化，是以学校治理的现代化为基础的。学校治理体系现代化是指国家与学校完善与优化学校教育制度与规范体系的过程；学校治理能力现代化是指学校教育制度与规范执行水平、能力不断提高的过程。[①] 随着教育领域综合改革的不断深化、教育现代化的全面推进，学校本身更需要建立现代学校制度，在主体理念、制度体系、治理结构等方面，强化学校治理的现代化。学校治理的现代化，主要是通过现代学校制度建设加以实现的。

一、现代学校制度的内涵特点

2010 年 7 月，《国家中长期教育改革和发展规划纲要（2010—2020 年）》清晰地指明了现代学校制度的基本特征"依法办学、自主管理、民主监督、社会参与"；2012 年 11 月，教育部印发了《全面推进依法治校实施纲要》，提出遵循"民主法治、自由平等、公平正义"的法治理念，进一步对建设现代学校制度的理念和路径进行了系统的设计，使得建设现代学校制度的轨道路线清晰可辨。

现代学校制度有别于通常所提的学校制度，通常所提的学校制度是指国家各级各类教育的制度安排，它规定了各级各类学校的性质、任务、培养目标、入学条件、修业年限、管理体制以及学校之间的关系，是一种"宏观"上的学校制度；而现代学校制度则是强调制度安排的"现时性"，它是适应时代发展要求的，与当前改革相适应的规则体系。它的主要特点包括：

（一）适应时代的要求

现代学校制度是一种适应时代要求的学校制度安排。现代学校制度强调的是制度安排的"现时性"，它是一种"好的、先进的、能适应时代要求的"学校制度。当前，建设现代学校制度就是要求改革者根据时代发展的要求，设计和构建与各方面改革相适应的规则体系。因此，现代学校制度通常是教育改革发展过程中的重要关注点。

（二）学生发展为核心

现代学校制度是一种以学生发展为核心的制度安排。制度是一种约定俗成的规定，它的生成和重建始终围绕特定领域的变化。现代学校制度将"学校"作为自己

---

① 陈克军、华文立：《学校治理体系与治理能力现代化探析》，《重庆科技学院学报》（社会科学版）2015 年第 5 期，第 100—102 页。

的本质规定，更加重视教师的教和学生的学，并以此作为构建整个学校制度的法则。在现代学校制度的框架下，所有的规则体系都是围绕更好地促进学生发展来构建的，从而更加凸显了教育的独立性和学校的自主性。因此，现代学校制度主要是为学生更好的发展搭好舞台，系统构建学校教育的核心制度和外围制度。

（三）协调校内和校外关系

现代学校制度是一种协调校内和校外关系的制度安排。制度是人们在调节各种关系时形成的一种规定。现代学校制度把学校视为一个开放的组织，它不仅关注学校内部的运作过程，而且也重视学校与家长、社会的互动过程。校内制度和校外制度是现代学校制度的两个主要内容。通常所提的学校制度不仅在制度的完整性上存在缺憾，而且也缺乏动态的观点。现代学校制度以学生的发展为核心来构建校内制度和校外制度，强调学校利益相关者在制度构建和发展中的作用。

二、现代学校制度的法治与民主

现代学校制度的重要保障是治理方式的法治化。依法治校是现代学校制度的基本前提，科学的制度有利于促进学校的发展。现代学校制度的法治与民主，主要体现在学校章程与制度的制定与执行上。邓云峰认为，现代学校制度的核心，体现在"法治、自主、民主、开放"四个方面[1]。所谓法治，就是在依法治国的方针下，学校的各种办学行为以法律为依据，用法治思维和法治方式，实施依法办学的过程。所谓民主，就是在国家法律、学校章程的框架内参与学校管理的方式。"学校要牢固树立依法办事、尊重章程、法律规则面前人人平等的理念，建立公正合法、系统完善的制度与程序，保证学校的办学宗旨、教育活动与制度规范符合民主法治、自由平等、公平正义的社会主义法治理念要求。"[2]

学校章程是现代学校制度建设的核心与起点。学校章程既是教育法律法规、方针政策的具体化，又是学校办学过程中依法办学、自主管理、民主监督、社会参与的基本依据，也是学校内部管理的纲领性文件。学校章程是学校的根本制度，是制订其他规章制度的基础。各级各类学校要根据有关法律法规和学校运行规律，结合学校各自的历史与发展、特色与文化，制订办学章程，明确办学目标与规章。

制定学校章程，要围绕章程的基本结构、具体内容、制定程序和相应关系等四个方面展开。在基本结构和具体内容方面，提供章程模型；在制定程序方面，按照起草小组起草、校务委员会审议、教职工代表大会讨论和教育行政部门核准的流程实施；在处理相应关系方面，引导学校重点处理与法律法规、治理结构、学校实际、学校特色等方面的关系（见下图18-3）。

---

① 邓云峰：《现代学校制度的时代特征及实践探索》，《未来教育家》2014年第11期，第50—52页。
② 教育部：《全面推进依法治校实施纲要》，http://old.moe.gov.cn/publicfiles/business/htmlfiles/moe/s5933/201301/146831.html，2019年5月12日。

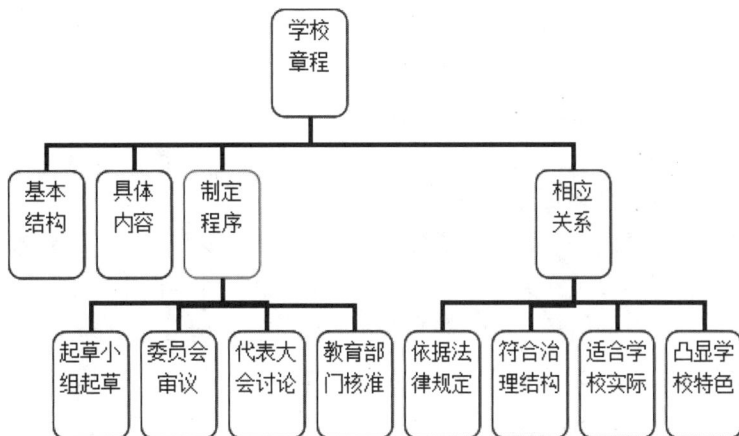

图 18-3　学校章程制定程序与相应关系

　　学校起草制定章程要遵循法制统一、坚持社会主义办学方向的基本原则，以促进改革、增强学校自主权为导向，着力规范内部治理结构和权力运行规则，充分反映广大教职员工、学生的意愿，凝练共同的理念与价值认同，体现学校的办学特色和发展目标，突出科学性和可操作性。经过核准的章程，应当成为学校改革发展、实现依法治校的基本依据。

　　学校制度是章程的具体化和衍化，是现代学校制度建设的重要基础，是依法办学的根本途径。各级各类学校要以章程为指导，在决策监督、行政人事、教育教学、财务资产、安全卫生等五大领域，对学校制度进行修正与健全。决策监督包括决策管理和监督参与制度，行政人事包括专业标准建设、岗位职责、教师聘用评价、工资福利分配和权益保障救济等方面的制度，教育教学包括教育、教学、科研和质量评价等方面的制度，财务资产包括财务、校产和安全等方面的制度（见图 18-4）。

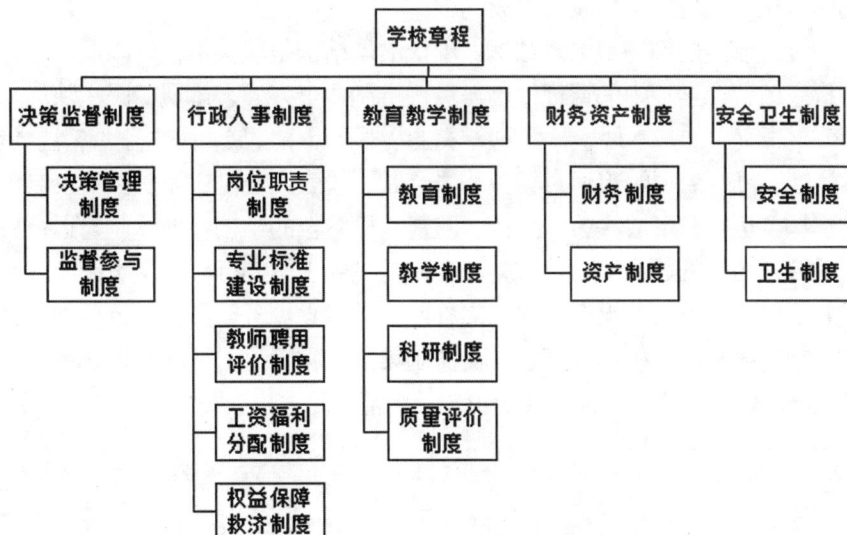

图 18-4　现代学校制度体系结构表

学校制定关系师生权益的重要规章制度，要遵循民主、公开的原则，广泛征求校内外利益相关方的意见。重大问题要采取听证方式听取意见，并以适当方式反馈意见采纳情况，保证师生的意见得到充分表达，合法利益得到充分保障。要依据法律和章程的原则与要求，建立健全各种办事程序、内部机构组织规则、议事规则等，形成健全、规范、统一的制度体系。

章程及学校的其他规章制度要遵循法律保留原则，符合理性与常识，不得超越法定权限和教育需要设定义务。学校章程和规章制度，应当加以汇编并公布，便于师生了解、查阅。有网络条件的，应当在学校网页上予以公开。涉及师生利益的管理制度实施前要经过适当的公示程序和期限，未经公示的，不得施行。

三、现代学校制度的治理结构

党的十八届三中全会明确提出，"全面深化改革的总目标是完善和发展中国特色社会主义制度，推进国家治理体系和治理能力现代化"。"治理是各种公共的或私人的机构管理其共同事务的诸多方式的总和。它是使相互冲突的不同利益得以调和并且采取联合行动的持续的过程。它既包括有权迫使人们服从正式的制度和规则，也包括各种人们同意或以为符合其利益的非正式的制度安排。"[1]

现代学校制度迫切需要突破以往的人治取向或单纯的法治取向，转向基于利益相关者共同参与制度建设的"治理"取向。现代学校的"治理"取向强调多元主体参与治理和双向互动，其实质是利益相关者共同参与学校管理的一种制度创新。[2]现代学校实现从"管理"到"治理"的转变，治理思维、治理理念的引领对建立适应经济社会发展和满足教育自身发展需求的现代学校制度具有重要意义。"治理"方式的法治化，是现代学校制度建设的保障；"治理"主体的多元化，是现代学校制度建设的前提；"治理"过程的开放性，是现代学校制度建设的关键；"治理"目标的体系化，是现代学校制度建设的根本。[3]

现代学校制度的精髓是治理结构。现代治理结构是现代学校的本质属性之一。治理结构应该包含学校内部管理体制与运行机制两个方面，体现"民主法治，自由平等，公平正义"的基本理念，体现"依法办学，自主发展，民主监督，社会参与"的基本属性。浙江省温岭市通过校务委员会制、代表大会制、家长委员会制等"三制"的建构与运行，形成决策、执行、监督有机结合的学校管理体制与运行机制。

在学校党组织的领导下，校务委员会制是以中小学实行校长负责制的政策法规为前提的。校长负责制的组织方式与实施途径是建立校务委员会。校务委员会作为校长负责制的核心决策机构，把校长负责制具体化和固化，是落实校长负责制的具体途径。通过校务委员会完善校长负责制的内涵，促进决策民主化，强化自主管理。

---

① 邓正来：《市民社会与国家——学理上的分野与两种架构》，邓正来：《亚历山大 . 国家与市民——一种社会理论的研究路径》，中央编译出版社 2005 版，第 100 页。
② 黄志兵：《现代学校制度的"治理"取向于路径》，《教育探索》2016 年第 2 期，第 137—141 页。
③ 董凯龙：《从"管理"到"治理"：现代学校制度建设的路径选择》，http://www.zsjy.gov.cn/gh/ghsy.htm，2009 年 5 月 12 日。

校务委员会会议要有教师、学生及家长代表参加。各级各类学校要探索校务委员会的产生程序、主要职能、运行方式，以及与校长、党支部的关系等方面的内容，达到"科学决策，自主管理"的基本目标（见图18-5）。

代表大会制是校内民主监督的重要机构，主要包括教职工代表大会和学生代表

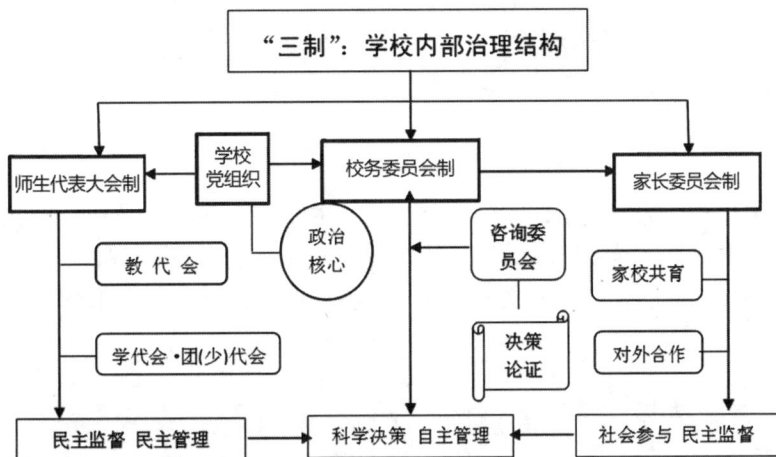

图 18-5 "三制"：学校治理结构示意图

大会等的学校民主议事机构。各级各类学校在遵循《学校教职工代表大会规定》（教育部令2011年第32号）精神的基础上，正确、具体界定教职工代表大会的职能，教职工代表大会监督的实现方式，教职工代表大会与党支部的关系、与工会的关系，教职工代表大会监督作用的发挥等，以达到"民主监督、民主管理"的基本目标。同时，要积极探索学生代表大会及其常设机构学生会（团委、少先队）在学校民主管理中的地位与作用、民主参与的实现方式等。

家长委员会制是实现校外监督的重要机构，也是社会参与的重要途径。各级各类学校要以《教育部关于建立中小学幼儿园家长委员会的指导意见》（教基一〔2012〕2号）为基本精神，正确界定家长委员会的职能，研究产生的程序、人员数量、监督参与方式和载体，以及与学校互动的媒介等，以达到"社会参与，民主监督"的目标。

四、现代学校制度建设的路径选择

张志勇认为，现代学校制度的关键词是民主、自由和解放，通过民主尊重人的主体性，通过自由解放人的创造性。现代学校制度建设，就是通过解放校长、教师、学生、家长和社区，重构并规范政府与学校、学校与教师、学校与学生、学校与家长、学校与社区之间的关系，解决学校与四者之间的合作治理问题，其根本目的就

是解放学校利益相关方的创造性力量，旨在造就向上、向善的教育。[①]

（一）解放校长

规范政府和学校的关系，就是要依法治教，明确规范政府与学校之间的义务和权力边界。政府必须按照法律授权和法定职责，将管理权限限定在法定范围之内，这是当前现代学校制度建设的前提。规范政府管理权限，需要在学校建设、经费保障、人力资源配置、贯彻教育方针等方面，列出政府的权力清单、负面清单、责任清单，规定政府和学校能做什么，不能做什么，必须履行什么责任。

（二）解放教师

规范学校和教师的关系，就是尊重教师的主体地位，将学校重大事项通过教职工代表大会审议，让教师参与学校的管理决策和规则制定，使教师从自身的利益诉求出发来制定并维护制度，使学校管理符合教师和学生的利益，让学校制度发挥最大效力。

（三）解放学生

规范学校和学生的关系，就是在学校治理体系当中，学校应该建立学生代表大会制度，让学生民主参与学校管理，维护学生在学校管理中的利益诉求。学生参与学校管理可以培养学生的主人翁意识、责任感和使命感。

（四）解放家长

规范学校和家长委员会的关系，就是要让家长走进学校，走进课堂，参与交流，让每位家长都成为教育的同盟者、知情者、建议者、协同者、参与者、监督者、共同成长者。家长委员会是家长参与学校教育活动的一种有效组织形式，是现代学校治理体系的重要组成部分。

（五）解放社区

规范学校和社区的关系，就是将社区里各行各业的代表人物融入社区教育理事会，参与学校的民主管理，支持学校教育发展，同时也对学校进行监督，使社区和学校之间形成一个发展共同体。

（六）出台标准

现代学校制度运行得如何，需要通过第三方评价加以指导、监督与评估。因此建立现代学校制度建设标准，切实履行学校治理体系与治理能力建设的指导与监督职能，显得十分重要。笔者认为，现代学校制度建设标准主要包括依法办学、自主

[①] 张志勇：《现代学校制度建设的五个路径》，《师资建设》2017 年第 7 期，第 13—15 页。

管理、民主监督和社会参与四个方面。（见表 18-1）

表 18-1 中小学现代学校制度建设标准

一级指标	二级指标	三级指标	责任主体	评价结论
依法办学	法律法规执行	◎严格遵守国家法律法规、执行方针政策 ◎认真执行国家课程体系与计划 ◎建立、健全并执行学校章程与制度	政府、学校 学校 学校	
	法人治理	◎确定学校的法人地位，厘清权利与义务清单 ◎设立学校的内部治理结构，健全组织体系 ◎选择学校发展的理念与目标、制度与策略 ◎发挥党组织的政治核心与监督作用	政府 学校 学校 学校	
	机制运行	◎形成"决策、执行、监督"三位一体的治理体系与管、办、评分离的运行机制 ◎明晰校务委员会制的权利、职责与目标，并发挥有效的作用 ◎公开重大校务与党务	政府、学校 学校 政府、学校	
自主管理	人事自主	◎建立并运行学校中层以上干部竞聘上岗制度 ◎实行教职工双向选择聘任制度 ◎实行评优（先）、晋升等方面的民主推荐与评选制度	政府、学校 政府、学校 学校	
	财务独立	◎建立健全学校预算制度 ◎健全每年 1 次的教代会财务审核与报告制度 ◎各类激励制度更多地体现面向全体学生及其核心素养	学校 学校 学校	
	教育民主	◎努力实行国家课程校本化 ◎积极开发并开设校本课程、选修课程 ◎全力推动教师专业自主、学生学习自主	学校 学校 政府、学校	
民主监督	机构健全	◎健全教代会、学代会、团代会（少代会）组织 ◎建立并运行家长委员会	学校 学校、社会	
	科学监督	◎履行教代会、学代会、团（少）代会的职能 ◎发挥家长委员会的社会参与与监督作用 ◎发挥学代会、团（少）代会的民主参与与监督作用	学校 学校 学校、社会	
社会参与	组织健全	◎建立社区教育委员会 ◎建立学校教育咨询委员会	社会 学校、社会	
	协商有效	◎参与章程、规划、人事、经费等重大事项的协商与恳谈 ◎监督学校办学的法定性、规范性，以及师德行风建设 ◎协调社区与学校的关系，形成教育合力	社会 学校、社会 学校、社会	

依法办学，主要包括法律法规的执行、法人治理与机制运行三个方面。法律法规的执行主要评价教育法律法规、国家与学校课程的贯彻执行，学校章程与制度体系的建设；法人治理主要评价学校法人地位的确立，治理结构的确立与运行，学校发展的理念与目标体系的选择；机制运行主要评价是否形成了决策、执行与监督三位一体的治理体系，管、办、评相分离的运行机制。

自主管理，主要包括人事自主、财务独立与教育民主。人事自主主要评价是否建立并运行了学校中层以上干部竞聘上岗制度、教职工双向选择聘任制度、评优（先）、晋升等方面的民主推荐与评选制度；财务独立主要评价是否建立健全学校预算制度、每年一次的教代会财务审核与报告制度、各类激励制度更多地体现面向全体学生及其核心素养；教育民主主要评价是否努力实行国家课程校本化、积极开发并开设校本课程与选修课程、全力推动教师专业自主与学生学习自主。

民主监督主要包括机构健全、监督科学。机构健全主要评价是否建立健全了教代会、学代会、团代会（少代会）组织，建立并运行了家长委员会；科学监督主要评价是否履行了教代会、学代会、团（少）代会的职能，发挥了家长委员会的社会参与与监督作用，发挥了学代会、团（少）代会的民主参与与监督作用。

社会参与包括组织健全、协商有效。组织健全主要评价是否建立了社区教育委员会、学校教育咨询委员会，协商有效主要评价相关组织是否参与章程、规划、人事、经费等重大事项的协商与恳谈，是否监督学校办学的法定性、规范性，以及师德行风建设，是否协调社区与学校的关系，形成教育合力。

第三节　深化教育督导改革

教育管办评分离是大力推进教育治理体系和治理能力现代化的关键所在，是加快政府教育职能转变和迈向教育善治的必由之路。教育督导的理念与目标、标准与制度、方式与途径等方面的系统变革，对推进教育治理现代化进程具有重要作用。督导标准法制化、治理结构一体化、督学队伍专业化、督导过程民主化和督导手段信息化，是教育督导的不懈追求。

一、督导标准法制化

随着国家《教育督导条例》的出台，教育督导的法制化程度不断提高。但是教育督导机构的性质与地位、督学的配置与保障、督导的标准与制度等，有待于进一步细化与明确。本书重点探讨了学校发展性督导的标准问题，为什么？因为国家层面具有法律或者规章约束力的学校督导标准太少了。因此，一方面要继续加强教育督导立法。从实施"督政"来看，要保证教育督导的法律对违背教育法规、教育方针、教育规律的错误做法能够进行有效监督检查和制止。从"督学"实践来看，要保证教育督导能够深入教育管理实践、课堂教学实践，引导教育管理能力提升和推进教学改革，促进教育督导职能的有效发挥，保障学生、教师和学校品质的不断提升。[①]另一方面，进行学校督导标准的制度设计与探索，促进教育督导标准体系的建立，为基础教育督导组织提供专业化和权威性督导评估标准，提高督导与评价的科学性、系统性和客观性。

二、督导治理一体化

督导治理是教育治理的重要组成部分。推进管办评分离，就是要切实转变政府职能，明确政府、学校、社会各自的职责权限，建立政府、学校、社会良性互动协调发展的新型关系，基本形成政府依法管理、学校依法自主办学、社会各界依法参与和监督的教育公共治理新格局。教育治理结构主要指向是管办评分离，那么，"评"即教育督导的治理结构主要指向是什么？教育督导体系结构应该是政府—市场—社会的"三位一体"[②]。从浙江的实践来看，各市（地）相继建立了"第三方"教育评估院，以市场的方式进行运作，在"三位一体"中有了"市场"。另外，浙江从2017年开始，实施区域教育现代化水平监测，并将监测结果在相关媒体上予以公布，在社会上引起很大反响。这个监测有一个社会满意度测评机制，涉及教师、学生家长、一般群众和"两代表一委员"，这样，在"三位一体"中就有了"社会"。

然而，目前进入"市场"的主体是教育行政部门的直属单位或者是直属学校，如市级教育学院，单纯的社会第三方评估机构被限制在工商审批的大门之外。所以，必须厘清"三位一体"的责任主体与清单，加快教育督导治理结构的一体化建设。教育督导机构作为政府的教育行政管理部门，承担"宏观引导、监管及提供服务"的新角色，旨在制定宏观政策与督导标准。督导治理的一个重要改革，就是通过政府购买服务的方式，培育和扶持一批专业的、真正的第三方社会力量，参与教育督导评估，用"第三只眼睛""看"教育、"评"教育、"导"教育，切实保障教育评价的民主性、客观性与公正性，进而实现教育督导的现代化。

三、督学队伍专业化

我国教育督导制度恢复、重建的40多年来，中央和地方督导机构和队伍的建设已不断得到加强，从中央到地方相继成立了教育督导委员会，聘任了大批专兼职督学。到2017年，全国近26万所中小学校配备了10.38万名兼职督学，专职督学约1.95万人。全国已经基本形成了专职与兼职、行政型与专家型相结合的督学队伍。

① 王庆如：《治理理论视角下教育督导现代化的困境与路向》，《现代教育管理》2016年第12期，第35—39页。
② 王庆如：《治理理论视角下教育督导现代化的困境与路向》，《现代教育管理》2016年第12期，第35—39页。

但是，与世界其他国家尤其是发达国家相比，我国教育督学队伍存在着编制不清晰、专业无保障、待遇难落实、年龄均偏大等方面的问题，导致教育督导整体水平还比较低。特别是基础教育改革的不断深化，教育督学队伍的质量与教育发展要求之间的差距更日益凸显。如何实现督学的专业化，是教育督导的关键。

实现督学队伍专业化，必须：①进一步规范和完善督学准入机制。教育人事部门、教育督导机构要优化督学选拔机制，明确督学准入条件，开展督学资格认定。如浙江省温岭市采用"公布条件—自主申报—学校同意—组织认定—开展培训"的方式，严把了督学入口关；②进一步拓宽和疏通督学培养培训渠道。有关高校可设置教育督导专业，开展专业人才培养；设立督学培训专业机构，开发与开设督学培训专业课程；创新督学培训模式，如，专家引领（省督学工作室）、师徒结对、骨干培训、实践考察等。形成督学培训工作的专业化、系统化、制度化和科学化。③进一步落实和保障督学培训经费。要适应教育督导工作不断提出的新要求，对专兼职督学岗位的再培训刻不容缓，应建立一种长效机制，设立独立账号，落实督学培训经费，减少行政审批程序，为督学队伍专业化发展的经费保障提供必要的政策支持[1]。

四、督导过程民主化

关于教育督导的民主化问题，很难在有关平台上找到相关研究。笔者所在的区域督导，于 2002 年开始实施学校自主发展性督导评估以来，就围绕学校发展规划的评审，尝试开展"民主协商"式督导。这种"民主协商"，主要体现在学校"自主发展性目标"的选择上，即"学校能动性指南"的确立，要充分体现民主。民主协商的主体应该是学校教师与学生，包括学生家长、社区代表以及教育行政干部。"民主协商"式督导进一步突出了学校的主体地位，激发了学校自主发展的潜能，能够不断提高学校发展品质。诚然"民主协商"式督导的理念与目标、内容与机制有待于进一步深化。

五、督导手段信息化

信息化是指培养、发展以计算机为主的，以现代通信、网络、数据库技术为基础，智能化工具为代表的新生产力，为推动人类社会进步提供极大的技术支持。教育督导的信息化是教育督导改革的重要内容，不仅体现在督导方式的智能化，而且体现在大数据支持下决策的科学化。教育督导信息化的基础在于数据采集的真实性、督导标准的科学性、网络问卷的准确性。因此，教育督导信息系统如何与区域基础教育年报统计数据相兼容？教育督导标准的适切性与时代性、他律性与自主性如何统一？网络问卷样本的代表性与问卷本身的科学性如何保证？必须加大理论研究与实践探索。

---

① 林群：《督学队伍专业化发展的探索与思考》，《教师》2014 年第 33 期，第 122—123 页。

为适应教育快速发展的需要，充分发挥教育督导作用，大连市确立了"建立教育督导综合应用平台，推进督导工作方式改革创新"的工作思路，逐步向大数据和技术支持的数据化督导过渡，以信息化带动教育督导现代化，不断创新督导与评价方式，完善监测与分析模型，建设现代化的督政、督学、质量监测三位一体的服务体系。[①]北京教育督导从 2009 年开始[②]，陆续建立了一批督导专项数据库，尝试应用信息化手段开展督导工作。目前，北京教育督导信息管理应用系统已基本建成并投入使用，具备政务管理服务、督导数据采集、教育督导评估监测、督导地图及网格化管理、挂牌督导服务、教育舆情监测、数据分析挖掘等多项功能，覆盖督政、督学、质量监测三位一体职能，市区校联通的信息管理平台，构建了计算机及手机移动客户端两大端口。大连与北京在教育督导信息化方面的探索，为全国教育督导方式的深化改革，提供了有益的经验。

[①] 苗宏宾、李延强：《以教育督导信息化带动督导工作现代化》，《中国教育信息化》2017 年第 1 期，第 4—6 页。
[②] 唐立军：《教育督导信息化助力教育现代化》，《中小学信息技术教育》2017 年第 9 期，第 41—42 页。

附　录

附录一、区域教学质量发展性评价的实践研究 [①]

陈聪富

[**摘　要**] 确立并运用了"保障每一个孩子的健康成长"的评价理念，强调"快乐学习·智慧教学·品质管理"是区域教学质量发展性评价的价值取向。构建并实践了适合学生健康成长的区域教学质量发展性评价标准，即"学生成长的健康性、教师教学的有效性和教学管理的科学性"。设计并运行了以"基础诊断、标准引领、学校自评、优质增值和互动共进"为主要内容的教学质量发展性评价策略与机制。

[**关键词**] 区域教学质量；发展性评价；评价标准；策略与机制

区域教学质量发展性评价是指教育行政组织者和学校，在一定的法律法规政策前提下，以学生健康成长为目标，运用法治的、民主的和动态的方式，对区域教学质量发展的理念、目标、制度、策略与水平进行诊断、指导、监控与评价，以促进区域教学质量提升的评价活动。

区域教学质量发展性评价的实践研究，既是《学校发展性督导》成果的重要组成部分，也是对《学校发展性督导》的深化研究。与传统的教学质量评价相比，区域教学质量发展性评价实现了五个转变：（1）评价理念从服从社会升学需求转向保障学生健康成长为核心的全面发展；（2）价值取向从过度服从功利价值转向体现"以生为本"的本源价值；（3）标准设计从单一刚性的转向多元个性的；（4）策略选择从他评为主转向以自我评价杠杆的互动共进；（5）结果使用从终结性的横向比较转向以基础诊断为前提的、过程性的优质与增值。

现将区域教学质量发展性评价的实践研究的主要成果总结如下：

一、研究背景及其意义

现行的教学质量评价是以标准化管理为核心，运用统一的标准，评价发展基础与发展水平各不相同的学校。这种评价模式与基础教育发展战略走向优质化、价值取向走向人本化、管理重心走向校本化、学校发展走向个性化不相适应，区域教学

[①] 本成果荣获浙江省人民政府第四届（2007—2010 年）基础教育教学成果一等奖。

质量评价必须进行改革创新。

（一）研究动因

如何创设教学质量发展性评价的理念、标准与机制，以保障每一位学生健康成长，这既是学校教育要探究的主要问题，更是区域教学质量评价的根本问题。胡锦涛总书记在全国教育工作会议上指出："教育的根本目的是培养德智体美全面发展的社会主义建设者和接班人，必须全面贯彻党的教育方针，把促进学生健康成长作为学校一切工作的出发点和落脚点。"因此，开展区域教学质量发展性评价的研究与实践成为必然。

（二）试图研究与解决的主要问题

1. 转变教学质量评价理念。为什么素质教育难以深入推进？主要原因有二：一是现实功利色彩，制约素质教育进一步深化；二是科学可行的国家教育质量标准尚未建立，学科考试优秀率与平均分经常被管理者特别是校长评价教师的最重要的、更多时候是唯一的标准。所以，本研究试图为全社会逐步树立科学和谐的教学质量评价理念。

2. 研究科学的教学质量评价标准。目前，学校的教学与管理既"偷工减料"，又"加工增料"。"偷工减料"表现为教师偷掉了研究学情、研究教材和研究课程标准的功，减掉了"过程方法、情感态度价值观"这二维目标。"加工增料"主要表现为延长了学生的学习时间，剥夺了学生全面发展的课程资源，增加了学生不该有的学习资料，加重了学生的学业与心理负担。本研究旨在建构指向学生健康成长的发展性评价标准，对区域教学质量施加影响。

3. 选择有效的教学质量评价机制。教育工作的特殊性，决定了最不能急功近利。本研究试图以科学发展观为指导，通过选择相关的策略与制度，关注学生、教师和学校的发展潜力，提高区域教学质量的整体水平。

（三）研究的价值意义

《国家中长期教育改革和发展规划纲要（2010—2020年）》指出："把提高质量作为教育改革发展的核心任务。树立科学的质量观，把促进人的全面发展、适应社会需要作为衡量教育质量的根本标准。""建立以提高教育质量为导向的管理制度和工作机制，把教育资源配置和学校工作重点集中到强化教学环节、提高教育质量上来。"

因此，开展区域教学质量发展性评价的实践研究，为全面实施素质教育提供更为优化的制度环境。有利于转变教学质量评价理念，树立科学、和谐、可持续的教育质量观，提高全面教学质量。有利于深化素质教育，保障学生自主、充分、多元发展，为学生的健康成长和一生幸福服务。有利于全面激活学校发展潜能，提高管理效能，促进学校从传统走向现代、从封闭走向开放，实现学校的持续发展、个性发展。

二、研究与实践过程

本研究以教育评价理论、科学发展观、多元智能理论、成功智力理论和建构主义理论为理论依，注意将基础研究与应用研究、文献研究与行动研究、定性分析与定量分析、推理研究与实证研究、归纳法与演绎法相结合。

（一）实践探究阶段（2005 年 6 月—2007 年 5 月）

开展区域教学质量发展性年度评价与综合评价。在"理念影响、目标设计、方式提供、情景创设、作业分层、效果感觉"等方面，对不少于 40% 的专任教师的课堂教学能力与水平进行评价；通过对非基础学科学生的知识、技能、情感进行体验性抽测，评价学生的全面素质；通过统计分析三年来学生、教师和学校三方面的发展增量，评价学校的发展实力。

（二）反思整合阶段（2007 年 6 月—2008 年 5 月）

学校发展性督导评价追求学校发展的优质与增值，而优质程度如何，增值多少，这需要在定性与定量两个层面做好基础诊断工作。于是我们在学校、教师和学生自主发展三个方面，编制并实施了《依法办学，自主发展——学校发展基础诊断统计表》。

（三）理性认识再实践阶段（2008 年 6 月—2010 年 5 月）

以实践反思为基础，在理性认识这一层面上，努力构建区域教学质量发展性评价的基本框架。2009 年 3 月出台了《温岭市中小学教学质量增值评价方案（实行）》，2010 年 3 月出台了《温岭市中小学教学质量自我评价的若干意见》，并印发了《温岭市中小学教学质量增值评价自评申报表·他评认定表》。

三、研究的主要内容

本研究围绕发展性评价理念、评价标准和评价机制展开研究。

（一）创新理念：保障每一个孩子的健康成长

教学质量评价的改革和发展，必须把"保障每一个学生的健康成长"作为核心理念，以"快乐学习·智慧教学·品质管理"为导向，建立并实践区域教学质量发展性评价标准与运行机制，对学校的教学质量加以引领、指导与监控。

1. 教学质量发展性评价的本质：学生的"快乐学习"。"快乐学习"不仅是一种学习体验、学习情感，更是一种学习态度，具有兴趣性、自主性、探究性、合作性等特征。

在我国高等教育进入大众教育阶段后，大部分人至少是人生的前四分之一时间，是专门在校园和课堂上度过的。如果学生学习不快乐，意味着学生要痛苦近 20 年！而且这种痛苦还不会因为学生离开校园而戛然而止，这在"以人为本"的现代社会，是多么可怕的事情。因此，教育工作者首先要有社会责任感，要对每一个学生的健康成长负责；教育行政管理部门要建立相关的制度，使校长和教师的切身利益同其促进学生长远发展的实绩紧密关联起来。

区域教学质量发展性评价的本质追求，是保障并促进区域内的学校和教师发展，培养学生"快乐学习"的态度。

2. 教学质量发展性评价的关键：教师的"智慧教学"。"智慧教学"不仅是有效的教学，而且是能够促进每一位学生健康成长的教学。具有目标性、高效性、民主性、创造性、多元性等基本特征。

学生的学习是否"快乐"，在很大程度上取决于教师的教学是否具有"智慧"。"智慧教学"表现为：教学理念的智慧性，即学生利益高于一切，每一个学生都能得到健康成长；教学目标的智慧性，即符合学生实际、课程标准，可以实践检测；教学制度的智慧性，即课堂评价科学有效，教学奖励是合理适切的，教学管理规范有序；教学技术的智慧性，即科学解读标准，准确把握学情，科学设计目标，合理处理教材，有效组织教学，准确表达语言，科学运用评价，自主进行命题，耐心改作辅导；整合优化信息……

区域教学质量发展性评价的核心内容，是保障并促进区域内的教师能够实践"智慧教学"的风格。

3. 教学质量发展性评价的核心：校长的"品质管理"。"品质管理"不仅是对即将毕业学生的质量管理，而且是对教学设计、教学过程、教学评价是否符合学生健康成长等一切活动的质量管理。

教师的教学是否具有"智慧"，在很大程度上取决于学校管理、教育行政管理以及社会管理是否具有"品质"。"品质管理"要求管理理念是有品质的，即学生的发展是自主、和谐、科学和健康的；管理目标是有品质的，管理在于生产品质学生、品质教师、品质学校；管理制度是有品质的，管理旨在内化愿景、凝聚人心、激发潜能、提升品位。

区域教学质量发展性评价的根本保障，是保障并促进区域内的学校管理、教育行政管理以及社会管理能够提高"品质管理"的水平。

（二）建构标准：健康性、有效性、科学性有机结合

为了填补国家教育质量标准的空白，逐步改变功利评价的缺陷，建构区域教学质量发展性评价标准，我们将教学质量评价的主要标准，设计为学生成长的健康性、教师教学的有效性、教学管理的科学性。

1. 学生成长的健康性。保障并促进学生的健康成长必须坚持德育为先，能力为重，全面发展。通过学生个体、学生群体和学生自主发展增值性三方面的评价，来保障并促进学生的"快乐学习"。

（1）学生个体发展性评价。根据课程的三维目标，在学科目标、综合目标两大方面，评价基础性发展水平和学科性发展水平的达成程度。

（2）学生群体发展性评价。在道德品质、学业成绩、特长个性等方面，对班级学生群体（或年级段、学校学生群体）水平进行基础诊断、过程监控、增值评价。

（3）学生健康成长增值评价。以学生群体发展性评价手册为基础，着重评价一个学校或一个区域在一个周期内（三年），全体学生的学习态度、道德品质、学业成绩和个性特长，在量与质等方面的增减程度与发展状况，为学校管理与教育行政决策提供科学依据（见下表）。

一级指标	二级指标	三级指标	权重系数(Q)	基础诊断(J)	第一年度(Y)	第二年度(E)	第三年度(S)	增值水平(Z)
学生成长的健康性（21）	学习态度	1.兴趣性与自主性	1					
		2.合作性与探究性	1					
	道德品质	26.卫生习惯、文明程度	2					
		27.诚实守信、自强进取、责任意识	2					
		28.违规违纪违法控制率	2					
	学业成绩	29.学科标准分（职高：一次性就业率）	2					
		30.学科优秀率（职高：体面性就业率）	2					
		31.后30%控制率（职高：学生流失率）	2					
		32.艺体素质达标率	1					
	个性特长	33.语言文学展示水平	2					
		34.数学科学展示水平	2					
		35.艺术体育展示水平	1					
		36.其他项目展示水平	1					

2. 教师教学的有效性。保障教学的有效性，首先要切实关注教师的生命质量，其次要不断创设教师自主发展的平台，第三要积极探索教师发展评价机制。本研究通过专业情意、教学水平、研究能力、优质教师的评价来保障并促进教师的"智慧教学"（见下表）。

一级指标	二级指标	三级指标	权重系数(Q)	基础诊断(J)	第一年度(Y)	第二年度(E)	第三年度(S)	增值水平(Z)
教师教学的有效性（19）	专业情意	11. 职业道德高尚	1					
		12. 教育理念先进	1					
		13. 发展意识强烈	1					
		14. 个性品质优良	1					
	课堂教学	15. 理念影响到位：学生为本、差异教学、全面发展	1					
		16. 目标设计科学：适切、可行、可测	2					
		17. 教学方式多元：自主、合作、探究	1					
		18. 情景创设合理：主动、多向、和谐	1					
		19. 作业分层有效：前10%、后20%	2					
		20. 效果感觉良好：学历发展、人格成长	2					
	教学研究	21. 课程利用水平	1					
		22. 论文撰写水平	1					
		23. 课题研究水平	1					
	优质教师	24. 高级教师份额与价值	2					
		25. 名师骨干教师份额与价值	1					

"智慧教学"的核心在课堂。针对现实中"合格课堂标准"或"有效课堂标准"的缺乏，本成果的最大亮点在于结合《浙江省中小学学科教学指导意见》，从一般意义上，构建并实施了《有效课堂的基本标准》。即：

（1）理念影响到位。学生的健康成长必须首先落实到每一堂课的教学之中，科学理念是否影响到位，是课堂教学是否有效的基本前提，必须始终坚持学生为本、差异教学、全面发展的教学理念。

（2）目标设计科学。教学有效与否的衡量标准应该是教学目标实现程度的高低。课程标准、教材与教学内容是共性的，而学校、教师与学生是具体的有个性的。教师必须根据三维目标要求、教材的地位与作用、班级学生的学习起点，遵循"以学定教"的原则，策划出适切、可行、可测的课时、单元（章节）教学目标。

（3）方式提供合理。教无定法，适合学生健康成长的，都是合理科学的。教学方式是否合理，主要评价教师在课堂教学中，是否合理地利用自主、合作、探究等方面的学习方式。

（4）情景创设多元。学生的本质是好奇的好学的。先进的理念、科学的目标，需要多元的教学情景。情景创设是否合理，主要评价教师是否设计并运用了主动、多向、和谐的教学环境。

（5）作业分层有效。学生的学习水平是有差异的，但配套作业本中的作业是面向共性学生的，优秀学生与学习起点相对滞后的学生，体验不到学习的快乐。教师既要关注班级中前10%的学生，更要厚爱班级中后20%的学生，为不同的学生布置不同的作业，获得不同的发展。

（6）效果感觉良好。定性的效果感觉，先要评价教学目标的达成度，也要评价学生的学习力，更要评价教学的教育性。以此为基础，反过来评价目标设计是否科学，方式提供是否合理，情景创设是否多元。

3. 教学管理的科学性。教学管理思想与教师考核标准，会对教学质量产生深刻的影响。本成果将教学管理的科学性纳入教学质量评价标准之中，旨在保障并促进学校的"品质管理"（见下表）。

一级指标	二级指标	三级指标	权重系数(Q)	基础诊断(J)	第一年度(Y)	第二年度(E)	第三年度(S)	增值水平(Z)
教学管理的科学性（15）	管理理念	1. 面向每一位学生、学生的每一个方面	1					
		2. 面向每一门课程、课程的每一维目标	1					
		3. 面向每一个教师、教师的每一项指数	1					

一级指标	二级指标	三级指标	权重系数(Q)	基础诊断(J)	第一年度(Y)	第二年度(E)	第三年度(S)	增值水平(Z)
	管理制度	4. 学习习惯、方法培养	2					
		5. 课程资源、作业开发	2					
		6. 学生评价的全面性、发展性	1					
		7. 教师评价的全面性、发展性	1					
	管理策略	8. 教学常规管理规范	2					
		9. 教师专业发展有效	2					
		10. 全面质量管理科学	2					

（1）管理理念的引领性。评价学校的教学与管理行为是否面向每一位学生、学生的每一个方面；是否面向每一门课程、课程的每一维目标；是否面向每一个教师、教师的每一项指数。

（2）管理制度的科学性。主要评价学校学生学习习惯、学习方法培养的文本制度及其实践程度；课程资源、作业开发的文本制度与实践程度；学生、教师评价的全面性发展性的文本制度与实践程度。

（3）管理策略的有效性。学校教学常规管理是否规范；教师专业发展是否有效；学校全面质量管理是否科学。

（三）策略选择：教学质量发展性评价的运行

如何进行区域教学质量发展性评价？仅有科学的理念与标准是远远不够的。本成果通过 标准引领、基础诊断、自我评价、优质增值、互动共进等策略与机制的运行，来实现教学质量发展性评价的长效性。

1. 标准引领。根据中小学《新课程标准》、《浙江省义务教育（幼儿园）教学管理指南》、《浙江省中小学各学科教学指导意见》、制定并实施《区域中小学教学质量增值评价方案》、《区域中小学教学质量自我评价的若干意见》（见成果附件），实现行政意志与教学评价专业意志的有机结合，对区域教学质量加以引领与指导。

2. 基础诊断。从基础看发展，是发展性评价的价值追求。本研究要求学校在人力资源、物质资源和文化资源等方面，对教学质量发展的过去与现在进行科学的、综合的基础诊断，为制定科学高效的教学质量发展目标、发展策略奠定基础。

3. 自我评价。区域教学质量发展性评价的关键环节是建立质量自控机制。本成果始终坚持"以生为本，和谐科学""三维目标，全面发展""纵向发展，优质增值""共同参与，合作协商""自我反思，自主完善"的原则，按照《中小学教学质量增值评价自评申报表·他评认定表》（见成果附件）的要求，做好自我评价工作，并经学校教职工代表大会审议通过。

4. 优质增值。优质增值评价是在一定周期（三年）内、以学校自我评价为基础的教育行政（业务）部门的认定性评价。主要方法为定量评价、质性评价、等级区间评价与增值评价。优质增值的表示公式为：

$$\sum Z = [(\sum y - \sum J) + (\sum e - \sum J) + (\sum s - \sum J)] / 3 \, [5]。$$

5. 互动共进。学校要向教学质量管理部门呈送教学质量自评报告，教学质量管理部门根据区域自评信息数据处理结果，总结区域教学质量经验，反思区域教学质量问题，提出教学质量改进的目标与策略，为教育行政部门提供决策参考。每一个周期末，教学质量管理部门对学校教学质量增值度进行评价，并对教学质量增值优胜单位予以表彰，实现学校、教育行政部门、社区之间的互动与共进。

四、实践成效

（一）为教育行政部门的科学决策提供了参考价值

1. 2009 年 3 月 27 日，浙江省教育厅出台浙教督（2009）47 号《关于施行学校发展性评价的指导意见》，推广了学校发展性督导的经验。

2. 2009 年 5 月、11 月，台州市、浙江省的学校发展性评价现场经验交流会均在 ×× 市召开。

3. 2009 年 3 月 6 日，温岭市教育局出台了温教研（2009）41 号《温岭市中小学教学质量增值评价的方案》；2010 年 3 月 17 日，温岭市教育局出台了温教研（2010）35 号《温岭市中小学教学质量自我评价的若干意见》。

（二）对省内外的发展性评价产生了深刻影响

1. 2009 年以来，研究者应邀分别到杭州、台州、温州、丽水及其县市区，介绍区域教学质量发展性评价的理论与实施策略。

2. 2010 年 10 月 17—19 日，研究者在"教育战略与教育质量国际研讨会"上所做的"快乐学习·智慧教学·品质管理——适合学生健康成长的质量管理机制"的主题演讲，得到了中外教育专家的高度评价。

3. 中国人民大学等三十余所高校馆藏了《学校发展性督导》；中国图书馆网等五十余家网上书店在售《学校发展性督导》；全省各地来温岭学习考察以及研究者应邀赴各地介绍经验。

（三）在本区域范围内有效地转变了育人模式

1. 学生的学习态度得到较好转变，学业水平不断提高，综合素质（个性特长）展示水平从期初的 5% 提高到期末的 12% 以上。中考的前 15% 优秀水平、后 30% 控制水平温岭市连续三年引领台州。

2. 教师的课堂教学水平综合系数从 0.75 提高到 0.80 以上（最大值为 1），名师名校长不断成长。温岭市的优质课、教学大比武、教坛新秀获奖率，以及教学论文、教育科研水平引领台州。

3. 学校教学管理品位不断提高，个性得到张扬，内涵发展强劲。温岭中学的"能力加速器"、温岭三中的"超市式学习"、温岭四中的"和谐发展"、横湖小学的"学生解放行动"、方城小学"学力形态"、太平小学的"生命成长"、新河小学的"生物科技"、锦园小学的"书香校园"等，均是为了每一位学生的健康成长。

五、特色与创新性

（一）率先提出并论证了"快乐学习·智慧教学·品质管理"这一命题

主张并运用了"保障每一位学生的健康成长"的评价理念，率先提出并论证了快乐学习、智慧教学、品质管理在教学质量评价中的地位及相互关系。

（二）率先建构并实践了"区域教学质量发展性评价标准"

"教学管理的科学性"融合为全面质量评价标准，实现了从功利价值向本源价值的转轨。

（三）率先倡导并试行了"有效课堂的基本标准"

针对现行课堂评价过多注重教学方法与情境的弊端，提出并实践了以理念影响、目标定位与作业分层为重点的、有效教学的基本标准，保证了教师专业成长的科学性。

（四）实践并探索了动态的教学质量评价机制

十分注重从动态、优质与增量的角度，激励学生、教师与学校不断超越自我、张扬个性。在区域层面形成了标准引领、基础诊断、自我评价、优质增值和互动共进的教学质量发展性评价机制，保障了教学质量评价的实效性与长效性。

附录二、自主发展性学校·方城小学发展规划
（2017—2019 学年）

引　言

为了更好地促进学校的发展，根据《温岭市教育改革和发展"十三五"规划》，国家教育部《国家中长期教育改革和发展规划纲要》，中共中央办公厅、国务院办公厅《关于深化教育体制机制改革的意见》等文件政策，遵循教育和人的发展规律，结合学校发展实际和教育发展趋势，特制订本规划。

第一部分　基础分析

一、学校的历史与传统

方城小学始建于 1917 年，先后被列为市直属小学、省市重点小学、浙江省实验学校、全国首批现代教育技术实验学校。百年办学传统，积淀了方城小学丰厚的文化底蕴，教师员工恪守"方正至诚"的校训，培养出中国科学院资深院士柯召、中国工程院院士蔡道基等一大批知名学子，可谓桃李满天下，在市内外享有"治校严谨、质量优秀"的盛誉，是区域内具有相当影响力的传统名校。

新时期以来，学校始终秉持"加强基础、发展智力、培养能力"和"全面贯彻方针、面向全体学生、提高全面素质"的教育宗旨，坚持"依德治校、科研兴校、质量立校、文化强校"的办学原则，深入践行"人文见长、整体优化、全面育人、和谐发展"的办学思想，使得学校教育事业得到长足的发展和提高。整体优化实验、现代教育技术实验、教育科研活动、"三结合"教育、语文教学改革，并称为学校教育改革实验追求的"五朵金花"。学校被评为全国首批特色学校、全国"注·提"教改先进集体、全国推普工作先进集体、浙江省文明单位、浙江省先进学校、浙江省示范性家长学校、浙江省"科研兴校200强"学校、浙江省电化教育工作先进集体、浙江省首批语言文字规范化示范学校。

经过探索实践，学校形成了一整套行之有效的教育思路，积累了一定成功的素质教育办学经验。学校倡导以课程来充实学生，以活动来丰富学生，以文明来熏陶学生。在"为学有方、为人以诚"的核心办学理念指引下，本着"以生为本""服务育人"的信念，学校构建和完善了"三大课程·四个基地·五项节会"素质教育新体系，鲜明地提出了"德智双全、学创俱佳、身心两健"的培养目标，并以"人

文见长、全面发展"为办学特色，着力推进学生学力发展研究和学力课程体系建设，取得了明显成效，为传统名校的品牌内涵不断注入全新的教育质量因素。

二、学校现状

学校总用地面积 14876 平方米，生均用地面积仍有不足；总建筑面积 19389 平方米，校舍新，布置美，文化气息浓厚，设施设备先进，拥有体育馆、田径运动场和各类功能教室，高标准配置了教学仪器设施，所有教室全部配置了多媒体设备，普通教室全部配置了电子白板，实现师机比 1：1、生机比 7：1 的目标，现代化学校建设的办学硬件基础得到有力保证，通过了省标准化学校验收，被评为台州市数字化学校、台州市绿色学校、台州市 AAAA 级平安校园。

学校有 144 位教职工，其中专任教师 137 人，中学高级教师 13 人，小学高级教师 67 人，台州市名师 5 人，温岭市名师 1 人，另有省、地、市级教坛新秀、教学能手、骨干教师等荣誉获得者 50 人。从年龄结构看，35 周岁以下青年教师占专任教师数的 39%，36—45 周岁教师占专任教师数的 45%，教师队伍充满活力，精力充沛，经验丰富，学识精良。

学校有 48 个教学班，学生 2244 人。全校学生基本来自本学区，非本学区学生只占 12% 左右，家庭条件普遍较好，家长文化素养较高，对孩子教育非常重视，期望值高，但重智轻体倾向比较明显，学生体质健康水平总体偏弱，个别学生心理发展不够健康。有部分学生寄宿在他人家里，父母监管时间不多。学生兴趣爱好广泛，课外参加各类兴趣特长项目学习的人数比较多，体艺特长生人才充足，课业成绩优秀，在各级各类竞赛展示活动中成绩优异。在学习表现上，思维活跃，知识面广，学习能力强，但是学习兴趣和动力有所欠缺。

三、发展优势及制约因素

（一）发展优势

1. 区域与历史的优势。

方城小学位于温岭老城区中心地带，人口稠密，街区绿树掩映，环境清幽，是一方求学之良所。服务区域文化事业发达，教育资源丰富，社会设施比较完善，居民知识水平相对较高，尊师重教风气好，教育投入力度大，为学校的发展创造了良好的外部条件。学校办学历史悠久，业绩显著，社会美誉度高，是一所名副其实的百年名校，省内知名的区域窗口学校。从 1917 年创办以来，学校一直坚持以质量为立校的根本，无论哪个历史时期，教育教学质量均十分优秀。经过一代代方城人的不懈努力，学校积淀了深厚的文化底蕴，在学生培养、教学研究、师资建设、课程开发等诸多方面积累了丰富的经验，形成了一整套卓有成效的操作和管理模式。学校建设校史陈列室，出版校志，布置校史廊道，张挂优秀学子简介，传唱校歌，以校史滋养校园文化，成为生动的课程资源，激励师生不断进步。

2．课程与教育的优势。

学校始终坚持以课程育人，将各种教育因素纳入课程的体系中，寓教育于课程中。富有方城独特品质的学力课程建设取得丰硕成果，完成了课程顶层设计和课程体系构建，基础性课程、拓展性课程全面开花，与之相配套的全息评价体系不断完善。作为基础性课程的延伸和补充的点学课程，由始业课程、塑业课程、毕业课程组成的修身课程，由社团课程、节会课程、游学课程组成的实践课程，以及包括校史课程、榜样课程在内的环境课程，校本特色突出，对学生有着很大的吸引力。通过几年的实施，受到学生和家长的欢迎，得到广泛好评，在地、省乃至全国级研讨活动中展示交流，反响良好，成为学校的响亮品牌。

3．管理与文化的优势。

方城小学有着纵贯百年办学历程的传统文化，其中的精髓，就是方城精神：勇于探索、敢为人先的创新精神，有教无类、艰苦创业的实干精神，甘为人梯、为国育材的奉献精神，崇文尚德、超越自我的进取精神。这种精神传统薪火相传，无声地滋养着方城的校园文化，激励着方城人永不停歇的前进脚步。学校实行刚柔相济的人文管理，现代学校制度建设不断完善，"一章三制"等民主管理制度得到落实，"思想同心、目标同向、行为同步、事业同干"的全员参与式管理文化逐步形成。学校以课程发展为中心，研究学力形态，探索学力课堂，构建学力课程，发展学力评价，全面丰富课程文化、研究文化、学术文化、管理文化，拓展了学校的文化内涵，提升了办学品质。

（二）制约因素

1．发展空间的压力。学校办学规模过大，虽然校园改造后面积几乎增加了一倍，但对照办学标准，生均用地面积仍严重不足，建筑容积率高，班额超标的年级还有三个。按照现有的招生和办学政策，本校生源有增无减，未来三年内将办学规模维持在48个班具有一定难度，校园拥挤、生均资源紧张等问题，仍然突出。

2．师资建设的压力。在当今社会形势下，教师生活和工作压力大，职业理想与职业理念不够高远，往往局限于眼前的事物，偏重学生课业成绩和当下的表现，对学生的全面进步和终身发展考虑较少。这样的思想境界和工作方式，是难以适应教育发展的新趋势的。如何真正落实教师专业标准，树立学生为本、师德为先、能力为重、终身学习的基本理念，进一步提高师德修养、专业知识和专业能力水平，是学校实现新发展目标必须研究的重要课题。

四、国内外发展趋势及面临的挑战

（一）发展趋势

1．国际趋势。

21世纪是世界范围内教育大发展的世纪，也是教育理念发生急剧转变的时代，教育的发展呈现出许多历史上任何时期都从未有过的新特点。推行全民教育和终身教育，构建学习型社会，成为时代的声音和全球的共识，教育在时间上扩展到人的一生，在空间上扩展到全社会。随之而来的，是"教育民主化"，期望每个人都能受到适当的教育，每个人都能达到令人满意的教育水准，使学生的个性自由发展，学生的主体意识得到增强，提升学生的开拓精神、创造才能，提高学生的个人价值。教育信息化受到空前的重视，数字化教育浪潮随着信息技术的飞速发展而巨浪澎湃，对现行教育的教学内容、教学过程、教学方式、师生角色、教育目标等方面产生了极大影响，网络学习、数字化学习和移动学习成为人们进行终身学习的重要手段。此外，在经济全球化和全球一体化的大背景下，教育的国际化趋势越来越突出，人们在学习内容和获取信息的来源、学习的组织方式、师资队伍、教学方法和教育技术方面都越来越国际化。

有研究认为，未来教育的发展有以下六大趋势：一是传统学校教育将深度变革，学科设置从各自独立走向有机融合，学习时间安排从固定课时转向项目化分配，评价方式由考试考评转向成果展示；二是向深度学习方式转变，用创新的方式将丰富的核心内容传授给学生，学生可以学习并使用所学内容，以项目、问题、询问等为基础，充分利用智能工具，进行灵活有效的学习；三是使用合作学习方式，教师之间、学生之间共同合作，开展以学生为中心、重视互动的小组学习，以及基于互联网的更为广泛的合作学习；四是学习者从教育消费者向创造者转变，利用数字化工具，通过分享经验创造教学内容来学习；五是使用混合式学习方式，利用数字化平台技术和大数据学情分析，支持个性化学习，线上线下混合，开展自适应学习；六是STEAM学习崛起，科学（S）、技术（T）、工程（E）、数学（M）、艺术（A）、设计以及人文科学，组成了STEAM教育，其核心理念是：所有的学科都可以也应该相互链接，学生需要了解各种知识和技能是如何在解决真实世界问题时相互连接和交叉的。

2. 国内趋势。

我国正处于中华民族伟大复兴的关键时期，党和国家对教育提出了许多新的要求。《中国学生发展核心素养》总体框架正式发布，从文化基础、自主发展、社会参与三个方面，确定了学生应具备的、能够适应终身发展和社会发展需要的必备品格和关键能力，提出了人文底蕴、科学精神、学会学习、健康生活、责任担当、实践创新六大素养，具体细化为国家认同、社会责任、乐学善学、人文积淀等十八个基本要点。这必将对课程、教材、教学、考试评价等各个教育环节产生深远的重大的影响。中共中央办公厅、国务院办公厅《关于深化教育体制机制改革的意见》指出，要注重培养学生的四大关键能力：认知能力，包括独立思考、逻辑推理、信息加工、学会学习、语言表达和文字写作的素养，终身学习的意识和能力；合作能力，包括自我管理、与他人合作、过集体生活、处理好个人与社会的关系；创新能力，包括好奇心、想象力和创新思维、创新人格；职业能力，包括职业精神，动手实践和解决实际问题的能力。国务院颁布《新一代人工智能发展规划》和《关于积极推进"互联网 +"行动的指导意见》，对学校发展智能化教育、数字化教育进行了部署，利用智能技术和网络技术加快推动人才培养模式、教学方法改革，加强新技术在教学、管理、资源建设等全流程的应用，成为新的发展趋势。

在一系列新政策和国内外新形势的影响下，伴随着"十三五"规划的启动，我国教育事业迎来转型发展关键期，将有以下六个方面的发展趋向：个别化教育，以学生自主学习为特征；伦理型教师，用伦理的眼光审视日常教育教学，构建伦理型的学校文化，呵护学生健康快乐成长；数字化技术，教育信息化，教育资源和教育模式数字化、网络化；全民性阅读；社会化融合，校园和社区融为一体，教师与志愿者团队融为一体，课堂与自然社会融为一体，强调同伴互助，关注职业启蒙和职业规划；体验式校园，硬件设施功能更加完善，校园体验更加全面深刻。

（二）面临的挑战

1. 标准化的挑战。

随着教育改革向着纵深推进，国家对学校教育的标准化要求越来越高，越来越全面。义务教育学校办学条件标准、中小学教师专业标准、义务教育课程标准、义务教育学校管理标准，规范着学校教育方方面面的内容，要求学校从粗放型、经验型，向精细化、标准化转变。学校、教师原有的条件和传统工作模式，与这些标准之间存在着相当大的差距。在教育事业标准化发展的道路上，学校还能不能勇立潮头、敢为人先？这是很大的挑战。

2. 现代化的挑战。

《国家中长期教育改革和发展规划纲要（2010—2020 年）》规定，到 2020 年我国要基本实现教育现代化。因此，教育现代化是每一所学校面临的紧迫任务。教育现代化包括观念、制度、内容、方法等多个层面，其灵魂是教育观念的现代化。如何以现代信息社会为基础，超越狭隘的功利主义，采取开放的灵活的全方位的学习方法，为学生提供发挥自身潜能的机会，以实现可持续的发展？这是教育现代化趋势对学校和教师教育理念的挑战。

3. 法治化的挑战。

目前，有一个普遍现象：国家的教育法律法规越来越多，政府各职能部门抓规范办学的措施越来越严，学校自我感觉办学越来越规范，而社会、家长、学生对学校的投诉越来越频繁；学校抓管理的措施越来越精细，而教师的职业倦怠、学生的反感情绪越来越突出，师生关系、家校关系越来越紧张。在同一教育体系中发展，学校、教师、学生如何履行法律规定的义务，坚持法律赋予的权利，做到依法治教、依法执教、依法学习，互相之间和谐统一，并不是很容易的事。

4. 智能化的挑战。

现代社会正快速朝着高度智能化的方向发展，人工智能技术被应用到各个领域。在不久的将来，教育也将进入人工智能时代，人工智能将掀起一场深刻的教育革命，包括数据的采集、分析和反馈，优秀经验的模式化处理，个性化教学资源的驱动，基于互联网的个性化学习与辅导等等，借助人工智能，教育的张力必将成倍增长。如何迅速跟上教育智能化的步伐？这对学校和教师提出了很高的要求。

第二部分　办学思想

一、核心理念："为学有方，为人以诚"

"方"即方向，方法，道理，规则，规律；"诚"即真诚，忠诚，诚信，诚善。"诚"谐音"城"，"方""诚"亦指"方城"。

"为学"：治学，做学问。"有方"：有道，得法。"为人"：做人，跟人交往。"以诚"：在于真心、真情实意。

"为学有方"：学生的学习与生活、教师的教学与学习、学校的管理与教育，坚守立德树人，遵循教育规律，遵守教育规则，优化教育方法；"为人以诚"：学校、教师和学生真心诚意对待他人，热爱维护集体利益，关心促进社会发展。

二、育人目标

培养"德智俱佳""身心两健""学创兼备"的走向世界的现代小学生。

"德智俱佳"：努力培养学生现代公民素养基础，使他们初步具有爱祖国、爱人民、爱劳动、爱科学、爱社会主义的思想感情，初步养成关心他人、关心集体、认真负责、诚实、勤俭、勇敢、正直、合群、活泼向上等良好品德和个性，养成讲文明、讲礼貌、守纪律的行为习惯，初步具有自我管理以及分辨是非的能力。具有阅读、书写、表达、计算的基本知识和基本技能，了解一些生活、自然和社会常识，初步具有基本的观察、思维、动手操作和自学的能力，发展独立思考和逻辑推理、信息加工等学习能力，养成良好的学习习惯。

"身心两健"：初步养成锻炼身体和讲究卫生的习惯，促进身体及其机能的正常发育，拥有良好的体质、健康的心理，乐观向上，对周围的世界和自身充满好奇，并且能够积极地探索；培养自我评价、自我控制的能力，使自我意识等得到健康的发展，学会合作与沟通，具有团结协作的精神、和谐的人际关系和良好的心理素质。培养感受美、鉴赏美和创造美等能力，具有健康的爱美的情趣，能感受生活的美好、人性的美好，美善相谐，感受生活里的阳光，懂得感激，学会回报；积极参与各项有意义的活动，努力养成健康的生活方式。

"学创兼备"：注重学习方法，激发学习动力，培养学习毅力，发展学习能力，提高学习品质，观察力、记忆力、抽象概括能力、意志力、理解能力得到全面发展，敢于质疑，善于思考，学会提出问题，并通过各种渠道获取信息，加以消化、吸收，独立自主地探索问题的答案，尝试基于现代技术的主题实践、创客学习等综合学习方式，重视合作交流，加强体验感悟、分析归纳、反思协调实践过程参与，从小培养创新精神，树立创新意识，为终身学习奠定扎实的基础。

"走向世界"：树立初步的民族意识，增强民族自豪感，培养了解和探究世界各地不同文化的兴趣，了解各地人民丰富多彩的生活，了解世界文化的丰富性，懂得不同地区、不同国家、不同民族和种族都具有存在的多样性、发展的多样性，懂得尊重和欣赏不同民族和不同文化，培植对多元文化包容开放的情怀，学好英语，尝试通过多种途径与不同国家、不同民族的学生开展接触和交流，了解国际交往的基本规则与礼仪。

三、发展定位

努力创建既有时代气息、更富文化底蕴、兼具国际视野的现代化的魅力方城。

"时代气息"：紧跟教育发展趋势，勇于改革，大胆创新，践行新理念，追求新进步。

"文化底蕴"：根植学校传统，发扬方城精神，从丰厚的历史积淀中获取成长元素，以开拓进取的行动进一步丰富学校文化内涵。

"国际视野"：开阔眼界，从世界文明和人类社会发展进步的高度，把握教育事业的发展趋势，借鉴他人的先进经验，加强国际交流与合作。

"魅力方城"：课程建设促进学生学力发展，课堂改革以充满活力为目标，课业设计重在激发学生的学习动力，教师发展更具专业实力，学生培养努力激发潜力。

第三部分　发展重点

一、优势发展

（一）项目名称

学力课程

（二）项目背景

几年来，学校以教育部立项课题《聚集课堂的小学生学力发展研究》为平台，研究学力形态，探索学力课堂，构建学力课程，发展学力评价，从教学、管理、课程、研究等多个角度，促进了学校的发展，拓展了学校的文化内涵，提升了办学品质，成就了学校在新时期的新品牌，也奠定了继续前进的新基石。依托现有成果，深化教育教学改革，发展学生的学力，是方城小学继续发展教育的重要生长点。

（三）发展目标

深化学校课程建设，进一步推进"课程育人"，使课程功能指向于学校教育职能的存在与张扬。课程开发与建设规范化运作，课程定位规范，方案制定规范，项目设置规范，内容编写规范，课程实施规范。总结整理学校校本课程，提炼 3—4 项市级精品课程。

（四）策略措施

1. 课程开发草根化。坚持行动探索、实践验证的原则，开发适合学生学力发展的课程，使课程功能指向于学校教育职能的存在与张扬。

2. 课程实施规范化。通过《课程标准》的推出，以及校本教材的补充与改版，促使学力课程的规范实施，提高课程的执行力与实效性。

3. 课程评价制度化。搭建平台，展示学力社团学习成果；规范考级，检测点学课程学习成效。完善《全息评价方案》，改版《我的成长足迹》。

4. 课程成果精品化。及时整理，及时总结，通过精品课程的提炼与推广，深化学校课程建设，进一步推进"课程育人"。

二、优先发展

（一）项目之一

1. 项目名称

实力教师

2. 项目背景

优越的师资队伍一直是方城小学的骄傲，多年来具有影响力的名师更是层出不穷。近年来因为集团教师交流，名优教师不断分流，教师队伍的建设遭遇了瓶颈期。学校秉承"还教于学、还学于生、还生于人"的"三还"理念，采用"名师引领·团队推进"的方式，吹响"任务驱动·策略学导"课堂教学改革集结号，唤醒教师的课改意识与课改动力，以此促进教师专业成长。

3. 发展目标

建设一支高品质的教师队伍，教师敬业爱岗，专业知识与职业能力稳步提升，优质教师占专任教师比例 50% 以上。培养市级以上优秀教师 6 人次以上，教师市级以上业务比赛获奖面 10% 以上，地区级以上业务竞赛获奖数列台州市前茅，教师市级以上论文获奖率（含发表）达 40% 以上。

4. 策略措施

（1）加强师德建设。规范教师的从业行为，执行上级有关师德规定，大力倡导教师责任意识、大局意识、服务意识，树立正确的价值观和人生观，做到依法执教，以德立教。开展"师德标兵""师德楷模""家庭事业兼顾型教师"等评选。

（2）扎实校本培训。根据不同层次教师专业发展需求，实施"三三三人才培养计划"。"三个专业发展组织"：名师工作室、青蓝工作坊、学力课改团队。"三个培养学习平台"：个人自学、小组学习、集中培训。"三个梯度评比序列"：教坛新苗、教坛新秀、教改先锋。

（3）重视团队发展。着力打造6个语数课改团队，通过"名师引领、团队推进"的方式，带动青年教师积极投身课堂教学改革。将青年教师赛课与课堂教学改革结合起来，通过赛课呈现教师个性化的学力课堂，激发青年教师课改意识与发展动力，从而提升教师的专业素养。

（4）拓宽展示平台。鼓励教师边研究，边反思，边积累，边提炼，逐步形成自己的教学风格或教学特色，逐步形成学校名师和各个层次骨干教师梯队培养机制。学校精心组织学术节、送教等活动，积极承办各级各类学科教学研讨会、课改成果展示会，为教师展示自我搭建良好的平台。

（二）项目之二

1. 项目名称

潜力学生

2. 项目背景

方城小学年均在校生约2200名。学生是教育的中心。在教育走进新时代的背景下，社会、家庭都对学生的发展提出了新的要求。培养学生的核心素养成了这个时代新的教育目标。个性化的优质教育，成了家长对教育的新需求。提高学生的综合素养，使学生能适应未来、建设未来、享受未来，成为教育的新命题。

3. 发展目标

夯实学生的文化基础，逐渐积淀人文底蕴，培养初步的科学精神；充分发挥自主作用，发现并发掘自身潜力，为学有方，为人以诚，健康生活；勇于承担自己的小公民责任，积极参加社会实践，具有较强的创新意识和初步的创新能力。

4. 策略措施

（1）建设德育课程。以学生修业时间为经，以各项行为习惯为纬，建设始业课程、塑业课程和毕业课程，统整知情意行德育内容，优化隐性课程元素和显性课程元素，动态建设德育课程，使德育课程满足学生个性和谐发展的需求。

（2）完善学力课程。完善点学课程，改革课堂教学，聚焦学生学习，搭建学力发展平台，合力德育课程，使课程成为让学生起飞的合适跑道。

（3）探索综合课程。把游学课程和综合实践课程结合起来，打破课堂时空，让学习走向自然、走向生活、走向社会，建构"大学习"的生态课堂。积极探索STEM课程，培养跨界思维，锻炼综合素养，提升核心素养。

（4）改革评价体系。紧紧围绕核心素养体系，采用全息评价体系，全面调整评价标准，改革评价方式，引导学生自主评价，促进学生自主发展、综合发展、幸福发展。

第四部分　发展目标

一、依法办学

（一）目标陈述

自觉执行法律法规和方针政策，"一章三制"得到落实，教育教学行为规范，课程计划严格执行，学校管理民主，运行高效，无违规违纪行为，社会满意度高。

（二）年度目标

2017学年：提高依法办学自觉性，全面执行"一章三制"，推行"自下而上"的参与式管理和"首遇责任制"，实施"学生活动区域化和教师责任定点岗位化"，规范办学行为，落实省教育现代化有关标准。

2018学年：树立"以法治教"和"服务为本、合作为魂"的管理思想，构建现代学校合作运行机制，实现多维合作，形成学校"内外、上下、左右"良好的合作运行氛围，打造魅力方城。

2019学年：进一步加强学校民主管理，提高政策法规执行力，"一章三制"得到落实，教育教学行为规范，课程计划严格执行，学校管理民主，运行高效，无违规违纪行为，社会满意度高。

（三）策略措施

1.加强法律法规的学习和宣传，做到知法守法，强化全体教师的法制观念，时刻绷紧法律之弦，提高依法办学和依法执教的意识。

2.加强理论学习和实践考察，深刻理解现代学校制度建设的内涵，借鉴他人成功经验，加强"一章三制"建设，不断完善学校规章制度。

3.发挥广大教职工的主人翁精神，通过工会、教代会等群团组织，征集教职工对学校工作的意见建议，提高民主管理水平。

4.积极推进社会力量参与学校管理，加强与社区的沟通与合作，加强宣传，促进社会与学校的相互了解，充分利用社会力量，使学校工作形成教育合力，建设和谐的发展环境。

（四）成功标志

1.规范办学行为，做到收费规范、招生规范、学籍管理规范。严格按照课程计划开齐、开足、开好课程，保证课程设置的严肃性、科学性。

2.自觉执行政策规定，无违规违纪现象，学生学业负担适中。

3.教师参与民主管理渠道畅通，建言献策卓有成效。

4. 打造人民满意的现代化品牌学校，社会满意率达到 95% 以上。

二、队伍建设

（一）目标陈述

建设一支高品质的教师队伍，教师敬业爱岗，专业知识与职业能力稳步提升，优质实力教师占专任教师比例 50% 以上。培养市级以上实力教师 6 人次以上，教师市级以上业务比赛获奖面 10% 以上，地区级以上业务竞赛获奖数列台州市前茅，教师市级以上论文获奖率（含发表）达 40% 以上。

（二）年度目标

2017 学年：继续开展学力课改，运用课改团队、名师工作室、青蓝工作坊等教师专业发展平台，实施"理论大发展、教学大比拼、技能大提高"三大工程，重点关注青年教师成长，做好教师梯队培养工作。组织方城小学教坛新苗评比。

2018 学年：深入开展学力课改，完善课改团队、名师工作室、青蓝工作坊等教师专业发展平台，精心策划学术节活动，组织教师参加各级各类教学业务比赛，教师的专业知识与职业能力稳步提升。组织方城小学教坛新秀评比。

2019 学年：组织方城小学教改先锋评比。教师队伍稳步发展，培养市级以上优秀教师 6 人次以上，教师市级以上业务比赛获奖面 10% 以上，地区级以上业务竞赛获奖数列台州市前茅，教师市级以上论文获奖率（含发表）达 40% 以上。

（三）策略措施

1. 加强师德建设。规范教师的从业行为，执行上级有关师德规定，大力倡导教师责任意识、大局意识、服务意识，树立正确的价值观和人生观，做到依法执教，以德立教。开展"师德标兵""师德楷模""家庭事业兼顾型教师"等评选。

2. 扎实校本培训。根据不同层次教师专业发展需求，实施"三三三人才培养计划"。"三个专业发展组织"：名师工作室、青蓝工作坊、学力课改团队。"三个培养学习平台"：个人自学、小组学习、集中培训。"三个梯度评比序列"：教坛新苗、教坛新秀、教改先锋。

3. 重视团队发展。着力打造 6 个语数课改团队，通过"名师引领、团队推进"的方式，带动青年教师积极投身课堂教学改革。将青年教师赛课与课堂教学改革结合起来，通过赛课呈现教师个性化的学力课堂，激发青年教师课改意识与发展动力，从而提升教师的专业素养。

4. 拓宽展示平台。鼓励教师边研究，边反思，边积累，边提炼，逐步形成自己的教学风格或教学特色，逐步形成学校名师和各个层次骨干教师梯队培养机制。学校精心组织学术节、送教等活动，积极承办各级各类学科教学研讨会、课改成果展示会，为教师展示自我搭建良好的平台。

（四）成功标志

1. 青年教师教学业务水平稳步提升，名师、骨干教师逐步形成自己的教学风格或教学特色。

2. 在校级"教坛新苗、教坛新秀、教改先锋"评比中发掘一批优秀教师，为他们的成长搭建平台，催生一批市内外有声望的名师和学科领军教师。

3. 培养市级以上优秀教师6人次以上，力争在市级以上业务比赛中获奖面10%以上，且在地区级以上业务竞赛中获奖数列台州市前茅。

4. 开设基于团队建设和教学改革的"方城讲堂"。承办温岭市校本研修成果展示活动，以及浙江省校本研修研训会。

三、课程建设

（一）目标陈述

深化学校学力课程建设，进一步推进课程育人，使学力课程功能指向于学校教育职能的存在与张扬。学力课程开发与建设规范化运作，课程定位规范，方案制定规范，项目设置规范，内容编写规范，课程实施规范。总结整理学校校本课程，提炼3—4项市级精品课程。

（二）年度目标

2017学年：完善《全息评价方案》，改版《我的成长足迹》。着力打造"创客空间""梧桐诗社""金话筒""经典诵读""儿童礼仪"等社团课程，提炼其中1项社团课程为市级精品课程。梧桐诗社推出校刊《梧桐花开》。

2018学年：继续开发游学课程，使"游学课程"序列化，提炼其中1项游学课程为市级精品课程。规范"经典诵读""快乐习字""口语交际""玩转数学"等点学课程，提炼其中1项点学课程为精品课程。

2019学年：全面实施《学力课改课程设置方案》，深化课程建设，规范课程实施，点学课程和社团课程校本化，德育课程和游学课程特色化。总结"始业课程""毕业课程"等德育课程，提炼其中1项德育课程为精品课程。

（三）策略措施

1. 课程开发草根化。坚持行动探索、实践验证的原则，开发适合学生学力发展的课程，使课程功能指向于学校教育职能的存在与张扬。

2. 课程实施规范化。通过《课程标准》的推出，以及校本教材的补充与改版，促使学力课程的规范实施，提高课程的执行力与实效性。

3. 课程评价制度化。搭建平台，展示学力社团学习成果；规范考级，检测点学课程学习成效。完善《全息评价方案》，改版《我的成长足迹》。

4. 课程成果精品化。及时整理，及时总结，通过精品课程的提炼与推广，深化学校课程建设，进一步推进"课程育人"。

（四）成功标志

1. 出台《校本课程标准》，全面实施《方城小学课程设置方案》。

2. 推出《经典诵读》《创客社团》等校本教材；补充《玩转数学》《科技博览》等校本教材；修订《快乐习字》《口语交际》等校本教材。

3. 完善《全息评价方案》，推出《我的成长足迹》（修订版）。

4. 梧桐诗社推出校刊《梧桐花开》。

5. 3—4 项校本课程获市级精品课程。

四、教学与科研

（一）目标陈述

1. 学力课堂。践行学力课堂，促进课堂的转型，教师的成长，学生的进步，学校的发展。积极承办各级各类研讨活动，推广学力课堂教学改革成果，出版陈可人语文教学专著，教师获奖率与学生获奖率稳步提升。

2. 引力课业。开发适应学校发展优势、适合学生学力发展的课程，丰富学生的课业类型，使课业指向于学生学习兴趣的激活与学习能力的发展。严格执行减负工作的六个严格规定和六项制度，切实减轻学生的课业负担。

3. 活力科研。基于学力课堂的学校龙头课题获省级课题立项研究，指导教师立项课题项项有成果。教师论文撰写在市地级以上获奖及发表率达到 40% 以上。争取省地教科研标兵。

（二）年度目标

2017 学年：承办温岭市校本研修成果展示活动，以及浙江省校本研修研训会，推广学力课堂教学改革第二期成果，出版陈可人语文教学专著。潘慧慧课改小组升格为温岭市名师工作室，深入研究"任务驱动 策略学导"下的微镜阅读。规范办学行为，切实减轻学生课业负担。

2018 学年：建立语数学力课堂基本范式，打造百花齐放且各具特色的课改团队。以学校学力课堂为内容的省课题立项研究，教师优秀课题成果在市级以上推广。申报台州市课题，以科研促教改，深入研究"任务驱动 策略学导"下的单元模块教学。基于学力课程的设置，丰富学生的课业类型。

2019 学年：承办市级以上语数课堂教学改革成果展示会，推广学力课堂教学改革第三期成果。竞赛周、考级周成为学生展示特长的平台，学生学习能力得到全面提升，学科竞赛及学业水平均名列全市前茅。丰富学生的课业类型，使课业指向于学生学习兴趣的激活与学习能力的发展。

（三）策略措施

1.学力课堂

名师引领，团队推进。通过启用本校名师、外请他校名师、返聘退休名师，着力打造6个语数课改团队。以名师的专业引领，唤醒青年教师教学研究的意识，带动40周岁以下青年教师积极投身学校的课堂教学改革。

以赛促改，全面推进。将青年教师赛课与课堂教学改革结合起来，通过赛课呈现教师个性化的学力课堂，激发青年教师课改意识与研究动力，评选出一批业务技能精、风格特色明、科研能力强的"学力教改先锋"，并以此影响带动全校教师，逐步让更多的老师并道到课堂教学改革这条学力探索之路。

定期展示，梯度推进。定时间，定地点，分学科进行各级各类课堂教学改革成果展示，促进各个团队阶段性成果的总结与提炼，使学校学力课堂的探索之路逐步走向纵深。

反思积累，深度推进。结合学校教研主题，结合课改小组研究内容，积极申报课题研究，积极撰写教学案例或教学论文，使课例研讨、课题研究、论文撰写一以贯之。

2.引力课业

丰富课程设置，激活课业类型。开发适应学校发展优势、适合学生学力发展的课程，丰富学生的课业类型，使课业指向于学生学习兴趣的激活与学习能力的提升。

强化教学管理，减轻课业负担。规范办学行为，强化教学管理，严格执行减负工作的六个严格规定和六项制度，切实减轻学生的课业负担，做好教学常规工作。

3.活力科研

学校层面，省级课题引领。学校以"任务驱动 策略学导"为主题，围绕"学力课堂"，申报省课题立项研究。

课改团队，教改科研结合。各个课改团队，基于各自的研究领域，申报台州市课题立项研究，以科研促教改。

教师层面，草根课题研究。一方面，结合课改组开展子课题研究；另一方面，结合自身的积累与思考，开展市级课题研究或校级小课题研究。

（四）成功标志

1.构建学力课堂范式。6个课改小组围绕学校研究主题，基于本组研究内容，建立语数学力课堂基本范式。承办各级各类课堂教学改革成果展示活动，出版陈可人语文教学专著。

2.提升学生学习能力。课堂成为学力发展的主战场，竞赛周、考级周成为学力展示的大舞台。学生的学习能力得到进一步提高，学生学习成果丰厚，各科质量抽测与各级各类学科竞赛名列全市前茅。

3.提升教师科研水平。通过课堂教学改革与教育科研的整合，进一步壮大教研型优质教师队伍。学校龙头课题获省级课题立项研究，各课改团队获台州市级课题立项研究，指导教师小课题研究项项有成果。

五、立德树人

（一）目标陈述

以"潜力学生"培养为目标，通过指向学力的课程实施，提高学生学力，发展个性，加强人文修养和创新意识，塑造鲜明的儿童形象，做到朵朵花儿向阳开，使之成为有梦想、有规矩、有修养、有学力、身心健康具有时代气息的现代小学生，享受斑斓童年，享受更多校园的幸福，并累积幸福人生的基础。

（二）年度目标

2017学年：以礼仪文化为载体，开展融合教育。整合学校各类塑业课程资源，完善塑业课程的文本体系，使学生知晓方城优秀学子的优秀品质，知晓成为方城优秀学子的修炼过程。完成"十大学习·生活好习惯"的塑业课程；结合"快乐魔方城"，立足校内启动小岗位体验活动。以学习武术操为抓手，养成学生的健体习惯。创建5个特色班，评选12个美丽班级。建设指向学力的年级德育课程（一年级、四年级）。

2018学年：以节日文化为载体，开展融合教育。完善方城优秀学子的评价理念和评价标准，让一大批优秀学子脱颖而出，让广大学子学有榜样，明确努力方向。在制度上保障以人为本，实践方城的教育理念"为人以诚"。全面开展器乐进课堂，以培养学生的艺术素养。完成"十大学习·生活好习惯"的塑业课程；结合"快乐魔方城"，立足校外劳动基地启动小岗位体验活动。创建10个特色班，评选12个美丽班级。建设指向学力的年级德育课程（二年级、五年级）。

2019学年：以民族文化为载体，开展融合教育。让"有礼、乐学、健体"成为习惯，人人以实际行动实践自己的行为规范，评选一大批品行优秀的方城榜样，学风、校风等正气凛然。完成"十大学习·生活好习惯"的塑业课程；结合"快乐魔方城"，立足校外部门启动小岗位体验活动，并形成完整的文本。创建特色班15个，评选12个美丽班级。建设指向学力的年级德育课程（三年级、六年级）。

（三）策略措施

1.学校管理制度完善，执行有力，组织健全，无违规办学行为，学校管理顺畅，效能显著，社会参与办学程度较高，现代学校建设与教育现代化程度显著提高，品牌学校建设初见成效。

2.结合《社会主义核心价值观》《中小学德育工作指南》《小学生守则》《浙江省小学生日常行为规范》等精神，着力构建方向正确、内容完善、学段衔接、载体丰富的工作体系，努力形成全员育人、全程育人、全方位育人的工作格局。

3.坚持"尊重差异、赏识个体、开放教育、多元发展"的原则，实施"四类德育课程、全员全息评价"的育人体系，使德育内容课程化。

4.围绕"礼仪·节日·民族"文化主题，开展"七彩方城·快乐童年"的系列活动，使德育活动色彩化。

5.通过守住每个孩子，擦亮每个日子，充分利用班级软文化，"一班一世界"特色鲜明，让班级成为学生的精神家园，使美丽班级个性化。

6.以创建"快乐魔方城"为载体，在岗位体验、岗位服务中培养学生的责任心，重点培养学生劳动好习惯、生活好习惯、文明礼貌好习惯、思维好习惯、健体好习惯，让学生具有家国情怀，使学生个性校本化。

7.结合网格化管理，每月开展安全主题教育活动，确保校园平安。

8.依托浙江省STEM种子学校的推进建设，培养学生的创新能力、实践能力。

9.积极搭建促进"不做第一，争做唯一"个性学生发展的平台，坚持"寓教于乐""全面参与"的原则，举办五项节会和开设适合学生发展的各类社团，让此成为放飞理想的平台、展示个性的舞台、培育英才的摇篮；完善"儿童论坛"建设，开展"儿童民主恳谈"，使之成为锻炼学生成长的一个平台，理解儿童、关注儿童、帮助儿童、发展儿童；积极开展多形式、多内容、多层面的艺体活动，让校园充满活力，由此提高校园生活的幸福指数。

（四）成功标志

1.全体学生身心健康，言语文明、举止优雅、仪态端庄，学生热爱生活，热爱学校，热爱同伴，热爱学习，充满朝气，生机勃勃，具有鲜明的方城学子形象，社会满意度高。

2.学生学习能力得以锻炼和提升，成果丰厚，既享受童年的幸福，更累积起未来学习和生活的能力，学生"两体一艺"鲜明。

3."快乐魔方城"初步建成，学生责任担当意识强。

4.善借教育软文化，80%以上班级"一班一世界"特色鲜明。

5.校园年年成为"平安校园"。

六、学校文化

（一）目标陈述

全方位发展学校文化，通过三年努力，学校物质设施功能完备，环境景观高雅优美，教育味浓厚，管理制度先进完善，学校精神传播有效，师生精神面貌健康向上，人际和谐。

（二）年度目标

2017学年：全面完成"课程育人"环境文化布置，建成风格雅致、理念先进、教育味浓厚的现代化校园。出版校志，建成并开放校史陈列室，举办百年校庆。按标准配备教学设施，完成省教育现代化市创建任务。

2018学年：巩固和深化校建成果，完成适应学力方城建设的校园物质基础配备，在学生中开展校史教育，开发校史课程。

2019学年：学校物质文化、制度文化、精神文化、环境文化、课程文化全面协调发展，校园育人氛围更有品位，学校精神传承富有成效。

（三）策略措施

1. 建设校园物质文化。注重发挥学校物质设施的教育功能，建设好教学设施，优化学习环境；加强校广播、校报、宣传橱窗等宣传思想文化载体的建设与管理，充分发挥宣传思想阵地在校园文化建设中的重要作用。

2. 建设校园精神文化。开展核心价值观教育，把人文精神和科学精神融入教育教学全过程，通过建设校史馆、编修校史、筹办校庆，传承校园精神，全方位、多角度地宣传学校丰富的办学内涵和办学精神。将传统节会活动与团队、社团建设有机结合，组织开展形式多样的校园文化活动。

3. 建设校园制度文化。建立和完善符合现代学校内部管理制度体系，落实"一章三制"，保障各项管理工作有效开展，建立和完善自下而上的全员参与式管理制度、情况通报制度和重大决策征求意见制度，不断扩大教职工对学校工作的知情权、参与权和监督权。

4. 建设校园环境文化。以"课程育人"理念整体、系统地规划校园人文景观，丰富校园环境的文化蕴涵，全面应用学校品牌形象识别系统，充分发挥校园环境课程、始业课程、毕业课程的育人功能，提升校园环境的育人价值，使自然美、人文美、艺术美相协调。在墙面、廊道、教室、办公室、功能室等的环境建设中，彰显学校积淀和突出现代气息相结合。

（四）成功标志

1. 学校教育装备设施达到标准。
2. 校园环境一流，文化布置突出方城元素，校园育人氛围更有品位。
3. 学校制度完善，执行有效，人际关系和谐。
4. 学校精神传承深入人心，出版校志，成功举办校庆活动，建成并开放校史陈列室。

七、资源配置与利用

（一）目标陈述

建立现代化智能化学校，各种智能设备能通过无线实现无缝对接，教学办公便捷、高效。办公往无纸化方向努力。建设"校园电视台"，打造"云音乐教室"，开通"云数字图书馆"，使学校成为一座校内信息通畅、现代教学方便，既具时代气息、更富文化底蕴的现代化品牌学校。

（二）年度目标

2017学年：继续完善学校设备设施，完成塑胶田径场改造工程，完成校园无线系统全覆盖，完善学校数字化平台，使德育任务、教学教务、科研、物资报修在平台上完成。启动"云数字"图书馆建设，为学力方城提供服务。

2018学年：进一步升级教学辅助设备，全面更换方正楼、至善楼教室多媒体设备，提升性能，淘汰落后设备；逐步更新教师办公电脑，完成校园电视台建设；完成食堂改造任务，使食堂功能齐全，操作流程合理，精心布置校园，打造美力方城。

2019学年：整合教育资源，为学力方城服务。挖掘潜力，打造精品功能教室、辅助用房，打造"云音乐教室"，拓展图书室、阅览室外延，打造特色图书馆。

（三）策略措施

1.积极筹备经费，努力争取上级行政部门的资金支持，打造设备先进的校园电视台。

2.借鉴博雅楼教室多媒体更改经验，更换1、2号楼教室多媒体设备，淘汰落后设备。

3.创新思维，努力打造"云数字"图书馆、"云音乐教室"。

4.完善"数字化校园"，使学校教学教务在平台上完成。

（四）成功标志

建成风格雅致、富含底蕴、设施先进的现代化、智能化学校。学校设备设施先进、功能齐全，达到教育现代化学校建设标准，为美力方城、学力方城提供强有力的物资保障。

八、特色品牌建设

（一）目标陈述

深化课程改革来推进"学力方城"建设，通过学力课改顶层设计，开发校本课程、提供N个社团为学生的学力为主的核心素养发展提供实践的平台。经过三年的努力，把"学力课程"打造成为既有时代气息，内涵丰富，在全国有一定影响的亮点与特色品牌。

（二）年度目标

2017学年：深化课程改革，完善《全息评价方案》，改版《我的成长足迹》，启动学生成长中心、教师发展中心建设。重点探索"学力课程"建设，力争在全国有一定的影响。

2018 学年：推进"学力课程"建设，明确发展思路，优化课程体系，完善培养模式，加强队伍建设，创建开发游学课程，使"游学课程"序列化，提炼其中 1 项游学课程为精品课程。

2019 学年：全面实施《学力课改课程设置方案》，深化课程建设，规范课程实施，点学课程和社团课程校本化，德育课程和游学课程特色化；经过三年的努力，把"育人课程"打造成为有时代气息，内涵丰富的亮点与特色品牌。

（三）主要成功标志

1. 继续完善指向学力的始业课程、塑业课程、毕业课程等德育课程。方城学子身心健康，言语文明、举止优雅、仪态端庄。培养学生热爱生活，热爱学校，热爱同伴，充满朝气，生机勃勃。学生学习能力得以锻炼和提升，成果丰厚，既享受童年的幸福，更累积起未来学习和生活的能力。

2. 学力课改团队建设在省级会议上交流，学力课程建设在全国有影响。

3. 汇编《现代学校学力课程建设》经验材料。

（四）策略措施

1. 大力推进塑业课程建设的管理机制。学校管理制度完善，执行有力，组织健全，无违规办学行为，学校管理顺畅，效能显著，社会参与办学程度较高，现代学校建设与教育现代化程度显著提高，品牌学校建设初见成效。

2. 多方联动，合力开展塑业课程建设。以始业课程、综合实践课程和毕业课程为蓝本，整合学校各类德育课程，在学生行为中实践塑业课程，实现课程目标。通过榜样评选、学校常规检查、制度完善等措施，让学生脑有意识、行有规范、评有标准。

3. 以"社校、家校、校校、干群、师师、师生"多维合作，实现特色课程的师资需求。以"一体两翼"为载体，通过"快乐魔方城"的创建，让学生在岗位体验、岗位服务中养成指向学力的好习惯，使方城学子的形象更加凸显。

九、集团化建设

（一）目标陈述

开放协同，优势互补，提升办学质量，实现共同进步，初步建立集团协同管理机制，有序推进师资交流、教研联体、学生互动、资源共享，培植认同文化，实现优势互补、整体提升；全面提升集团与校区教育质量及整体水平。

（二）年度目标

2017 学年：探索集团化办学管理和运作机制，初步完成教师交流事项，按比例实行成员学校间教师的流动；逐步推进教科研一体化进程，力争举办一次省级联合教研活动；尝试进行学生互动，以"拓展课程"为平台，探索学生的互动与交流。

2018学年：建立比较稳固的集团化办学管理和运作机制，学校领导每月一次互访活动；开展师资交流和协作培训，按比例实行成员学校间教师的流动，逐步推进教科研融合进程；开展联合教科研活动，与成员学校共同探讨教研活动，名师工作室招收成员教师时向成员学校倾斜；尝试进行学生互动与交流。

2019学年：集团化办学管理和运作机制制度化，执行教育局出台的有关第二轮集团化办学计划，进一步推进教科研优势互补进程。教师流动各项措施得到有效落实；管理作用充分发挥；教学质量保持优势。

（三）策略措施

1. 思想引领。各成员学校以方城小学传统文化的精髓作为原动力，进一步彰显办学特色，铸造优质教育品牌，培养有集团特色的优秀学生。对外做好宣传工作，加大方城小学教育集团的宣传力度，不断提升方城小学教育集团的交流活动。

2. 落实机制。在集团内进行统筹协调，保持管理渠道畅通，加强现代学校制度建设，修订完善集团各项规章制度。

3. 队伍建设。充分发挥集团自身"造血"功能，有效落实分层培养机制。以目标任务为驱动，对不同层级教师实施合格性、提高性、拔尖性培养。成立集团名师工作室，形成以管理、学科、班主任为培养方向的集团名师工作室培养机制，充分发挥集团内名师的提升、示范、引领作用，加快集团内优秀教育教学人才的培养。

4. 推进信息化。充分发挥网络系统在学校管理中的积极作用，建立集团教育综合管理系统，做到信息发布网络化。加强基础设施建设，提升校园现代化信息化水平。

（四）成功标志

教育公平与教育均衡化得到践行；教育集团化办学新模式得到探索，在组织运行机构建设、校园文化内涵深化、内部课程开发共享、内部教师交流培养、内部学生交流培养等方面，积累经验，形成制度；集团内各校的办学水平在原有基础上都有较大提升。

第五部分　保障机制

一、组织保障

学校将本着职权清晰、责任明确、组织高效的原则，统筹与分工相结合，确保规划顺利实施。校长是规划的顶层设计者和执行总指挥，各位副校长根据具体分工，领导责任处室，分别负责相应项目的规划目标落实任务。

二、制度保障

进一步完善学校管理制度。实行校务委员会、校务会议等管理制度、教职工代表大会制度，不断完善民主决策机制。健全校务公开制度，接受师生员工和社会的监督。建立家校合作中心，拓宽家长和社会力量参与学校管理和监督的渠道。

三、经费保障

学校要加大资金投入，调整经费使用结构，保障教师科研、教师培训、新课程改革、学生综合实践活动等各项工作的顺利开展；合理使用学校有限的办学资金，避免资金使用上的无谓浪费与低效行为；尝试设立教师、学生奖励基金，为学校持续健康发展添力。

四、实施保障

重视规划落实执行，提高规划对实际工作的方向引领和任务指导意义，每个学年、每个学期制订工作计划时，都要将本年度的规划目标进行分解和布置，落实到具体事务中，实现对规划目标的及时监控，学年、学期结束时，进行检视和总结，评估目标达成情况，确保规划执行的有效性。

附录三、2011—2013 学年横湖小学发展性督导综合评估报告

根据温教政督〔2012〕3号《关于深化与完善学校发展性督导的若干意见》精神，按照温政教督〔2014〕9号《关于做好2014年温岭市小学发展性督导综合评估工作的通知》的要求，温岭市教育局，温岭市人民政府教育督导室组成学校发展性督导综合评估小组，对横湖小学申报五星级品质化学校进行了综合评估，现将有关评估情况报告如下：

一、综合评估概况

评估期间，评估组听取了学校的自查自评报告；察看了学校的各项设施设备，观看了学生课间活动；查阅了学校的工作计划、工作总结以及各项规章制度；召开了师生座谈会并进行了问卷调查，走访了个别教师学生；对学校的总体目标、重点目标和项目目标达成程度进行了综合评估；听取并分析了语文等9门课程，共22节课的课堂教学状况；对2011—2013学年学校依法办学、自主发展与品质提升等方面的发展状态与发展水平，进行了定性分析与定量统计。

二、综合评估指标达标情况

（一）依法办学水平

1.依法办学。评估组认为，横湖小学认真贯彻国家的法律、法规和教育方针政策；自觉执行国家课程计划；按照教育行政部门的工作规范、工作制度，顺利地完成教育行政部门的工作任务；针对学校实际，制定了学校章程，建立并修订5项学校管理制度、规定和办法。学校依法办学水平高。

2. 自主管理。学校在学校自主管理、教师自主管理、学生自主管理等方面，已经形成自主管理的机制。

3. 民主监督。学校通过教代会、校务公开、家长学校管理等方式，具有较好的民主监督意识与行为。

4.社会参与。学校已经建立家长委员会制度，运行状态良好，取得了良好的效果。

（二）自主发展水平

1. 理念引领。评估组确认，横湖小学构建了"创设适合学校健康成长的教育"理念，并以此为基础，形成了包括管理、教育、教学、服务等方面的理念体系；学校的核心理念及其体系具有较强的科学性、可行性；学校开展了深入的理念学习宣传活动，学校理念在教师与学生中认同度较高，并在学校、教师、学生等层面进行了主动的实践与运用，收到了良好的效果。

2. 规划定位。学校规划定位过程中，基础诊断实事求是、客观合理；目标定位科学适切。规划制定民主参与程度高。

3. 科学实践。规划目标在学校年度计划、部门计划中的内化程度高；学校选择的学习型学校建设、学生解放行动、现代化校园建设等策略，其民主性、科学性强；学校的自我评估工作较为及时、规范、客观；学校的总体目标、重点目标、项目目标达成程度高。

（三）品质提升水平

1. 学生品质

道德品质。根据对看课、课间活动、学校环境观察，以及学生座谈、资料查阅、社区了解等方面的综合分析，评估组确认，横湖小学学生的道德品质综合水平处于A2区间。

公民素养。通过学校德育工作考察和本次学生问卷调查等方式，评估组认为，横湖小学学生对个人行为负责，有较强的社会责任感。

学习动力。通过课堂教学评价、学生访谈和本次学生问卷调查等方式，评估组认为，横湖小学学生在学习自信心、学习动机、学习压力和学校认同度等方面的学习动力指数高。

学业成绩、身心健康与审美表现。2011—2013学年，学生的年均个性特长获奖率为 53.23%；学生的体质健康年均合格率为 84%；学生积极参与艺术活动，具有较强的审美情趣。

2. 教师品质

职业道德。学校重视教师队伍建设，切实加强师德修养，通过每年的暑期集中培训和平时的各项活动，广大教师敬业爱岗，为人师表。

教学水平。根据对 22 节课的随机听课分析，评估组确认横湖小学教师课堂教学能力与水平处于 A3 区间（五等二十级划分，下同），等级系数为 0.908。其中，语文 A3 区间，数学 A3 区间，外语 A3 区间，科学为 A3 区间，音乐 A3 区间，美术 A3 区间，体育 A3 区间，信息技术 A3 区间，品德（品德与生活）A4 区间。

科研成果。近三学年以来，横湖小学共有 356 位教师的论文（教科论文、教科成果）或著作发表（获奖）或出版。年均占专任教师的比率为 107.24%。同时，横湖小学立项和结题的课题有 71 个；其中省级以上立项的有 4 个，结题的有 1 个。

优质教师。2013 学年，横湖小学在编的名骨干教师（包括名教师、名校长、教坛新秀、骨干教师以及优质课与教学大比武获得者）共计 124 人次，年均占学生总数的比例为 1.83%。

3. 学校品质

校园平安。2011—2013 学年以来，学校无责任事故，教师学生无违法犯罪行为。

资源优化。2011—2013 学年以来，据统计总投入 3532.6 万元用于改善办学条件，其中校舍改造投入 3274.6 万元，专用设备投入 258 万元。新增占地面积 1062.8 平方米，建筑面积 1143 平方米，计算机 305 台，多媒体设备 38 套，图书 0.25 万册，较好保障了学校教育教学的发展需要。演示（分组）实验开出率为 98%；图书流通量年人均为 33.4 册。

课程建设。学校积极实践国家课程的校本化，三年来，学校开发并开设了"童戏入画""神奇数独""腰间戏鼓"等 30 门校本课程，效果较好。

学校文化。根据学校发展的核心理念与发展目标，学校重视物质文化、制度文化、行为文化与精神文化建设，特别在制度文化、精神文化建设等方面，得到较大的提升。

特色品牌。三年来，学校创建并形成了"学习型学校建设""学生解放行动"的特色品牌，对学校发展起到了较好的促进作用，2012 年被教育部命名为"全国特色学校"，省内外多家媒体作专题报道。

改革创新。三年来，学校在"学生解放行动"等方面，进行了积极探索，在国内具有较大的影响力。

（四）社会评价水平

通过对教育局机关的问卷调查，显示对学校办学水平综合评价的优秀率为 86.4%，优良率为 100%。通过师生、家长、社区走访了解，显示对学校的社会满意度较高。

以上述四项指标评估为基础，评估组认为，横湖小学实践学校发展的态度是积极认真的，全面动员全校师生积极参与学校发展实践活动，学校"依法办学、自主发展、品质提升"取得了明显的成效。

三、主要成绩与经验

（一）现代学校制度建设

1. 学校坚持依法治校、依法治教，制订一系列教学管理规章制度，学校是温岭市首批现代学校制度建设试点学校，出台了《横湖小学办学章程》和《横湖小学现代学校制度建设工作实施方案》，对现代学校制度建设进行积极探索和实践，学校是浙江省依法治校示范学校。

2. 学校重视民主管理，形成并实行"校决策、处督办、段落实、班实施"的学校行政管理机制，充分发挥教代会的作用，校务公开规范化、常态化。重视家教联系，充分发挥家委会在学校管理中的作用，开展家长评校、评教活动，社会对学校的评价高。

（二）理念引领与规划定位

1. 学校办学理念的确立与学校办学目标、学生培养目标的关联程度较高。

2. 学校运用"乐道"教育和"学生解放行动""学习型学校建设"等策略，实践程度较高。

（三）总体目标与重点目标实践程度

学校以"创设适合学生健康成长的教育"为理念，以"轻负担、高质量"为要求，以"学生解放行动"实验为载体，不断提升学校的教育品质，学习型学校建设成果获省级科研成果二等奖，"学生解放行动"实验成为浙江省基础教育改革十大创新之一。

（四）学校课程与教学改革

1. 集基础文化课程、基础活动课程、选修拓展课程为一体的"三元"课程体系特色鲜明，实践程度高。兼备比较完整的《"三元"课程实施操作纲要》，初步形成"三元"课程评价机制。

2. 以"学生解放行动"为统领，推行"欣赏—探究—生成"的课堂教学模式，着力构建高效智慧课堂。教学改革理念先进，行动扎实。

3. 创设45门选修课程，激励个性发展。通过多元评价，让学生体验成功快乐，将校内优质师资和校外名师培训相结合，凸显"创设适合学生健康成长的教育"理念。

（五）学生健康成长与学生品质

全面深化"学生解放行动"的实验过程及研究成果，提炼了有利于学生健康成长的"上静下动""增科减课""降难扩容"的教育改革措施，并通过对学生"绿卡""周三无作业日"的活动制度和"强项评价、多元评价、优生免试"的激励评价机制巩固教育教学成果。

（六）教师专业发展与教师品质

1.学校积极实施学习型品质教师培养计划，注重教师专业发展，采取"愿景引领、主题研修；分层要求，梯队培养；分层实践，逐级教研；课例展示，提升品质"等举措，积极构建六步研修法，切实促进教师专业成长，成效明显。

2.学校围绕"学生解放行动"这个中心，坚持两大阵地，采取设计品牌内涵，设立三级专业机构，构建"基础文化课程、基础活动课程、选择拓展课程"三维学科课程体系，开发校本课程，开展成果推广等五大策略，有序推进学校教科研工作，不断提升学校教育发展软实力。

（七）学校文化与学校品质

1.学校领导高度重视学校物化环境的改造，投资5700多万元，建筑面积17600平方米的新校舍即将建成，按照"乐道"教育理念，邀请杭州可通广告策划有限公司对校园文化建设进行整体设计，现代化的校舍改造将会给横湖小学带来新一轮的腾飞。

2.横湖小学教育改革特色鲜明，"学习型学校建设"和"学生解放行动"为学校特色品牌，在省内外有较大的影响力。2012年被教育部命名为"全国特色学校"；2013年分别荣获"浙江省教育改革创新奖"和"全国第三届教育改革创新奖"，省内外多家媒体作专题报道。

四、主要问题

1.师生对理念的内化仍需不断加强。学校在"创设适合学生健康成长的教育"这一理念的基础上提炼出的"乐道"教育理念尚显单薄。

2.学校生均占地面积为3.6平方米，与省义务教育标准化学校的标准差距较大。受学校目前硬件条件限制，科学实验室布置不够规范，实验开出率稍低。

3.构建的学生活动实践评价模式有待于深化。名优教师在市内外的引领性和影响力还需进一步提高和扩大。

五、意见和建议

1.在认真总结实践的基础上，遵循传承和创新的原则，不断提炼"乐道"文化实质，挖掘丰富"乐道"理念内涵，使之成为品质学校的核心理念。

2.进一步巩固"学生解放行动"成果，更细更实地为每位学生创设适合健康成长的教育。要正确处理好选修课程多样性和有效性之间的矛盾，使每一门选修课程都能成为精品课堂，内化为学生兴趣动力，提升学生综合素质。

3. 学校要继续引领教师转变教育理念，不断促进教师专业化发展，积极培养更多的学习创新、享受课堂的"乐道"教师。

4. 学校要严格控制班额，争取明年争创浙江省义务教育标准化学校。待新教学楼建成后，要科学规范布置实验室等专用教室，配备科学实验员。

温岭市学校发展性督导评估组

2014 年 6 月 23 日

附录四、学校发展性督导小学生问卷

亲爱的同学：

你好！请认真阅读下列题目，在每道题目的答案选项中，点击其中 1 个最适合你的答案。此次答题与你的学习与能力无关。谢谢你的合作。

祝你

学习快乐！健康成长！

×××年×月×日

1. 你的学校代码是（9 位）

2. 你的基本情况是：

（1）性别：男（　），女（　）；

（2）年级：四年级（　），五年级（　），六年级（　）；

（3）家庭所在地：县城（　），乡镇（　），农村（山区）（　）；

（4）你的父母：干部（　），教师（　），商人（　），工人（　），农民（　），企业家（　），其他（　）；

3. 你希望自己今后能够成为下列中的哪一类人？（　）

（A）政治家、企业家、科学家、艺术家等社会精英（B）机关单位或工厂企业的领导（管理者）（C）教师、医生、工程师等智力劳动者（D）工人、农民、打工者等普通劳动者（E）自由职业者

4. 你有理想吗，是家人定的还是你自己定的？（　）

（A）有，是自己一直追求的（B）有，但由家里人定的（C）很迷茫，没有

目标

5. 你有信心实现自己的理想或目标吗？（　）

（A）有十足的信心（B）有一定的信心，我会努力的（C）不确定，看运气

6. 端午节是中国的传统节日，但是在申请世界文化遗产的过程中，让韩国捷足先登了。你对此的感受是（　）

（A）这是一个民族自尊心的问题，中国的传统文化不允侵犯，要向韩国提出抗议（B）我国对传统文化遗产的保护，应予以重视（C）一件小事，不应该提到那么高的高度

7. 如果周末班级乒乓球队要和其他班的球队进行比赛，班主任号召大家自愿组成啦啦队助威，你的态度是（　）

（A）我不是乒乓球队的，比赛和我没关系（B）我要学习功课做作业，没有时间（C）我是班级的一员，会和队员一起争取荣誉

8. 老师将你的座位调到了学习较差的同学旁边，你会帮助他学习吗？（　）

（A）自己有责任帮助同学（B）可能会（C）不会，这样会影响自己的学习

9. 看到有趣的野生动物，你会（　）

（A）静静欣赏，任它自由（B）抓过来玩一会，再放回去（C）抓到了就是我的，慢慢玩

10. 如果你的学校要你参加义务劳动，你的态度是？（　）

（A）乐意参加，随时奉献（B）班主任老师要求就参加（C）尽量躲避

11. 如果你的一个好朋友有偷窃、考试作弊等不良行为，你会怎么办？（　）

（A）不报告，与己无关（B）教育朋友但不告诉别人（C）报告老师，同时帮助朋友改正不良行为

12. 小伟是小学毕业班的学生了，功课很忙。有一天把语文复习书丢在家里了，他就没做作业。老师问他怎么不做作业，他看着老师说：我没有书。你认为：（　）

（A）应该责怪小伟母亲没把书包理好（B）小伟有理由这样回答（C）小伟没有责任心

13. 有一个人对我说，跌倒的老人不要去帮扶，他们为了得到赔偿，会说你撞倒他们；还有他们家里人也会赖你，让你赔药费。如果你碰到这样的事，你觉得（　）

（A）还是别帮忙，免得麻烦（B）穿得好的老人我帮，穷的不帮。（C）应该去帮扶，有事再说

14. 在公园里你看见一个成年人把烧着的香烟头扔到了树丛中，你会怎么做？我会：（　）

（A）冲上去把烟头捡起来（B）叫住大人，叫他灭了烟头（C）这大人没素质，不去管

15. 学校举行绘画比赛，为了得奖，小伟怕自己画不好，叫表哥替他画了

一张,果然得了一等奖。小伟回到家里很高兴,欣赏着学校颁发的奖品。你的看法:
(　　)

（A）我觉得这事不光彩 （B）别人也有代画的,小伟这样可以理解（C）我要向小伟学习

16. 要好的朋友取得了比你更好的成绩,这时你会(　　)

（A）祝贺朋友,向他学习,共同进步（B）没什么了不起,会疏远朋友（C）不高兴,有时幻想他倒霉

17. 即使你现在面临困境,你仍会觉得未来是美好的吗? (　　)

（A）是的,我相信自己肯定能克服困难（B）不知道,未来不是现在就能知道的（C）我现在就过得不高兴,未来糟透了

18. 在老师和同学们面前,你可以自信地提出自己的观点吗? (　　)

（A）没有自己的观点,听别人的（B）不会主动说,希望自己不被问到（C）很高兴能够说出自己的观点,有信心让别人认同

19. 你对学习中碰到的困难是怎样解决的? (　　)

（A）抄别人的最方便（B）不会做先放着,向老师、同学请教（C）不怕困难,想办法解决

20. 你平时会注重自己的身体健康吗? (　　)

（A）不会,基本不运动 （B）会,但只是偶尔运动 （C）非常注重,平时经常运动

21. 当你与父母意见不一致时,你的最佳做法时: (　　)

（A）坚持自己的意见（B）听从父母的话,按父母意见去做（C）充分讨论谁的意见正确,按照正确的意见做。如果自己的意见正确,就按自己的理解去做,同时向父母做好说明解释,取得父母理解

22. 课堂上或者课后,你经常有与众不同的想法并证明吗? (　　)

（A）有想法,经常证明（B）有想法,偶尔证明或不证明（C）没有想法

23. 平日里会不会拆开家里的玩具和电器等,想知道里面是如何工作的? (　　)

（A）有,经常会这么做,并思考其中的原因（B）有时候会拆开看看,对工作原理无所谓（C）不会,和我没有关系

24. 学校组织的科学小制作小发明活动,你持怎样的看法? (　　)

（A)觉得没什么,浪费了学科学习时间(B)有一点兴趣,但是没有时间参与(C)很感兴趣,一定会去参加

25. 你认为,课本里的内容、老师教的内容是不会错误的? (　　)

（A）完全是（B）有时是（C）完全不是

26. 遇到问题时,你总是寻找和别人不一样的答案吗? (　　)

（A）不是（B）有时是（C）完全是

27. 我喜欢联想,我的头脑中经常出现许多新的想法? (　　)

（A）不是（B）有时是（C）完全是

28. 当看到自己要好的同学与别人打架时，我是：（　）

（A）与要好的同学一起打架（B）向老师反映（或就近报告警察）（C）立即上前劝阻

29. 看到有的同学吸烟喝酒，用高档化妆品，戴金银首饰时，你的看法是：（　）

（A）很时尚也很酷（B）个人的爱好不同（C）反对，学生不应该这样

30. 课堂上，老师提出问题之后，你是怎样表现的？（　）

（A）马上思考，举手积极（B）能够思考，但不举手（C）不思考，也不发言

31. 当看到漂亮的图画或者听到优美的音乐时，心情会变得很好。这种情况（　）

（A）很像我（B）比较像（C）不太像我

32. 假设你和小伙伴们组成的团队在比赛中即将面临失败，你会怎么做？（　）

（A）抱怨队友的失误，对队友恶语相加（B）反正赢不了了，消极对待（C）鼓励大家继续努力，不到最后永不放弃

33. 主动帮助、安慰他人，同情、关心他人，得到老师的鼓励与表扬。这种情况与我？（　）

（A）符合（B）有时会符合（C）不符合

34. 你对你班同学的思想表现与学习成绩满意吗？（　）

（A）非常满意（B）满意（C）比较满意（D）基本满意（E）不满意

35. 你对你校老师思想表现与教学水平满意吗？（　）

（A）非常满意（B）满意（C）比较满意（D）基本满意（E）不满意

36. 你对你校的校风与教育质量满意吗？

（A）非常满意（B）满意（C）比较满意（D）基本满意（E）不满意

附录五、中小学、幼儿园教师满意度问卷

尊敬的老师：

　　您好！请您在百忙中认真阅读下列题目，以客观、公正的态度，实事求是地在题目后面的答案中，选择您认为最恰当的。谢谢您的配合与支持！

　　此致

　　敬礼！

×××年×月×日

1. 你的基本情况是：

（1）性别：（A）男　（B）女

（2）年龄：（A）25 岁以下　（B）26—35 岁　（C）36—45 岁　（D）46 岁以上

（3）任教的学科（每位教师只选 1 门主课）：（A）品德　（B）语文（C）数学（D）外语　（E）体育与健康　（F）科学　（G）音乐　（H）美术　（I）历史与社会（J）综合实践活动　（K）地方与校本课程

2. 对学校下列各个领域（项目）的工作，请您分别做出评价（　　）

党的领导	（A）非常满意	（B）满意	（C）比较满意	（E）基本满意	（F）不满意
行政管理	（A）非常满意	（B）满意	（C）比较满意	（E）基本满意	（F）不满意
教师管理	（A）非常满意	（B）满意	（C）比较满意	（E）基本满意	（F）不满意
德育管理	（A）非常满意	（B）满意	（C）比较满意	（E）基本满意	（F）不满意
教学管理	（A）非常满意	（B）满意	（C）比较满意	（E）基本满意	（F）不满意
研究管理	（A）非常满意	（B）满意	（C）比较满意	（E）基本满意	（F）不满意
后勤管理	（A）非常满意	（B）满意	（C）比较满意	（E）基本满意	（F）不满意
办学理念	（A）非常满意	（B）满意	（C）比较满意	（E）基本满意	（F）不满意
发展目标	（A）非常满意	（B）满意	（C）比较满意	（E）基本满意	（F）不满意
规划实践	（A）非常满意	（B）满意	（C）比较满意	（E）基本满意	（F）不满意

3. 对你校（园）的章程、各项管理制度建设及其执行情况，你是：（　　）

（A）非常满意（B）满意　（C）比较满意　　（D）基本满意　（E）不满意

4. 对你校（园）在事关教师、学生（幼儿）切身利益等重大问题上的民主决策、接受教职工监督、校务公开等情况，你是：（　　）

（A）非常满意（B）满意　（C）比较满意　　（D）基本满意　（E）不满意

5. 对你校（园）各个科室、各个学科之间的分工合作情况，学校行政干部、教职员工的积极性、主动性与创造性等方面的情况，你是：（　　）

（A）非常满意（B）满意　（C）比较满意　　（D）基本满意　（E）不满意

6. 对你校（园）在加强师德师风建设，促进教师专业发展、提高教师整体素质等方面的情况，你是：（　　）

（A）非常满意（B）满意　（C）比较满意　　（D）基本满意　（E）不满意

7. 对你校（园）的办学（园）指导思想（或核心理念）、管理方式、育人方式等方面的情况，你是：（　　）

（A）非常满意（B）满意　（C）比较满意　　（D）基本满意　（E）不满意

8. 对你校（园）的德育（保育）教育，包括班主任工作、少先队工作，以及学生（幼

儿）的行为表现、道德品质，你是：（　　）

　　（A）非常满意　（B）满意　（C）比较满意　（D）基本满意　（E）不满意

　　9. 对你校（园）的课程开设、教学（保育）方式与学生（幼儿）健康成长等方面的情况，你是：（　　）

　　（A）非常满意　（B）满意　（C）比较满意　（D）基本满意　（E）不满意

　　10. 对你校通过拓展性课程开设、社团活动、兴趣小组建设，增加学生学习的选择性等方面的情况，你是：（　　）

　　（A）非常满意　（B）满意　（C）比较满意　（D）基本满意　（E）不满意

　　11. 对你校（园）本学年以来，积极进取，形成良好的办学风格和明显的教育特色等方面的情况，你是：（　　）

　　（A）非常满意　（B）满意　（C）比较满意　（D）基本满意　（E）不满意

　　12. 对你校（园）的整体办学（园）水平、全面教育质量等情况，你是：（　　）

　　（A）非常满意　（B）满意　（C）比较满意　（D）基本满意　（E）不满意

　　13. 对你校 2016—2018 学年规划目标的实现程度，你是：

　　（A）非常满意　（B）满意　（C）比较满意　（D）基本满意　（E）不满意

　　14. 你认为，你校（园）当前急需加强或改进的三项工作是：（　　）

　　（A）教育信念　（B）办学条件　（C）教师培训　（D）领导作风　（E）学校德育（F）教学改革　（G）学业成绩　（H）学生特长　（I）特色品牌　（J）加强管理　（K）自主发展　（M）教育质量　（N）调整班子

参考文献

1. 中共中央马克思恩格斯列宁斯大林著作编译局.马克思恩格斯选集：第四卷 [M].北京：人民出版社，1972.

2. 陈聪富.学校发展性督导 [M].杭州：浙江大学出版社，2009.

3. 卡尔·D·格利克曼，等.教育督导学：一种发展性视角 [M].黄威，等，译.北京：中国人民大学出版社，2014.

4. 西奥多·J·科瓦尔斯基.学区督导：理论、实践与案例 [M].兰英，等，译.北京：中国人民大学出版社，2012.

5. 凌飞飞.当代中国教育督导历史研究 [M].北京：中国社会科学出版社，2016.

6. 殷伯明，朱一军，周东红.教育督导方法论 [M].上海：上海三联书店，2013.

7. 浦蕊.当代学校自主发展：理论与策略 [M].广州：广东高等教育出版社，2005.

8. 张岚，杨国顺.学校发展性督导评估 80 问 [M].上海：上海文艺出版总社，2007.

9. 王晓妹.中小学校内涵发展督导评估体系 [M].北京：教育科学出版社，2016.

10. 涂文涛，刘东，吉文昌.教育督导新论 [M].北京：人民教育出版社，2015.

11. 姚文忠，等.学校诊断 [M].成都：四川出版集团四川教育出版社，2004.

12. 张江，肖龙海，陈聪富.温岭新农村教育丛书——阳光教育行动 [M].杭州：浙江大学出版社，2010.

13. 赵中建.学校文化 [M].上海：华东师范大学出版社，2004.

14. 季平.学校发展自我诊断 [M].北京：教育科学出版社，2004.

15. 李素敏.教育督导学 [M].保定：河北大学出版社，1996.

16. 刘继生等.区位论 [M].南京：江苏教育出版社，1994.

17. 陈聪富."学园·花园·乐园"式学校理念的设计及其实践 [J].教育科学研究，2002(8).

18. 刘延东.深化督导改革 提高治理能力 为全面推进教育现代化提供有力保障 [N].2016-10-20(1).

19. 彭虹斌.教育督导机构独立性的国际比较与启示 [J].外国中小学教育，2013(2).

20. 朱雪梅.课程标准的价值 [J].江苏教育，2017(74).

21. 许洁英.国家课程、地方课程和校本课程的含义、目的及地位 [J].教育研究，2005(8).

22 叶莎莎.“一校一标”让学校百花齐放 [N]. 中国教育报，2014-11-18(7).

23. 孙锦涛. 关于国家教育政策体系的探讨 [J]. 教育研究，2001(3).

24. 陈如平. 以理念创新引领学校变革 [J]. 人民教育，2007(21).

25. 张兆芹. 影响学校发展的内在要素探析 [J]. 外国教育研究，2005(9).

26. 智水. 倡导“精致小校”理念 [J]. 教育科学研究，2004(1).

27. 盛逸民. 发展性评估模式建设与学校自主发展 [J]. 上海教育科研，2003(2).

28. 陈玉琨. 光有好校长还不够 [J]. 教师博览，2005(6).

29. 姚军毅. 论进步观念 [M]. 北京：中国社会科学出版社，2000.

30. 凯文·凯利. 未来 20 年的 12 个趋势 [EB/OL].(2018-08-05)[2019-08-08].http:// ishare.ifeng.com/c/s/7osmMj8LtzR.

31. 张治. 迈进学校 3.0 时代——未来学校进化的趋势及其动力分析 [J]. 开放教育研究，2017(4).

32. 边玉芳，王烨晖. 增值评价：学校办学质量评估的一种有效途径 [J]. 教育学报，2013(1).

33. 边玉芳，林志红. 增值评价：一种绿色升学率理念下的学校评价模式 [J]. 北京师范大学学报（社会科学版），2007(6).

34. 王定华. 启动学校品质提升 [J]. 人民教育，2015(12).

35. 刘涛. 高品质学校的教育意蕴与建设路径 [J]. 基础教育课程，2017(18).

36. 封留才. 学习贯彻两会精神建设高品质学校 [J]. 中小学校长，2016(5).

37. 褚宏启，张咏梅，田一. 我国学生的核心素养及其培育 [J]. 中小学管理，2015(9).

38. 人民教育编辑部. 核心素养：重构未来教育图景 [J]. 人民教育，2015(7).

39. 杨向东. 基于核心素养，推进学校变革 [N]. 中国教育报，2018-4-11(5).

40. 戚如强. 新时代师德建设的基本遵循 [N]. 中国教育报，2018-9-6(5).

41. 曾丽雅. 关于建构中华民族当代精神文化的思考 [J]. 江西社会科学，2002(10).

42.Juran，Joseph M，Godfrey.A. Blanton. Juran's QualityHandbook[M].New York：McGraw-Hill，1998 .

43. 陈渭，赵祖明. 标准化战略与实施——企业标准体系 200 问 [M]. 北京：中国标准出版局，2004.

44.Green，D. What Is Quality in Higher Education？ [M]. Buckingham： Society for Research into Higher Education and Open University Press，1994

45. 中国教科院教育质量标准研究课题组. 教育质量国家标准及其制定 [J]. 教育研究，2013(6).

46. 亚瑟·K. 埃利斯. 美国基础教育标准化运动分析 [J]. 教育发展研究，2008(2).

47. 陈霞. 基于课程标准的教育改革——美国的行动与启示 [D]. 上海: 华东师范大学，2004.

48. 马衍明. 自主性：一个概念的哲学考察 [J]. 长沙理工大学学报 (社会科学版),

2009(2).

49. 刘建银. 关于基础教育监测中教育指标问题的理论探讨 [J]. 中小学管理，
    2008(8).

50. 博文. 哈佛学生必须具备的 15 种优秀品质 [M]. 北京：光明日报出版社，2011.

51. 姚春霞. 美国 INTASC 教师评价标准及其启示 [J]. 教育测量与评价，2019(5).

52. 谢芸. 教育策划打造品牌学校的法宝 [J]. 现代校长与管理艺术，2009(8).

53. 孙淑义. 坚持和完善人民政协的民主协商 [J]. 求是，2007(5).

54. 张清宇，苏君阳. 督学责任区建设中的问题与改进路径 [J]. 现代教育管理，
    2016(1).

55. 斯托克. 作为理论的治理：五个论点 [J]. 华夏风，译. 国际社会科学杂志，
    1999(2).

56. 戚晓思. 教育治理体系与治理能力现代化的研究进展与展望 [J]. 河南社会科学，
    2018(2).

57. 张健. 教育治理体系的现代化：标准、困境及路径 [J]. 教育发展研究，2014(9).

58. 刘冬冬，张新平. 教育治理现代化：科学内涵、价值维度、实践路径 [J]. 现代教
    育管理，2017(7).

59. 陈金芳，万作芳. 教育治理体系与治理能力现代化的几点思考 [J]. 教育研究，
    2016(10).

60. 俞可平. 国家治理体系的内涵本质 [J]. 理论导报，2014(4).

61. 孙绵涛. 现代教育治理体系的概念、要素及结构探析 [J]. 新观察，2016(4).

62. 陶希东. 治理能力现代化的衡量标准 [N]. 学习时报，2014-12-8(A6).

63. 陈克军，华文立. 学校治理体系与治理能力现代化探析 [J]. 重庆科技学院学报（社
    会科学版），2015(5).

64. 邓云峰. 现代学校制度的时代特征及实践探索 [J]. 未来教育家，2014(11).

65. 邓正来. 市民社会与国家——学理上的分野与两种架构 [M]// 亚历山大. 国家与
    市民——一种社会理论的研究路径. 北京：中央编译出版社，2005.

66. 黄志兵. 现代学校制度的"治理"取向与路径 [J]. 教育探索，2016(2).

67. 张志勇. 现代学校制度建设的五个路径 [J]. 师资建设，2017(7).

68. 王庆如. 治理理论视角下教育督导现代化的困境与路向 [J]. 现代教育管理，
    2016(12).

69. 林群. 督学队伍专业化发展的探索与思考 [J]. 教师，2014(33).

70. 苗宏宾，李延强. 以教育督导信息化带动督导工作现代化 [J]. 中国教育信息化，
    2017(1).

71. 唐立军. 教育督导信息化助力教育现代化 [J]. 中小学信息技术教育，2017(9).